예제로 배우는 SAS 고급 프로그래밍

제2판

강현철 · 최병정 · 한노아 지음

자유아카데미

머리말

데이터를 분석하여 필요한 정보를 찾아내는 과정에서 가장 먼저 마주하는 어려움은 데이터를 분석하는 데 적합한 형태로 가공하고 정리하는 일차적인 작업이다. 다양한 하드웨어와 소프트웨어 환경에 흩어져 있는 데이터를 추출하여 분석 목적에 맞게 정제하는 일은 생각보다 간단하지 않다. 특히 대규모 빅데이터를 다루는 경우, 파일의 크기나 작업 수행 시간에서 예기치 못한 문제가 발생하기도 하고, 효율적인 프로그래밍 기법을 찾지 않으면 안 되는 상황도 자주 발생한다.

SAS 소프트웨어의 큰 장점 중 하나는 데이터베이스나 워크시트 등 다양한 형태로 저장된 데이터를 한데 모아 분석 목적에 맞게 변환할 수 있는 뛰어난 기능을 갖추고 있다는 점이다. 이 책은 SAS 초심자를 위한 입문서라기보다는 SAS를 활용한 데이터 분석 과정에서 자연스럽게 마주하게 되는 데이터 입출력, 가공, 그리고 효율적인 프로그래밍과 관련된 문제를 해결하는 데 도움을 주기 위한 해설서에 가깝다고 할 수 있다.

먼저 1장에서 3장까지는 책의 전반부로, 비정형 데이터를 다루는 데 유용하게 사용될 수 있는 명령문, 옵션, 함수들과 기술적인 문제들을 다루었다. 1장에서는 INFILE, RETAIN, ARRAY 등 데이터 처리에 유용한 명령문과 데이터 입출력을 위한 IMPORT, EXPORT 프로시저를 설명하였고, 2장에서는 여러 개의 데이터를 결합할 때 자주 사용되는 옵션들을, 3장에서는 문자형과 날짜형 변수를 다루는 데 필요한 연산자와 함수들을 설명하였다.

중반부인 4장부터 7장까지는 데이터 처리를 위한 SAS 언어들을 소개하고 있다. 4장에서는 데이터베이스 검색과 갱신, 보고서 작성을 위한 구조적 질의 언어인 SQL(Structured Query Language)을 다루었고, 5장에서는 반복 작업에 유용한 SAS 매크로 언어를, 6장에서는 행렬을 다루는 데 사용되는 IML (Interactive Matrix Language)의 데이터 입출력 관련 기능을 설명하였다. 7장에서는 지금까지 배운 고급 프로그래밍 기법들을 실무에서 어떻게 활용할 수 있는지를 다양한 사례를 통해 다루었다. 이를 통해 실제 분석 업무에서 자주 마주치는 문제 상황에서 유용한 매크로 구문과 SAS 프로그래밍 팁을 익힐 수 있을 것이다.

후반부인 8장에서는 웹 브라우저 기반의 SAS Studio를 간략히 소개하고, 이를 통해 기본적인 SAS 프로그래밍 작업을 수행하는 방법을 설명하였다. SAS Studio는 사용자가 직접 프로그램을 작성하고 실행할 수 있을 뿐 아니라, 내장된 사전 정의 작업들을 활용해 데이터를 분석할 수 있게 해준다. 이러한 작업은 SAS 프로시저 기반으로 제공되며, 자주 사용되는 그래프 및 분석 기능에 손쉽게 접근할 수 있다. 또한, 기본 제공 템플릿을 활용해 사용자 고유의 작업을 작성할 수도 있다.

사실 어떤 부분은 지나치다 싶을 정도로 자세히 설명하였다. 누구나 생소한 프로그램의 세계에 처음 발을 들였을 때, 글자나 기호, 점 하나 때문에 생긴 사소하지만 중대한(!) 실수를 찾지 못해 몇 시간을 허비한 경험이 있을 것이다. 이 책에서도 프로그램상의 작은 차이 하나가 초래하는 전혀 다른 결과와 그 의미를 전달하고자 다소 장황하게 설명한 경우가 있다. 그러나 이러한 비교를 통해 미처 생각하지 못했던 점을 발견하는 즐거움을 느낄 수 있으리라 본다.

좋은 책을 위해 최선을 다하였지만 부족한 부분이 있을 수 있다. 이 점은 양해를 바라며 출간 후 나올 수 있는 수정사항 등은 자유아카데미 홈페이지(www.freeaca.com) 자료실에 제공할 예정이니 참고하기를 바란다. 아무쪼록 이 책이 거친 실무의 현장에서 산더미 같은 데이터와 싸우며 정보의 광맥을 캐기 위해 노력하고 있는 분석자들에게 유용하게 사용되기를 기대한다.

2025년 5월

저자들

차례

제 1 장

데이터 처리에서 유용한 명령문

SAS 프로그램의 데이터-단계(Data-step)에서는 다양한 명령문(statement)을 사용할 수 있다. 이 장에서는 INFILE, RETAIN, ARRAY 명령문을 이용하여 특수한 형태로 입력되어 있는 데이터를 읽고 처리하는 방법을 설명할 것이다.

1.1. 비정형 데이터 읽기 – INFILE 명령문

INFILE 명령문은 데이터를 외부 파일로부터 읽는 경우에 외부 파일의 경로(path)와 파일 이름(filename)을 지정하는 명령문이다. 이때 외부 파일은 특별한 경우을 제외하고는 텍스트 파일(text file)로 저장되어 있어야 한다.

또한 INFILE 명령문에는 다음 예에서와 같이 FIRSTOBS= 등의 옵션들을 지정할 수 있다. 이때 FIRSTOBS=n은 *n*번째 줄에서부터 데이터를 읽기 시작하도록 지정하는 옵션이다.

예 1.1 INFILE 명령문의 일반적 형식

```
LIBNAME Mysas 'C:\Temp\SAS_Advanced\SAS_Data';

DATA Mysas.Midscore;
     INFILE 'C:\Temp\SAS_Advanced\Midterm.txt' FIRSTOBS=3;
     INPUT ID 1-4 Name $ 8-15 Class $ 19-25 Score 29-30;
RUN;
```

한편, 특수한 자료 구분자가 사용되었거나 통상적이지 않은 방법으로 입력되어 있는 데이터를 처리해야 하는 경우가 종종 있게 된다. INFILE 명령문에서는 다양한 옵션을 통해 비정형적인 데이터를 처리할 수 있는데, 이 절에서는 자주 사용되는 주요 옵션들에 대해서 살펴보도록 하자.

1.1.1. 구분자의 변경 – DLM, DSD, EXPANDTABS 옵션

공백(blank, space) 문자는 일반적으로 가장 널리 사용되는 데이터 구분자(separator, delimiter) 중 하나이다. SAS에서도 원자료(raw data)의 모든 변수가 공백 문자로 구분되어 있을 때는 자유포맷(free format)에 의해서 쉽게 데이터를 불러올 수 있다.

그러나 다른 워드프로세서 또는 소프트웨어에서 데이터를 입력할 때, 사용자의 환경에 따라서 공백문자가 아닌 다른 구분자를 사용하는 경우가 종종 있다. 이러한 경우 INFILE 명령문에서의 DLM 옵션은 공백 문자를 포함하여 하나 이상의 문자들을 구분자로 지정할 때 사용되는 옵션이다.

한편 프로그램 내에서 CARDS 명령문으로 데이터를 입력하는 경우에는 일반적으로 INFILE 명령문이 필요하지 않지만, DLM과 같은 INFILE 옵션을 사용하고자 하는 경우에는 다음 〈예 1.2〉에서와 같이 INFILE CARDS 명령문을 사용할 수 있다. DLM 옵션의 일반적인 사용형식은 다음과 같다.

```
DLM='구분자들'
```

- 구분자(delimiters)는 각 관측개체(observation)에서 변수들을 구분하는 데 사용되는 일련의 문자들이다.
- 구분자의 기본값(default)은 공백 문자이다. 즉, DLM=' '.
- 지정된 문자들의 조합으로 이루어진 모든 문자열은 하나의 구분자가 된다.

예 1.2 공백문자 이외의 구분자를 사용하기

```
DATA One;
     INFILE CARDS DLM='&$*,'; /* ① */
     INPUT A B C;
CARDS;
11&$12,13
2$$$22* 23
  3*  32,33
;
RUN;
```

① 입력된 데이터에서 &, $, *, ,로 이루어진 &$, ,, $$$, * 등은 모두 하나의 독립적인 구분자로 사용된다.

데이터셋 – One

OBS	A	B	C
1	11	12	13
2	2	22	23
3	3	32	33

앞에서 설명한 DLM 옵션과 유사한 것으로 DSD 옵션이 있는데, 이 옵션은 다음과 같은 기능을 추가로 가지고 있다.

- 콤마(,)를 구분자로 사용한다. 콤마 이외의 다른 구분자가 있을 때는 DLM 옵션을 함께 사용할 수 있다.
- 연속된 구분자들 사이를 결측값(missing)으로 처리한다.
- 콤마 또는 DLM 옵션에 의해서 구분자로 지정된 특수문자 중에서 인용부호(' ' 또는 " ") 안에 있는 문자는 구분자로 인식하지 않는다. 또한, 인용부호는 데이터 값으로 받아들이지 않는다.

다음 〈예 1.3〉과 〈예 1.4〉는 DSD 옵션을 사용하여 특수한 구분자 및 인용부호가 포함되어 있는 데이터를 읽는 예이다.

예 1.3 **DSD 옵션의 이용 - 1**

```
DATA Scores;
     INFILE CARDS DLM=',';  /* 또는 INFILE CARDS DSD; */
     INPUT Test1 Test2 Test3;
CARDS;
91,87,95
97,,92
1,1,1
;
RUN;
```

INFILE CARDS DLM=',';

OBS	Test1	Test2	Test3
1	91	87	95
2	97	92	1

INFILE CARDS DSD;

OBS	Test1	Test2	Test3
1	91	87	95
2	97	.	92
3	1	1	1

예 1.4 **DSD 옵션의 이용 - 2**

```
DATA Topics;
     INFILE CARDS DSD;
     INPUT Speaker : $15. Title : $40. Location & $10.; /* ① */
CARDS;
Whitfield,"Looking at Water, Looking at Life",Blue Room
```

```
Fuentes,"Life After the Revolution",Red Room
Townsend,"Peace in Our Times",Green Room
;
RUN;
```

① 포맷 수정자(format modifier) :(콜론)은 고정포맷(fixed format)으로 데이터를 읽는 경우에 구분자까지만 그 변수 값을 읽도록 한다(제3장 참조).

OBS	Speaker	Title	Location
1	Whitfield	Looking at Water, Looking at Life	Blue Room
2	Fuentes	Life After the Revolution	Red Room
3	Townsend	Peace in Our Times	Green Room

한편 엑셀 등과 같은 스프레드시트 소프트웨어에서 텍스트 파일로 데이터를 저장하는 경우 탭(tab) 문자는 가장 일반적으로 사용되는 구분자 중 하나이다. 때로는 데이터가 공백 문자로 구분되어 있는 것처럼 보이는 데이터를 SAS에서 읽을 때 오류가 발생하는 경우가 있는데, 이러한 경우에는 탭 문자가 구분자로 입력되어 있을 가능성이 많다(일반적으로 탭 문자는 텍스트 편집기나 워드프로세서에서 사용자에게 보이지 않는다). 워드프로세서 HWP(한글) 등에서는 일반적인 경우 '조판부호' 보이기를 지정하면 다음과 같이 탭 문자를 볼 수 있다.

Tabs.txt 파일

```
1[탭]2[탭]3
4[탭]5[탭]6
7[탭]8[탭]9
```

EXPANDTABS 옵션은 이와 같이 원자료의 구분자가 탭(tab) 문자로 입력되어 있다는 것을 지정하는 것으로, **INFILE** 명령문에서의 기본 설정값은 **NOEXPANDTABS**(탭문자 없음)이다.

예 1.5 탭문자를 구분자로 사용하기

```
DATA One;
     INFILE 'C:\Temp\SAS_Advanced\Tabs.txt' EXPANDTABS;
     INPUT A B C;
RUN;
```

위의 프로그램에서 EXPANDTABS 옵션을 지정하지 않으면 LOG 윈도우에 다음과 같은 설명이 출력된다.

EXPANDTABS 옵션을 지정하지 않은 경우〉 – LOG 윈도우의 내용(일부)

```
NOTE: 변수 A에 대해 올바르지 않은 데이터 : 행 1 1-5.
NOTE: 변수 B에 대해 올바르지 않은 데이터 : 행 2 1-5.
NOTE: 변수 C에 대해 올바르지 않은 데이터 : 행 3 1-5.
RULE:      ----+----1----+----2----+----3----+----4----+----5----+----6-
3   CHAR  7.8.9 5
    ZONE  30303
    NUMR  79899
NOTE: 인쇄된 범위 외부에 파일 ''c:\Temp\SAS_Advanced\Tabs.txt''에 대해 올바르지 않은
      데이터 오류가 발생했습니다.
NOTE: INFILE n= 옵션으로 사용 가능한 버퍼 라인을 증가시킵니다.
A=. B=. C=. _ERROR_=1 _N_=1
```

1.1.2. 데이터가 부족한 경우의 처리 – ~OVER 옵션

하나 이상의 개체에서 입력되어 있는 데이터가 INPUT 명령문에서 지정된 변수의 개수보다 적은 경우가 있다. FLOWOVER, MISSOVER, STOPOVER 옵션은 이러한 경우에 SAS가 데이터를 읽는 방식을 조절한다.

예 1.6 데이터가 부족한 경우의 처리

```
DATA One;
    INFILE CARDS; /* INFILE CARDS FLOWOVER */
    INPUT A B C;
CARDS;
1 2 3
4 5
6 7 8
9 0 1 2
3 4 5
;
RUN;
```

- **FLOWOVER**: 다음 줄(line)에서 데이터를 계속 읽어서 그 개체의 입력을 완성한 후에, 그 줄은 더 이상 읽지 않고 그 다음 줄로 건너뛰어 읽는다.
- **MISSOVER**: 데이터가 부족한 뒤쪽의 변수들은 결측값을 가지도록 한다.
- **STOPOVER**: 데이터가 부족한 경우 데이터셋의 생성을 중단한다.
- 이들 ~OVER 옵션은 하나의 **INFILE** 명령문 내에서 하나만 지정할 수 있으며, 기본값은 **FLOWOVER**이다.

FLOWOVER 옵션

OBS	A	B	C
1	1	2	3
2	4	5	6
3	9	0	1
4	3	4	5

MISSOVER 옵션

OBS	A	B	C
1	1	2	3
2	4	5	.
3	6	7	8
4	9	0	1
5	3	4	5

STOPOVER 옵션

OBS	A	B	C
1	1	2	3

앞의 〈예 1.6〉에서 **STOPOVER** 옵션을 사용한 경우에는 LOG 윈도우에 다음과 같은 설명이 출력된다.

STOPOVER 옵션을 지정한 경우〉 – LOG 윈도우의 내용(일부)

```
ERROR: INPUT 문이 레코드 길이를 초과했습니다.
       INFILE CARDS OPTION STOPOVER가 지정되었습니다.
RULE:     ----+----1----+----2----+----3----+----4----+----5----+----6-
34    4 5 \\
A=4 B=5 C=. _ERROR\_=1 _N_=2
NOTE: 오류가 발생하여 SAS 시스템은 현재 스텝의 실행을 중지합니다.
WARNING: 데이터셋 WORK.ONE은(는) 불완전합니다. 1번째 관측치, 3번째 변수에서
         이 단계가 종료되었습니다.
```

INPUT 명령문에서 변수의 길이를 지정하여 데이터를 읽는 경우, 원자료에서 그 변수의 길이가 **INPUT** 명령문에서 지정된 길이보다 적은 경우가 있다. 이러한 경우 특별한 옵션이 지정되어 있지 않으면 SAS는 자동으로 그 다음의 값을 읽게 되는데, **TRUNCOVER** 옵션은 부족한 자릿수만큼을 공백 문자로 대체하여 입력을 완성하도록 한다.

다음의 두 데이터는 워드프로세서 HWP(한글)에서 '조판부호'와 '문단부호' 보이기를 지정하여 공백문자와 문단부호가 보이게 한 예이다.

조판부호와 문단부호를 포함한 데이터의 예

1␣␣␣␣↵	1↵
22␣␣␣↵	22↵
333␣␣↵	333↵
4444␣↵	4444↵
55555↵	55555↵

위에서 왼쪽 데이터는 물리적으로 공백 문자(␣, 스페이스바)를 입력한 경우이고, 오른쪽 데이터는 공백 문자가 입력되어 있지 않은 경우이다. 왼쪽 데이터에 대해서는 어떠한 ~OVER 옵션을 사용하더라도 동일한 SAS 데이터셋이 생성되지만, 오른쪽에 대해서는 ~OVER 옵션에 따라서 다른 SAS 데이터셋이 생성된다.

위의 예에서 오른쪽 데이터가 텍스트 파일 'Nospace.txt'에 저장되어 있다고 하자. 다음 〈예 1.7〉에서 ~OVER 옵션에 따라 데이터가 어떻게 읽혀지는지를 살펴보기 바란다.

예 1.7 자릿수가 부족한 경우의 처리

```
DATA One;
    INFILE 'C:\Temp\SAS_Advanced\Nospace.txt' FLOWOVER; /* ① */
    INPUT A 5.;
RUN;
```

- FLOWOVER 옵션을 지정하면(즉, ~OVER 옵션을 지정하지 않으면) 자릿수가 부족한 데이터가 있는 경우에 그 다음 데이터를 읽는다.
- MISSOVER 옵션을 지정하면 자릿수가 부족한 데이터에 대해서는 결측값을 가지도록 한다.
- TRUNCOVER 옵션을 지정하면 부족한 자릿수만큼을 공백 문자로 대체하여 읽어서 처리한다.

FLOWOVER 옵션

OBS	A
1	22
2	4444
3	55555

MISSOVER 옵션

OBS	A
1	.
2	.
3	.
4	.
5	55555

TRUNCOVER 옵션

OBS	A
1	1
2	22
3	333
4	4444
5	55555

1.1.3. 데이터 영역의 지정 – LRECL, LINESIZE, PAD 옵션

외부 데이터 파일을 SAS 데이터세트로 전환할 때, LOG 윈도우에 다음과 같은 설명이 출력되는 것을 볼 수 있을 것이다.

외부 파일을 읽는 경우: LOG 윈도우의 내용 – 일부

```
NOTE: 입력파일 'C:\Temp\SAS_Advanced\$Nospace.txt':
      파일 이름=C:\Temp\SAS_Advanced\$Nospace.txt,
      RECFM=V,LRECL=32767,파일 크기 (바이트)=25,
NOTE: 5개의 레코드를 입력파일 'C:\Temp\SAS_Advanced\$Nospace.txt'에서 읽었습니다.
      최소 레코드 길이는 1입니다.
      최대 레코드 길이는 5입니다.
```

위의 설명은 원자료가 저장되어 있는 파일의 경로와 이름, 가장 짧은 데이터와 가장 긴 데이터의 길이를 알려주고 있다. 또한 데이터의 논리적 길이와 저장되어 있는 포맷을 표시하는 **LRECL**과 **RECFM** 등도 나타내 주고 있다. **INFILE** 명령문에는 SAS가 읽을 데이터의 영역과 포맷 등을 나타내는 다음과 같은 옵션들을 지정할 수 있다.

- **LRECL**=*n*: Logical RECord Length의 약어로서, SAS가 읽어야 할 데이터의 물리적 길이를 지정한다. 기본값은 사용자의 시스템에 의존하여 지정되며, 실제 데이터의 길이가 *n*보다 큰 경우에는 그 이상의 부분을 데이터로 인식하지 않는다.
- **LINESIZE**|**LS**=*n*: SAS 데이터셋으로 전환할 때 이용되는 데이터의 길이(byte 또는 column)를 지정한다. *n*은 1과 32,767 사이의 자연수이다.
- **PAD**: LRECL에 의해서 지정된 길이보다 실제 데이터의 길이가 작은 경우에 부족한 부분을 공백 문자로 채운다.
- **RECFM**=V, F, N, …: RECord ForMat의 약어로써 원자료의 포맷을 지정한다. **V**는 기본값으로서 변수포맷(variable format)을 지정한다. **F**는 고정포맷(fixed format)을 지정하며, **LRECL**에 의해서 지정된 길이만큼을 하나의 데이터값으로 인식한다. **N**은 이진포맷(binary format)을 지정한다. 이외에도 사용자의 시스템에 따라서 여러 가지 데이터 포맷을 지정할 수 있으며, **F**와 **N** 등이 지정된 경우에는 공백(space bar), 엔터-키(enter-key) 등에 의해서 입력된 특수문자를 2바이트의 문자로 인식한다.

Pad.txt 파일

```
123  KANG ENG
34   KIM  CHEM PASS
4567 LEE  ENG  DROP
2345 CHOI CHEM
```

다음 〈예 1.8〉은 LRECL=, PAD, LINESIZE= 옵션에 따라서 위의 데이터를 어떻게 불러들이는지를 보여주는 예이다.

예 1.8 데이터 영역의 지정

```
DATA One;
    INFILE 'C:\Temp\SAS_Advanced\Pad.txt' LRECL=20 PAD; /* ① */
    INPUT (ID Name Class Type) ($5.);
RUN;
```

옵션을 지정하지 않음

OBS	ID	Name	Class	Type
1	123	KANG	34	KIM
2	4567	LEE	ENG	

LRECL=20 PAD

OBS	ID	Name	Class	Type
1	123	KANG	ENG	
2	34	KIM	CHEM	PASS
3	4567	LEE	ENG	
4	2345	CHOI	CHEM	

LRECL=20 LINESIZE=10

OBS	ID	Name	Class	Type
1	123	KANG	34	KIM
2	4567	LEE	2345	CHOI

1.1.4. 한글 인코딩 방식의 지정 – ENCODING 옵션

프로그래밍 언어 대부분에서 한글은 다루기 어렵다. 특히 외부 파일을 읽는 경우, 값이 깨지거나 잘리는 문제가 자주 발생한다. 보통 그 원인은 인코딩(encoding)이나 자룟값의 크기 문제이다. 여기에서는 SAS에서 한글이 포함된 외부 파일을 읽을 때 인코딩 옵션을 설명한다.

일반적으로 한글 값을 갖는 데이터 경우 'EUC-KR'이나 'UTF-8' 인코딩을 사용한다. 예를 들어 〈그림 1.1〉은 메모장에서 텍스트 파일을 불러온 것인데(구분자는 탭 문자로 되어 있음), 맨 아래의 오른쪽 부분에서 이 파일의 인코딩 방식이 'UTF-8'이라는 것을 확인할 수 있다.

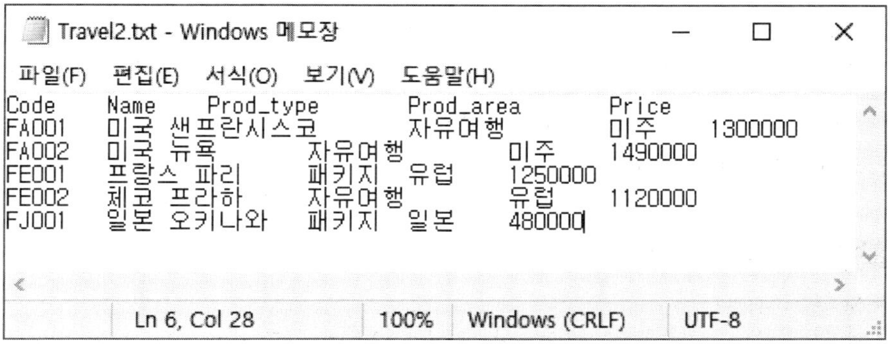

그림 1.1 메모장에서 인코딩 방법의 확인

한편, 현재 사용하고 있는 SAS 시스템의 인코딩 방식은 〈예 1.9〉와 같이 **OPTIONS** 프로시저에 **OPTION=ENCODING** 옵션을 사용하여 확인할 수 있다. 이 경우에는 SAS 시스템의 인코딩 방식이 'EUC-KR'이라는 것을 볼 수 있다.

예 1.9 SAS 시스템에서 인코딩 방식의 확인

```
PROC OPTIONS OPTION=ENCODING;
RUN;
```

LOG 윈도우의 출력

```
SAS (r) Proprietary Software Release 9.4  TS1M6
ENCODING=EUC-KR   Specifies the default character-set encoding for the SAS session.
```

예 1.10 한글이 깨지는 경우

```
DATA Mysas.Travel1;
   INFILE 'C:\Temp\SAS_Advanced\Travel1.txt' EXPANDTABS FIRSTOBS=2;
   INPUT Code $ Name $ Prod_type $ Prod_area $ Price;
RUN;
```

OBS	Code	Name	Prod_type	Prod_area	Price
1	FA001	◆깧◆뱀◆◆◆	됤棣	◆씼◆	.
2	FA002	◆돱◆숱	◆열◆씼	뻠◆◆	.
3	FE001	◆똮由◆	◆뙏◆궑	?	.
4	FE002	◆뱀◆씪◆◆	◆열◆	◆뻠◆	.
5	FJ001	◆뻸◆궑	◆뙏◆	ㅆ?	.

〈예 1.10〉에서 볼 수 있는 바와 같이 Travel.txt 파일의 인코딩 방식은 'UTF-8'인데 반해 현재 SAS 시스템의 인코딩 방식은 'EUC-KR'이므로 한글이 제대로 읽어지지 않고 있다. 따라서 이 경우에는 〈예 1.11〉에서와 같이 SAS 시스템의 인코딩 방식을 'UTF-8'로 변경해 주어야 한다.

예 1.11 인코딩 방식의 변경

```
DATA Mysas.Travel1;
    INFILE 'C:\Temp\SAS_Advanced\Travel1.txt' EXPANDTABS FIRSTOBS=2 ENCODING='UTF-8';
    INPUT Code $ Name $ Prod_type $ Prod_area $ Price;
RUN;
```

- **ENCODING=**: 인코딩 방식을 지정하며 **'UTF-8'** 또는 **'EUC-KR'**을 지정할 수 있다.
- SAS에서는 한글 한 글자를 영문 2글자로 처리한다. 또한 구분자로 구분된 파일을 불러올 때 문자 변수의 경우 최대 8자(영문 8자, 한글 4자)만 저장한다. 8자 이상의 문자값을 저장하려면 LENGTH 명령문으로 저장 공간의 크기를 지정해 주어야 한다 (3.1절 참조).

OBS	Code	Name	Prod_type	Prod_area	Price
1	FA001	샌프란시	자유여행	미주	1300000
2	FA002	뉴욕	자유여행	미주	1490000
3	FE001	파리	패키지	유럽	1250000
4	FE002	프라하	자유여행	유럽	1120000
5	FJ001	오키나와	패키지	일본	480000

만약 데이터 파일의 인코딩 방식을 파악하기 어렵다면, SAS 시스템의 인코딩 방식을 'UTF-8' 또는 'EUC-KR'로 서로 바꾸어 시도하면서 한글이 잘 읽어지는지를 확인하는 것도 방법이다.

한편, **IMPORT** 프로시저를 이용하면 외부 데이터를 읽을 때 한글이 깨지거나 잘리는 것을 효율적으로 방지할 수 있는데 1.4절을 참조하기 바란다.

1.2. 개체들 간의 연산 – RETAIN 명령문

SAS에서는 일반적으로 하나의 관측개체(observation) 안에서만 연산이 가능하다. 즉, 연산에 사용되는 변수들의 값은 같은 개체에서의 값만을 가진다. 예를 들어, 보통의 경우에는 한 개체의 변수 값은 다른 개체의 변수 값과 더해질 수 없다.

그러나 개체들 간의 연산이 필요한 경우가 종종 있으며, 따라서 SAS 언어는 개체들 간의 연산이 가능한 몇 가지 기능을 가지고 있다. **RETAIN** 명령문은 한 개체에 대해서 계산된 값이 다음 개체에 대해서도 계속 유지되도록 지정하며, 연속된 개체들 간의 연산을 필요로 할 때 유용하게 사용할 수 있다. **RETAIN** 명령문의 일반적 형식과 사용법은 다음과 같다.

```
RETAIN 변수-1 [초깃값-1] … ;
```

- **변수**(variable): 값을 유지시키고자 하는 변수 이름.
- **초깃값**(initial value): RETAIN 명령문에 지정된 각 변수들이 가지는 시작 값. 초깃값은 특별히 지정하지 않으면 결측값(missing value)이 된다.
- 동일한 데이터 단계에서 여러 개의 RETAIN 명령문을 사용할 수 있다.
- 하나의 RETAIN 명령문을 이용하여 여러 개의 숫자형 변수와 문자형 변수를 동시에 지정할 수 있다.
- 특별한 지정이 없으면 RETAIN 명령문에 지정된 변수는 숫자형 변수가 된다. 문자형 변수로 지정하고자 할 때는, 적절한 길이의 문자형 기본값을 지정하거나 LENGTH 명령문으로 사전에 지정해야 한다.

RETAIN 명령문의 사용 예

- RETAIN _NUMERIC_;
  모든 숫자형 변수를 지정한다.
- RETAIN flag1-flag5 ' ';
  문자형 변수 flag1에서 flag5까지의 초깃값을 결측값으로 지정한다.
- RETAIN cum_sale 0 use_group 'N';
  숫자형 변수 cum_sale에는 초기값 0, 문자형 변수 use_group에는 초기값 N을 지정한다.

한편, 단순히 한 수식에서의 누적합(cumulative sum)을 구하고자 할 때는 다음과 같은 형식으로 **함축 RETAIN**(implicit RETAIN)을 사용할 수 있다.

```
변수 + 수식;
```

이때, 변수는 반드시 숫자형이어야 하고, 초깃값으로 0을 가진다. 예를 들어 i번째 개체의 변수 X의 값을 X_i라고 할 때 '$Y_i = Y_{i-1} + X_i = X_1 + X_2 + \cdots + X_{i-1} + X_i$'와 같이 변수 X의 누적합을 가지는 변수 Y를 만들고자 할 때는, **함축 RETAIN**을 사용하여 다음과 같이 간단히 프로그램을 작성할 수 있다.

```
y+x;
```

이와 같은 **함축 RETAIN**은 다음과 같이 **RETAIN** 명령문과 **SUM** 함수를 사용하는 것과 동일하다.

```
RETAIN 변수 0;
변수 = SUM(변수, 수식);
```

다음 〈예 1.12〉의 데이터셋 One에는 변수 Name에 여러 개의 중복된 개체가 존재한다. 이제 **RETAIN** 명령문을 사용하여 중복된 개체를 제거하여 보자.

예 1.12 중복된 개체 제거하기

```
DATA One;
    LENGTH Name $8 Class $7;
    INFILE 'C:\Temp\SAS_Advanced\Class.txt';
    INPUT Name $ Class $;
RUN;

PROC SORT DATA=One; /* ① */
    BY Name;         /* ① */
RUN;
```

```
DATA Two;
     RETAIN Oldname; /* ② */
     SET One;
     IF Name=Oldname THEN DELETE; /* ③ */
     Oldname=Name; /* ④ */
     DROP Oldname;
RUN;
```

① 데이터셋 One을 변수 Name에 의해서 정렬한다.

② 변수 Oldname을 초깃값이 결측값인 변수로 유지할 것을 지정한다.

③ 만약 변수 Name과 Oldname의 값이 같으면 그 개체를 제거한다.

④ 변수 Name의 값을 변수 Oldname에 저장한다.

데이터셋 – One (정렬 전)

OBS	Name	Class
1	H.C.KANG	CHEM101
2	Y.C.JUNG	ENGL201
3	S.H.JUN	MATH102
4	H.C.KANG	MATH102
5	K.J.AHAN	CHEM101
6	S.H.JUN	ENGE201
7	K.J.AHAN	CHEM101
8	S.H.JUN	CHEM101
9	Y.C.JUNG	ENGL201
10	H.C.KANG	MATH102

데이터셋 – One (정렬 후)

OBS	Name	Class
1	H.C.KANG	CHEM101
2	H.C.KANG	MATH102
3	H.C.KANG	MATH102
4	K.J.AHAN	CHEM101
5	K.J.AHAN	CHEM101
6	S.H.JUN	MATH102
7	S.H.JUN	ENGE201
8	S.H.JUN	CHEM101
9	Y.C.JUNG	ENGL201
10	Y.C.JUNG	ENGL201

데이터셋 – Two

OBS	Name	Class
1	H.C.KANG	CHEM101
2	K.J.AHAN	CHEM101
3	S.H.JUN	MATH102
4	Y.C.JUNG	ENGL201

〈예 1.12〉에서 정렬된 데이터셋의 첫 번째 개체에 대하여 변수 Name의 값은 H.C.KANG이고 변수 Oldname의 값은 결측값이므로, 첫 번째 개체는 데이터세트 Two에 저장된다. 또한 두 번째 개체에 대해서는 변수 Name과 Oldname의 값이 H.C.KANG로 같으므로, 두 번째 개체는 데이터셋 Two에 저장되지 않는다. 이상과 같은 과정을 모든 개체에 대해서 차례로 수행하여 데이터셋 Two가 생성된다.

한편, 시계열 데이터(time series data)를 다루는 경우에 유용하게 사용되는 가중지수이동평균값(exponentially weighted moving average value)은 다음과 같이 정의된다.

$$Y_i = aX_i + (1-a)Y_{i-1}$$

여기에서 a를 평활계수(smoothing coefficient)라고 한다. SAS에서는 SAS/ETS의 PROC EXPAND 등에서 이를 쉽게 계산할 수 있지만, 다음 〈예 1.13〉에서는 **RETAIN** 명령문을 사용하여 가중지수이동평균값을 구해 보겠다.

예 1.13 가중지수이동평균값 계산하기

```
DATA One;
    RETAIN Y 0; /* ① */
    INPUT X @@;
    Y=0.2*X+0.8*Y; /* ② */
CARDS;
1 2 3 4 5
;
RUN;
```

① 변수 Y를 초깃값이 0인 변수로 유지할 것을 지정한다.

② 변수 X의 가중지수이동평균값을 계산하여 Y에 저장한다.

데이터셋 - One

OBS	Y	X
1	0.20000	1
2	0.56000	2
3	1.04800	3
4	1.63840	4
5	2.31072	5

〈예 1.13〉에서 변수 Y가 RETAIN 명령문에 지정되었기 때문에, ②에서 좌변의 Y는 새로 계산된 가중지수이동평균값을 가지며 우변의 Y는 이전의 가중지수이동평균값을 가진다. 즉, 첫 번째 개체에 대한 가중지수이동평균값은 $0.2(=0.2\times1+0.8\times0)$이고, 두 번째 개체에 대하여는 $0.56(=0.2\times2+0.8\times0.2)$이 된다. 이상과 같은 과정을 모든 개체에 대해서 차례로 수행하여 〈예 1.13〉의 결과와 같은 데이터셋이 생성된다.

예 1.14 하나 이상의 결측값을 가지는 개체의 개수 세기

```
DATA One;
     INPUT X1 X2 X3;
     RETAIN K 0; /* ① */
     IF NMISS(OF X1-X3)>0 THEN K=K+1; /* ② */
CARDS;
1 2 3
4 5 .
. 7 .
. 8 9
1 2 3
;
RUN;
```

① 변수 K를 초깃값이 0인 변수로 유지할 것을 지정한다.

② 현재의 개체가 변수 X1, X2, X3 중에서 하나 이상의 결측값을 가지면 변수 K의 값을 1씩 증가시킨다.

데이터셋 – One

OBS	X1	X2	X3	K
1	1	2	3	0
2	4	5	.	1
3	.	7	.	2
4	.	8	9	3
5	1	2	3	3

〈예 1.14〉의 ②에서 NMISS 함수는 결측값의 개수를 가지는 함수이며, 위 프로그램은 함축 RETAIN을 사용하여 다음과 같이 바꾸어 쓸 수 있다.

```
DATA One;
    INPUT X1 X2 X3;
    IF NMISS(OF X1-X3)>0 THEN K+1;
CARDS;
...
```

1.3. 배열의 이용 – ARRAY 명령문

ARRAY 명령문은 일련의 변수들을 배열(array)의 원소들로 지정한다. ARRAY 명령문과 DO 명령문을 함께 이용하면, 여러 개의 변수들에 대해서 동일한 작업을 반복할 때 효율적으로 작업을 수행할 수 있다. SAS에서의 ARRAY 명령문은 일반적인 프로그래밍 언어에서 배열을 지정하는 것과 개념적으로 유사하며, ARRAY 명령문의 일반적 형식과 사용법은 다음과 같다.

```
ARRAY 배열-이름{첨자} <$> <길이> <<배열-원소들> <(초깃값들)>>;
```

- **배열 이름**(name): SAS에서의 일반적인 명명규칙에 따라야 한다.
- **차원**(subscript): 배열의 차원과 각 차원에서 원소의 개수를 지정한다.
- **배열 원소**(element): 배열에서 사용될 변수들을 지정한다. 하나의 배열에서 지정되는 변수이름은 동일한 유형(type)을 가져야 한다.
- **초기값**(initial value): 각 배열의 원소들이 가지는 초기값을 지정한다.
- **$**: 배열의 원소들이 문자형임을 지정한다.
- **길이**(length): 배열의 원소들의 길이를 지정한다.
- 배열 이름, 차원, 배열 원소들은 반드시 지정하여야 하며, $와 길이는 선택사항이고 만약 지정하지 않으면 LENGTH, INPUT, SET 명령문에 의해서 사전에 정의된 바에 따르므로 특별한 경우를 제외하고는 지정할 필요가 없다.
- 동일한 데이터-단계(data-step)에서 여러 개의 ARRAY 명령문이 사용될 수 있으며, 하나의 변수는 여러 개의 배열 원소로 사용될 수 있다.

ARRAY 명령문의 사용 예

- **ARRAY k[5] a1 a2 a3 a4 a5; /* 일차원 배열 */**
  k[1]에 변수 a1, k[2]에 a2, …, k[5]에 a5를 할당한다.
- **ARRAY x[5,3] score1-score15; /* 다차원 배열 */**
  x[1,1]에 변수 score1, x[1,2]에 변수 score2, …, x[5,3]에 변수 score15를 할당한다.
- **ARRAY month[*] jan feb jul oct nov; /* 자동첨자의 사용 */**
  배열에 지정된 변수의 개수(*n*)에 따라서 1부터 *n*까지 차례로 첨자를 할당한다.
- **ARRAY x[*] _NUMERIC_; /* 변수 유형의 사용 */**
  자동변수 _NUMERIC_은 데이터셋의 모든 숫자형(numeric) 변수, _CHARACTER_는 모든 문자형(character) 변수, _ALL_은 모든 변수를 배열에 할당할 것을 지정한다. 할당되는 순서는 데이터셋에서 변수가 저장되어 있는 순서에 따른다. _ALL_을 사용할 경우 데이터셋의 모든 변수가 동일한 변수 유형을 가져야 한다.
- **ARRAY test[3] t1 t2 t3 (90 80 70); /* 숫자형의 초기값 지정 */**
  ARRAY test[3] \$ t1 t2 t3 ('a' 'b' 'c'); /* 문자형의 초기값 지정 */
  지정된 초기값(initial value)은 다른 명령에 의해서 변경되지 않을 때까지 보관된다.
- **ARRAY test[3] _TEMPORARY_ (90 80 70); /* 임시 배열의 지정 */**
  배열의 원소들을 임시 배열로 할 것을 지정한다. 임시 배열로 지정된 경우에는 계산 과정에서만 값을 가지며, 데이터셋에는 저장되지 않는다.
- **ARRAY test[3:4, 3:7] test1-test10; /* 확정 배열의 지정 */**
  test[3,3]에 변수 test1, test[3,4]에 변수 test2, …, test[3,7]에 변수 test5, test[4,3]에 변수 test6, …, test[4,7]에 변수 test10을 할당한다. 일차원 또는 다차원 배열에서 "시작첨자:끝첨자"와 같이 확정배열(explicit array)을 사용할 수 있다.
- **ARRAY a[10]; /* 배열 원소를 지정하지 않는 배열 */**
  a[1]에 변수 a1, a[2]에 변수 a2, , a[10]에 변수 a10을 할당한다.
- DIM*n* 함수
  다차원 배열에서 *n*번째 차원의 배열 원소의 개수를 나타낸다. 배열이 test[3:4, 3:7]과 같이 지정되어 있을 때, DIM2(test)의 값은 5가 된다.
- LBOUND*n* 함수, HBOUND*n* 함수
  다차원 배열에서 *n*번째 차원의 시작첨자와 끝첨자를 나타낸다. 위의 예에서 LBOUND2(test)의 값은 3이고, HBOUND2(test)의 값은 7이다.

예 1.15 한 개 이상의 변수에 대해서 결측값을 가지는 개체를 제거하기

```
DATA One;
     INPUT A1-A5;
CARDS;
11  12  13  14  15
21   .  23  24  25
31  32  33  34  35
41  42  43  44  45
51  52  53   .  55
;
RUN;

DATA Two;
     SET One;
     ARRAY K[*] A1-A5; /* ① */
           DO i=1 TO 5;              /* ② */
              IF k[i]=. THEN DELETE; /* ② */
           END;                      /* ② */
     DROP i; /* ③ */
RUN;
```

① K[1]에 변수 A1, K[2]에 변수 A2, …, K[5]에 변수 A5를 할당한다.

② K[i]가 결측값이면 그 개체를 제거한다. 즉, 변수 A1, …, A5 중에서 어느 한 변수라도 결측값을 가지면 그 개체를 제거한다.

③ DO 명령문의 사용으로 생성되는 변수 i를 제거한다.

데이터셋 – Two

OBS	A1	A2	A3	A4	A5
1	11	12	13	14	15
2	31	32	33	34	35
3	41	42	43	44	45

〈예 1.15〉의 프로그램은 NMISS 함수를 이용하여 다음과 같이 작성해도 된다.

```
DATA Two;
     SET One;
     IF NMISS(of A1-A5)>0 THEN DELETE;
RUN;
```

예 1.16 이차원 배열과 DIM 함수의 이용

```
DATA One;
     INPUT A1-A5 B1-B5;
CARDS;
11   12   13   14   15   21    22    23    24    25
31   32   33   34   35   41    42    43    44    45
;
RUN;

DATA Two;
     FORMAT C1-C5 5.3; /* ① */
     ARRAY K1[2,5] A1-A5 B1-B5; /* ② */
     ARRAY K2[5] C1-C5; /* ③ */
     SET One;
     DO j=1 TO DIM2(K1);        /* ④ */
        K2[j]=K1[1,j]/K1[2,j]; /* ④ */
     END;                       /* ④ */
     Dim1_K1=DIM1(K1); Dim2_K1=DIM2(K1); Dim_K2=DIM(K2); /* ⑤ */
     DROP j; /* ⑥ */
RUN;
```

① 변수 C1, …, C5의 출력포맷을 지정한다.

② 변수 A1, A2, …, A5, B1, B2, …, B5를 이차원 배열 K1에 할당한다.

③ 변수 C1, …, C5를 일차원 배열 K2에 할당한다.

④ C1=A1/B1, …, C5=A5/B5를 연산한다.

⑤ DIM*n* 함수의 사용 예

⑥ DO 명령문의 사용으로 생성되는 변수 j를 제거한다.

데이터셋 – Two

OBS	C1	C2	C3	C4	C5	A1	A2	A3	A4	A5
1	0.524	0.545	0.565	0.583	0.600	11	12	13	14	15
2	0.756	0.762	0.767	0.773	0.778	31	32	33	34	35

B1	B2	B3	B4	B5	Dim1_K1	Dim2_K1	Dim_K2
21	22	23	24	25	2	5	5
41	42	43	44	45	2	5	5

예 1.17 배열에서 문자형 변수의 이용 - 모든 소문자를 대문자로 바꾸기

```
DATA One;
    ARRAY Names[*] $ N1-N9; /* ① */
    ARRAY Caps[*] $ C1-C9; /* ② */
    INPUT Names[*]; /* ③ */
    DO i=1 TO 9;                /* ④ */
      Caps[i]=UPCASE(Names[i]); /* ④ */
    END;                        /* ④ */
    DROP i;
CARDS;
smithers michaels gonzalez hurth frank bleigh rounder joseph peters
;
RUN;
```

① 변수 N1, …, N9를 배열 Names에 할당한다.

② 변수 C1, …, C9를 배열 Caps에 할당한다.

③ 'INPUT (N1-N9) $'와 동일하다.

④ UPCASE 함수는 문자형 변수의 소문자를 대문자로 바꾸는 함수이다.

데이터셋 – One

OBS	N1	N2	N3	N4	N5	N6	N7	N8	N9
1	smithers	michaels	gonzalez	hurth	frank	bleigh	rounder	joseph	peters

C1	C2	C3	C4	C5	C6	C7	C8	C9
SMITHERS	MICHAELS	GONZALEZ	HURTH	FRANK	BLEIGH	ROUNDER	JOSEPH	PETERS

예 1.18 임시 배열의 이용

```
DATA One(DROP=i);
     INPUT ID S1-S3;
     ARRAY Test[3] _TEMPORARY_ (90 80 70); /* ① */
     ARRAY Score[3] S1-S3; /* ② */
     DO i=1 TO 3;                       /* ③ */
        IF Score[i]>=Test[i] THEN       /* ③ */
           DO; Newscore=Score[i]; OUTPUT; /* ③ */
           END;                         /* ③ */
     END;                               /* ③ */
CARDS;
1234 99 60 82
5678 80 85 75
;
RUN;
```

① 임시 배열 Test[1], Test[2], Test[3]을 생성하고, 각각의 초기값을 90, 80, 70으로 한다.

② 변수 S1, S2, S3를 배열 Score에 할당한다.

③ Score[i]가 Test[i]보다 크거나 같으면 새로운 점수(Newscore)를 Score[i]로 한다. 그렇지 않으면 연산을 수행하지 않는다.

데이터셋 – One

OBS	ID	S1	S2	S3	Newscore
1	1234	99	60	82	99
2	1234	99	60	82	82
3	5678	80	85	75	85
4	5678	80	85	75	75

1.4. 외부 데이터 가져오기/내보내기

윈도우즈 환경에서 작업할 때 얻는 이점 중의 하나는 다른 응용프로그램(application)들과 데이터를 공유할 수 있다는 것이다. SAS와 다른 윈도우즈 응용프로그램 사이에 데이터를 공유할 수 있는 방법은 다음과 같이 여러 가지가 있다.

• 클립보드를 이용하여 복사하고-붙이기(copy-and-paste)
• ASCII 파일을 불러오기
• SAS 가져오기/내보내기 마법사(Import/Export Wizard)를 이용하기
• SAS/ACCESS 소프트웨어를 이용하기
• DDE(Dynamic Data Exchange)를 이용하기
• OLE(Object Linking and Embedding)를 이용하기

이 절에서는 SAS/ACCESS 소프트웨어의 IMPORT, EXPORT 프로시저를 이용하여 다른 응용프로그램에서 파일로 저장된 데이터를 불러오거나 외부 파일로 데이터를 내보내는 과정을 설명하도록 하겠다.

1.4.1. IMPORT 프로시저

윈도우즈 환경에서 작업할 때 얻는 이점 중의 하나는 서로 다른 응용 프로그램들 간에 데이터를 공유할 수 있다는 것이다. SAS와 다른 윈도우즈 응용 프로그램 사이에 데이터를 공유할 수 있는 방법은 여러 가지가 있는데, 그 중 하나는 〈그림 1.2〉와 같이 **데이터 가져오기 마법사**(Import Wizard)를 이용하는 것이다.1)

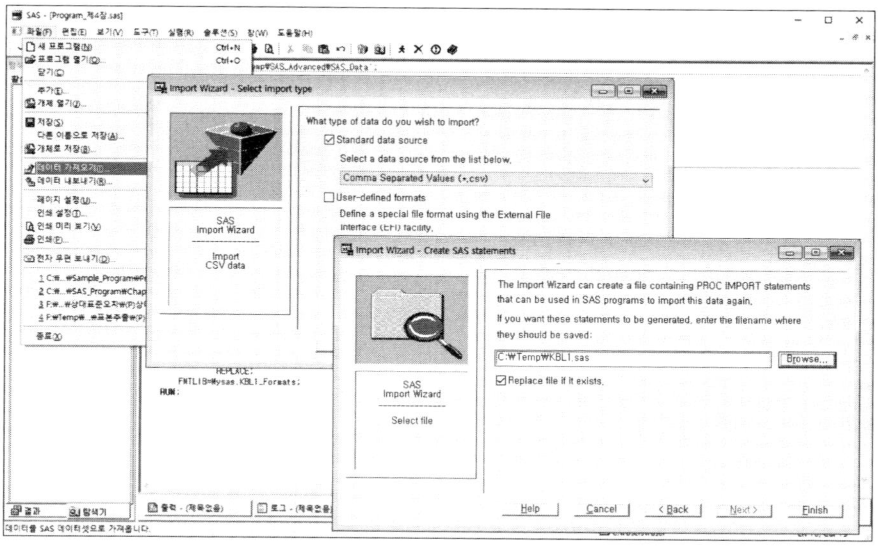

그림 1.2 데이터 가져오기 마법사

1) <그림 1.2>에서 저장될 프로그램의 이름을 지정하면 데이터 가져오기 마법사를 이용하는 것과 동일한 작업을 수행하는 SAS 프로그램(PROC IMPORT 명령문)을 얻을 수 있다.

사실 **데이터 가져오기 마법사**는 IMPORT 프로시저의 기능을 대화상자를 통해 이용할 수 있도록 구현한 것이다. 여기에서는 몇 가지 예를 통해 IMPORT 프로시저의 사용법을 설명할 것이다.

가장 일반적인 텍스트(또는 ASCII) 파일의 형식은 구분자(delimiter)가 콤마(comma) 또는 탭(tab) 문자인 경우이다. 〈예 1.19〉는 탭 문자로 자룟값이 구분된(tab-delimited values) 파일을 읽어서 SAS 데이터셋을 생성하는 예이다.

표 1.1 DBMS= 옵션에 지정할 수 있는 형식

DBMS=	외부 데이터 파일의 형식	파일 확장자
ACCESS	Microsoft Access 2000, 2002, 2003, 2007, 2010, and later table.	.mdb, .accdb
ACCESSCS	Microsoft Access table connecting remotely through SAS PC Files Server.	.mdb, .accdb
CSV	Delimited file with comma-separated values	.csv
DBF	dBASE 5.0, IV, III+, and III files	.dbf
DBFMEMO	dBASE 5.0, IV, III+, and III files with memos FoxPro and Visual FoxPro files with memos	.dbf, .fpt, .dbt
DLM	Delimited file (default delimiter is a blank)	.*
DTA	Stata file	.dta
EXCEL	Microsoft Excel 97, 2000, 2002, 2003, 2007, 2010, and later workbooks.	.xls, .xlsb .xlsm, .xlsx
EXCEL4 EXCEL5	Microsoft Excel 4.0, Excel 5.0 or 7.0 (95) workbook, using PROC ACCESS.	.xls
EXCELCS	Microsoft Excel workbook connecting remotely through the SAS PC Files Server.	.xls, .xlsx, .xlsb, xlsm
JMP	JMP files in Version 7 and later format.	.jmp
PARADOX	Paradox DB files	.db
PCFS	JMP files, SPSS files, and Stata files connecting remotely through the SAS PC Files Server. SAS can be running on UNIX or another Windows system.	.jmp, .sav, .dta
SAV	SPSS file	.sav
TAB	Delimited file (tab-delimited values)	.txt
WK1	Lotus1-2-3 Release 2 spreadsheet	.wk1
WK3	Lotus 1-2-3 Release 3 spreadsheet	.wk3
WK4	Lotus 1-2-3 Release 4 or 5 spreadsheet	.wk4
XLS	Microsoft Excel 5.0, 95, 97, 2000, 2002, or 2003 workbook using file formats.	.xls
XLSX	Microsoft Excel 2007 and later workbook using file formats	.xlsx

예 1.19 **텍스트 데이터 가져오기**

```
PROC IMPORT DBMS=TAB
            DATAFILE="C:\Temp\SAS_Advanced\Travel2.txt"
            OUT=Mysas.Travel2 REPLACE;
    GETNAMES=YES;
    DATAROW=2;
    GUESSINGROWS=MAX;
RUN;
```

- **DBMS=** 옵션: 가져올 파일의 형식을 지정한다. 〈표 1.1〉 참조.
- **DATAFILES=** 옵션: 외부 데이터 파일이 저장되어 있는 경로와 파일의 이름을 지정한다.
- **OUT=** 옵션: SAS 데이터셋이 저장될 라이브러리와 SAS 데이터셋의 이름을 지정한다.
- **REPLACE** 옵션: 라이브러리 내에 동일한 이름의 SAS 데이터셋이 이미 존재할 경우 이를 덮어쓰도록 지정한다.
- **GETNAMES=YES|NO** 명령문: 가져올 외부 데이터의 첫 줄에서 변수 이름을 읽을 것인지를 지정한다(기본값: **GETNAMES=YES**).[2)]
- **DATAROW=n** 명령문: 몇 번째 줄에서부터 데이터를 읽을 것인지를 지정한다.
- **GUESSINGROWS=n|MAX** 명령문: 첫 *n*개의 데이터를 스캔하여 각 변수에 대한 유형(type) 및 저장공간(informat)의 크기를 결정한다(기본값: **GUESSINGROWS=20**). 스캔 범위를 충분히 크게 하면 보다 정확한 변수 크기를 할당할 수 있게 된다. 그러나 이 개수를 늘리면 스캔 시간이 길어지기 때문에, 데이터 특성(변수값의 길이가 일정한지 여부 등)에 따라 *n*을 정해주는 것이 좋다.

OBS	Code	Name	Prod_type	Prod_area	Price
1	FA001	�깙�뱁�?�떙�뒗肄	誘몃<	130000	.
2	FA002	�돀�쉪	�옄�씤�뿕�뺎	誘몃<	1490000
3	FE001	�뙣由�	�뙋�궗吏�	�씤�쓽	1250000
4	FE002	�뱁�씪�빌 �옄�씤��	�씤�쓽	112000	.
5	FJ001	�뺎�궗�굳�?	�뙋�궗吏�	�씪蹂�	480000

2) 데이터 가져오기 마법사나 ACCESS 프로시저를 이용하여 데이터 파일을 읽을 때, 첫 줄에 변수 이름이 입력되어 있는 경우 변수 이름에 한글이나 특수문자를 사용하지 않는 것이 좋다.

〈예 1.19〉의 결과에서 한글이 깨지는 현상이 발생하여 자룟값이 제대로 읽어지지 않고 있다. 따라서 이 경우에는 1.1.4절에서 설명한 바와 같이 SAS 시스템의 인코딩 방식을 변경해 주어야 한다.

예 1.20 FILENAME 명령문으로 인코딩 방식 변경하기

```
FILENAME fname "C:\Temp\SAS_Advanced\Travel2.txt" ENCODING='UTF-8';

PROC IMPORT DBMS=TAB
            DATAFILE=fname
            OUT=Mysas.Travel2 REPLACE;
    GETNAMES=YES;
    DATAROW=2;
    GUESSINGROWS=MAX;
RUN;
```

OBS	Code	Name	Prod_type	Prod_area	Price
1	FA001	미국 샌프란시스코	자유여행	미주	1300000
2	FA002	미국 뉴욕	자유여행	미주	1490000
3	FE001	프랑스 파리	패키지	유럽	1250000
4	FE002	체코 프라하	자유여행	유럽	1120000
5	FJ001	일본 오키나와	패키지	일본	480000

IMPORT 프로시저에서 인코딩 방식을 지정하기 위해서는 〈예 1.20〉과 같이 FILENAME 명령문을 사용하면 된다. FILENAME 명령문의 사용형식은 다음과 같다.

```
FILENAME 파일참조 '외부 데이터의 경로 및 파일 이름' <인코딩 옵션> <기타 옵션들>;
```

여기에서 **파일참조**(file reference)는 실제 '외부 데이터의 경로 및 파일 이름' 대신에 사용될 임의의 별칭이다. 예를 들어, 〈예 1.20〉에서 fname이라는 파일참조는 "C:\Temp\SAS_ Advanced\Travel.txt"라는 파일(인코딩 옵션)을 지칭하며, DATAFILE= 옵션에서 fname을 호출하고 있다. 한편, FILENAME 명령문으로 정의된 파일참조는 데이터-단계(data-step)의 INFILE 명령문에서도 호출할 수 있다.

〈예 1.20〉의 결과에서 볼 수 있는 바와 같이, 문자 변수의 자룟값에 공백이 포함되어 있거나 자룟값의 길이가 큰 경우에도 IMPORT 프로시저를 이용하면 쉽게 외부 데이터를 가져올 수 있다.

예 1.21 **구분자를 지정하기**

```
PROC IMPORT DBMS=DLM
            DATAFILE="C:\Temp\SAS_Advanced\Travel2.csv"
            OUT=Mysas.Travel2 REPLACE;
    DELIMITER=',';
    GETNAMES=YES;
    DATAROW=2;
    GUESSINGROWS=MAX;
RUN;
```

특정한 구분자로 자룟값이 구분되어 있는 경우에는 〈예 1.21〉과 같이 **DBMS=DLM** 옵션을 지정하고 **DELIMITER=** 명령문으로 구분자를 지정하면 된다. 〈예 1.21〉에서는 콤마(,)가 구분자임을 지정하고 있다.

한편, 구분자가 콤마인 경우에는 〈예 1.22〉과 같이 **DBMS=CSV** 옵션을 사용하면 CSV(comma-separated values) 파일을 쉽게 가져올 수 있다.

예 1.22 **CSV 데이터 가져오기**

```
PROC IMPORT DBMS=CSV
            DATAFILE="C:\Temp\SAS_Advanced\Travel2.csv"
            OUT=Mysas.Travel2 REPLACE;
    GETNAMES=YES;
    DATAROW=2;
    GUESSINGROWS=MAX;
RUN;
```

한편, 〈예 1.23〉은 마이크로소프트 Excel 파일에서 워크시트를 읽어 SAS 데이터셋을 생성하는 예이다.

예 1.23 **Excel 데이터 가져오기**

```
PROC IMPORT DBMS=EXCEL
            DATAFILE="C:\Temp\SAS_Advanced\Travel2.xlsx"
            OUT=Mysas.Travel2 REPLACE;
    RANGE="Sheet1$";
    GETNAMES=YES;
RUN;
```

- **RANGE=**: Excel 파일 안에서 데이터를 가져올 워크시트를 지정한다.

예 1.24 SPSS 데이터 가져오기

```
PROC IMPORT DBMS=SPSS
            DATAFILE="C:\Temp\SAS_Advanced\Travel2.sav"
            OUT=Mysas.Travel2 REPLACE;
    FMTLIB=Mysas.Travel2_Fmt;
RUN;
```

- **FMTLIB=** 명령문: SPSS 데이터 파일에 변숫값 레이블(value label)이 포함되어 있는 경우, 이를 포맷 카탈로그에 저장하여 사용하고자 할 때 지정한다.

IMPORT 프로시저에서는 **DBMS=** 옵션의 설정을 변경함으로써 매우 다양한 형식의 외부 데이터 파일을 가져올 수 있다(표 1.1 참조). 예를 들어, 〈예 1.24〉에서는 **DBMS=** 옵션에 **SPSS**(또는 **SAV**)를 지정함으로써 .sav 파일로부터 SAS 데이터셋을 생성하고 있다.

1.4.2. EXPORT 프로시저

EXPORT 프로시저는 **데이터 내보내기 마법사**(Export Wizard)의 기능을 수행하는 것이다. 여기에서는 몇 가지 예를 통해 **EXPORT** 프로시저의 사용법을 설명할 것이다.

예 1.25 CSV 데이터로 내보내기

```
PROC EXPORT DATA=Mysas.Travel2
            DBMS=CSV OUTFILE="C:\Temp\SAS_Advanced\Travel3.csv" REPLACE;
RUN;
```

- **DATA=**: 내보낼 SAS 데이터셋이 저장되어 있는 라이브러리와 데이터셋의 이름을 지정한다.
- **OUTFILE=**: 데이터가 저장될 외부 텍스트 파일의 이름을 지정한다.

예 1.26 Excel 데이터로 내보내기

```
PROC EXPORT DATA=Mysas.Travel2
            DBMS=EXCEL OUTFILE="C:\Temp\SAS_Advanced\Travel3.xlsx" REPLACE;
    SHEET="Sheet1";
RUN;
```

- **SHEET=**: 생성될 Excel 파일에서 데이터가 저장될 워크시트의 이름을 지정한다.

예 1.27 SPSS 데이터로 내보내기

```
PROC EXPORT DATA=Mysas.Travel2
            DBMS=SPSS OUTFILE="C:\Temp\SAS_Advanced\Travel3.sav" REPLACE;
RUN;
```

예 1.27 MS Access 데이터베이스로 내보내기

```
PROC EXPORT DATA=Mysas.Travel2
            DBMS=ACCESS OUTTABLE="Travel" REPLACE;
    DATABASE="C:\Temp\SAS_Advanced\Travel3.accdb";
RUN;
```

- **OUTTABLE=**: Access 데이터베이스에서 데이터가 저장될 테이블의 이름을 지정한다.
- **DATABASE=** 명령문: 데이터 테이블이 저장될 Access 데이터베이스의 경로와 이름을 지정한다. 단, 해당 Access 데이터베이스는 이미 존재하고 있어야 한다.

IMPORT/EXPORT 프로시저를 사용할 때, 앞의 예들에서와 같이 DBMS의 형식에 따라 명령문 및 옵션의 형태가 조금씩 다르다는 것을 주의하여라. 보다 자세한 내용은 SAS 도움말과 문서(Document)에서 SAS/ACCESS 부분을 참조하기 바란다.

제2장

데이터 결합에서의 옵션

SAS 프로그램의 장점 중 하나는 다양한 형태의 데이터 결합을 수행할 수 있다는 것이다. 이 장에서는 **SET**, **MERGE**, **UPDATE** 명령문을 이용하여 데이터를 결합할 때 사용할 수 있는 옵션들을 설명할 것이다.

2.1. 데이터 결합의 기초

두 개 이상의 데이터셋을 결합하여 새로운 데이터셋을 생성할 때, SAS는 프로그램의 형식에 맞추어 **PDV**(program data vector)라고 불리는 임시 메모리 영역에 하나 또는 여러 개의 데이터셋들로부터 하나씩의 개체들을 읽어 들이고, 이들을 적절히 결합하여 새로운 데이터셋의 한 개체를 만든다. 즉 새로운 데이터셋의 개체들은 프로그램의 내용에 따라 하나씩 차례로 만들어지는 것이며, SAS가 하나의 개체를 만드는 과정을 **루프**(loop)라고 한다. 이러한 과정의 루프가 필요한 만큼 반복된 후에 최종적으로 새로운 데이터셋이 완성되는 것이다.

이 절에서는 **SET**, **MERGE**, **UPDATE** 명령문을 중심으로 세로결합(concatenating), 끼워넣기(interleaving), 단순 가로결합(one-to-one merge), 대응 가로결합(match merge), 갱신(update)의 기본 개념을 설명할 것이다.

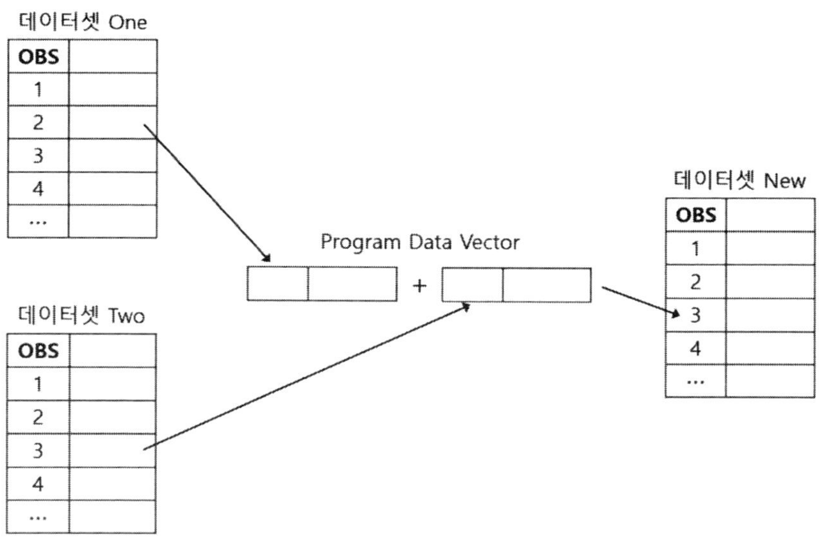

그림 2.1 SAS 데이터셋 생성에서의 루프(loop)

예 2.1 여러 가지 형태의 데이터 결합

```
DATA One;
     INPUT A B;
CARDS;
1    5
2    6
3    7
4    8
;
RUN;

DATA Two;
     INPUT C D;
CARDS;
 9    15
10    16
11    17
12    18
13    19
14    20
;
RUN;

DATA Three;
     INPUT A B E;
CARDS;
21    24    29
22    25    30
23    26    31
 1    27    32
 2    28    33
;
RUN;

DATA Combine1; /* ① */
     SET One Two;
RUN;

DATA Combine2; /* ② */
     SET One;
     SET Two;
RUN;

DATA Combine3; /* ③ */
     MERGE One Two;
RUN;
```

```
PROC SORT DATA=Three; ④
     BY A;
RUN;

DATA Combine4; /* ⑤ */
     SET One Three;
     BY A;
RUN;

DATA Combine5; /* ⑥ */
     SET One;
     SET Three;
     BY A;
RUN;

DATA Combine6; /* ⑦ */
     MERGE One Three;
     BY A;
RUN;
```

① SET 명령문에 의한 세로결합 (Concatenating)

② SET 명령문에 의한 가로결합 (One-to-One Reading)

③ MERGE 명령문에 의한 가로결합 (One-to-One Merging)

④ DATA-단계와 PROC-단계에서 BY 명령문을 사용할 경우에는 사용할 변수에 의해서 모든 데이터셋이 미리 정렬(sort)되어 있어야 한다.

⑤ SET 명령문에 의한 세로 끼워넣기 (Interleaving)

⑥ SET 명령문에 의한 대응 가로결합 (Match-Merging by SET)

⑦ MERGE 명령문에 의한 대응 가로결합 (Match-Merging by MERGE)

2.1.1. SET 명령문에 의한 세로결합 (Concatenating)

SET 명령문은 지정된 데이터셋의 각 개체들을 하나씩 차례로 읽도록 한다. 하나의 SET 명령문에 여러 개의 데이터셋을 동시에 지정하면, 지정된 데이터셋의 순서대로 개체들을 차례로 읽어 들여서 새로운 데이터셋을 생성한다. 즉, 매 루프는 각 데이터셋의 한 개체들을 읽음으로써 종료된다. 〈예 2.1〉의 ①에서는 먼저 데이터셋 One의 개체들을 차례로 읽어 들인 후에, 데이터셋 Two의 개체들을 차례로 읽어 들여서 데이터셋 Combine1을 생성한다.

데이터셋 - Combine1

OBS	A	B	C	D
1	1	5	.	.
2	2	6	.	.
3	3	7	.	.
4	4	8	.	.
5	.	.	9	15
6	.	.	10	16
7	.	.	11	17
8	.	.	12	18
9	.	.	13	19
10	.	.	14	20

2.1.2. SET 명령문에 의한 가로결합 (One-to-One Reading)

다중(multiple) SET 명령문을 사용하면 *n*번째 루프에서는 SET 명령문을 차례로 수행하여 각 데이터셋의 *n*번째 개체들을 하나씩 읽고, 이들을 PDV에서 처리하여 새로운 데이터셋의 *n*번째 개체를 만든다. 이때 동일한 변수에 대한 값이 이미 PDV에 존재하는 경우에는 나중에 읽은 값으로 대체된다. 하나의 SET 명령문에서 오류가 발생하거나 더 이상 읽어 들일 개체가 없는 경우에 데이터-단계(Data-step)는 종료된다.

데이터셋 - Combine2

OBS	A	B	C	D
1	1	5	9	15
2	2	6	10	16
3	3	7	11	17
4	4	8	12	18

2.1.3. MERGE 명령문에 의한 가로결합 (One-to-One Merging)

MERGE 명령문을 사용하면 지정된 데이터셋들의 *n*번째 개체들을 모두 읽은 후에 이들을 가로로 결합하여 *n*번째 루프가 종료된다. 이때 동일한 변수에 대한 값이 이미 PDV에 존재하는 경우에는 나중에 읽은 값으로 대체된다. 루프는 모든 데이터셋의 개체를 모두 읽어들일 때까지 계속된다.

데이터셋 - Combine3

OBS	A	B	C	D
1	1	5	9	15
2	2	6	10	16
3	3	7	11	17
4	4	8	12	18
5	.	.	13	19
6	.	.	14	20

2.1.4. SET 명령문에 의한 세로 끼워넣기 (Interleaving)

SET 명령문과 함께 BY 명령문을 사용하면 BY 변수의 순서대로 각 개체들을 읽어들여서 새로운 데이터셋이 생성된다. 즉, 개체를 읽는 순서가 바뀐다는 것 이외에는 세로결합과 다를 바가 없다.

데이터셋 - Combine4

OBS	A	B	E
1	1	5	.
2	1	27	32
3	2	6	.
4	2	28	33
5	3	7	.
6	4	8	.
7	21	24	29
8	22	25	30
9	23	26	31

2.1.5. 대응 가로결합 (Match-Merging)

다중 SET 명령문 또는 MERGE 명령문과 함께 BY 명령문이 사용되면, 먼저 각 데이터셋을 BY 명령문에 지정된 변수의 순서에 의해서 정렬(sort)한 후에 결합을 수행한다.

다중 SET 명령문에 의한 가로결합에서는 BY 변수는 각 데이터셋을 정렬하는 동안에만 사용되며 데이터셋을 결합할 때는 사용되지 않는다. 그러나 MERGE 명령문에 의한 가로결합에서는 PDV에서 개체를 정렬하고 데이터셋을 결합하여 새로운 개체를 생성하는 동안에도 BY 변수가 사용된다. 즉, BY 변수에 의한 대응 가로결합이 수행된다.

데이터셋 – Combine5

OBS	A	B	E
1	1	27	32
2	2	28	33
3	21	24	29
4	22	25	30

데이터셋 – Combine6

OBS	A	B	E
1	1	27	32
2	2	28	33
3	3	7	.
4	4	8	.
5	21	24	29
6	22	25	30
7	23	26	31

2.1.6. UPDATE 명령문에 의한 갱신

두 개의 데이터셋을 공통변수에 의해서 대응 결합할 때, 동일한 변수가 두 데이터셋에 모두 존재하는 경우에는 MERGE 명령문을 사용하면 나중에 읽어 들인 값으로 대체된다는 것을 앞에서 설명하였다. 이러한 현상은 나중에 읽어 들인 값이 결측값(missing value)인 경우에도 동일하게 적용된다. 그러나 나중에 지정된 데이터셋(Transaction-데이터셋)에 결측값이 있는 경우에는, 먼저 지정된 데이터셋(Master-데이터셋)의 값을 대체시키지 않기를 원할 수 있다. 이러한 경우에 사용할 수 있는 것이 UPDATE 명령문이다.

예 2.2 MERGE 명령문과 UPDATE 명령문

```
DATA Master;
    INPUT A B C $;
CARDS;
1    11    C1
2    12    C2
3    13     .
4    14    C4
;
RUN;
```

```
DATA Transact;
     INPUT A B E C $;
CARDS;
5     15     21     C5
6      .     22     C6
7     17     23     C7
8     18      .     C8
1      .     24      .
2     19     25      .
3     20     26     C3
;
RUN;

PROC SORT DATA=Transact;
     BY A;
RUN;

DATA Merge1; /* ① /
     MERGE Master Transact;
     BY A;
RUN;

DATA Update1; /* ② */
     UPDATE Master Transact;
     BY A;
RUN;
```

① 변수 A의 값이 동일한 개체에 대해서 새로운 데이터셋 Merge1의 변수 B와 C는 데이터셋 Transact의 변수 B와 C의 값이 결측값이냐 아니냐에 관계 없이 데이터셋 Transact의 값을 가진다.

② 변수 A의 값이 동일한 개체에 대해서 새로운 데이터셋 Update1의 변수 B와 C는 데이터셋 Transact의 변수 B 또는 C가 결측값이 아닌 경우에는 데이터셋 Transact의 값을 가지고, 데이터셋 Transact의 변수 B 또는 C가 결측값인 경우에는 데이터셋 Master의 값을 가진다.

데이터셋 – Merge1

OBS	A	B	C	E
1	1	.		24
2	2	19		25
3	3	20	C3	26
4	4	14	C4	.
5	5	15	C5	21
6	6	.	C6	22
7	7	17	C7	23
8	8	18	C8	.

데이터셋 – Update1

OBS	A	B	C	E
1	1	11	C1	24
2	2	19	C2	25
3	3	20	C3	26
4	4	14	C4	.
5	5	15	C5	21
6	6	.	C6	22
7	7	17	C7	23
8	8	18	C8	.

2.2. 데이터셋 옵션

데이터-단계(Data-Step) 또는 프로시저-단계(Proc-Step)에서 데이터셋을 호출하는 경우에, 다음 예에서와 같이 데이터셋 옵션을 사용할 수가 있다.

예 2.3 한 시점 이후의 데이터 값을 변수로 만들기

```
DATA One;
     INPUT X Y Z;
CARDS;
 5    1    3
 5    2    2
10    1    4
 2    1    1
 2    2    5
19    1    3
;
RUN;

DATA Two(DROP=Z); /* ① */
     MERGE One One(FIRSTOBS=2 KEEP=X RENAME=(X=Next)); /* ② */
     IF X=Next THEN Match='Yes';
        ELSE Match='No';
RUN;
```

① **DROP=Z**: 데이터셋 Two를 생성할 때 변수 Z는 제거한다.

② **MERGE One One**: 동일한 데이터셋 One을 두 번 가로로 결합한다.

- **FIRSTOBS=2**: 데이터셋 One의 두 번째 개체부터 읽는다. 초깃값: FIRSTOBS=1.
- **KEEP=X**: 변수 X만을 읽어들인다.
- **RENAME=(X=Next)**: 변수 X의 이름을 Next로 바꾼다.

데이터셋 – Two

OBS	X	Y	Next	Match
1	5	1	5	Yes
2	5	2	10	No
3	10	1	2	No
4	2	1	2	Yes
5	2	2	19	No
6	19	1	.	No

〈예 2.3〉은 한 시점 이후의 데이터 값을 새로운 변수로 만드는 예이다. 이 예에서는 동일한 데이터셋을 두 번 읽어서 가로로 결합하고 있으며, 데이터셋을 두 번째로 읽을 때는 몇 개의 데이터셋 옵션을 사용하여 일부 내용을 변경하면서 읽어들이고 있다.

위의 데이터셋 옵션들은 프로시저-단계(Proc-Step)에서도 효율적으로 사용할 수 있다. 다음 〈예 2.4〉에서는 **FIRSTOBS=** 옵션과 **OBS=** 옵션을 사용하여 3번째부터 5번째 데이터만을 호출하고 있다.

예 2.4 첫 *n*개의 데이터만 호출하기

```
PROC PRINT DATA=Two(FIRSTOBS=3 OBS=5 KEEP=X Y NEXT RENAME=(X=X_old Y=Y_old));
RUN;
```

- **OBS=5**: 첫 5번째의 데이터까지만을 읽는다.

OBS	X	Y	Next
3	10	1	2
4	2	1	2
5	2	2	19

데이터-단계 또는 프로시저-단계에서 데이터셋 옵션을 사용하는 경우, 데이터를 호출하는 동안에만 옵션이 작동하며 원본 데이터에는 영향을 주지 않는다는 장점이 있다.

2.3. 자동변수 – _N_ 과 _ERROR_

새로운 데이터셋을 생성할 때, SAS는 작업에 필요한 여러 가지 정보를 자동변수(automatic variable)라고 불리는 변수들에 임시로 저장하여 둔다.

예를 들어, 현재의 루프(loop)에 의해서 만들어지고 있는 개체가 몇 번째 개체인지를 자동변수 **_N_**에 저장하고, 오류 발생의 여부를 자동변수 **_ERROR_**에 저장한다.[1)] 즉, 새로운 데이터셋을 생성할 때, 자동변수 **_N_**은 각 개체에 대해서 만들어진 순서에 따라서 1부터 시작하여 차례로 자연수의 값을 가진다. 그리고 **_ERROR_**는 정상적으로 데이터가 읽어진 개체에는 0, 오류가 발생한 개체에는 1을 가진다.

이러한 자동변수를 이용하면 데이터-단계에서의 작업을 보다 효율적으로 수행할 수 있고, 자동변수를 저장하여 이후의 작업에서 이용할 수도 있다.

예 2.5 _N_과 SET 명령문의 작동원리

```
DATA One;
     INPUT A @@;
CARDS;
1 2 3
;
RUN;

DATA Two;
     INPUT B @@;
CARDS;
11 12 13 14
;
RUN;

DATA Three;
     INPUT C @@;
CARDS;
31 32 33 34 35
;
RUN;
```

1) 데이터–단계 또는 프로시저-단계에서 SAS가 필요에 의해서 자동으로 생성하는 변수는 일반적으로 변수 이름의 앞, 뒤에 _(underscore)가 붙는다.

```
DATA Combine;
     SET One;
     IF _N_=2 THEN SET Two;
     IF _N_=3 THEN SET Three;
RUN;
```

① 데이터셋 One을 차례로 읽는다.

② 두 번째 개체를 생성하는 동안에만 데이터셋 Two를 읽는다.

③ 세 번째 개체를 생성하는 동안에만 데이터셋 Three를 읽는다.

데이터셋 – One

OBS	A
1	1
2	2
3	3

데이터셋 – Two

OBS	B
1	11
2	12
3	13
4	14

데이터셋 – Three

OBS	C
1	31
2	32
3	33
4	34
5	35

데이터셋 – Combine

OBS	A	B	C
1	1	.	.
2	2	11	.
3	3	11	31

<예 2.5>에서, 첫 번째 루프에서는 _N_=1이 되고 첫 번째 SET 명령문이 수행되어 데이터셋 One의 첫 번째 개체를 읽는다. 아직 _N_=1이므로 두 번째와 세 번째 SET 명령문은 수행되지 않는다. 두 번째 루프에서는 _N_=2가 되고 데이터셋 One의 두 번째 개체를 읽은 다음 데이터셋 Two의 첫 번째 개체를 읽는다. 세 번째 루프에서는 _N_=3이 되고 데이터셋 One의 세 번째 개체를 읽은 다음 두 번째 루프에서 읽었던 데이터셋 Two의 첫 번째 개체를 그대로 복사하고(두 번째 SET 명령문은 수행되지 않는다), 데이터셋 Three의 첫 번째 개체를 읽는다. 네 번째 루프에서는 첫 번째 SET 명령문에 의해서 데이터셋 One에 더 이상 읽을 개체가 없기 때문에 데이터-단계가 종료된다.

일반적으로 자동변수는 개체를 읽어 들이는 동안에만 임시로 존재하며 생성된 데이터셋에는 따로 저장되지 않는다. 따라서 자동변수의 값을 새로운 변수로 저장하고자 할 때는 다음과 같이 새로운 변수이름을 지정하여 저장해야 한다.

예 2.6 자동변수의 저장

```
DATA Combine;
     SET One;
     IF _N_=2 THEN SET Two;
     IF _N_=3 THEN SET Three;
     ID_num=_N_;
     Error_yn=_ERROR_;
RUN;
```

OBS	A	B	C	ID_num	Error_yn
1	1	.	.	1	0
2	2	11	.	2	0
3	3	11	31	3	0

예 2.7 변수의 합계에 대한 각 개체의 비율 구하기

```
PROC MEANS DATA=One;
     VAR A;
     OUTPUT OUT=Sum_Out SUM(A)=Sum_A; /* ① */
RUN;

DATA Rone;
     SET One(KEEP=A);
     IF _N_=1 THEN SET Sum_Out(KEEP=Sum_A); /* ② */
     Ratio=A/Sum_A;
RUN;
```

① **OUT=Sum_Out**: MEANS 프로시저의 결과를 Sum_Out이라는 새로운 SAS 데이터셋에 저장한다.

SUM(A)=Sum_A: 변수 A의 합계(sum)를 Sum_A라는 변수명으로 저장한다.

② 첫 번째 개체를 생성할 때만 데이터셋 Sum_Out을 읽는다. KEEP=Sum_A와 KEEP=A는 각 데이터셋에서 변수 Sum_A와 A만을 PDV에 읽어들이도록 지정한다.

데이터셋 – Rone

OBS	A	Sum_A	Ratio
1	1	6	0.16667
2	2	6	0.33333
3	3	6	0.50000

〈예 2.5〉를 응용하여 한 변수의 합계를 구한 후에 각 개체에 대해서 총합에 대한 비율을 계산하여 보자. 〈예 2.7〉에서는 먼저 MEANS 프로시저를 사용하여 합계를 구하고 이를 데이터셋 Sum_Out에 저장한 후, 자동변수 _N_을 이용하여 데이터셋 Sum_Out과 One을 가로로 결합하여 데이터셋 Rone과 변수 Ratio를 생성한다.

2.4. 개체 그룹의 시작과 끝 – FIRST.BY와 LAST.BY 변수

보고서 작성 및 데이터 관리와 같은 작업에서 종종 필요한 기능 중의 하나는 일련의 개체 그룹(group of observation)의 시작과 끝을 알아내는 것이다.

두 개의 자동변수(FIRST.BY 변수와 LAST.BY 변수)는 개체 그룹의 시작과 끝을 저장하고 있는 변수이다. 이들은 데이터-단계에서 SET, MERGE, UPDATE 명령문을 이용하여 데이터셋을 생성할 때 BY 명령문을 사용함으로써 생성된다. 이 두 변수는 숫자형 변수로서 개체 그룹의 첫 번째 개체에는 FIRST.BY 변수가 1을, 마지막 개체에는 LAST.BY 변수가 1을, 나머지 개체에는 두 변수 모두가 0을 가진다.

데이터-단계나 프로시저-단계에서 BY 명령문을 사용하기 위해서는 데이터셋이 BY 변수에 의해서 정렬되어 있어야 하며, 정렬되지 않은 상태에서 BY 명령문을 사용할 때는 NOTSORTED 옵션을 지정할 수가 있다. 데이터셋이 정렬되어 있는 상태에 따라서 FIRST.BY 변수와 LAST.BY 변수가 가지는 값이 달라진다.

앞 절에서 설명한 바와 같이 자동변수는 데이터셋을 생성하는 동안에만 임시로 저장되기 때문에, 이들을 생성된 데이터셋에 저장하기 위해서는 다음과 같은 형식으로 변수이름을 지정하여 두어야 한다.

```
First=FIRST.Name;
Last=LAST.Name;
```

예 2.8 FIRST.BY와 LAST.BY 변수의 작동원리

```
DATA One;
     INPUT Name $ Score @@;
CARDS;
A 1   B 2   D 3   C 5
```

```
C 4   C 6   D 7
;
RUN;

DATA Two; /* ① */
     SET One;
     BY Name NOTSORTED;
RUN;

PROC SORT DATA=One; /* ② */
     BY Name;
RUN;
DATA Three;          /* ② */
     SET One;
     BY Name;
RUN;

PROC SORT DATA=One; /* ③ */
     BY DESCENDING Name;
RUN;
DATA Four;          /* ③ */
     SET One;
     BY DESCENDING Name;
RUN;
```

① 데이터셋 Two는 데이터셋 One과 동일한 형태를 유지한다. 이와 같이 **NOTSORTED** 옵션을 지정하면 BY 변수의 값이 변할 때마다 두 자동변수의 값이 변한다.

② 변수 Name에 따라서 오름차순으로(ascending) 정렬하고 데이터셋 Three를 만든다.

③ 변수 Name에 따라서 내림차순으로(descending) 정렬하고 데이터셋 Four를 만든다.

데이터셋 – Two

OBS	Name	Score	FIRST.Name	LAST.Name
1	A	1	1	1
2	B	2	1	1
3	D	3	1	1
4	C	5	1	0
5	C	4	0	0
6	C	6	0	1
7	D	7	1	1

데이터셋 - THREE

OBS	Name	Score	FIRST.Name	LAST.Name
1	A	1	1	1
2	A	2	1	1
3	C	5	1	0
4	C	4	0	0
5	C	6	0	1
6	D	3	1	0
7	D	7	0	1

데이터셋 - Four

OBS	Name	Score	FIRST.Name	LAST.Name
1	D	3	1	0
2	D	7	0	1
3	C	5	1	0
4	C	4	0	0
5	C	6	0	1
6	B	2	1	1
7	A	1	1	1

두 개 이상의 **BY** 변수를 사용하면, 두 번째 이상의 변수에 대응하는 **FIRST.BY** 변수와 **LAST.BY** 변수의 값은 그 이전의 변수로부터 영향을 받는다. 다음 〈예 2.9〉의 결과에서 .Class 변수가 가지는 값을 주의 깊게 살펴보기 바란다.

예 2.9 중복된 개체들과 유일한 개체들을 구별하기

```
DATA Class;
    INPUT ID $ Name $ Class $;
CARDS;
3456  H.C.KANG  CHEM101
3456  H.C.KANG  MATH102
3456  H.C.KANG  MATH102
2345  J.H.CHOI  CHEM101
2345  J.H.CHOI  ENGE201
2345  J.H.CHOI  MATH102
1234  K.J.AHAN  CHEM101
1234  K.J.AHAN  CHEM101
4567  Y.C.JUNG  ENGL201
4567  Y.C.JUNG  ENGL201
;
RUN;
```

```
PROC SORT DATA=Class;
     BY Name Class;
RUN;

DATA Dups Nodups; /* ① */
     SET Class;
     BY Name Class; /* ② */
     IF FIRST.Class AND LAST.Class THEN OUTPUT Nodups; /* ③ */
        ELSE OUTPUT Dups; /* ④ */
RUN;
```

① 하나의 데이터-단계에서 두 개의 데이터셋 Dups와 Nodups를 생성할 것을 지정한다.

② BY 명령문에 두 개의 변수 Name과 Class를 지정한다. 이때, 데이터셋은 두 변수에 의해서 정렬되어 있어야 한다.

③ FIRST.Class=1이고 LAST.Class=1이면(즉, 각 Name 변수 내에서 유일한 Class 값을 가지면), 그 개체를 데이터세트 Nodups에 넣는다. 이와 같이 IF 명령문에서 BY 변수를 사용하는 경우에, 'FIRST.Class'는 'FIRST.Class=1'과 동일하며, '^FIRST.Class'는 'FIRST.Class=0'과 동일하다.

④ 그렇지 않으면, 그 개체를 데이터셋 Dups에 넣는다.

데이터셋 – Class

OBS	ID	Name	Class	FIRST.Name	LAST.Name	FIRST.Class	LAST.Class
1	3456	H.C.KANG	CHEM101	1	0	1	1
2	3456	H.C.KANG	MATH102	0	0	1	0
3	3456	H.C.KANG	MATH102	0	1	0	1
4	2345	J.H.CHOI	CHEM101	1	0	1	1
5	2345	J.H.CHOI	ENGE201	0	0	1	1
6	2345	J.H.CHOI	MATH102	0	1	1	1
7	1234	K.J.AHAN	CHEM101	1	0	1	0
8	1234	K.J.AHAN	CHEM101	0	1	0	1
9	4567	Y.C.JUNG	ENGL201	1	0	1	0
10	4567	Y.C.JUNG	ENGL201	0	1	0	1

데이터셋 – Dups

OBS	ID	Name	Class
1	3456	H.C.KANG	MATH102
2	3456	H.C.KANG	MATH102
3	1234	K.J.AHAN	CHEM101
4	1234	K.J.AHAN	CHEM101
5	4567	Y.C.JUNG	ENGL201
6	4567	Y.C.JUNG	ENGL201

데이터셋 – Nodups

OBS	ID	Name	Class
1	3456	H.C.KANG	CHEM101
2	2345	J.H.CHOI	CHEM101
3	2345	J.H.CHOI	ENGE201
4	2345	J.H.CHOI	MATH102

2.5. SET 명령문에서의 자동변수

데이터셋을 변경 또는 결합할 때 사용되는 **SET**, **MERGE**, **MODIFY** 명령문 등은 일반적으로 다음과 같은 형식을 가진다.

```
SET <데이터셋-이름-1<(데이터셋-옵션-1)>>
    <. . .  데이터셋-이름-n<(데이터셋-옵션-n)>>
    옵션들;
```

여기에서 데이터셋 옵션으로 자주 사용되는 것들로는 2.1절에서 다룬바 있는 **KEEP**, **DROP**, **RENAME**, **FIRSTOBS=**, **OBS=**, **IN=** 등이 있고, SET 옵션으로는 **POINT=**, **NOBS=**, **END=**, **KEY=** 등이 있다.

2.5.1. IN= 옵션

SET 명령문 또는 **MERGE** 명령문을 이용하여 여러 개의 데이터셋을 결합할 때, 각 개체가 어느 데이터셋을로부터 읽어들인 것인지를 알아야 할 필요가 있다. **IN=** 데이터셋 옵션에 의해서 생성된 변수는 개체가 그 데이터셋으로부터 생성된 경우에는 1, 그렇지 않은 경우에는 0을 가지는 자동변수이다.

예 2.10 각 개체가 추출된 데이터셋을 표현하기

```
DATA One;
     INPUT Name $ Class $;
CARDS;
B.S.CHOI    MATH201
H.C.KANG    CHEM101
K.J.AHAN    CHEM101
S.H.JUN     MATH102
Y.C.JUNG    ENGL201
;
RUN;

DATA Two;
     INPUT Name $ Score;
```

```
CARDS;
B.Y.LEE      50
J.C.KIM      70
S.H.JUN      90
Y.C.JUNG     80
Y.H.PARK     60
;
RUN;

DATA Three;
     MERGE One(IN=In1) Two(IN=In2); /* ① */
     BY Name;
     IF In1 and In2 THEN Origin='Both'; /* ② */
        ELSE IF In1 THEN Origin='One';  /* ② */
        ELSE Origin='Two';              /* ② */
RUN;
```

① 변수 In1은 그 개체가 데이터셋 One으로부터 추출된 경우에, 변수 In2는 그 개체가 데이터셋 Two로부터 추출된 경우에 1을 가지는 자동변수이다.

② 변수 In1과 In2가 모두 1이면 변수 Origin의 값을 Both로, 변수 In1만 1인 경우에는 변수 Origin의 값을 One으로, 변수 In2만 1인 경우에는 변수 Origin의 값을 Two로 한다.

데이터셋 – Three

OBS	Name	Class	Score	Origin
1	B.S.CHOI	MATH201	.	One
2	B.Y.LEE		50	Two
3	H.C.KANG	CHEM101	.	One
4	J.C.KIM		70	Two
5	K.J.AHAN	CHEM101	.	One
6	S.H.JUN	MATH102	90	Both
7	Y.C.JUNG	ENGL201	80	Both
8	Y.H.PARK		60	Two

2.5.2. END=, NOBS=, POINT= 옵션

END= 옵션은 데이터셋의 마지막 개체에 대해서는 1, 그렇지 않은 경우에는 0을 가지는 자동변수를 생성시킬 때 사용된다. 또한 **NOBS=** 옵션은 모든 개체에 대해서 데이터셋의 개체의 개수를 변수 값으로 가지는 자동변수를 생성시킬 때 사용된다.

예 2.11 데이터셋의 끝에 새로운 개체들을 추가하기 - 1

```
DATA One;
    INPUT A B @@;
CARDS;
1 2   2 4   3 6   4 8   5 10
;
RUN;

DATA Two(DROP=i);
    SET One END=Lastone; /* ① */
    OUTPUT; /* ② */
    IF Lastone THEN DO;         /* ③ */
      DO i=1 TO 5;              /* ③ */
        A=A+1; B=B+2; OUTPUT; /* ③ */
      END;                      /* ③ */
    END;                        /* ③ */
RUN;
```

① 데이터셋 One을 차례로 읽어들일 때 마지막 개체에 대해서는 1, 그렇지 않은 개체에 대해서는 0을 가지는 자동변수 Lastone을 생성한다.

② 읽어들인 개체를 데이터셋 Two에 생성시킨다.

③ 자동변수 Lastone이 1이면 변수 A는 1씩을, 변수 B는 2씩을 더하여 데이터셋 Two에 추가한다.

데이터셋 – Two

OBS	A	B
1	1	2
2	2	4
3	3	6
4	4	8
5	5	10
6	6	12
7	7	14
8	8	16
9	9	18
10	10	20

〈예 2.11〉의 프로그램은 NOBS=와 POINT= 옵션을 사용하여 다음과 같은 프로그램으로 바꿀 수도 있다.

예 2.12 데이터셋의 끝에 새로운 개체들을 추가하기 - 2

```
DATA Three(DROP=i);
     IF _N_=1 THEN SET ONE NOBS=Lastobs POINT=Lastobs; /* ① */
     DO i=1 TO 5;
        A=A+1; B=B+2; OUTPUT;
     END;
     STOP; /* ② */
RUN;

DATA Two;
    SET One Three;
RUN;
```

① 첫 번째 루프에서 데이터셋 One의 개체의 개수 5를 값으로 가지는 자동변수 Lastobs를 생성하고, POINT= 옵션에 의해서 5번째의 개체를 읽는다.

② POINT= 옵션을 사용하는 경우에는 일반적으로 STOP 명령문에 의해서 루프의 종료를 선언해 주어야 한다.

데이터셋 – One

OBS	ID	Name	Class
1	3456	H.C.KANG	MATH102
2	3456	H.C.KANG	MATH102
3	1234	K.J.AHAN	CHEM101
4	1234	K.J.AHAN	CHEM101
5	4567	Y.C.JUNG	ENGL201
6	4567	Y.C.JUNG	ENGL201

데이터셋 – Three

OBS	ID	Name	Class
1	3456	H.C.KANG	CHEM101
2	2345	J.H.CHOI	CHEM101
3	2345	J.H.CHOI	ENGE201
4	2345	J.H.CHOI	MATH102

위의 프로그램에서 POINT= 옵션은 데이터셋을 읽는 순서를 지정할 때, 그 순서를 저장하고 있는 변수를 지정하여 사용된다. 예를 들어, 짝수 번째에 해당하는 개체를 차례로 50개만 읽고자 한다면 다음과 같이 프로그램을 작성하면 된다.

예 2.13 짝수 번째의 개체만 읽기

```
DATA Test;
     DO i=1 TO 100;
        OUTPUT;
     END;
RUN;

DATA Sample;
     DO Obsnum=2 TO 100 BY 2;
```

```
        SET Test POINT=Obsnum;
        IF _ERROR_ THEN ABORT;
        OUTPUT;
    END;
    STOP;
RUN;
```

다음 〈예 2.14〉는 1,000개의 모집단에서 100개의 표본을 복원(중복을 허락하여; with replacement) 단순임의추출(simple random sampling)하는 예이다. 여기에서는 **RANNUNI** 함수를 이용하여 균일난수(uniform random number)를 생성하고, **POINT=** 옵션으로 해당 번호의 개체를 하나씩 추출하고 있다.

예 2.14 복원 단순임의추출

```
DATA Pop; /* ① */
    DO Pop_ID=1 TO 1000;
        OUTPUT;
    END;
RUN;

DATA Sample(DROP=i);
    Choice=INT(RANUNI(36830)*N)+1; /* ② */
    SET Pop POINT=Choice NOBS=N; /* ③ */
    i+1; /* ④ */
    IF i>100 THEN STOP; /* ⑤ */
RUN;

PROC SORT DATA=Sample;
   BY Pop_ID;
RUN;
```

① 1에서 1,000까지 1,000개의 모집단 번호를 생성한다.

② 1에서 n(여기서는 1,000)까지의 숫자를 발생시킨다. 여기에서 **RANNUNI(seed)** 함수는 0과 1 사이의 균일난수를 발생시키는 함수로서, 특별히 초기값(seed)을 지정하지 않으면 현재의 날짜 및 시간에 대응되는 숫자가 초기값이 된다.

③ NOBS= 옵션으로 데이터셋 Pop의 개체수(1,000)를 변수 N에 저장한다. 또한 **POINT=** 옵션으로 ②에서 발생된 난수에 해당되는 개체를 읽어들인다.

④ 변수 i의 값을 0부터 1씩 증가시킨다(1.2절의 함축 RETAIN 참조).

⑤ 100개의 개체가 추출되면 추출을 중단한다.

한편, 다음 〈예 2.15〉는 1,000개의 모집단에서 100개의 표본을 비복원(중복을 허락하지 않고; without replacement) 단순임의추출(simple random sampling)하는 예이다. 먼저 첫 번째 개체를 표본으로 추출할 것인지를 결정하기 위해서 이 개체가 표본으로 추출될 확률이 100/1000이라는 사실을 이용하고 있다. 따라서 0과 1 사이의 균일난수가 100/1000보다 작거나 같으면 첫 번째 개체를 표본으로 추출한다. 만약 첫 번째 개체가 표본으로 추출되면 두 번째 개체가 표본으로 추출될 확률은 99/999가 되고, 첫 번째 개체가 표본으로 추출되지 않으면 이 확률은 100/999이 된다. 결국 100개의 표본이 추출될 때까지 이러한 사실을 반복적으로 이용하여 표본을 추출하고 있다.

예 2.15 비복원 단순임의추출

```
DATA Sample(DROP=k n);
     RETAIN k 100 n; /* ① */
     SET Pop NOBS=Total; /* ② */
     IF _N_=1 THEN n=Total; /* ③ */
     IF RANUNI(1230498) <= k/n THEN /* ④ */
        DO;                        /* ④ */
            OUTPUT;                /* ④ */
            k=k-1; /* ⑤ */
        END;                       /* ④ */
     n=n-1; /* ⑥ */
     IF k=0 THEN STOP; /* ⑦ */
RUN;
```

① 변수 k와 n을 각각 초기값이 100과 결측인 변수로 유지할 것을 지정한다.
② **NOBS=** 옵션으로 데이터셋 Pop의 개체수(1,000)를 변수 Total에 저장한다.
③ 현재의 개체가 첫 번째 개체이면 변수 n에 개체수 1,000을 저장한다.
④ 균일난수가 k/n보다 작거나 같으면 현재의 개체를 표본으로 추출한다.
⑤ k를 1씩 감소시킨다.
⑥ n을 1씩 감소시킨다.
⑦ k=0이면 추출을 중단한다.

2.6. INFILE 명령문에서의 자동변수

제1장에서 INFILE 명령문에서 사용되는 몇 가지 옵션들에 대해서 설명한 바 있는데, SET 명령문에서와 유사한 방법으로 INFILE 명령문에서도 원자료의 정보에 대한 자동변수를 생성할 수가 있다.

- **COLUMN=**: 입력 포인터(input pointer)의 열 위치를 변수에 저장한다.
- **END=**: 데이터의 마지막 행(line)인 경우에는 1, 그렇지 않은 경우에는 0을 가지는 변수를 생성한다.
- **FILENAME=**: 외부 파일명(경로 포함)을 변수 값으로 하는 변수를 생성한다.
- **LENGTH=**: 입력 행의 길이를 변수 값으로 하는 변수를 생성한다.
- **LINE=**: 입력 행의 번호를 변수 값으로 하는 변수를 생성한다.

예 2.16 원자료의 정보에 대한 자동변수의 생성

```
/* Name.txt
123  KANG ENG       DROP
34   KIM  CHEM PASS
4567 LEE  ENG       DROP

2345 CHOI CHEM           PASS
*/

DATA One;
     LENGTH Fname $ 30; /* ① */
     INFILE 'c:\Temp\SAS_Advanced\Name.txt'
            COLUMN=Clength FILENAME=Fname LENGTH=Length LINE=Line; /* ② */
     INPUT ID $ Name $ Class $;
     CL=Clength; FN=Fname; LE=Length; LI=Line;
RUN;
```

① 변수 Fname을 길이가 30인 문자변수로 선언한다.

② 자동변수 Clength, Fname, Length, Line을 생성한다. 변수 Length의 값은 원자료 행의 물리적인 길이를 나타내고, 변수 Clength의 값은 데이터를 실제로 읽은 길이를 나타내며, 변수 Line은 각 개체 내에서 데이터를 읽은 행의 개수를 나타낸다. 이 예에서는 원자료의 네 번째 행이 빈 줄로 입력되어 있다.

데이터셋 One과 자동변수의 변수값

OBS	ID	Name	Class	CL	FN	LE	LI
1	123	KANG	ENG	15	c:₩Temp₩SAS_Advanced₩Name.txt	24	1
2	34	KIM	CHEM	16	c:₩Temp₩SAS_Advanced₩Name.txt	19	1
3	4567	LEE	ENG	15	c:₩Temp₩SAS_Advanced₩Name.txt	24	1
4	2345	CHOI	CHEM	16	c:₩Temp₩SAS_Advanced₩Name.txt	29	2

제3장

문자변수와 날짜변수

SAS 데이터셋에서 변수는 일반적으로 숫자형(numeric type), 문자형(character type), 날짜형(date 또는 datetime type)으로 구분된다. 변수가 어떠한 유형을 가지느냐에 따라서 각 변수를 처리하는 방법과 사용할 수 있는 함수 등이 다르며, 일반적으로 숫자형에 비해서 문자형과 날짜형은 다루기가 더 어렵다. 이 장에서는 데이터의 입·출력시 사용되는 옵션 및 포맷, 함수(function) 등을 중심으로 문자변수와 날짜변수를 다루는 방법을 자세히 설명하도록 하겠다.

3.1. INPUT 명령문의 확장

SAS 데이터셋을 생성할 때 **INPUT** 명령문은 변수의 이름 및 유형(type)을 지정하기 위해 사용된다. 여기에서는 **INPUT** 명령문과 함께 유용하게 사용되는 **LENGTH** 명령문과 **포맷 수정자**(format modifier)에 대하여 설명한다.

3.1.1. LENGTH 명령문

LENGTH 명령문은 선언문으로써 SAS 데이터셋에 변수가 저장될 때의 바이트(byte) 수를 지정하는 명령문이다. **LENGTH** 명령문을 사용할 때 한 가지 조심할 것은 **LENGTH** 명령문은 변수의 길이(자릿수)를 지정하는 것이 아니라는 것이다. 따라서 소수점을 가지는 숫자형 변수에 대해서는 바이트 수를 숫자형 변수일 때의 기본값(default)인 8바이트보다 작게 지정하는 것을 피해야 한다. 만약 숫자형 변수에 대해서 바이트 수를 8바이트보다 작게 하면 숫자가 정확하게 저장되지 못하게 될 수 있다. 문자형 변수에 대해서는 SAS가 영문 한 글자는 1바이트, 한글 한 글자는 2바이트로 저장하기 때문에, **LENGTH** 명령문은 길이를 지정하는 것과 동일하게 된다. **LENGTH** 명령문의 일반적인 사용법은 다음과 같다.

```
LENGTH 변수 <$> 길이 … ;
```

여기에서 $는 변수가 문자형임을 지정하는 옵션이며, 숫자(length)는 바이트 수로써 숫자형에 대해서는 2에서 8까지, 문자형에 대해서는 1에서 200까지 지정할 수 있다. **LENGTH** 명령문은 데이터를 읽는 동안에는 어떠한 영향도 주지 않으며, 프로그램에서 **LENGTH** 명령문 다음에 나타나는 변수에만 영향을 준다.

예 3.1 문자형 변수의 길이를 미리 지정하기

```
DATA Score;
     LENGTH Name $ 9 Grade $ 6;
     INPUT Name $ Score;
     IF 1<=Score<=3 THEN Grade='Low';
        ELSE IF 4<=Score<=7 THEN Grade='Middle';
        ELSE IF 8<=Score<=10 THEN Grade='High';
CARDS;
HyunCheol 7
YongChan 10
MinHee 3
;
RUN;
```

LENGTH 명령문이 사용되지 않은 경우

OBS	Name	Score	Grade
1	HyunCheo	7	Mid
2	YongChan	10	Hig
3	MinHee	3	Low

LENGTH 명령문이 사용된 경우

OBS	Name	Grade	Score
1	HyunCheol	Middle	7
2	YongChan	High	10
3	MinHee	Low	3

〈예 3.1〉에서 만약 **LENGTH** 명령문에 의해서 변수의 길이가 미리 지정되어 있지 않으면, **INPUT** 명령문에서 지정된 변수 Name에 대해서는 기본값인 8이 길이가 되고, Grade에 대해서는 이 변수의 값으로 처음 나타나는 Low에 의해서 길이가 3이 된다. 이러한 데이터의 손실을 방지하기 위해서 문자형 변수의 길이를 미리 지정할 수 있다.

한편, SAS는 데이터-단계의 프로그램에서 선언된 순서대로 변수를 저장한다. 위의 예에서 **LENGTH** 명령문이 사용되지 않은 경우에는 Name, Score, Grade의 순서로 변수가 저장되며, **LENGTH** 명령문이 사용된 경우에는 Name, Grade, Score의 순서로 변수가 저장됨을 볼 수 있다.

3.1.2. 포맷 수정자 (Format Modifier)

일반적으로 문자형 변수를 읽는 것은 입력포맷 또는 열 지시자를 지정함으로써 이루어진다. 문자형 **입력포맷**(informat)은 $*w*.와 $CHAR*w*. 등이 있으며, 변수의 형태를 지정하는 $ 또는 $CHAR 등과 자릿수를 지정하는 *w*로 이루어져 있다. **열 지시자**(column indicator)는 원자료에서 그 변수가 시작되는 지점과 끝나는 지점을 $2-20과 같이 지정하는 것이다. 입력포맷에서 자릿수나 열 지시자를 사용하여 변수를 읽어야 할 지점을 지정하는 것을 **고정포맷**(fixed format)이라고 하고, 변수의 형태만을 지정하는 것을 **자유포맷**(free format)이라고 한다. 특히, 자유포맷의 경우에는 변수와 변수를 구분하는 구분자가 필요하게 되는데, 특별한 옵션이 없으면 한 개 이상의 연속된 공백문자가 구분자로 인식된다.

입력포맷 또는 열 지시자가 사용되는 경우에는, 원자료가 한 개 이상의 공백문자 또는 특별한 구분자로 구분되어 있거나 열에 맞추어 정리되어 있어야 한다. 즉, 첫 번째 개체의 첫 번째 변수의 값이 1~10 자리에 위치하고 있으면 두 번째 개체의 첫 번째 변수의 값도 1~10 자리에 위치하고 있어야 한다. 그러나 이와 같이 원자료가 정형적으로 입력되어 있지 않은 경우가 종종 있는데, 이때 **포맷 수정자**(format modifier)를 사용하면 입력포맷과 열 지시자만으로 해결되지 않는 몇 가지 문제점을 해결할 수 있다. 포맷 수정자에는 &(ampersand), :(colon), ~(tilde) 등이 있으며, INPUT 명령문에서 포맷 수정자의 일반적 사용법은 다음과 같다.

```
INPUT 변수 <&|:|~> <입력포맷> … ;
```

- &(ampersand): 한 개의 공백문자는 문자형 변수의 일부로 인식하도록 지정하는 것이며, 두 개 이상의 연속된 공백문자가 구분자로 인식된다.
- :(colon): 고정포맷(fixed format)으로 데이터를 읽는 경우에 구분자까지만 그 변수 값을 읽도록 한다.
- ~(tilde): DSD 옵션과 함께 사용되며, 인용부호를 변수 값의 일부로 인식하도록 한다.

예 3.2 한 개의 공백문자만을 문자형 변수의 일부로 읽기

```
DATA One;
     LENGTH Lastname $15 Name1 $8;
     INPUT Lastname $ Name1 $; /* ① */
*    INPUT Lastname $15. Name1 $; /* ② */
*    INPUT Lastname $13. Name1 $CHAR6.; /* ③ */
*    INPUT Lastname & $15. Name1 $; /* ④ */
CARDS;
Longlastname1  John
Mc Allister  Mike
Longlastname3  Jim
;
RUN;
```

① 두 변수가 모두 자유포맷으로 지정되어 있기 때문에 한 개 이상의 공백문자로 구분된 문자들은 다른 변수의 값으로 인식된다.

OBS	Lastname	Name1
1	Longlastname1	John
2	Mc	Allister
3	Longlastname3	Jim

② 1~15 자리를 변수 Lastname으로 읽고 그 다음의 연속된 문자들을 변수 Name1으로 읽는다. $ 포맷을 사용하면 문자들의 사이에 있는 공백문자는 문자변수의 일부로 인식되지만, 문자들의 앞부분 또는 뒷부분에 있는 공백문자는 변수의 일부로 인식되지 않는다.

OBS	Lastname	Name1
1	Longlastname1	John
2	Mc Allister Mi	ke
3	Longlastname3	Jim

③ 1~13 자리를 변수 Lastname으로 읽고 그 다음의 6자리를 변수의 Name1로 읽는다. $CHAR 포맷은 지정된 자릿수 내의 모든 공백문자를 변수의 일부로 인식한다. 즉, $6.을 사용하면 첫 번째 관찰개체의 변수 Name1은 'John'이 되지만, $CHAR6.을 사용하면 '__ John'이 된다.

OBS	Lastname	Name1
1	Longlastname1	John
2	Mc Allister	Mike
3	Longlastname3	Jim

④ 1~15 자리에 위치하고 있더라도 두 개 이상의 공백문자 뒤에 나타나는 문자들은 다음 변수 Name1의 일부로 인식된다.

OBS	Lastname	Name1
1	Longlastname1	John
2	Mc Allister	Mike
3	Longlastname3	Jim

3.2. 문자 연산자

이 절에서는 문자변수 또는 문자값을 다루는 데 사용될 수 있는 주요 연산자(operator)들을 설명한다.

3.2.1. 비교 연산자 (Comparison Operator)

문자의 연산에서도 >(GT), >=(GE), <(LT), <=(LE), =(EQ), ^=(NE) 등의 비교 연산자가 사용될 수 있다. 즉, 'a'<'b'와 같은 비교식을 사용할 수 있다. 또한 비교 연산자와 함께 &(AND), |(OR), ^ 또는 ~(NOT) 등의 논리 연산자(logical operator)가 사용될 수도 있다.

두 개의 문자열(string)을 비교할 때 SAS는 앞쪽에서부터 한 개씩 문자열을 비교하는데, 이 경우에 어떤 문자를 더 큰 것으로 인식하느냐는 컴퓨터가 사용하고 있는 문자코드(ASCII, EBCDIC 등)에 따라서 다르다. 대부분의 PC용 컴퓨터는 ASCII 코드를 사용하고 있는 반면에, IBM 대형컴퓨터(mainframe)는 EBCDIC 코드를 사용하는 경우가 많다. 사용자의 컴퓨터가 어떤 비교규칙을 가지고 있는지를 알 수 있는 한 가지 방법은 다음과 같이 SORT 절차를 수행시켜 보는 것이다.

<예 3.3>에서와 같이 모두 3 자릿수를 가지는 12개의 문자열이 있다고 하자. 이들 문자열을 다음과 같은 프로그램에 의해서 오름차순(ascending sequence)으로 정렬하면, 컴퓨터가 ASCII 코드를 사용하는 경우에 <예 3.3>에서와 같은 결과를 얻을 수 있다.

예 3.3 문자열의 비교

```
DATA Char;
    INPUT String $CHAR3.;
    IF String<= 'M' THEN Sign1='T';
    IF String<=:'M' THEN Sign2='T';
CARDS;
001
 20
  5
Min
min
 OP
김
철
 현
#04
&33
# 4
;
RUN;

PROC SORT DATA=Char;
    BY String;
RUN;
```

① 비교연산자와 함께 :(colon)이 사용될 수 있는데, 이는 문자열의 첫 문자만으로 비교를 수행하도록 하며, 서로 다른 길이를 가지는 두 문자열을 비교할 때 부족한 자리는 공백문자로 인식하여 비교한다. 예를 들면, 'Min'과 'M'을 비교하는 경우에 'M'은 'M__'과 동일한 것으로 인식된다.

OBS	String	Sign1	Sign2
1	5	T	T
2	20	T	T
3	OP	T	T
4	현	T	T
5	# 4	T	T
6	#04	T	T
7	&33	T	T
8	001	T	T
9	Min		T
10	min		
11	김		
12	철		

〈예 3.3〉에서 정렬된 결과를 살펴보면, ASCII 코드의 경우에 다음과 같은 몇 가지 규칙을 가지고 있음을 알 수 있다.

- 공백문자는 다른 문자들보다 작다.
- 특수문자 < 숫자 < 영문자 < 한글 순이다.
- 영문자의 경우에 대문자가 소문자보다 작다.
- 영문이나 한글은 철자(alphabet) 순이다.

3.2.2. 연결 연산자 (Concatenation Operator)

연결 연산자(||)는 여러 개의 문자열과 문자변수들을 연결하는 연산자이다. 이때 문자열 또는 문자변수에 포함되어 있는 공백문자는 제거되지 않으며, 공백문자를 제거하기 위해서는 다음 절에서 설명하는 TRIM 함수를 사용하면 된다.

예 3.4 문자열과 문자변수들의 연결

```
DATA name;
    LENGTH First $5 Last $10 Degree $4 Full $30;
    INFILE CARDS MISSOVER;
    INPUT Last $ First $ Degree $;
    IF Degree=' ' ¦ Degree='Unkn' THEN Full=First¦¦Last¦¦'(Unknown)';
        ELSE Full=First¦¦Last¦¦'('¦¦Degree¦¦')';
CARDS;
Minsu  Park
HyunHee  Lee  PhD
ChulSu  Kim  MD
Inho  Choi  Unkn
;
RUN;
```

OBS	First	Last	Degree	Full
1	Park	Minsu		Park Minsu (Unknown)
2	Lee	HyunHee	PhD	Lee HyunHee (PhD)
3	Kim	ChulSu	MD	Kim ChulSu (MD)
4	Choi	Inho	Unkn	Choi Inho (Unknown)

〈예 3.4〉에서 ①은 연산부호를 사용하지 않고

```
IF degree EQ ' ' OR degree EQ 'Unkn';
```

과 같이 작성해도 된다. 또한 ②에서와 같이 문자변수가 아닌 문자열을 사용하는 경우에는 인용부호(‘ ’)로 문자열을 닫아 주어야 한다.

3.3. 문자함수와 CALL 루틴

이 절에서는 문자변수에 대해서 사용할 수 있는 함수들을 간단한 예와 함께 설명할 것이다.

3.3.1. 문자함수

■ BYTE(*n*)

문자번호에 해당하는 ASCII 또는 EBCDIC 문자를 가진다. 일반적으로 ASCII 문자에 대해서는 0에서 125까지의 문자번호를 지정할 수 있으며, 특별한 경우에 255까지 지정할 수 있다. EBCDIC 문자에 대해서는 0에서 255까지의 문자번호를 지정할 수 있다.

(예) BYTE(80) → P

■ COMPBL(*source*)

문자변수 또는 문자열(source) 중에서 두 개 이상의 연속된 공백문자를 한 개의 공백문자로 바꾼다.

(예) COMPBL('K.H.C   #   1735') → KHC # 1735

■ COMPRESS(*source* 〈,*characters-to-remove*〉)

앞쪽에 있는 문자변수 또는 문자열 중에서 뒤쪽의 문자변수 또는 문자열에 포함되어 있는 모든 문자를 제거한다. 만약, 제거될 문자변수 또는 문자열이 생략되면, 문자변수 또는 문자열 중에서 공백문자만 제거한다.

(예) COMPRESS(‘K.H.C   # 1735’, '#:,.') → KHC   1735

■ COLLATE(*start-position* ⟨,*end-position*⟩) | (*start-position* ⟨,,*length* ⟩)

BYTE 함수와 유사하며 지정된 시작 문자번호로부터 끝 번호까지의 ASCII 또는 EBCDIC 문자열을 가진다.

(예) COLLATE(48,,10) 또는 COLLATE(48,57) → 0123456789

■ DEQUOTE(*character-expression*)

문자변수 또는 문자열의 인용부호를 줄이거나 제거한다.

■ INDEX, INDEXC, INDEXW(*source, excerpt*)

앞쪽의 문자변수 또는 문자열에 뒤쪽의 문자변수 또는 문자열과 동일한 문자열이 나타나는지를 찾아서, 그 첫 번째 자리를 값으로 가진다. 만약, 동일한 문자열이 없으면 0을 가진다. 이때 INDEX는 문자열 단위로, INDEXC는 문자단위로, INDEXW는 단어 단위로 찾는다.

(예) INDEX('K.H.C # 1735', 'H.C') → 3,
INDEX('K.H.C # 1735', 'CH') → 0
INDEXC('K.H.C # 1735', 'CH') → 3
INDEXW('K.H.C # 1735', 'H.C') → 0

■ LENGTH(*argument*)

문자열의 길이를 변수값으로 갖는다.

■ LOWCASE, UPCASE(*argument*)

문자변수 또는 문자열에 포함되어 있는 모든 문자를 대문자(UPCASE) 또는 소문자(LOWCASE)로 바꾼다.

■ LEFT, RIGHT(*argument*)

LEFT는 왼쪽의 공백문자를 모두 제거하고 왼쪽정렬을, RIGHT는 오른쪽의 공백문자를 모두 제거하고 오른쪽정렬을 수행한다.

■ QUOTE(*character-expression*)

문자변수 또는 문자열에 이중 인용부호를 붙인다.

■ RANK(*character*)

BYTE 함수와는 반대로 문자에 해당하는 ASCII 또는 EBCDIC 코드에서의 문자번호를 가진다.

(예) RANK('A') → 65

■ REPEAT(*argument, n*)

문자변수 또는 문자열을 $n+1$번 반복한다.

■ REVERSE(*argument*)

문자변수 또는 문자열의 순서를 바꾼다.

■ SCAN(*argument, n* 〈*,delimiters*〉)

지정된 구분자들에 의해서 문자변수 또는 문자열을 분리하고, n번째의 문자열을 값으로 가진다. 만약, n이 분리된 문자열의 개수보다 크면 결측값이 된다.

(예) SCAN('K.H.C # 1735', 4, '#. ,') → 1735

■ SUBSTR(*argument, position* 〈*,n*〉)

문자변수 또는 문자열의 s(position)번째 열에서부터 길이 n만큼의 문자열을 값으로 가진다.

(예) SUBSTR('K.H.C # 1735', 3, 3) → H.C

■ TRANSLATE(*source, to-1, from-1* 〈*,...to-n, from-n*〉)

from에 지정된 문자변수 또는 문자열을 to에 지정된 문자변수 또는 문자열의 대응되는 문자로 바꾼다.

(예) TRANSLATE('K.H.C # 1735', 'KC', 'H.C') → KCKC # 1735

■ TRANWRD(*source, target, replacement*)

문자변수 또는 문자열의 일부를 지정된 문자열로 바꾼다.

(예) TRANWRD('K.H.C # 1735', 'K.H.C', 'KHC') → KHC # 1735

■ TRIM, TRIMN(*argument*)

문자변수 또는 문자열의 오른쪽에 있는 공백문자를 제거한다. TRIM은 두 개 이상의 연속된 공백문자를 한 개의 공백문자로 바꾸지만, TRIMN은 모든 공백문자를 제거한다.

■ VERIFY(*source, excerpt-1* 〈*,...excerpt-n* 〉)

INDEX 또는 INDEXC 함수와는 반대로, 일치하지 않는 문자의 첫 번째 자리를 데이터값으로 가진다.

3.3.2. 문자변수를 숫자변수로 바꾸기

때로는 문자변수를 숫자변수로 바꾸어야 하는 경우 유용하게 사용되는 함수로서 **INPUT** 함수가 있다. **INPUT** 함수는 특정한 입력포맷(informat)을 부여하여 새로운 변수를 생성하고자 할 때 사용되며 그 사용형식은 다음과 같다.

```
INPUT(원천, 입력포맷.)
```

예를 들어, 다음 〈예 3.5〉에서는 문자변수 Sale을 변환하여 새로운 숫자변수 Fmtsale을 생성하였으며 변수 Fmtsale에는 숫자 2115353이 저장된다.

예 3.5 문자변수를 숫자변수로 바꾸기

```
DATA Testcn;
    INPUT Sale $9.;
    Fmtsale=INPUT(Sale,comma9.);
CARDS;
2,115,353
;
RUN;
```

위와는 반대로 숫자변수를 문자변수로 바꾸고자 하는 경우에는 **PUT** 함수를 사용할 수 있다. **PUT** 함수는 특정한 출력포맷(format)을 부여하여 새로운 변수를 생성하고자 할 때 사용되며 그 사용형식은 다음과 같다.

```
PUT(원천, 출력포맷.)
```

예를 들어, 다음 〈예 3.6〉에서는 먼저 숫자변수 Ymd를 문자변수 Fmtymd로 바꾼 후 변수 Fmtymd의 첫 네 문자를 이용하여 변수 Cyear를 생성하고 있다(변수 Cyear에는 2016이라는 문자열이 저장된다). 다시 문자변수 Cyear로부터 **INPUT** 함수를 이용하여 숫자변수 Nyear를 생성하였고, 따라서 변수 Nyear에는 숫자값 2016이 저장된다.

예 3.6 숫자변수를 문자변수로 바꾸기

```
DATA Testnc;
    INPUT Ymd 8.;
    Fmtymd=PUT(Ymd,$8.);
    Cyear=SUBSTR(Fmtymd,1,4);
    Nyear=INPUT(Cyear,4.);
CARDS;
20010304
;
RUN;
```

3.3.3. CALL 루틴

함수(function)는 아니지만 함수와 유사한 성격을 가지고 있으며 데이터 단계에서 유용하게 사용할 수 있는 것으로 CALL 루틴(routine)이 있는데, 이를 이용하면 데이터셋의 이름이나 변수의 이름, 변수의 입력포맷(informat)과 출력포맷(format), 변수의 레이블, 변수의 위치 및 길이 등 데이터세트와 변수에 관한 정보들을 데이터값에 할당할 수 있다.

다음 〈예 3.7〉은 다중응답(복수응답) 데이터를 단일응답 데이터로 바꾸는 간단한 예인데, 여기서 사용된 **VNAME** 루틴은 변수의 이름을 특정 변수의 데이터값으로 가지게 할 때 사용되며 다음과 같은 사용형식을 가진다.

```
VNAME(변수-1,변수-2)
```

- 변수-1: 변수-2의 데이터값이 될 변수이름
- 변수-2: 변수-1의 이름을 데이터값으로 가질 변수

예 3.7 다중응답 데이터를 단일응답 데이터로 만들기

```
DATA One;
    INPUT Name $ Resp1 Resp2 Resp3;
CARDS;
Kang      10       9        8
Park       2       8        4
Lee        5       7        6
;
RUN;
```

```
DATA Two(DROP=Resp1 Resp2 Resp3 i);
    SET One;
    ARRAY ttt[*] Resp1 Resp2 Resp3; /* ① */
    LENGTH Item $ 5; /* ② */
    DO i=1 TO DIM(ttt); /* ③ */
        Response=ttt[i]; /* ④ */
        CALL VNAME(ttt[i],Item); /* ⑤ */
        OUTPUT; /* ⑥ */
    END;
RUN;
```

① 변수 Resp1, Resp2, Resp3를 배열 ttt로 선언한다.

② 새로운 문자형 변수 Item의 자릿수를 5로 선언한다(3.1절 참조).

③ 하나의 개체에 대해서 배열 ttt의 차원(3)만큼 DO~END의 과정을 반복한다.

④ 변수 Resp1, Resp2, Resp3의 데이터값을 차례로 변수 Response에 할당한다.

⑤ 변수이름 Resp1, Resp2, Resp3을 변수의 Item의 데이터값으로 할당한다.

⑥ 생성된 개체를 데이터셋에 저장한다.

데이터셋 – One

OBS	Name	Resp1	Resp2	Resp3
1	Kang	10	9	8
2	Park	2	8	4
3	Lee	5	7	6

데이터셋 – Two

OBS	Name	Item	Response
1	Kang	Resp1	10
2	Kang	Resp2	9
3	Kang	Resp3	8
4	Park	Resp1	2
5	Park	Resp2	8
6	Park	Resp3	4
7	Lee	Resp1	5
8	Lee	Resp2	7
9	Lee	Resp3	6

변수의 정보를 가져오는 것으로 **VNAME**과 유사한 기능을 가지고 있는 루틴으로는 **VARFMT**(출력포맷을 할당한다), **VARINFMT**(입력포맷을 할당한다), **VARLABEL**(레이블을 할당한다), **VARLEN**(길이를 할당한다), **VARNUM**(해당 변수가 몇 번째에 위치하고 있는지를 할당한다), **VARTYPE**(변수유형을 할당한다) 등이 있다. 이들의 보다 자세한 기능에 대해서는 도움말 또는 SAS Online Document 등을 참조하기 바란다.

3.4. 날짜포맷

SAS에서는 날짜형 입력포맷(informat)으로 자료를 읽으면 1960년 1월 1일을 기준으로 그 때부터의 일수로 바꾸어서 데이터셋에 저장한다. 물론 단순한 숫자형 또는 문자형 입력포맷으로 자료를 읽으면 이러한 변환은 이루어지지 않는다.

예를 들어, 1961년 1월 1일은 366이라는 숫자로 바꾸어 저장되고 1959년 1월 1일은 -365로 저장된다. 이와 같은 날짜변수에는 일반적인 산술 연산식을 사용할 수 있을 뿐만 아니라 다양한 형태의 날짜함수(date function)를 사용할 수 있으므로 매우 편리하다.

다음 〈예 3.8〉은 DATE7.과 MMDDYY8.이라는 입력포맷(informat)으로 두 변수 Bdate와 Hired를 읽어 들이고 있으며, 산술 연산식에 의해 변수 Hired에 3년을 더하여 변수 Hiredate를 생성하고 날짜함수 **QTR**을 이용하여 변수 Hireqtr을 생성하였다.

예 3.8 날짜형 입력포맷, 함수, 출력포맷의 사용 예

```
DATA Dept;
    INPUT Name $6. +1 Bdate DATE7. +1 Hired MMDDYY8.;
    Hiredate=Hired+(365.25*3);
    Hireqtr=QTR(Hiredate);
    IF Hired>'01jan94'D THEN New='YES';
    FORMAT Bdate MMDDYY8. Hired YYMMDD8. Hiredate WEEKDATE17.;
CARDS;
김철수 01jan60 09-15-90
최민지 05oct49 01-24-92
이영희 18mar88 10-10-93
오인수 29feb80 05-29-94
;
RUN;
```

OBS	Name	Bdate	Hired	Hiredate	Hireqtr	New
1	김철수	01/01/60	90-09-15	Tue, Sep 14, 1993	3	
2	최민지	10/05/49	92-01-24	Mon, Jan 23, 1995	1	
3	이영희	03/18/88	93-10-10	Wed, Oct 9, 1996	4	
4	오인수	02/29/80	94-05-29	Wed, May 28, 1997	2	YES

한편 날짜변수에 비교 연산식을 사용하기 위해서는 날짜상수(date constant)를 사용해야 하는데, 날짜상수는 〈예 3.8〉에서와 같이 'DDMMMYY'D의 형태로 지정해 주어야 한다. 또한 숫자로 저장되어 있는 날짜변수를 사용자가 보기 편한 형태의 날짜형식으로 출력하거나 보기 위해서는 이 예에서와 같이 FORMAT 명령문에 의해 각 날짜변수의 출력포맷(format)을 지정해 주어야 한다.

이제 이러한 날짜형 입력포맷과 출력포맷을 다루는 방법에 대해서 자세히 살펴보도록 하자.

3.4.1. 날짜형 입력포맷

SAS에서의 입력포맷은 INFORMATw.d와 같은 형식으로 사용된다. 여기에서 INFORMAT은 YYMMDD의 형태로 표현되는 입력형식을 나타내고, w는 입력되는 데이터값의 전체 자리수를, d는 소수점 이하의 자리수를 나타낸다.

다음 〈표 3.1〉은 SAS에서 주로 사용되는 날짜형 입력포맷을 나타낸다. 여기에서 '일'은 1에서부터 해당 월의 마지막 날짜까지의 값을, '월이름'은 각 월을 나타내는 영문 첫 세 글자로 표현된다. 또한 '월'은 해당 월의 숫자 값을 나타내며 '분기'는 1~4까지의 값을 갖는다. 한편 JULIANw. 형식을 사용할 경우 날짜 수는 1월 1일을 기준으로 경과된 날짜 수를 나타낸다.

동일한 입력형식을 사용한 경우라도 입력 자리수(w)의 값을 다르게 사용할 필요가 있다. 예를 들어, 160318과 20160318은 YYMMDD형식을 사용한다는 점에서는 동일하지만 전자는 6, 후자는 8이라는 자릿수를 사용한다.

〈표 3.2〉는 2016년 3월 18일을 나타내는 다양한 형태의 자료값에 대해 입력포맷과 자리수를 나타낸 것이다. 예를 들어, 2016년 3월 18일이 18/MAR/2016의 형태로 입력되어 있다면 이때 사용되는 입력형식은 DATE12.이다.

표 3.1 날짜형 입력포맷

입력형식	자료표현	사용 예	w 범위	w 기본값
DATEw.	일/월이름/연도	13FEB2016	7-32	7
DDMMYYw.	일/월/연도	13-2-2016	6-32	6
MMDDYYw.	월/일/연도	02132016	6-32	6
YYMMDDw.	연도/월/이름	2016-02-13	6-32	6
MONYYw.	월이름/연도	FEB2016	5-32	5
JULIANw.	연도/날짜수	2016044	5-32	5
YYQw.	연도/분기	2016/2	4-32	4

표 3.2 2016년 3월 18일에 대한 입력포맷

입력포맷	w=7	w=9	w=10	w=12
DATE	18MAR16	18MAR2016	18-MAR-16	18/MAR/2016
DDMMYY	180316	18/03/16	18 03 16	18-03- 2016
MMDDYY	031816	03-18-16	03 18 16	03 /18/ 16
YYMMDD	160318	16 03 18	16 /03/18	2016/03/18
MONYY	MAR-16	MAR/16	MAR 16	MAR 16

날짜형 입력포맷을 사용하지 않는 경우와 사용한 경우에 SAS에 저장되는 값이 어떻게 달라지는지를 알아보자. 다음 〈예 3.9〉의 데이터셋은 어떤 회사의 주력상품에 대한 판매일, 첫 A/S 접수일, A/S 비용을 나타낸 자료이다. 여기에서 첫 칼럼부터 시작하는 6자리로 이루어진 ID는 일련번호를, 여덟 번째 칼럼에서 시작하는 변수 Sale_d와 15번째 칼럼에서 시작하는 As_d는 YYMMDD의 형식으로 이루어진 날짜자료로 각각 판매일과 첫 A/S 접수일을 나타내며, 변수 As_cost는 A/S 비용으로 23번째 칼럼부터 시작한다.

예 3.9 날짜형 입력포맷의 사용

```
/* Sales.txt
000001 20240123 20240310  5000
000002 20240125 20240215  15000
000003 20240211 20240301  7000
000004 20240301 20240320  9000
*/

DATA One;
    INFILE 'c:\Temp\SAS_Advanced\Sales.txt';
    INPUT ID @8 Sale_d @17 As_d @27 As_cost;
    Diff=As_d-Sale_d;
RUN;

DATA Two;
    INFILE 'c:\Temp\SAS_Advanced\Sales.txt';
    INPUT ID @8 Sale_d YYMMDD8. @17 As_d YYMMDD8. @27 As_cost;
    Diff=As_d-Sale_d;
RUN;
```

데이터셋 - One

OBS	ID	Sale_d	As_d	As_cost	Diff
1	1	20240123	20240310	5000	187
2	2	20240125	20240215	15000	90
3	3	20240211	20240301	7000	90
4	4	20240301	20240320	9000	19

데이터셋 – Two

OBS	ID	Sale_d	As_d	As_cost	Diff
1	1	23398	23445	5000	47
2	2	23400	23421	15000	21
3	3	23417	23436	7000	19
4	4	23436	23455	9000	19

〈예 3.9〉의 수행결과 중 먼저 데이터셋 One의 저장 형태를 살펴보면 상품판매 후 첫 A/S까지 걸린 날짜를 나타내는 변수 Diff의 값이 경과된 날짜의 값으로 나타난 것이 아니라 단지 두 값의 산술적인 차이로 나타남을 알 수 있다. 이와 같은 결과는 Sale_d와 As_d를 날짜변수로 정의하는 입력포맷을 사용하지 않았기 때문에 SAS에서 두 변수를 단순한 숫자변수로 취급하여 계산했기 때문이다.

한편 데이터셋 Two의 저장 내용을 살펴보면 변수 Sale_d와 As_d의 값이 원래의 자료값과 다르다는 것을 알 수 있다. 예를 들어, 첫 번째 개체의 값을 살펴보면 20240123으로 입력된 Sale_d의 값을 SAS에서 YYMMDD8.이라는 입력포맷으로 읽어서 23398이라는 값으로 변환되고 20240310이라는 As_d의 값은 23445이라는 값으로 변환되어 저장된다는 것을 알 수 있다. 여기서 23398과 23445은 1960년 1월 1일로부터 경과된 날짜의 수를 나타낸다. 이 경우 첫 A/S까지 경과된 날짜의 수를 나타내는 Diff의 값이 제대로 계산되었음을 알 수 있다.

3.4.2. 날짜형 출력포맷

앞에서 살펴보았듯이 SAS는 날짜값을 숫자로 변환하여 저장한다. 따라서 날짜변수를 사용자가 보기 편한 형태의 날짜형식으로 출력하거나 보기 위해서는 **FORMAT** 명령문에 의해 각 날짜변수의 출력포맷을 지정해 주어야 한다.

예 3.10 **날짜형 출력포맷의 사용**

```
DATA Three;
    INFILE 'c:\Temp\SAS_Advanced\Sales.txt';
    INPUT ID @8 Sale_d YYMMDD8. @17 As_d YYMMDD8. @27 As_cost;
    Diff=As_d-Sale_d;
    FORMAT Sale_d As_d YYMMDD8.;
RUN;
```

데이터셋 - Three

OBS	ID	Sale_d	As_d	As_cost	Diff
1	1	2024-01-23	2024-03-10	5000	47
2	2	2024-01-25	2024-02-15	15000	21
3	3	2024-02-11	2024-03-01	7000	19
4	4	2024-03-01	2024-03-20	9000	19

〈예 3.10〉은 변수 Sale_d와 As_d의 값을 날짜형태로 출력하기 위하여 출력포맷을 사용한 예이다. 이 결과를 살펴보면 YYMHDD10.이라는 출력포맷을 사용하였기 때문에 변수 Sale_d와 As_d의 값이 10자리의 날짜 값으로 출력되어 있음을 알 수 있다. 이제 이와 같은 출력포맷에 대해 자세히 다루어 보도록 하자.

다음 〈표 3.3〉은 주로 사용되는 날짜형 출력포맷을 설명하고 있다. 여기서 정의되는 일, 월이름, 연도, 분기 및 날짜 수는 〈표 3.1〉의 입력포맷에서 정의된 것과 동일하다. 또한 동일한 출력포맷을 사용하였다 하더라도 사용자가 정의해 주는 자리수(w)에 따라 출력되는 결과가 달라질 수 있다.

2024년 3월 18일을 표현하는 다양한 출력포맷은 〈표 3.4〉와 같다. 〈표 3.4〉에서 알 수 있듯이 출력포맷의 자리수를 너무 짧게 잡으면 내용의 일부가 누락된 채 출력되게 된다. 따라서 출력포맷을 사용할 때는 그 변수가 가지고 있는 정보를 충분히 나타낼 수 있을 정도의 자리수를 잡아 주거나, SAS에서의 기본 값을 사용하는 것이 바람직하다.

표 3.3 날짜형 출력포맷

출력포맷	자료표현	사용 예	w 범위	w 기본값
DATEw.	일/월이름/연도	13FEB2024	7-32	7
DDMMYYw.	일/월/연도	13-2-2024	6-32	6
MMDDYYw.	월/일/연도	02132024	6-32	6
YYMMDDw.	연도/월/이름	2024-02-13	6-32	6
MONYYw.	월이름/연도	FEB2024	5-32	5
JULIANw.	연도/날짜수	2024044	5-32	5
YYQw.	연도/분기	2024/2	4-32	4

표 3.4 2024년 3월 18일에 대한 출력포맷

출력포맷	w=2	w=3	w=4	w=6	w=7	w=8	w=9	w=10
DATE				18MAR	18MAR24	18MAR24	18MAR2024	18MAR2024
DDMMYY	18	18	1803	180324	180324	18/03/24	18/03/24	18/03/2024
MMDDYY	03	03	0318	031824	031824	03/18/24	03/18/24	03/18/2024
YYMMDD	24	24	2403	240318	240318	24-03-18	24-03-18	2024-03-18
MONYY				MAR24	MAR2024			
YYQ			24Q1	2024Q1				

표 3.5 다양한 날짜형 출력포맷

출력형식	자료표현	사용 예	w 범위	w 기본값
WEEKDATEw.	요일,월이름 일,연도	w=15 : Tue, Mar 18, 16	3-32	29
WEEKDATXw.	요일,일 월이름 연도	w=15 : Tue, 18 Mar 16	3-32	29
WORDDATEw.	월이름 일 연도	w=15 : Mar 18 , 2016	3-32	18
WORDDATXw.	일 월이름 연도	w=15 : 18 Mar 2016	3-32	18
JULIANw.	연도/날짜수	w= 7 : 2016077	5-7	5
YYMMw.	연도/M/월	w=7 : 2016M03	5-32	7
MMYYw.	월/M/연도	w=7 : 03M2016	5-32	7
YYMONw.	연도/월이름	w=7 : 2016MAR	5-32	7
MONYYw.	월이름/연도	w=7 : MAR2016	5-32	7
YYQw.	연도/Q/분기	w=6 : 2016Q1	4-6	4
YEARw.	연도	w=4 : 2016	2-32	4
MONTHw.	월(1-12)	w=2 : 3	2-32	2
DAYw.	일(1-31)	w=2 : 18	2-32	2
QTRw.	분기(1-4)	w=1 : 1	1-32	1
WEEKDAYw.	일주일중의 날짜(1-7)	w=1 : 4	1-32	1
MONNAMEw.	월이름	w=5 : March	1-32	5
DOWNAMEw.	요일이름	w=9 : Wednesday	1-32	6-9

SAS에서는 〈표 3.3〉의 출력포맷 이외에도 보다 다양한 형식의 날짜형 출력포맷을 사용할 수 있는데, 이를 형태별로 정리하면 다음과 같다.

① 연·월·일 및 요일을 출력하는 형식
② 연과 월, 연과 분기를 출력하는 형식
③ 연, 월, 일만을 출력하는 형식

〈표 3.5〉는 세 가지 형태별로 나타나는 출력포맷을 정리한 것으로 이들의 기능을 요약하면 다음과 같다.

• WORDxxxx와 WEEKxxxx와 같은 출력포맷을 사용할 때 지정된 자리수가 너무 작으면 출력되는 결과는 모든 정보를 나타내지 못할 수 있으므로 충분한 자리수를 잡아주거나 시스템에서 제공하는 기본 값을 사용하는 것이 좋다.
• 연도와 월, 또는 연도와 분기의 형태로 출력(YYMMw., MMYYw., YYQw.)할 경우 가운데에 삽입되는 월이나 분기를 나타내는 문자값 M이나 Q 대신 다른 형태로 출력할 수 있다. 여기서 P는 period, D는 dash, S는 slash, C는 colon을 의미한다.

  - YYMMPw. : 연.월(2016.03), YYMMDw. : 연-월(2016-03)
  - YYMMSw. : 연/월(2016/03), YYMMCw. : 연: 월(2016:03)
  - YYMMNw. : 연월(201603)

  (예) YYMMDDN8. → 20160318

• 월 이름은 허용되는 자리수에 따라서 전체 또는 앞의 세 자리까지만 출력되며, 연도 값도 허용되는 자릿수에 따라서 두 자리 또는 4자리로 출력된다.
• WEEKDAYw. 형식을 사용하는 경우 1은 일요일, 2는 월요일을 의미한다.

3.5. 날짜함수

데이터셋에 입력된 날짜자료가 하나의 날짜변수 형태로 정의되지 않고 날짜, 월, 연도가 각각 별도의 변수로 되어 있거나, 지금까지 설명했던 입력형식과 다르게 되어 있는 경우가 종종 발생한다. 따라서 숫자변수로 정의되어 있는 특정 변수를 데이터 단계에서 적절한 날짜변수로 만들어 줄 필요가 있는데, 이때 SAS 날짜 함수를 이용하면 매우 유용하다. 이 절에서는 주로 사용되는 날짜함수들을 간단한 예와 함께 설명할 것이다.

3.5.1. SAS 날짜 값을 만드는 함수

■ MDY(*month, day, year*)

이 함수는 연(year), 월(month), 일(day)을 나타내는 세 개의 숫자변수(또는 숫자)를 사용하여 SAS 날짜변수를 만드는 데 사용된다. 〈예 3.11〉은 변수 Mon, Day, Year로 이루어진 자료에 대해 **MDY** 함수를 이용하여 Date라는 새로운 SAS 날짜변수를 만들고 YYMMDD10.의 형식으로 출력하고 있다.

예 3.11 MDY 함수의 사용

```
DATA Mdyex;
    INPUT Mon Day Year;
    Newdate=MDY(Mon,Day,Year);
    FORMAT Newdate YYMMDD10.;
CARDS;
12 11 1997
03 18 1998
;
RUN;
```

예 3.12 TODAY 함수의 사용

```
DATA Todayex;
    SET Mdyex;
    Today=TODAY();
    Diff=Today-Newdate;
    FORMAT Today Newdate YYMMDD10.;
RUN;
```

OBS	Mon	Day	Year	Newdate	Today	Diff
1	12	11	1997	1997-12-11	2024-08-04	9733
2	3	18	1998	1998-03-18	2024-08-04	9636

■ TODAY( )

이 함수는 컴퓨터 시스템 상의 현재 날짜를 되돌려 준다. 여기에서 **TODAY** 다음에 붙여진 괄호는 일반 변수이름 Today와의 혼돈을 피하기 위한 것이므로 항상 사용해야 한다. 〈예 3.12〉는 컴퓨터 시스템상의 현재 날짜를 Today라는 변수에 저장하고 현재 날짜에서 상품판매일까지 경과된 시간을 Diff라는 변수로 저장하는 프로그램이다.

■ YYQ(year, quarter)

이 함수는 연도(year)와 분기(quarter)를 갖는 두 개의 숫자변수(또는 숫자)를 이용하여 SAS 날짜변수를 만들어 준다.

3.5.2. 날짜변수를 숫자변수로 만드는 함수

YEAR, MONTH, DAY, WEEKDAY, QTR 등은 SAS 날짜변수(또는 날짜값)를 숫자값으로 바꾸어 준다. 다음 〈예 3.13〉은 판매 일을 Sale_day로, 판매 월을 Sale_mon으로, 판매 연도를 Sale_year라는 숫자변수에 저장하고, 일주일 중 며칠간 판매되었는지를 S_weekd라는 숫자변수에 저장하고 있다.

예 3.13 SAS 날짜값을 숫자값으로 바꾸기

```
DATA Fct_ex;
    INFILE 'c:\Temp\SAS_Advanced\Sales.txt';
    INPUT ID @8 Sale_d YYMMDD8. @17 As_d YYMMDD8. @27 As_cost;
    Sale_day=DAY(Sale_d);
    Sale_mon=MONTH(Sale_d);
    Saleyear=YEAR(Sale_d);
    S_weeked=WEEKDAY(Sale_d);
    DROP ID;
    FORMAT As_d DATE7.;
RUN;
```

OBS	Sale_d	As_d	As_cost	Sale_day	Sale_mon	Saleyear	S_weeked
1	23398	10MAR24	5000	23	1	2024	3
2	23400	15FEB24	15000	25	1	2024	5
3	23417	01MAR24	7000	11	2	2024	1
4	23436	20MAR24	9000	1	3	2024	6

3.5.3. 날짜구간 함수

입력된 자료가 별도의 날짜변수를 포함하고 있지 않은 경우라도 일정한 시간간격(time interval)을 가지고 있다면 이를 이용하여 새로운 날짜변수를 생성할 수 있다.

■ INTNX('*Interval*', *from*, *n*, 〈'*Alignment*'〉)

이 함수는 특정한 날짜(from)로부터 n만큼의 시간간격(interval)에 해당하는 날짜값을 계산해 준다. 여기에서 Interval은 시간간격의 단위를 나타내는 것으로 YEAR, SEMIYEAR, QTR, MONTH, SEMIMONTH, TENDAY, WEEK, DAY 등이 있다. 또한 n은 from에서 정의된 시작시점으로부터 증분되는 구간의 수를 나타낸다(from에는 날짜변수 또는 날짜상수가 지정되어야 한다). 여기에서 증분되는 구간의 수 n은 양의 정수, 음의 정수, 0의 값을 모두 가질 수 있으며, n이 음의 정수인 경우에는 시작시점으로부터 n 구간 이전의 날짜값이 만들어진다.

예를 들어, Date1이라는 변수의 날짜값이 2024년 1월 5일이라고 할 때 다음과 같이 INTNX 함수를 사용하면

```
Date2=INTNX('MONTH',Date1,10)
```

변수 Date2에는 2024년 11월 1일에 해당하는 날짜값이 저장된다.

이러한 INTNX 함수를 사용할 때 유의할 점은 시작시점(from)의 날짜값으로부터 시간간격에 따른 날짜값이 만들어지는 것이 아니라, Interval을 기준으로 하여 새로운 날짜값이 만들어진다는 것이다. 따라서 월 구간(month interval)은 각 월의 1일로, 연 구간(year interval)은 각 연도의 시작인 1월 1일로 날짜 값이 만들어지게 된다.

또한 Alignment는 지정한 시간간격(interval)에 따른 어떤 날짜값을 만들지 결정하는 것으로 BEGINNING(시작일), MIDDLE(중간일), END(마지막 날짜), SAME(from의 일자와 동일한 날짜)을 입력할 수 있으며, 생략이 가능하다. 생략할 경우 BEGINNING을 사용하여 날짜값이 만들어진다. Aalignment 값은 줄여서 앞글자만 사용이 가능하다.

예를 들어, Date1이라는 변수의 날짜값이 2024년 1월 5일이라고 할 때 다음과 같이 INTNX 함수를 사용하면

```
Date3=INTNX('MONTH',Date1,10, 'END')
Date4=INTNX('MONTH',Date1,10, 'E')
Date5=INTNX('MONTH',Date1,10, 'SAME')
Date6=INTNX('MONTH',Date1,10, 'S')
```

변수 Date3와 Date4에는 2024년 11월 30일에 해당하는 날짜값이 저장되고, Date5와 Date6에는 2024년 11월 5일에 해당하는 날짜값이 저장된다.

예 3.14 INTNX 함수의 사용

```
DATA Intnx_ex1;
    Date2=INTNX('MONTH','05JAN2024'D,10);
    Date3=INTNX('YEAR',Date2,1);
    FORMAT Date2 Date3 YYMMDD10.;
RUN;
```

OBS	Date2	Date3
1	2024-11-01	2025-01-01

〈예 3.14〉에서 Date2에 저장되는 날짜값은 2024년 11월 5일이 아니라 2024년 11월 1일이라는 것과 Date3에 저장되는 날짜값이 2025년 11월 1일이 아니라 2025년 1월 1일이라는 것을 주의하기 바란다.

다음 예는 모두 2024년 1월 1일에 해당하는 날짜값을 발생시키는 INTNX 함수의 사용 예이다.

```
DATA Intnx_ex2;
    Date1=INTNX('YEAR' ,'18MAR2022'D, 2);
    Date2=INTNX('YEAR' ,'18JAN2024'D, 0);
    Date3=INTNX('MONTH','21FEB2024'D,-1);
    Date4=INTNX('MONTH','31DEC2023'D, 1);
    FORMAT Date1-Date4 YYMMDD10.;
RUN;
```

데이터의 시작시점을 알고 있고 시간간격이 규칙적인 경우 다음 〈예 3.15〉와 같이 INTNX 함수와 자동변수 _N_을 이용하여 날짜변수를 쉽게 생성할 수 있다.

예 3.15 날짜상수를 이용하여 날짜값 만들기

```
DATA Intnx_ex3;
    INPUT Sales;
    Date=INTNX('MONTH','01JAN2024'D,_N_-1);
    FORMAT Date YYMON7.;
CARDS;
113
137
149
;
RUN;
```

OBS	Sales	Date
1	113	2024JAN
2	137	2024FEB
3	149	2024MAR

■ INTCK('*Interval*, *from*, *to*)

이 함수는 날짜(from)와 날짜(to) 사이의 시간간격을 계산하는 함수이며, 여기에서 Interval은 시간간격을 나타낸다. INTNX 함수와 마찬가지로 INTCK 함수를 사용할 때 주의할 사항은 시간간격의 개수를 셀 때 from에 나와 있는 날짜값으로부터 세는 것이 아니라 from에 나타난 날짜값의 시간간격의 시점부터 계산한다는 것이다.

예를 들어, 다음 예에서 변수 Mon_n1과 Mon_n2에는 모두 2의 값이 저장된다.

```
Mon_n1=INTCK('MONTH','03jan2024'd,'31mar2024'd);
Mon_n2=INTCK('MONTH','31jan2024'd,'01mar2024'd);
```

다음 〈예 3.16〉은 상품을 판매한 날짜로부터 첫 A/S 날짜 사이에 몇 주가 경과되었는지를 계산하여 Nas_week로 저장하고, 현재 날짜와 판매일 사이에 몇 달이 경과되었는지를 계산하여 Nmonth로 저장하는 프로그램이다. 출력결과를 통해 첫 번째 개체의 경우 상품을 판매한 후 7주만에 첫 A/S가 발생했다는 것을 알 수 있다.

예 3.16 INCTK 함수의 사용

```
DATA Intck_ex;
    SET Fct_ex;
    Today=TODAY();
    Nas_week=INTCK('WEEK',Sale_d,As_d);
    Nmonth=INTCK('MONTH',Sale_d,Today);
         DROP Sale_day Sale_mon Saleyear S_weeked;
    FORMAT Sale_d Today YYMMDD10.;
RUN;
```

OBS	Sale_d	As_d	As_cost	Today	Nas_week	Nmonth
1	2024-01-23	10MAR24	5000	2024-08-04	7	7
2	2024-01-25	15FEB24	15000	2024-08-04	3	7
3	2024-02-11	01MAR24	7000	2024-08-04	2	6
4	2024-03-01	20MAR24	9000	2024-08-04	3	5

제 4 장

SAS/SQL – 구조적 질의 언어

SQL은 구조적 질의 언어(structured query language)의 약어로써, 관계형 데이터베이스(relational database) 테이블을 검색하거나 갱신하는 데 널리 사용되는 표준 언어이다. SAS의 **SQL** 프로시저는 표준화된 질의를 가능하게 해주는 프로시저로서, 다른 질의 언어(예를 들면, MS-SQL이나 ORACLE-SQL)와 유사한 형식을 가지고 있다. 따라서 질의 언어를 접해본 독자라면 SAS/SQL을 쉽게 사용할 수 있고, SAS/SQL을 배움으로써 일반적인 질의 언어의 개념에 대해서도 이해할 수 있게 될 것이다.

4.1. SQL 프로시저의 이해

SQL 프로시저는 SAS/BASE를 구성하고 있는 요소 중의 하나이며 SAS 데이터셋과 함께 사용할 수 있다. 또한 다른 SAS 프로시저와 마찬가지로 데이터셋 옵션이나 함수 및 포맷 등을 자유롭게 사용할 수 있다.

4.1.1. SQL 프로시저란 무엇인가?

〈그림 4.1〉은 **SQL** 프로시저가 SAS 데이터셋 파일과 어떤 관계에 있는지를 설명하고 있다. 즉, **SQL** 프로시저는 SAS 데이터셋이나 데이터 뷰(view) 혹은 DBMS 테이블을 적절히 처리하여 보고서를 작성하거나 SAS 데이터셋 또는 뷰를 생성하는 기능을 한다. **SQL** 프로시저의 기능을 요약하면 다음과 같다.

- 테이블이나 뷰로부터 데이터의 검색, 결합
- 테이블 또는 뷰의 생성, 데이터의 갱신(update), 보고서 작성
- 첨가, 수정, 삭제 기능을 통한 SQL 테이블의 수정
- SAS/ACCESS를 이용한 DB2, ORACLE, SQL/DS 등의 DBMS로부터 데이터 추출, 갱신

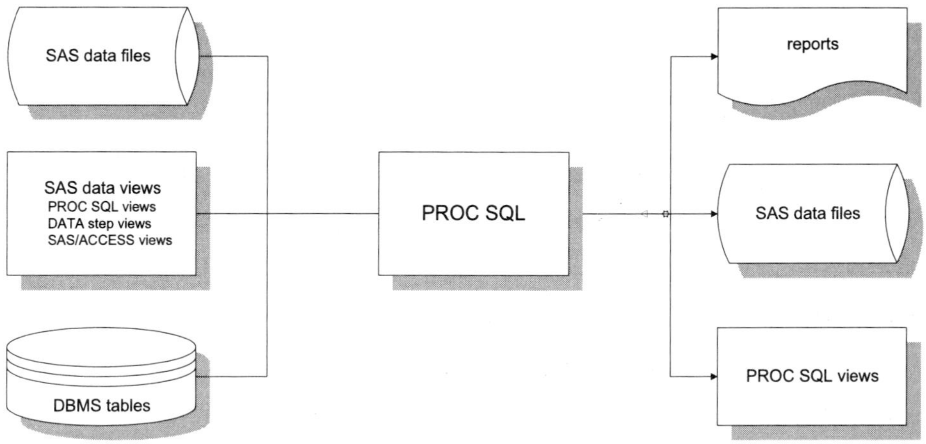

그림 4.1 SQL 프로시저의 작동 원리

표 4.1 관련 용어

SQL	Base SAS	Data Base
테이블(table)	데이터셋(data set)	파일(file)
행(row)	관측개체(observation)	레코드(record)
열(column)	변수(variable)	필드(field)

4.1.2. 용어의 정의

〈표 4.1〉에서 볼 수 있는 바와 같이 SQL 테이블(table)은 SAS 데이터셋과 유사한 형태를 가지고 있다. SAS 데이터셋은 특수한 형태의 테이블로써 행은 관측개체 그리고 열은 변수가 되도록 미리 지정된 것이라고 할 수 있다. 데이터베이스에 관한 약간의 기초적인 지식이 있는 독자라면 파일, 레코드, 필드 등의 개념이 이와 대응된다는 것을 알 수 있을 것이다.

한편, SQL 뷰(view)는 DBMS 테이블이나 다른 SAS 데이터셋의 위치와 관련 정보를 가지고 있는 것으로 데이터 자체를 실제로 가지고 있는 것은 아니다. SAS 명령어나 데이터 단계에서 특정 뷰를 호출하면 기존의 테이블이나 다른 뷰로부터 추출한 데이터를 보여준다는 측면에서 테이블과 동일한 기능을 하지만, SQL 명령으로 생성된 데이터가 갱신되지는 않는다. 뷰를 이용하면 테이블과는 별도로 SAS 데이터셋을 물리적으로 생성하지 않아도 되기 때문에 저장공간을 줄일 수 있다.

4.1.3. 예제 데이터

이 장에서 예제로 사용할 데이터는 여행사의 여행상품과 예약/판매에 대한 가상 데이터이며, 설명을 용이하게 하기 위해서 다소 간단하게 구성하였다.

- **Product 데이터셋**: 여행상품에 대한 정보를 가지고 있는 데이터이며, 각 변수는 순서대로 상품코드(code), 상품명(name), 상품형태(prod_type), 상품지역(prod_area), 상품가격(price)을 나타낸다.
- **Sales1 데이터셋**: 2015년 판매기록 데이터이며, 각 변수는 고객ID(cust_id), 판매일자(date), 판매상품코드(prod_code)를 나타낸다.
- **Sales2 데이터셋**: 2016년 판매기록 데이터이며, 각 변수는 sales1과 같다.
- **Customer 데이터셋**: 상품을 구매한 고객의 정보를 가지고 있는 데이터이며, 각 변수는 고객 ID(cust_id), 성별(gender), 나이(age)를 나타낸다.

예제 데이터셋 생성

```
LIBNAME Mysas 'C:\Temp\SAS_Advanced\SAS_Data';

DATA Mysas.Product;
    LENGTH code $5 name $20 prod_type $10 prod_area $10 price 8;
    INFILE 'C:\Temp\SAS_Advanced\Product.txt';
    INPUT code $ name $ prod_type $ prod_area $ price;
RUN;

DATA Mysas.Sales1;
    LENGTH  cust_id $6 date $8 prod_code $5;
    INFILE 'C:\Temp\SAS_Advanced\Sales1.txt';
    INPUT cust_id $ date $ prod_code $;
RUN;

DATA Mysas.Sales2;
    LENGTH  cust_id $6 date $8 prod_code $5;
    INFILE 'C:\Temp\SAS_Advanced\Sales2.txt';
    INPUT cust_id $ date $ prod_code $;
RUN;

DATA Mysas.Customer;
    LENGTH  cust_id $6 gender $4 age 8;
    INFILE 'C:\Temp\SAS_Advanced\Customer.txt';
    INPUT cust_id $ gender $ age;
RUN;
```

4.1.4. SQL 프로시저의 장점

SQL은 질의, 갱신, 간단한 보고서 작성을 위해 정형적인 작업을 수행하는 프로시저이기 때문에, 이러한 유형의 작업을 수행하고자 하는 경우에는 다른 SAS 프로그램을 이용하는 것에 비해서 훨씬 효율적이다.

먼저, 하나의 예를 통해서 다른 SAS 프로그램을 이용하는 경우와 SQL 프로시저를 이용하는 경우를 비교해 보자. 〈예 4.1〉은 product 테이블을 이용하여 자유여행 상품의 각 지역별 평균가격을 계산하고, 그 결과를 평균가격 순서대로 출력하는 예이다.

예 4.1 SQL과 일반적인 SAS 프로그램의 비교

```
/* SQL의 이용 */

PROC SQL;
    SELECT prod_area, MEAN(price) AS meanprice FROM Mysas.Product
        WHERE prod_type='자유여행'
        GROUP BY prod_area
        ORDER BY meanprice;
QUIT;

/* 일반적인 SAS 프로그램 */

PROC SUMMARY DATA=Mysas.product;
    WHERE prod_type='자유여행';
    CLASS prod_area;
    VAR price;
    OUTPUT OUT=meanprice MEAN=meanprice;
RUN;

PROC SORT DATA=meanprice;
    BY meanprice;
RUN;

PROC PRINT DATA=meanprice NOOBS;
    VAR prod_area meanprice;
    WHERE _TYPE_=1;
RUN;
```

prod_area	meanprice
중국	378000
일본	404000
유럽	1185000
미주	1395000

일반적인 SAS 프로그램에서는 각 기능을 담당하는 프로시저를 여러 개 호출하여 프로그램을 작성해야 하는 반면에, SQL은 데이터의 검색, 요약, 정렬, 출력 등을 프로시저 내에서 한 번에 처리할 수 있으므로 매우 효율적이라는 것을 느낄 수 있을 것이다.

4.2. SELECT 명령문을 이용한 테이블의 질의

4.2.1. SELECT 명령문

(1) 특정한 열의 지정

SELECT 명령문은 테이블로부터 특정한 열을 추출하거나 새로운 열을 생성하고자 할 때 사용한다. 질의의 대상이 되는 테이블의 이름은 FROM 명령어 뒤에 지정하면 된다.

테이블에 있는 모든 열을 선택하기 위해서는 * 명령을 사용하고, 특정한 열만 선택하고자 할 때는 SELECT 명령문 뒤에 열의 이름을 나열하면 된다. 이때 열과 열 사이는 ,(콤마)로 구분한다.

예 4.2 테이블에서 특정 열을 추출하기

```
PROC SQL;
   SELECT * FROM Mysas.Product;
QUIT;
```

code	name	prod_type	prod_area	price
FA001	샌프란시스코	자유여행	미주	1300000
FA002	뉴욕	자유여행	미주	1490000
FE001	파리	자유여행	유럽	1250000
FE002	프라하	자유여행	유럽	1120000
FJ001	오키나와	자유여행	일본	480000
…	…	…	…	…

```
PROC SQL;
    SELECT prod_type, prod_area FROM Mysas.Product;
QUIT;
```

prod_type	prod_area
자유여행	미주
자유여행	미주
자유여행	유럽
자유여행	유럽
자유여행	일본
…	…

```
PROC SQL;
    SELECT * FROM Mysas.Product(DROP=code);
QUIT;
```

name	prod_type	prod_area	price
샌프란시스코	자유여행	미주	1300000
뉴욕	자유여행	미주	1490000
파리	자유여행	유럽	1250000
프라하	자유여행	유럽	1120000
오키나와	자유여행	일본	480000
…	…	…	…

한편, **DROP** 명령어를 사용하면 지정된 열만을 제외할 수 있다. 위의 예에서는 Product 테이블로부터 code를 제외한 모든 열이 선택된다.

(2) 중복된 행의 삭제

DISTINCT 명령어는 특정 열에 중복된 값들이 있을 때, 이들을 제거하고 출력하고자 할 때 사용된다.

예 4.3 중복된 행을 제거하기

```
PROC SQL;
    SELECT DISTINCT prod_type, prod_area FROM Mysas.Product;
QUIT;
```

prod_type	prod_area
자유여행	미주
자유여행	유럽
자유여행	일본
자유여행	중국
패키지	동남아
패키지	미주
패키지	일본
패키지	중국
허니문	남태평양
허니문	동남아
허니문	미주
허니문	유럽

(3) 새로운 열의 생성

SELECT 명령문에서 수식을 이용하여 새로운 열을 만들 수 있는데, 사용법은 데이터-단계(data-step)에서 수식 또는 함수를 사용하는 것과 동일하다. 다음의 <예 4.4>에서 사용한 AS sumprice는 수식에 의해 계산된 결과를 sumprice라는 이름의 열로 지정하는 명령어이다. AS 명령어가 생략되면 열 이름이 나타나지 않고 결과만 출력된다.

예 4.4 수식을 이용하여 새로운 열을 생성하기

```
TITLE '3인 여행상품비';
PROC SQL;
    SELECT prod_type, name, price, price*3 AS sumprice FROM Mysas.Product;
QUIT;
```

prod_type	name	price	sumprice
자유여행	샌프란시스코	1300000	3900000
자유여행	뉴욕	1490000	4470000
자유여행	파리	1250000	3750000
자유여행	프라하	1120000	3360000
자유여행	오키나와	480000	1440000
…	…	…	…

CASE WHEN 명령어는 조건식을 사용할 때 이용되며, 명령어 뒤에 원하는 조건을 입력하고 반드시 END로 끝내야 한다. 다음 〈예 4.5〉는 3인 여행상품비가 2백만원 미만인 상품에 대해서 '****' 표시를 하여 출력하는 예이다.

예 4.5 조건식을 이용하기

```
TITLE '3인 여행상품비';
PROC SQL;
    SELECT prod_type, name, price, price*3 AS sumprice,
        CASE
            WHEN CALCULATED sumprice<2000000 THEN '****'
            ELSE ''
        END
        FROM Mysas.Product;
QUIT;
```

_type	name	price	sumprice	
자유여행	샌프란시스코	1300000	3900000	
자유여행	뉴욕	1490000	4470000	
자유여행	파리	1250000	3750000	
자유여행	프라하	1120000	3360000	
자유여행	오키나와	480000	1440000	****
자유여행	홋카이도	328000	984000	****
…	…	…	…	…

위의 CASE WHEN 명령어 조건식에서처럼 기존의 테이블에 존재하는 열이 아니라 SELECT 명령문에서 새로 생성된 열을 이용할 경우에는 〈예 4.5〉에서와 같이 열 이름과 함께 반드시 CALCULATED 명령어를 표시해야 한다.

〈예 4.5〉에서 sumprice라는 이름의 열은 Product 테이블에는 존재하지 않고 단지 SQL 프로시저에 의해서 생성되어 출력될 뿐이다. 따라서, CALCULATED 명령어를 사용하지 않고 같은 결과를 얻으려면 WHEN 명령어를 다음과 같이 작성해야 한다.

```
WHEN price*3<2000000 THEN '****'
```

데이터-단계나 프로시저-단계에서와 마찬가지로 SQL 프로시저에서도 FORMAT 명령어를 이용하여 출력형식을 지정할 수 있다. 또한, LABEL 명령어를 사용하여 새로운 열의 레이블을 지정하여 출력할 수도 있다.

예 4.6 출력형식과 레이블의 지정

```
TITLE '3인 여행상품비';
PROC SQL;
    SELECT prod_type, name, price,
           price*3 AS sumprice FORMAT=COMMA9. LABEL='3인 비용'
       FROM Mysas.Product;
QUIT;
```

prod_type	name	price	3인 비용
자유여행	샌프란시스코	1300000	3,900,000
자유여행	뉴욕	1490000	4,470,000
자유여행	파리	1250000	3,750,000
자유여행	프라하	1120000	3,360,000
자유여행	오키나와	480000	1,440,000
…	…	…	…

4.2.2. 정렬 – ORDER BY 명령어

ORDER BY 명령어를 사용하면 하나 이상의 열에 따라서 정렬을 수행할 수가 있다. 다음 〈예 5.7〉은 먼저 포지션의 알파벳 순서로 정렬한 후에 같은 포지션 내에서는 득점 순위로 정렬하도록 하는 예이다. 기본적으로는 오름차순(ascending)으로 정렬되며, 내림차순(descending)으로 정렬하고자 하는 경우에는 다음과 같이 DESC 옵션을 사용하면 된다.

예 4.7 테이블의 정렬

```
TITLE '지역별 가격 순위';
PROC SQL;
    SELECT prod_area, name, price FROM Mysas.Product
        ORDER BY prod_area, price DESC;
QUIT;
```

area	name	price
남태평양	호주	2190000
남태평양	괌	1480000
동남아	발리	1960000
동남아	푸켓	1240000
동남아	하노이	459000
…	…	…

ORDER BY 명령어 뒤에는 변수 이름뿐만 아니라 변수 위치를 사용할 수도 있다. 특정 변수의 위치를 지정하는 경우에는 변수 이름을 사용하는 경우와 같이 사용하면 되며, 특히 생성한 열의 변수 이름을 지정하지 않은 경우나 조건식이나 연산을 이용하여 새로 생성하는 경우에 유용하다. 예를 들어, 다음 〈예 4.8〉에서와 같이 AS 명령어를 사용하지 않아서 변수 이름이 정해지지 않은 경우에 네 번째 변수의 의미로 ORDER BY 명령어 뒤에 '4'를 표시하면 된다.

예 4.8 변수 위치를 지정하기

```
PROC SQL;
    SELECT prod_type, name, price, price*3 FROM Mysas.Product
        ORDER BY 4;
QUIT;
```

prod_type	name	price	
자유여행	홋카이도	328000	984000
패키지	방콕	329000	987000
패키지	베이징	349000	1047000
자유여행	베이징	378000	1134000
패키지	하이난	399000	1197000
...	...	...	...

4.2.3. 함수를 이용한 테이블 요약

SELECT 명령문에서 함수를 이용하여 테이블에 대한 요약표를 출력할 수가 있다. 자주 사용되는 몇 개의 함수들은 다음과 같다.

- AVG: 평균값을 계산한다.
- COUNT: 행의 수를 구한다.
- MAX, MIN: 최댓값과 최솟값을 구한다.
- SUM: 합계를 계산한다.

여러 요약값을 구하기 위해 여러 개의 함수를 하나의 SELECT 명령문에서 함께 사용하는 경우에는 여러 열을 생성하는 경우처럼 ','로 구분해 주어야 한다.

예 4.9 함수를 이용한 테이블 요약

```
PROC SQL;
    SELECT AVG(price) AS avgprice FORMAT=COMMA9. LABEL='평균 가격'
         FROM Mysas.Product;
QUIT;
```

평균 가격
1,192,609

```
PROC SQL;
    SELECT COUNT(*) LABEL='행의 수' FROM Mysas.Product;
QUIT;
```

행의 수
23

```
PROC SQL;
    SELECT MIN(price) LABEL='최소 가격', MAX(price) LABEL='최고 가격'
        FROM Mysas.Product;
QUIT;
```

최소 가격	최고 가격
328000	2380000

```
PROC SQL;
    SELECT SUM(price) LABEL='총가격' FROM Mysas.Product;
QUIT;
```

총가격
27430000

4.2.4. 그룹화 – GROUP BY 명령어

GROUP BY 명령어를 사용하면 지정된 열의 그룹별로 데이터가 처리된다. 이는 데이터-단계 또는 프로시저-단계에서의 BY 명령문과 유사한 역할을 한다.

예 4.10 그룹별 데이터 처리

```
TITLE '지역별 평균 가격';
PROC SQL;
    SELECT prod_area LABEL='지역', AVG(price) AS avgprice
           FORMAT=COMMA9. LABEL='평균 가격'
        FROM Mysas.Product
        GROUP BY prod_area;
QUIT;
```

지역	평균 가격
남태평양	1,835,000
동남아	997,000
미주	1,786,667
유럽	1,522,500
일본	459,000
중국	375,333

```
TITLE '지역별 상품 수';
PROC SQL;
    SELECT prod_area LABEL='지역',
           count(name) AS cnt_name LABEL='상품 수'
        FROM Mysas.Product
        GROUP BY prod_area;
QUIT;
```

지역	상품 수
남태평양	2
동남아	4
미주	6
유럽	4
일본	4
중국	3

4.2.5. 필터링 – WHERE, HAVING 명령어

WHERE 명령어와 HAVING 명령어는 FROM 명령어에 지정되어 있는 테이블에서 특정한 조건에 해당하는 행만을 추출하는 데 사용된다. WHERE 명령어는 SAS/BASE에서 WHERE 명령문의 용법과 동일하게 사용할 수 있으며, 해당 테이블의 행마다 적용되는 일반적인 조건문을 사용할 수 있다. 반면 HAVING 명령어는 통상적으로 GROUP

BY 명령어와 함께 사용되며, 그룹별 요약값을 조건문에 활용하여 조건을 만족하는 데이터만 필터링하고자 하는 경우 유용하게 사용할 수 있다.

다음 〈예 4.11〉은 Product 테이블에서 **WHERE** 명령어를 사용하여 가격(price)이 150만원 이상인 상품 데이터를 추출하는 것과 **HAVING** 명령어를 사용하여 지역 평균 가격이 150만원 이상인 상품 데이터를 추출하는 예이다. 결과를 보면 **WHERE** 명령어를 사용하여 150만원 이상인 상품만 추출한 경우 150만원 미만의 상품은 추출되지 않았다. 반면에 **HAVING** 명령어를 사용하여 특정 그룹(지역)의 평균 가격이 150만원 이상인 상품을 추출한 경우, 해당 그룹의 평균 가격이 150만원 이상이면 상품가격이 150만원 미만이더라도 추출되는 것을 알 수 있다. 따라서, **GROUP BY**와 **HAVING** 명령어를 이용하면 그룹별 요약값을 이용한 데이터 필터링을 효과적으로 사용할 수 있다.

예 4.11 조건문을 이용한 데이터의 추출

```
TITLE '가격이 150만원 이상인 상품';
PROC SQL;
    SELECT * FROM Mysas.Product
        WHERE price>=1500000
        ORDER BY prod_area, name;
QUIT;
```

code	name	prod_type	prod_area	price
HP001	호주	허니문	남태평양	2190000
HS002	발리	허니문	동남아	1960000
HA002	마우이	허니문	미주	2380000
PA002	미동부일주	패키지	미주	1990000
PA001	미서부일주	패키지	미주	1670000
HA001	오하우	허니문	미주	1890000
HE002	로마	허니문	유럽	1650000
HE001	산토리니	허니문	유럽	2070000

```
TITLE '지역별 평균 가격이 150만원 이상인 상품';
PROC SQL;
    SELECT * FROM Mysas.Product
        GROUP BY prod_area HAVING avg(price)>=1500000
        ORDER BY prod_area, name;
QUIT;
```

code	name	prod_type	prod_area	price
HP002	괌	허니문	남태평양	1480000
HP001	호주	허니문	남태평양	2190000
FA002	뉴욕	자유여행	미주	1490000
HA002	마우이	허니문	미주	2380000
PA002	미동부일주	패키지	미주	1990000
PA001	미서부일주	패키지	미주	1670000
FA001	샌프란시스코	자유여행	미주	1300000
HA001	오하우	허니문	미주	1890000
HE002	로마	허니문	유럽	1650000
HE001	산토리니	허니문	유럽	2070000
FE001	파리	자유여행	유럽	1250000
FE002	프라하	자유여행	유럽	1120000

4.2.6. 두 개 이상의 테이블 다루기 – INTERSECT, EXCEPT, UNION 명령어

SQL 프로시저에서는 두 개 또는 그 이상의 테이블로부터 필요한 작업을 수행하여 새로운 결과를 생성할 수 있다. 이때 사용되는 명령어로는 INTERSECT, EXCEPT, UNION 등이 있다.

■ INTERSECT

교집합을 의미하는 것으로 각 테이블에 공통으로 존재하는 행을 추출한다. 〈예 4.12〉의 첫 번째 프로그램은 Sales1과 Sales2에 공통적으로 존재하는 고객 ID를 추출하는 예이다.

■ EXCEPT

차집합을 의미하는 것으로 첫 번째 테이블에서 두 번째 테이블에 존재하는 행을 제외시킨 결과를 추출한다. 〈예 4.12〉의 두 번째 프로그램은 Sales1에서 Sales2에 존재하는 고객 ID를 제외한 명단을 추출하는 예이다.

■ UNION

합집합을 의미하는 것으로 첫 번째 테이블과 두 번째 테이블 어느 한 쪽에라도 존재하는 행을 추출한다. 〈예 4.12〉의 세 번째 프로그램은 Sales1과 Sales2에 존재하는 고객 ID를 추출하는 예이다. 여기에서 UNION은 중복을 제거한 결과를 추출하며, 중복 제거되지 않은 결과를 추출하고자 할 때는 UNION ALL을 사용하면 된다.

예 4.12 두 개의 테이블로부터의 데이터 추출

```
TITLE '2015년과 2016년 모두 구매한 고객';
PROC SQL;
    SELECT cust_id FROM Mysas.Sales1
    INTERSECT SELECT cust_id FROM Mysas.Sales2;
QUIT;
```

cust_id
100234
100237
100546

```
TITLE '2015년에만 구매한 고객';
PROC SQL;
    SELECT cust_id FROM Mysas.Sales1
    EXCEPT SELECT cust_id FROM Mysas.Sales2;
QUIT;
```

cust_id
100025
100235
100380
100701
100814
100897
100991
100999

```
TITLE '2015~2016년에 한번이라도 구매한 고객';
PROC SQL;
    SELECT cust_id FROM Mysas.Sales1
    UNION SELECT cust_id FROM Mysas.Sales2;
QUIT;
```

cust_id
100025
100234
100235
100237
100361
100380
100398
100509
100546
100562
100701
100708
100804
100814
100857
100897
100974
100980
100991
100999

UNION 명령어를 적절히 이용하면 보기 좋게 결과를 요약할 수 있다. 〈예 4.13〉은 Sales1의 구매고객 수와 Sales2의 구매고객 수를 각각 계산하여 하나의 표로 출력하는 프로그램이다.

예 4.13 UNION 명령어를 이용한 데이터 요약

```
TITLE '년도별 구매고객 수';
PROC SQL;
    SELECT '2015년' AS year LABEL='년도',
        COUNT(DISTINCT cust_id) AS cntcust LABEL='구매고객 수'
        FROM Mysas.Sales1
    UNION SELECT '2016년' AS year LABEL='년도',
        COUNT(DISTINCT cust_id) AS cntcust LABEL='구매고객 수'
        FROM Mysas.Sales2;
QUIT;
```

년도	구매고객 수
2015년	11
2016년	12

4.3. 테이블의 생성, 추가, 삭제, 갱신

이 절에서는 CREATE, INSERT, DELETE, UPDATE 명령문을 이용하여 테이블을 생성하고 내용을 갱신하는 방법에 대하여 설명하겠다.

4.3.1. CREATE 명령문을 이용한 테이블 생성

(1) 질의 결과를 테이블로 저장하기

앞 절에서 설명한 SQL 프로시저의 예에서는 생성된 결과를 저장하지 않고 단지 결과를 출력해서 보여줄 뿐이다. 따라서, 생성된 결과를 테이블로 저장하기 위해서는 별도의 작업이 필요한데 이때 사용하는 것이 CREATE 명령문이다. 〈예 4.14〉는 CREATE 명령문을 사용하여 새로운 테이블을 만드는 프로그램이며, 생성된 결과는 Areaprice라는 이름으로 저장된다. CREATE 명령문은 단지 테이블을 생성할 뿐이며, 그 결과는 프로그램의 마지막 줄에 있는 SELECT 명령문을 통해서 출력된다.

예 4.14 새로운 테이블 생성하기

```
PROC SQL;
    CREATE TABLE Mysas.Areaprice AS
        SELECT prod_area LABEL='지역',
            AVG(price) AS avgprice FORMAT=comma9. LABEL='평균 가격'
        FROM Mysas.Product
        GROUP BY prod_area;
    SELECT * FROM Mysas.Areaprice;
QUIT;
```

지역	평균 가격
남태평양	1,835,000
동남아	997,000
미주	1,786,667
유럽	1,522,500
일본	459,000
중국	375,333

(2) 테이블 복사하기

이미 존재하고 있는 테이블을 단지 그대로 복사하여 새로운 이름으로 저장할 때는 〈예 4.15〉와 같이 간단히 프로그램을 작성할 수 있다. 또한, 앞에서 다룬 바 있는 DROP 명령어를 이용하여 필요하지 않은 열을 제거할 수도 있다.

예 4.15 테이블 복사하기

```
PROC SQL;
    CREATE TABLE Mysas.New AS
        SELECT * FROM Mysas.Areaprice;
QUIT;

PROC SQL;
    CREATE TABLE Mysas.New AS
        SELECT * FROM Mysas.Product(DROP=code);
QUIT;
```

(3) 테이블 삭제하기

테이블 자체를 제거하고자 할 때는 다음과 같이 DROP 명령문을 사용한다

예 4.16 테이블 삭제하기

```
PROC SQL;
    DROP TABLE Mysas.New;
QUIT;
```

4.3.2. INSERT 명령문을 이용한 행 추가

(1) WHERE 명령문의 이용

INSERT 명령문을 이용하여 테이블에 행을 추가하는 방법은 몇 가지가 있는데 앞에서 익힌 WHERE 명령어를 이용하면 간단히 처리할 수 있다. 이 방법을 설명하기 위해 먼저 Product 테이블에서 네 개의 열을 선택하여 상품형태(prod_type)가 자유여행인 상품만을 모아 Price라는 테이블을 새로 만들어 보자.

이제, 이 테이블에 상품형태(prod_type)가 '패키지'인 상품들을 추가하기 위해서는 〈예 4.17〉에서와 같이 INSERT INTO 명령문을 이용한다. 결과를 보면 상품형태가 '패키지'인 8개 상품이 추가되었음을 알 수 있다.

예 4.17 INSERT 명령문을 이용한 행 끼워 넣기

```
PROC SQL;
    CREATE TABLE Mysas.Price AS
        SELECT name, prod_type, prod_area, price
        FROM Mysas.Product
        WHERE prod_type='자유여행';
    SELECT * FROM Mysas.Price;
QUIT;
```

name	prod_type	prod_area	price
샌프란시스코	자유여행	미주	1300000
뉴욕	자유여행	미주	1490000
파리	자유여행	유럽	1250000
프라하	자유여행	유럽	1120000
오키나와	자유여행	일본	480000
훗카이도	자유여행	일본	328000
베이징	자유여행	중국	378000

```
PROC SQL;
    INSERT INTO Mysas.Price
        SELECT name, prod_type, prod_area, price
        FROM Mysas.Product
        WHERE prod_type IN ('패키지');
    SELECT * FROM Mysas.Price;
QUIT;
```

name	prod_type	prod_area	price
샌프란시스코	자유여행	미주	1300000
뉴욕	자유여행	미주	1490000
파리	자유여행	유럽	1250000
프라하	자유여행	유럽	1120000
오키나와	자유여행	일본	480000
훗카이도	자유여행	일본	328000
베이징	자유여행	중국	378000
미서부일주	패키지	미주	1670000
미동부일주	패키지	미주	1990000
오키나와	패키지	일본	569000
오사카	패키지	일본	459000
베이징	패키지	중국	349000
하이난	패키지	중국	399000
하노이	패키지	동남아	459000
방콕	패키지	동남아	329000

4.3.3. SET 명령문을 이용한 행 추가

SET 명령문을 이용하면 새로운 행을 직접 입력할 수 있다. 〈예 4.18〉은 새로운 상품에 관한 데이터를 일일이 지정하여 입력하는 방법을 나타낸 것이다. 물론 문자변수의 경우에는 반드시 ' ' 표시가 필요하다. 필요에 따라 SET 명령문을 두 개 이상 사용할 수 있는데, 이때 ';'은 반드시 마지막에 한 번만 사용한다는 점을 주의하기 바란다.

예 4.18 SET 명령문을 이용한 행 추가

```
PROC SQL;
    INSERT INTO Mysas.Price
        SET name='괌',
            prod_type='허니문',
            prod_area='남태평양',
            price=1480000;
    SELECT * FROM Mysas.Price;
QUIT;
```

name	prod_type	prod_area	price
샌프란시스코	자유여행	미주	1300000
뉴욕	자유여행	미주	1490000
파리	자유여행	유럽	1250000
프라하	자유여행	유럽	1120000
오키나와	자유여행	일본	480000
훗카이도	자유여행	일본	328000
베이징	자유여행	중국	378000
미서부일주	패키지	미주	1670000
미동부일주	패키지	미주	1990000
오키나와	패키지	일본	569000
오사카	패키지	일본	459000
베이징	패키지	중국	349000
하이난	패키지	중국	399000
하노이	패키지	동남아	459000
방콕	패키지	동남아	329000
괌	허니문	남태평양	1480000

4.3.4. VALUES 명령문을 이용한 행 추가

SET 명령문과 유사한 기능을 하는 것으로 VALUES 명령문이 있다. 다만, 여기에서는 SET 명령문과 달리 열을 일일이 지정하지 않고 입력한다는 점에서 차이가 있다.

〈예 4.19〉는 **VALUES** 명령문을 이용하여 새로운 두 상품에 관한 데이터를 추가 입력하는 방법을 설명하고 있다.

예 4.19 **VALUES 명령문을 이용한 행 추가**

```
PROC SQL;
    INSERT INTO Mysas.Price
        VALUES ('산토리니','허니문','유럽',2070000)
        VALUES ('로마'     ,'허니문','유럽',1650000);
    SELECT * FROM Mysas.Price;
QUIT;
```

name	prod_type	prod_area	price
샌프란시스코	자유여행	미주	1300000
뉴욕	자유여행	미주	1490000
파리	자유여행	유럽	1250000
프라하	자유여행	유럽	1120000
오키나와	자유여행	일본	480000
홋카이도	자유여행	일본	328000
베이징	자유여행	중국	378000
미서부일주	패키지	미주	1670000
미동부일주	패키지	미주	1990000
오키나와	패키지	일본	569000
오사카	패키지	일본	459000
베이징	패키지	중국	349000
하이난	패키지	중국	399000
하노이	패키지	동남아	459000
방콕	패키지	동남아	329000
괌	허니문	남태평양	1480000
산토리니	허니문	유럽	2070000
로마	허니문	유럽	1650000

4.3.5. 행 삭제

테이블로부터 임의의 행을 삭제하고자 할 경우 **DELETE** 명령어를 사용한다. 이때 **WHERE** 명령문에 다양한 조건을 부가하여 특정 행만 삭제할 수 있다.

예 4.20 **행 삭제**

```
PROC SQL;
    DELETE FROM Mysas.Price
        WHERE prod_type='개인여행';
QUIT;
```

4.3.6. 열의 수정, 추가, 삭제

(1) UPDATE 명령문을 이용한 데이터 수정

특정한 열에 대해서 일괄적으로 데이터를 수정할 필요가 있을 경우 UPDATE 명령문을 이용한다. 〈예 4.21〉은 price의 값에 일률적으로 1.5를 곱하는 프로그램이다. 결과를 통해서 price의 값이 수정되었음을 확인해 보자.

예 4.21 UPDATE 명령문을 이용한 데이터 수정

```
PROC SQL;
    UPDATE Mysas.Price
        SET price=price*1.5;
    SELECT * FROM Mysas.Price;
QUIT;
```

name	prod_type	prod_area	price
샌프란시스코	자유여행	미주	1950000
뉴욕	자유여행	미주	2235000
파리	자유여행	유럽	1875000
프라하	자유여행	유럽	1680000
오키나와	자유여행	일본	720000
훗카이도	자유여행	일본	492000
베이징	자유여행	중국	567000
미서부일주	패키지	미주	2505000
미동부일주	패키지	미주	2985000
오키나와	패키지	일본	853500
오사카	패키지	일본	688500
베이징	패키지	중국	523500
하이난	패키지	중국	598500
하노이	패키지	동남아	688500
방콕	패키지	동남아	493500
괌	허니문	남태평양	2220000
산토리니	허니문	유럽	3105000
로마	허니문	유럽	2475000

WHERE 명령문을 이용하면 특정한 행에 대해서 각각 다른 변환을 할 수 있다. 〈예 4.22〉는 '자유여행' 상품의 가격에는 0.9를 곱하고, '패키지' 상품의 가격에는 1.1을 곱한 결과를 얻는 프로그램이다. 이때 주의할 점은 UPDATE 명령문 하나에 WHERE 명령문은 하나밖에 사용할 수 없다는 것이다.

예 4.22 **UPDATE 명령문과 WHERE 명령문의 이용**

```
PROC SQL;
    UPDATE Mysas.Price
        SET price=price*0.9
        WHERE prod_type IN ('자유여행');
    UPDATE Mysas.Price
        SET price=price*1.1
        WHERE prod_type IN ('패키지');
    SELECT * FROM Mysas.Price;
QUIT;
```

name	prod_type	prod_area	price
샌프란시스코	자유여행	미주	1755000
뉴욕	자유여행	미주	2011500
파리	자유여행	유럽	1687500
프라하	자유여행	유럽	1512000
오키나와	자유여행	일본	648000
홋카이도	자유여행	일본	442800
베이징	자유여행	중국	510300
미서부일주	패키지	미주	2755500
미동부일주	패키지	미주	3283500
오키나와	패키지	일본	938850
오사카	패키지	일본	757350
베이징	패키지	중국	575850
하이난	패키지	중국	658350
하노이	패키지	동남아	757350
방콕	패키지	동남아	542850
괌	허니문	남태평양	2220000
산토리니	허니문	유럽	3105000
로마	허니문	유럽	2475000

WHERE 명령문을 여러 번 사용할 필요가 있는 경우, 4.2절에서 설명한 CASE WHEN 명령어를 이용하면 다음과 같이 보다 간단한 프로그램을 작성할 수 있다.

예 4.23 **UPDATE 명령문과 CASE WHEN 명령어의 이용**

```
PROC SQL;
    UPDATE Mysas.Price
        SET price=price*
        CASE WHEN prod_type IN ('자유여행') THEN 0.9
            WHEN prod_type IN ('패키지') THEN 1.1
            ELSE 1
        END;
QUIT;
```

(2) ALTER 명령문을 이용한 열의 추가, 삭제

이미 저장되어 있는 테이블에 새로운 열을 추가하거나 수정, 삭제를 위해서는 ALTER TABLE 명령문을 사용한다. ALTER TABLE 명령문은 반드시 테이블에서만 사용할 수 있으며 뷰에서는 사용할 수 없다.

ALTER TABLE 명령문에 ADD 명령어를 이용하면 새로운 열을 생성할 수 있다. 이때 반드시 열의 이름과 형태를 지정해야 한다. 〈예 4.24〉는 ADD 명령어로 여행상품 구매 고객의 연령대를 agegroup이라는 이름으로 생성하는 예인데, 이때 숫자 변수임을 지정하는 'NUM' 또는 문자 변수임을 지정하는 'CHAR'을 반드시 사용하여야 하며, LABEL이나 FORMAT은 필요에 따라 생략할 수 있다.

예 4.24 ADD 명령어를 이용한 새로운 열의 생성

```
PROC SQL;
   ALTER TABLE Mysas.Customer
      ADD agegroup CHAR LABEL='연령대' FORMAT $4.;
   SELECT * FROM Mysas.Customer;
QUIT;
```

cust_id	gender	age	연령대
100025	남자	33	
100234	남자	36	
100235	남자	28	
100237	여자	22	
100361	여자	30	
100380	남자	35	
100398	남자	31	
100509	여자	35	
100546	남자	32	
100562	여자	34	
100701	여자	24	
100708	남자	20	
100804	남자	29	
100814	남자	32	
100857	여자	22	
100897	여자	33	
100974	남자	24	
100980	여자	35	
100991	여자	36	

ADD 명령어를 이용하여 새로 생성한 열은 위의 결과에서와 같이 변수로 지정만 되어 있을 뿐 비어 있는데, UPDATE 명령문을 이용하여 다음 〈예 4.25〉와 같이 연령대 데이터로 수정할 수 있다.

예 4.25 UPDATE 명령문을 이용한 데이터 수정

```
PROC SQL;
    UPDATE Mysas.Customer
        SET agegroup=
        CASE WHEN age< 30 THEN '20대'
            WHEN age>=30 THEN '30대'
        END;
    SELECT * FROM Mysas.Customer;
QUIT;
```

cust_id	gender	age	연령대
100025	남자	33	30대
100234	남자	36	30대
100235	남자	28	20대
100237	여자	22	20대
100361	여자	30	30대
100380	남자	35	30대
100398	남자	31	30대
100509	여자	35	30대
100546	남자	32	30대
100562	여자	34	30대
100701	여자	24	20대
100708	남자	20	20대
100804	남자	29	20대
100814	남자	32	30대
100857	여자	22	20대
100897	여자	33	30대
100974	남자	24	20대
100980	여자	35	30대
100991	여자	36	30대

CREATE 명령문을 이용하면 ADD 명령어를 사용했을 때와 동일한 결과를 얻을 수 있다. CREATE 명령문은 새로운 열의 생성과 수정이 동시에 이루어진다는 점에서 ADD 명령어와 차이가 있다. 이미 4.2절에서 SELECT 명령문을 이용하여 새로운 열을 생성하는 프로그램을 다룬 바 있다. 그러나, CREATE TABLE이나 ALTER TABLE 명령문

을 사용하지 않고 단지 **SELECT** 명령문을 이용하는 프로그램의 경우에는 계산결과를 화면에 출력할 뿐 저장된 테이블 자체를 수정하지 않는다는 점에서 차이가 있다는 것을 다시 한번 강조한다.

예 4.26 CREATE 명령문을 이용한 새로운 열의 생성

```
PROC SQL;
    CREATE TABLE Mysas.Agegroup AS
        SELECT cust_id, gender, age,
        CASE WHEN age< 30 THEN '20대'
            WHEN age>=30 THEN '30대'
        END AS agegroup LABEL='연령대' FORMAT $4.
        FROM Mysas.Customer;
    SELECT * FROM Mysas.Agegroup;
QUIT;
```

특정한 열을 삭제하고자 할 경우에는 **DROP** 명령어를 사용한다. 〈예 4.27〉은 Customer에서 agegroup 열을 삭제하는 프로그램이다.

예 4.27 DROP 명령어를 이용한 열의 삭제

```
PROC SQL;
    ALTER TABLE Mysas.Customer
        DROP agegroup;
QUIT;
```

4.4. 뷰의 생성과 이용

이미 4.1절에서 테이블(table)과 뷰(view)의 차이점에 대해서 간략히 살펴보았지만 뷰의 장점은 테이블에 비해서 저장장소를 적게 차지한다는 것이다. 또한 뷰를 이용하여 데이터를 수정할 경우 단지 그 결과를 화면에 나타낼 뿐 원데이터를 수정, 저장하지 않는 특징이 있다. 따라서 작업 중에 필요에 의해서 테이블을 수정할 경우 그 결과를 일일이 갱신(update)하지 않고자 할 때 뷰를 사용하면 여러 가지로 편리하다.

4.4.1. 뷰의 생성

CREATE TABLE 명령문과 마찬가지로 **CREATE VIEW** 명령문을 이용하면 뷰를 새로 만들 수 있다. <예 4.28>은 테이블 형태로 존재하는 Product을 이용하여 View1이라는 이름의 뷰를 생성하는 예이다. 열의 선택과 새로운 열의 생성은 **SELECT** 명령문을 이용하였다.

예 4.28 뷰의 생성

```
PROC SQL;
    CREATE VIEW Mysas.View1 AS
        SELECT prod_type LABEL='상품형태',
            COUNT(DISTINCT prod_area) AS cntarea LABEL='지역 수',
            COUNT(code) AS cntprod  LABEL='상품 수',
            AVG(price) AS avgprice FORMAT=comma11.1 LABEL='평균가격'
        FROM Mysas.Product
        GROUP BY prod_type;
    SELECT * FROM Mysas.View1;
QUIT;
```

상품형태	지역 수	상품 수	평균가격
자유여행	4	7	906,571.4
패키지	4	8	778,000.0
허니문	4	8	1,857,500.0

4.4.2. 뷰의 내용 확인과 삭제

작업 중에 테이블이나 뷰를 여러 개 만들다 보면 다소 혼돈이 생길 수 있고, 그 내용을 확인할 필요가 생긴다. 이때 간편하게 이용할 수 있는 것이 **DESCRIBE** 명령문이다. **DESCRIBE** 명령문을 실행한 결과는 **OUTPUT** 윈도우에 출력되지 않으므로 **LOG** 윈도우를 통해서 확인할 수 있다.

예 4.29 뷰의 내용 확인

```
PROC SQL;
    DESCRIBE VIEW Mysas.view1;
QUIT;
```

〈LOG 윈도우의 내용〉

```
DESCRIBE VIEW Mysas.view1;
NOTE: SQL view MYSAS.VIEW1 is defined as:
select prod_type label='상품형태', COUNT(distinct prod_area)
       as cntarea label='지역 수', COUNT(code) as cntprod
       label='상품 수', AVG(price) as avgprice
       label='평균가격' format=COMMA11.1
from MYSAS.PRODUCT
group by prod_type;
```

DESCRIBE 명령문은 뷰뿐만 아니라 테이블에도 적용할 수 있다. 이를 위해서는 단지 DESCRIBE VIEW 대신에 DESCRIBE TABLE이라고 작성하면 된다. 이미 생성되어 있는 Product 테이블의 내용을 LOG를 통해서 확인하면 다음과 같다.

예 4.30 테이블의 내용 확인

```
PROC SQL;
   DESCRIBE TABLE Mysas.Product;
QUIT;
```

〈LOG 윈도우의 내용〉

```
DESCRIBE TABLE Mysas.product;
NOTE: SQL table MYSAS.PRODUCT was created like:

create table MYSAS.PRODUCT( bufsize=65536 )
  (
   code char(5),
   name char(20),
   prod_type char(10),
   prod_area char(10),
   price num
  );
```

필요에 의해 뷰를 지우려면 다음과 같이 DROP 명령어를 사용한다. DROP 명령어에 대해서는 이미 테이블의 삭제에서 설명하였다.

예 4.31 뷰의 삭제

```
PROC SQL;
   DROP VIEW Mysas.View1;
QUIT;
```

4.4.3. 뷰의 특성

뷰는 테이블을 가공 또는 변환하는 프로그램(논리적인 구조)만을 저장하고 있기 때문에, 해당 뷰를 열어보거나 조회하면 다른 프로그램에서 사용할 당시에 저장하고 있는 프로그램을 실행한다. 따라서, 뷰를 이용하는 것이 항상 유리한 것은 아니다. 예를 들어 뷰 안에서 **ORDER BY** 명령어의 사용은 피해야 하는데, 그 이유는 뷰를 호출할 때마다 매번 정렬(sort)을 수행하기 때문이다. 통상적으로 정렬은 처리시간이 많이 걸린다. 또한 프로그램 안에서 데이터를 여러 번 사용할 경우 뷰보다는 테이블을 사용하는 것이 유리하다. 그 이유는 뷰는 사용할 때마다 데이터를 엑세스하는 특징이 있기 때문이다.

이러한 점을 제외하고 뷰는 테이블과 같은 개념으로 생각해도 무관하다. 즉, 생성된 뷰는 〈예 4.32〉를 통해서 확인할 수 있듯이 SAS 프로그램에서 다른 데이터 파일과 동일하게 사용할 수 있다. 〈예 4.32〉의 **PROC MEANS**에서 사용한 **MAXDEC=2**는 결과를 출력할 때 소수점 이하 두 자리까지만 표시하도록 지정하는 옵션이다. 만약 지정하지 않는다면 소수점 이하 일곱째 자리까지 출력한다.

예 4.32 프로시저에서 뷰의 사용

```
PROC MEANS DATA=Mysas.View1 MAXDEC=2;
    VAR cntprod avgprice;
RUN;
```

변수	레이블	N	평균	표준편차	최솟값	최댓값
cntprod	상품 수	3	7.67	0.58	7.00	8.00
avgprice	평균가격	3	1180690.48	589649.05	778000.00	1857500.00

뷰를 이용할 때 주의할 점은 뷰를 만들고 난 후 그 모체가 되는 테이블의 내용이 수정될 경우 이미 생성된 뷰는 작동하지 않는다는 점이다. 이를 〈예 4.33〉을 통해서 이를 확인해 보자. 4.4절의 프로그램에서와 같이 View1이라는 이름의 뷰를 생성한 후, 이의 모체가 되는 Product라는 테이블을 **CREATE TABLE** 명령문을 이용하여 다음과 같이 수정하고 **PROC MEANS**를 실행했다고 가정하자.

예 4.33 뷰의 사용시 주의할 점: 연결 테이블이 수정될 경우

```
PROC SQL;
    CREATE TABLE Mysas.Product AS
    SELECT name, prod_type, prod_area
    FROM   Mysas.Product;
QUIT;

PROC MEANS DATA=Mysas.View1 MAXDEC=2;
  VAR cntprod avgprice;
RUN;
```

〈LOG 윈도우의 내용〉

```
27   PROC MEANS DATA=Mysas.View1 MAXDEC=2;
ERROR: The AVG summary function requires a numeric argument.
ERROR: The following columns were not found in the contributing tables: code, price.
ERROR: SQL View MYSAS.VIEW1 could not be processed.
28     VAR cntprod avgprice;
ERROR: 변수를 검색할 데이터셋이 열리지 않았습니다.
ERROR: 변수를 검색할 데이터셋이 열리지 않았습니다.
29   RUN;

NOTE: 오류가 발생하여 SAS 시스템은 현재 스텝의 실행을 중지합니다.
NOTE: 프로시저 MEANS 실행(총 프로세스 시간):
      실행 시간            0.02 초
      cpu 시간             0.00 초
```

〈예 4.33〉의 프로그램을 실행하면 **PROC MEANS**에 의한 결과를 얻을 수 없는데, 그 이유는 View1의 **COUNT**와 **AVG** 함수의 대상이 되는 변수 code와 price가 새로 생성된 Product 테이블에는 존재하지 않기 때문이다. 이 사실은 LOG 윈도우의 ERROR 메시지를 통해서 알 수 있다.

4.5. 테이블의 결합(Join)

여기에서는 둘 이상의 테이블로부터 행과 열을 선택하여 새로운 데이터셋을 만들어내는 방법에 대하여 알아보자. 이미 4.2절에서 두 개의 테이블을 다루는 방법에 대해 간략히 설명했는데, 여기에서도 주로 SELECT 명령문을 이용한 여러 가지 방법을 소개한다. 테이블의 결합은 그 방식에 따라 내적 결합(inner join)과 외적 결합(outer join)으로 구분된다.

4.5.1. 내적 결합 (Inner Join)

PROC SQL을 이용하면 두 개의 테이블에 대해서 각각의 행의 가능한 조합을 모두 출력하는 결과를 얻을 수 있다. 도시별로 이산화황(SO2)과 일산화탄소(CO)의 오염도를 측정한 두 개의 테이블로부터 결합 테이블을 작성하는 프로그램과 그 결과는 다음과 같다.

예 4.34 두 테이블의 내적 결합

```
DATA so2;
   INPUT city $ so2;
CARDS;
서울   0.013
부산   0.022
;
RUN;

DATA co;
   INPUT city $ co;
CARDS;
부산   1.2
대구   1.0
인천   1.3
;
RUN;

PROC SQL;
   SELECT * FROM so2, co;
QUIT;
```

city	so2	city	co
서울	0.013	부산	1.2
서울	0.013	대구	1
서울	0.013	인천	1.3
부산	0.022	부산	1.2
부산	0.022	대구	1
부산	0.022	인천	1.3

그러나 실제의 경우 이러한 결합보다는 **WHERE** 명령문을 이용하여 일부만을 취하는 것이 보통이다. 다음 <예 4.35>에서 알 수 있듯이 **WHERE** 명령문으로 테이블과 열을 지정할 경우 통상 '**테이블 이름.열 이름**'의 형식을 취한다. 여기에서는 so2와 co 테이블에 공통적으로 존재하는 열인 도시명(city)이 일치하는 행(부산)을 출력하도록 하였다.

예 4.35 두 테이블의 내적 결합: WHERE 명령문의 사용

```
PROC SQL;
    SELECT * FROM so2, co
        WHERE so2.city=co.city;
QUIT;
```

city	so2	city	co
부산	0.022	부산	1.2

같은 이름의 열이 여러 개의 테이블에 있다면 약간의 주의가 필요하다. 즉, **SELECT** 명령문에서 테이블의 이름과 열의 이름을 일일이 지정해야 한다. 다음 <예 4.36>을 예를 들어 설명해 보기로 하자. **SELECT** 명령문에서 선택한 열은 모두 일곱 개이며 이중 cust_id는 Sales1과 Customer에 같은 이름으로 포함되어 있으므로 Sales1.cust_id와 같이 테이블의 이름과 열의 이름을 동시에 지정해야 한다. **WHERE** 명령문에서는 세 개의 테이블에 공통적으로 존재하는 판매, 상품, 고객 데이터 중에서 Product 테이블의 상품형태(prod_type)가 '자유여행'인 데이터만을 선택하는 조건을 부여했다. 그 결과 이러한 조건에 맞는 4개의 데이터가 출력되었음을 확인할 수 있다.

예 4.36 **같은 이름의 열이 여러 개의 테이블에 있는 경우**[1]

```
PROC SQL;
    SELECT Sales1.cust_id, Customer.gender, Sales1.date,
           Sales1.prod_code, Product.name AS prod_name,
           Product.prod_area, Product.price
        FROM Mysas.Sales1, Mysas.Product, Mysas.Customer
        WHERE Sales1.prod_code=Product.code
            AND Sales1.cust_id=customer.cust_id
            AND Product.prod_type='자유여행';
QUIT;
```

cust_id	gender	date	prod_code	prod_name	prod_area	price
100546	남자	20150417	FE001	파리	유럽	1250000
100234	남자	20150318	FE001	파리	유럽	1250000
100237	여자	20150327	FE002	프라하	유럽	1120000
100991	여자	20150328	FE001	파리	유럽	1250000

한편, 테이블 수가 많거나 테이블 이름이 긴 경우 이를 효율적으로 처리하기 위해 테이블 이름을 간단하게 줄이는 방법이 있다. 테이블을 지정하는 **FROM** 명령문에서 Sales1 T1과 같은 형식으로 테이블의 이름 뒤에 별칭(alias)을 정의하면 된다.

예 4.37 **테이블 이름에 대하여 별칭 사용하기**

```
PROC SQL;
    SELECT T1.cust_id, T3.gender, T1.date,
           T1.prod_code, T2.name AS prod_name,
           T2.prod_area, T2.price
        FROM Mysas.Sales1 T1, Mysas.Product T2, Mysas.Customer T3
        WHERE T1.prod_code=T2.code
            AND T1.cust_id=T3.cust_id
            AND T2.prod_type='자유여행';
QUIT;
```

1) 중간의 다른 작업으로 인해 예제 데이터의 내용이 변경된 경우, 4.1.3절을 참조하여 예제 데이터들을 다시 생성하고 프로그램을 실행하기 바란다.

4.5.2. 외적 결합 (Outer Join)

내적 결합(inner join)에서는 그 결과가 결측값으로 표시되는 경우가 있을 수 없다. 그 이유는 각 테이블의 행은 조합의 형태로 결합되기 때문이다. 이에 비해 외적 결합(outer join)에서는 지정된 특정 테이블을 결합의 기준으로 삼고 여기에 다른 테이블의 데이터가 추가되는 방식이므로 두 테이블의 행이 연결될 수 없는 부분은 결측값으로 처리하여 출력하게 된다. 즉, 내적 결합은 교집합의 개념이며 외적 결합(더 정확히 말하면 외적 결합 중에서도 FULL JOIN의 경우)은 합집합의 개념으로 이해하면 좋을 것이다. 따라서 외적 결합은 동시에 두 개의 테이블만을 대상으로 한다.

외적결합에서는 'FROM ~ WHERE'라는 조건절 대신에 'FROM ~ ON'의 형태로 결합되는 테이블의 열을 지정한다. 물론 필요한 조건을 추가할 경우에 선택적으로 WHERE 명령문을 부가하여 사용할 수 있다. 또한 결합의 기준을 어느 쪽으로 정하는가에 따라 좌측 결합(left join), 우측 결합(right join), 완전 결합(full join)의 세 가지 형태로 나뉜다.

4.5.3. 좌측 결합 (Left Join)

다음 〈예 4.38〉은 Customer를 기준으로 하여 cust_id, gender, age의 데이터는 Customer로부터, date의 데이터는 Sales1으로부터 각각 선택하는 프로그램이다. 따라서 date의 경우 Sales1에 있는 데이터는 표시되어 있지만 그렇지 않은 데이터는 결측값으로 나타난다.

예 4.38 테이블의 좌측 결합

```
PROC SQL;
   SELECT T1.cust_id, T1.gender, T1.age, T2.date
      FROM Mysas.customer T1
      LEFT JOIN Mysas.Sales1 T2
      ON T1.cust_id=T2.cust_id;
QUIT;
```

cust_id	gender	age	date
100025	남자	33	20150518
100234	남자	36	20150318
100235	남자	28	20150511
100237	여자	22	20150327
100237	여자	22	20150510
100361	여자	30	
100380	남자	35	20150310
100398	남자	31	
100509	여자	35	
100546	남자	32	20150417
100562	여자	34	
100701	여자	24	20150311
100708	남자	20	
100804	남자	29	
100814	남자	32	20150505
100857	여자	22	
100897	여자	33	20150428
100974	남자	24	
100980	여자	35	
100991	여자	36	20150328

만약 위의 프로그램에 다음 〈예 4.39〉와 같은 조건문을 하나 더 추가하면, date는 Sales1에 있는 판매 데이터 중 상품코드(prod_code)가 'FE001'인 경우의 데이터만 표시하게 된다.

예 4.38 테이블의 좌측 결합

```
PROC SQL;
    SELECT T1.cust_id, T1.gender, T1.age, T2.date
        FROM Mysas.customer T1
        LEFT JOIN Mysas.Sales1 T2
        ON T1.cust_id=T2.cust_id;
QUIT;
```

cust_id	gender	age	date
100025	남자	33	
100234	남자	36	20150318
100235	남자	28	
100237	여자	22	
100237	여자	22	
100361	여자	30	

cust_id	gender	age	date
100380	남자	35	
100398	남자	31	
100509	여자	35	
100546	남자	32	20150417
100562	여자	34	
100701	여자	24	
100708	남자	20	
100804	남자	29	
100814	남자	32	
100857	여자	22	
100897	여자	33	
100974	남자	24	
100980	여자	35	
100991	여자	36	20150328

4.5.4. 우측 결합 (Right Join)

다음 〈예 4.40〉에서 우측에 지정된 테이블을 기준으로 하여 Sales1에 있는 date 데이터는 모두 포함되었고, Customer의 cust_id, gender, age의 데이터는 Sales1 테이블에 있는 고객의 데이터만 표시되었다. **SELECT** 명령문에서 T1.cust_id를 T2.cust_id로 바꾼다든지 T1.age를 삭제하는 등의 수정을 통해서 결과가 어떻게 변하는지를 살펴보면 외적결합의 논리적 구조를 이해하는 데 도움이 될 것이다.

예 4.40 테이블의 우측 결합

```
PROC SQL;
    SELECT T1.cust_id, T1.gender, T1.age, T2.date
        FROM Mysas.Customer T1
        RIGHT JOIN Mysas.Sales1 T2
        ON T1.cust_id=T2.cust_id;
QUIT;
```

cust_id	gender	age	date
100025	남자	33	20150518
100234	남자	36	20150318
100235	남자	28	20150511
100237	여자	22	20150327
100237	여자	22	20150510
100380	남자	35	20150310
100546	남자	32	20150417

cust_id	gender	age	date
100701	여자	24	20150311
100814	남자	32	20150505
100897	여자	33	20150428
100991	여자	36	20150328
		.	20150505

4.5.5. 완전 결합 (Full Join)

마지막으로 다음과 같은 완전결합(full joins)에 의한 프로그램을 실행하면 Customer와 Sales1의 합집합인 21개의 고객 데이터가 포함된 결과가 출력된다.

예 4.41 테이블의 완전 결합

```
PROC SQL;
    SELECT T1.cust_id, T1.gender, T1.age, T2.date
        FROM Mysas.Customer T1
        FULL JOIN Mysas.Sales1 T2
        ON T1.cust_id=T2.cust_id;
QUIT;
```

cust_id	gender	age	date
100025	남자	33	20150518
100234	남자	36	20150318
100235	남자	28	20150511
100237	여자	22	20150327
100237	여자	22	20150510
100361	여자	30	
100380	남자	35	20150310
100398	남자	31	
100509	여자	35	
100546	남자	32	20150417
100562	여자	34	
100701	여자	24	20150311
100708	남자	20	
100804	남자	29	
100814	남자	32	20150505
100857	여자	22	
100897	여자	33	20150428
100974	남자	24	
100980	여자	35	
100991	여자	36	20150328
		.	20150505

4.5.6. 겹쳐 쓰기

내적 결합이나 외적결합에 의한 작업 중에 어떤 열의 데이터를 특정한 열의 데이터로 갱신(update)할 필요가 있다. 이때 **COALESCE** 함수를 이용하면 쉽게 처리할 수 있다.

다음 〈4.42〉는 Customer의 테이블에서 cust_id, gender, age를 선택하고, salesdate(구매일)의 값은 Sales2의 데이터로 하되 Sales2에 없는 경우(결측값인 경우) Sales1의 데이터로 수정하는 프로그램이다.

예 4.42 테이블의 겹쳐 쓰기

```
PROC SQL;
    SELECT T1.cust_id, T1.gender, T1.age,
           COALESCE(S2.date, S1.date) AS salesdate LABEL='최근 구매일'
        FROM Mysas.Customer T1
        LEFT JOIN Mysas.Sales1 S1 ON T1.cust_id=S1.cust_id
        LEFT JOIN Mysas.Sales2 s2 ON T1.cust_id=S2.cust_id;
QUIT;
```

cust_id	gender	age	최근 구매일
100025	남자	33	20150518
100234	남자	36	20160524
100235	남자	28	20150511
100237	여자	22	20160411
100237	여자	22	20160411
100361	여자	30	20160325
100380	남자	35	20150310
100398	남자	31	20160509
100509	여자	35	20160314
100546	남자	32	20160323
100562	여자	34	20160426
100701	여자	24	20150311
100708	남자	20	20160528
100804	남자	29	20160504
100814	남자	32	20150505
100857	여자	22	20160317
100897	여자	33	20150428
100974	남자	24	20160327
100980	여자	35	20160330
100991	여자	36	20150328

데이터의 결합을 이용하여 고객ID별 최근 구매일을 구했으나 고객ID '100237'의 경우 Sales1에 2개의 행이 있어 중복이 발생한다. 이때는 다음과 같이 **GROUP BY** 명령어와 **MAX** 요약 함수를 이용하여 최근 구매일만 추출할 수 있다.

예 4.43 GROUP BY 명령어와 요약 함수의 이용

```
PROC SQL;
   SELECT T1.cust_id, T1.gender, T1.age,
        MAX(COALESCE(S2.date, S1.date)) AS salesdate LABEL='최근 구매일'
     FROM Mysas.Customer T1
     LEFT JOIN Mysas.Sales1 S1 ON T1.cust_id=S1.cust_id
     LEFT JOIN Mysas.Sales2 s2 ON T1.cust_id=S2.cust_id
     GROUP BY 1,2,3;
QUIT;
```

cust_id	gender	age	최근 구매일
100025	남자	33	20150518
100234	남자	36	20160524
100235	남자	28	20150511
100237	여자	22	20160411
100361	여자	30	20160325
100380	남자	35	20150310
100398	남자	31	20160509
100509	여자	35	20160314
100546	남자	32	20160323
100562	여자	34	20160426
100701	여자	24	20150311
100708	남자	20	20160528
100804	남자	29	20160504
100814	남자	32	20150505
100857	여자	22	20160317
100897	여자	33	20150428
100974	남자	24	20160327
100980	여자	35	20160330
100991	여자	36	20150328

여기에서 소개한 내적 결합(inner joins)과 외적결합(outer joins)에 의한 결과는 데이터- 단계의 **MERGE** 명령문에 의해서도 얻을 수 있다. 두 방법의 가장 큰 차이는 주로 **BY** 명령문과 함께 사용되는 **MERGE** 명령문은 반드시 사전에 **PROC SORT**에 의해 정렬을 해야 하지만, 이와는 달리 **PROC SQL**에서는 정렬할 필요가 없다는 점이다.

4.5.7. 데이터 결합, 조건문, 함수, 요약 응용하기

실제로 데이터를 요약하여 표나 보고서를 작성하고자 하는 경우 지금까지 설명했던 내용들을 복합적으로 응용하여야 할 경우가 많이 있다. 다음 〈예 4.44〉는 이전에 사용했던 Sales1(2015년 구매 데이터), Sales2(2016년 구매 데이터), Product(상품 정보 데이터), Customer(고객 정보 데이터) 4개 데이터셋에 결합, 조건문, 함수, 요약을 이용하여 고객ID별 총 구매금액, 2015년 구매금액, 구매상품 수, 유럽 구매여부, 미주 구매여부, 동남아 구매여부를 구하고 총 구매금액의 내림차순으로 정렬하는 예이다.

예 4.44 데이터 결합, 조건문, 함수, 요약 응용하기

```
PROC SQL;
    SELECT T1.cust_id LABEL='고객ID',
           SUM(t2.price) AS amt LABEL='구매금액',
           SUM(CASE WHEN '20150101'<=T1.date<='20151231' THEN price
                    ELSE . END) AS amt_2015 LABEL='2015년 구매금액',
           SUM(CASE WHEN '20160101'<=T1.date<='20161231' THEN price
                    ELSE . END) AS amt_2016 LABEL='2016년 구매금액',
           COUNT(DISTINCT T1.prod_code) AS cnt LABEL='구매상품 수',
           MAX(DISTINCT CASE WHEN T2.prod_area='유럽' THEN 'Y'
                    ELSE 'N' END) AS yn_1 LABEL='유럽 구매여부',
           MAX(DISTINCT CASE WHEN T2.prod_area='미주' THEN 'Y'
                    ELSE 'N' END) AS yn_2 LABEL='미주 구매여부',
           MAX(DISTINCT CASE WHEN T2.prod_area='동남아' THEN 'Y'
                    ELSE 'N' END) AS yn_3 LABEL='동남아 구매여부'
        FROM (SELECT * FROM Mysas.Sales1 UNION ALL SELECT * FROM Mysas.Sales2) T1,
             Mysas.Product T2, Mysas.Customer T3
        WHERE T1.prod_code=t2.code AND T1.cust_id=T3.cust_id
        GROUP BY 1
        ORDER BY 2 DESC;
QUIT;
```

고객ID	구매금액	2015년 구매금액	2016년 구매금액	구매상품 수	유럽 구매여부	미주 구매여부	동남아 구매여부
100237	2959000	1469000	1490000	3	Y	Y	N
100234	2490000	1250000	1240000	2	Y	N	Y
100701	2380000	2380000	.	1	N	Y	N
100235	2070000	2070000	.	1	Y	N	N
100897	2070000	2070000	.	1	Y	N	N
100857	1990000	.	1990000	1	N	Y	N

고객ID	구매금액	2015년 구매금액	2016년 구매금액	구매상품 수	유럽 구매여부	미주 구매여부	동남아 구매여부
100509	1990000	.	1990000	1	N	Y	N
100361	1670000	.	1670000	1	N	Y	N
100804	1650000	.	1650000	1	Y	N	N
100546	1599000	1250000	349000	2	Y	N	N
100814	1480000	1480000	.	1	N	N	N
100398	1250000	.	1250000	1	Y	N	N
100991	1250000	1250000	.	1	Y	N	N
100380	1240000	1240000	.	1	N	N	Y
100025	569000	569000	.	1	N	N	N
100708	459000	.	459000	1	N	N	N
100980	459000	.	459000	1	N	N	N
100562	349000	.	349000	1	N	N	N
100974	349000	.	349000	1	N	N	N

여기에서 **FROM** 명령문에 사용된 괄호 안의 다음과 같은 문장을 **인라인뷰**(In-line View)라고 한다.

```
(SELECT * FROM Mysas.Sales1 UNION ALL SELECT * FROM Mysas.Sales2)
```

이는 SQL 문장 Line 내에 위치하여 뷰의 형태로 테이블의 논리 구조를 가지고 있다는 의미이다. SQL에서 이러한 인라인뷰나 테이블의 결합, 조건문, 함수, 데이터 요약 등을 활용하면 매우 효율적인 데이터 가공 및 변환이 가능하다.

4.6. SAS EG를 이용한 데이터 테이블 질의

지금까지 다루었던 **SQL** 프로시저의 기능들은 SAS EG(Enterprise Guide)를 이용하여 메뉴 방식으로 수행할 수도 있다. 이 절에서는 SAS 데이터 테이블에 대한 질의(query)를 예로 하여 SAS EG 질의 빌더의 사용법을 간단히 살펴보도록 하자.[2)]

2) SAS EG(Enterprise Guide)의 기본적인 사용법에 대해서는 "예제로 배우는 SAS 프로그래밍 입문(강현철 등, 2023)"을 참조하기 바란다.

예제 질의 빌더로 데이터 조인하기

Products, Orders 데이터를 질의 빌더로 조인해보자. 조인키는 Products 테이블의 ProductID와 Orders 테이블의 PRODID이다. 조인된 테이블은 OrderID, ProductName, Quantity, UnitsInStock 컬럼으로 구성하고, 주문받은 수량(Quantity)보다 재고수량(UnitsInStock)이 작은 관측값들만 출력하되, 상품명(ProductName)으로 정렬하여 출력한다. 그리고 출력된 테이블은 EDU 라이브러리의 Order_Product 데이터로 저장한다.

① SAS EG를 구동한 후 프로세스 플로우에서 Products 데이터를 선택하고 마우스 오른쪽 클릭 후 **"질의 빌더"**를 선택하거나, **"작업 〉 데이터 〉 질의 빌더"**를 선택하여 질의 빌더를 실행하고, **"테이블 추가"** 버튼을 클릭하여 조인할 테이블을 추가한다(그림 4.2).

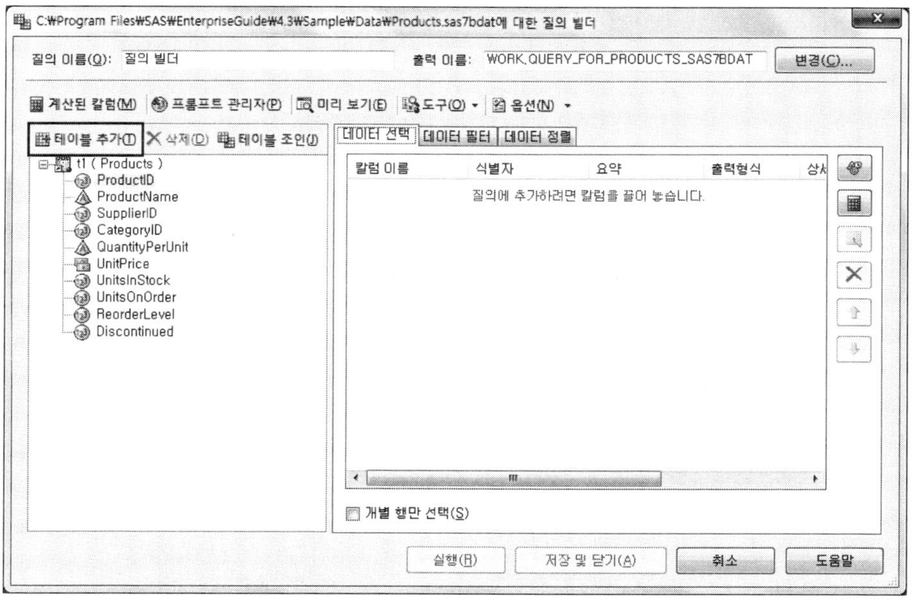

그림 4.2 작업 〉 데이터 〉 질의 빌더 메뉴

② 〈그림 4.3〉에서와 같이 **데이터 열기** 창에서 데이터의 위치를 지정(데이터를 열어보았다면 프로젝트로 둔다.)하고 Orders 데이터를 선택한다.

그림 4.3 추가할 데이터 지정 메뉴

③ 〈그림 4.4〉에서와 같이 테이블이 추가되지만, 테이블 사이에 동일한 컬럼명을 가진 공통 컬럼이 없으므로, 자동으로 조인되지 않는다는 메시지가 표시된다. **확인** 버튼을 클릭한다. '**테이블 및 조인**' 창이 자동으로 나타난다.

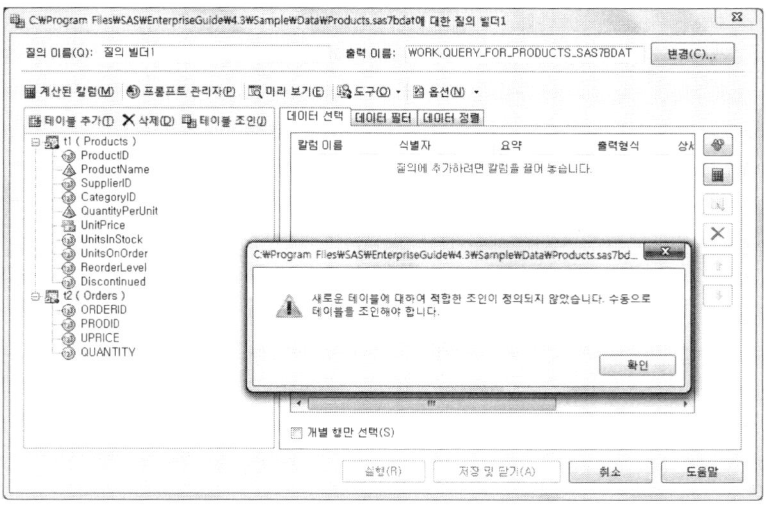

그림 4.4 테이블 추가에서 수동으로 조인키 설정하라는 메시지

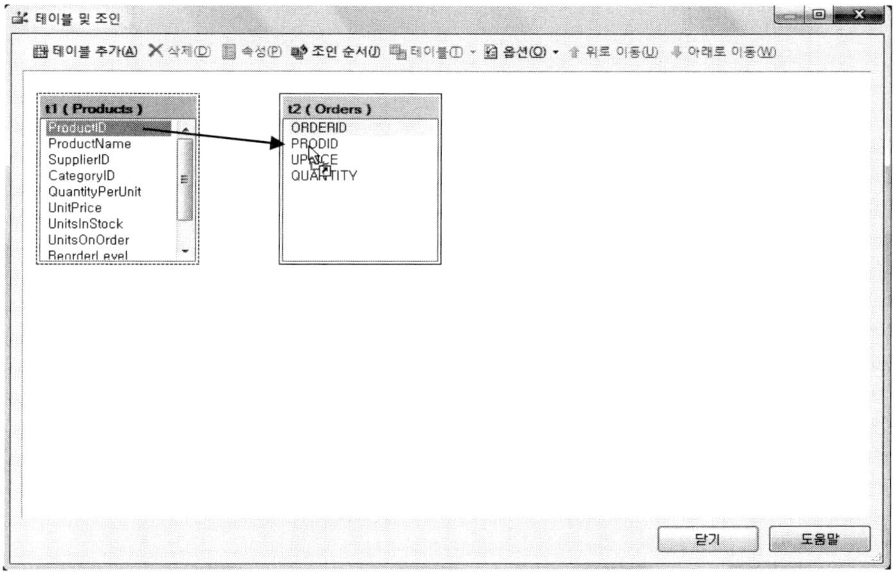

그림 4.5 테이블 및 조인 창에서 수동으로 조인키 지정

④ 〈그림 4.5〉와 같이 '**테이블 및 조인**' 창에서 조인키인 Products 테이블의 ProductID와 Orders 테이블의 PRODID 간의 조인을 생성하기 위해 좌측의 Products 테이블의 ProductID를 선택한 상태에서 마우스로 드래그(drag)하여 우측의 Orders 테이블의 PRODID로 끌어 드롭(drop)한다.

⑤ 〈그림 4.6〉에서와 같이 **조인 속성**에서 적절한 조인 방법을 선택한다. Products 테이블과 Orders 테이블은 Inner Join 관계를 갖는다. Inner Join을 선택하고 **확인** 버튼을 클릭한다.

⑥ 〈그림 4.7〉에서와 같이 조인 다이어그램 결과를 확인하고, **닫기** 버튼을 클릭하여 조인을 확정한다. 두 개 이상의 테이블도 조인할 수 있으며 조인 속성을 변경할 때 조인 다이어그램을 마우스 오른쪽 클릭하여 변경할 수 있다.

⑦ 〈그림 4.8〉에서와 같이 출력 데이터에 저장할 컬럼을 드래그-앤-드롭(drag & drop)으로 "**데이터 선택**" 창에 끌어 놓거나, 컬럼(OrderID, ProductName, Quantity, UnitsInStock)을 더블클릭하여 추가한다

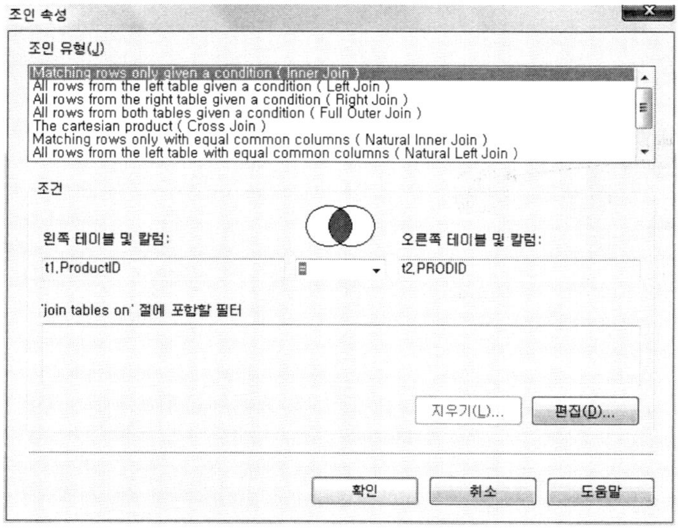

그림 4.6 조인 속성 선택 대화상자

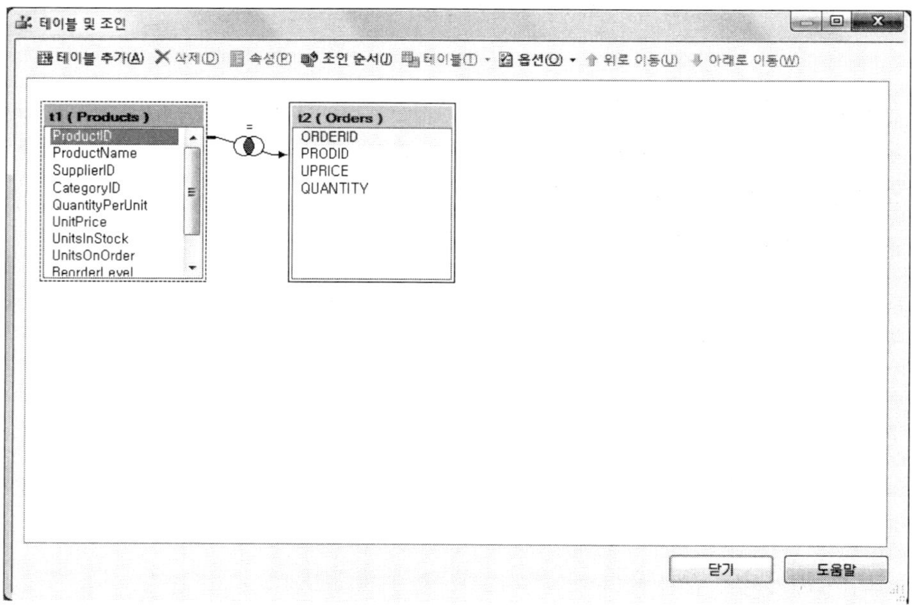

그림 4.7 조인키 설정 결과

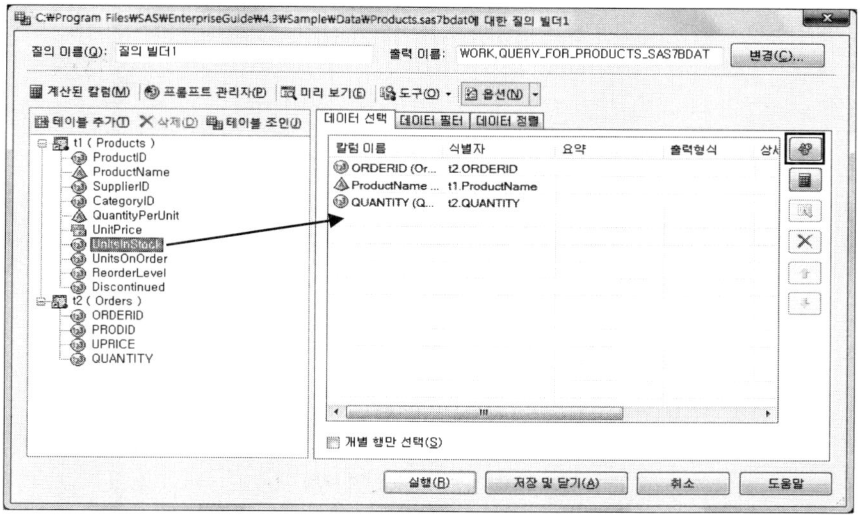

그림 4.8 SQL Query Columns 대화상자

⑧ 〈그림 4.9〉에서와 같이 주문받은 수량(Quantity)보다 재고수량(UnitsIn- Stock) 적은 행만 출력하기 위하여 **"데이터 필터"** 탭을 선택하고 필터를 지정한다.

⑨ 〈그림 4.10〉에서와 같이 **"새로운 필터"** 창에서 고급 필터를 선택하고, **다음** 버튼을 클릭한다.

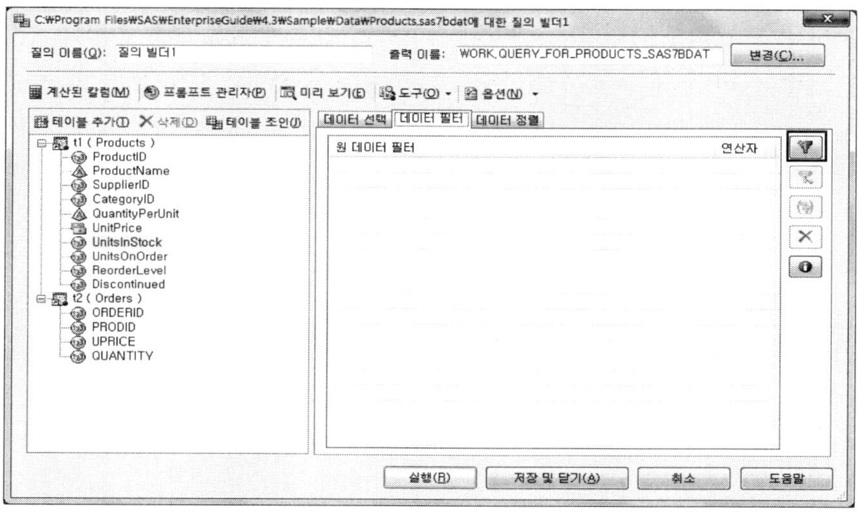

그림 4.9 데이터 필터 지정

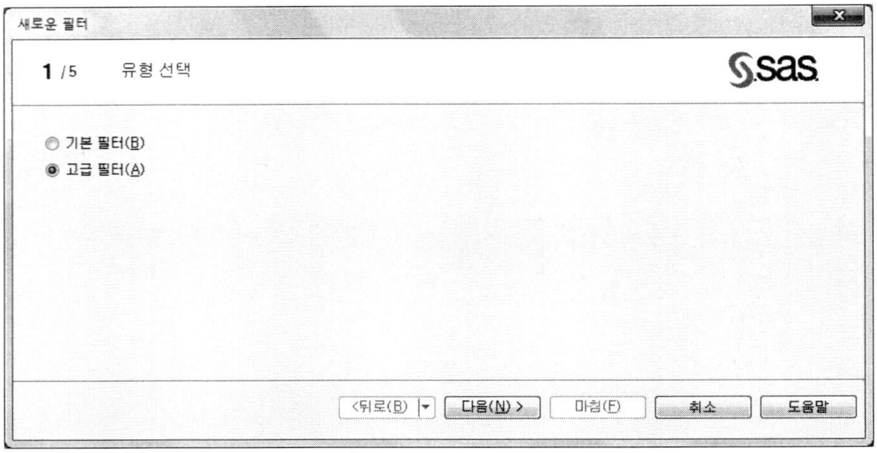

그림 4.10 필터 유형 선택 대화상자

⑩ 〈그림 4.11〉에서와 같이 **"고급필터 생성"** 창에서 필터 조건에 활용되는 Quantity, UnitsInStock 두 개의 컬럼은 이미 출력 컬럼으로 선택된 컬럼이므로 선택된 컬럼 폴더를 펼쳐 Quantity와 UnitsInStock을 선택하고, 필터 조건에 "Quantity → UnitsInStock"를 입력한 후 다음, **마침** 버튼을 클릭하여 필터 입력을 종료한다.

⑪ 〈그림 4.12〉에서와 같이 상품명으로 정렬하여 출력하기 위하여 **"데이터 정렬"** 탭을 선택하면, 정렬키인 ProductName이 이미 데이터 선택이 되어 있으므로, **"기존 컬럼 추가"** 버튼을 클릭한다. 데이터 선택이 되어있지 않을 경우 좌측의 컬럼 중에서 선택하여 드래그-앤-드롭(drag & drop)으로 **데이터 정렬** 창에 끌어 놓는다.

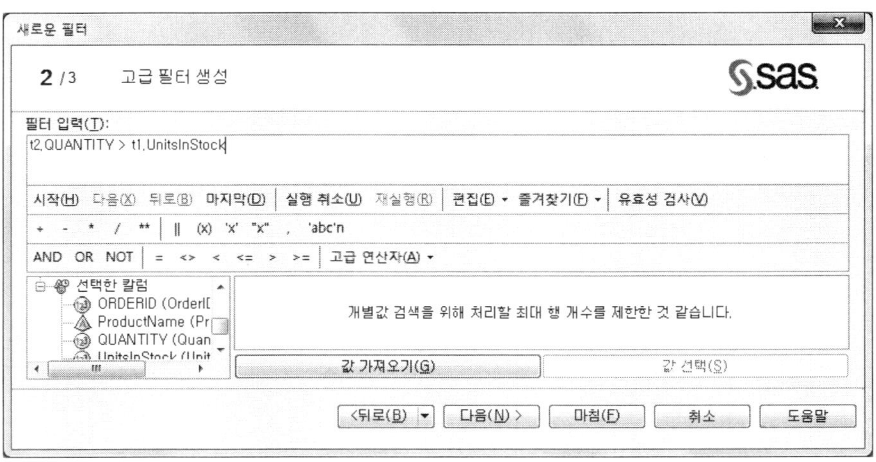

그림 4.11 고급 필터 생성

⑫ 〈그림 4.13〉에서와 같이 **"칼럼 추가"** 창에서 ProductName을 선택한다

⑬ 〈그림 4.14〉에서와 같이 원하는 정렬 방향(오름차순)을 선택한다.

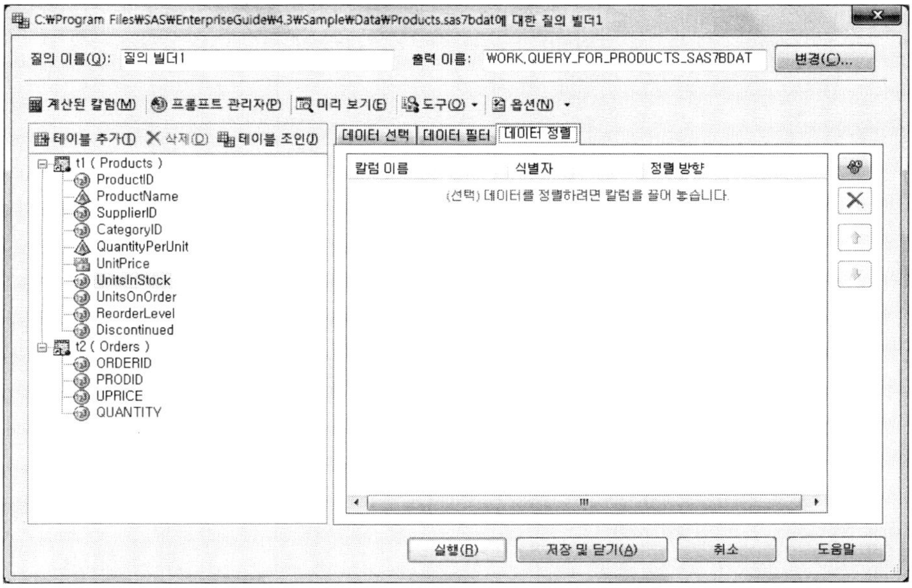

그림 4.12 데이터 정렬 탭

그림 4.13 칼럼 추가 창에서 칼럼 선택

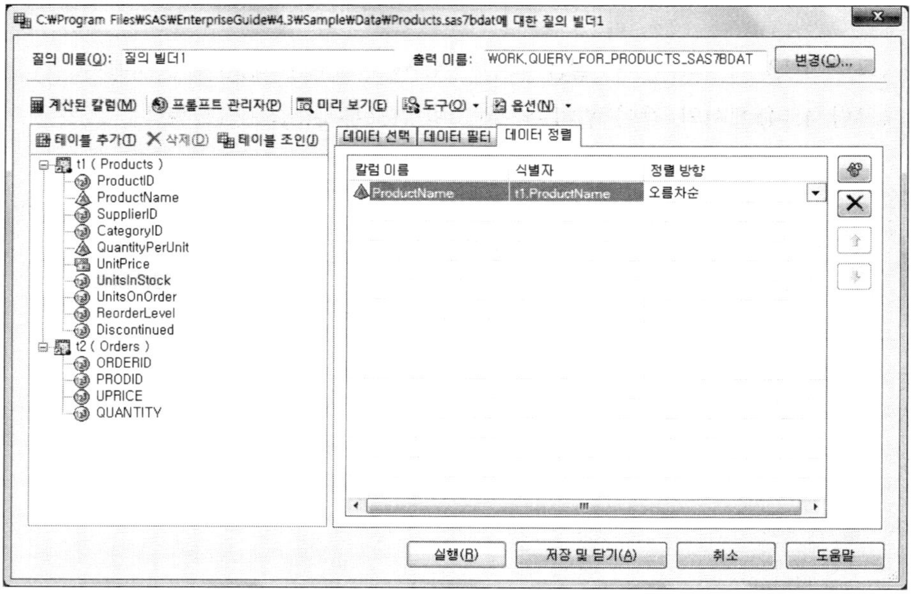

그림 4.14 정렬 방향 설정

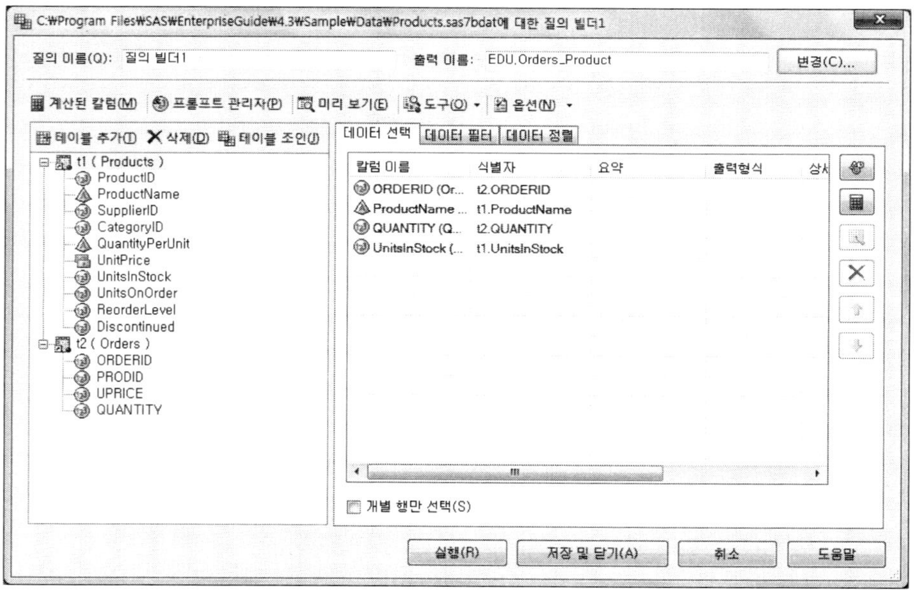

그림 4.15 출력 데이터 테이블 이름 변경

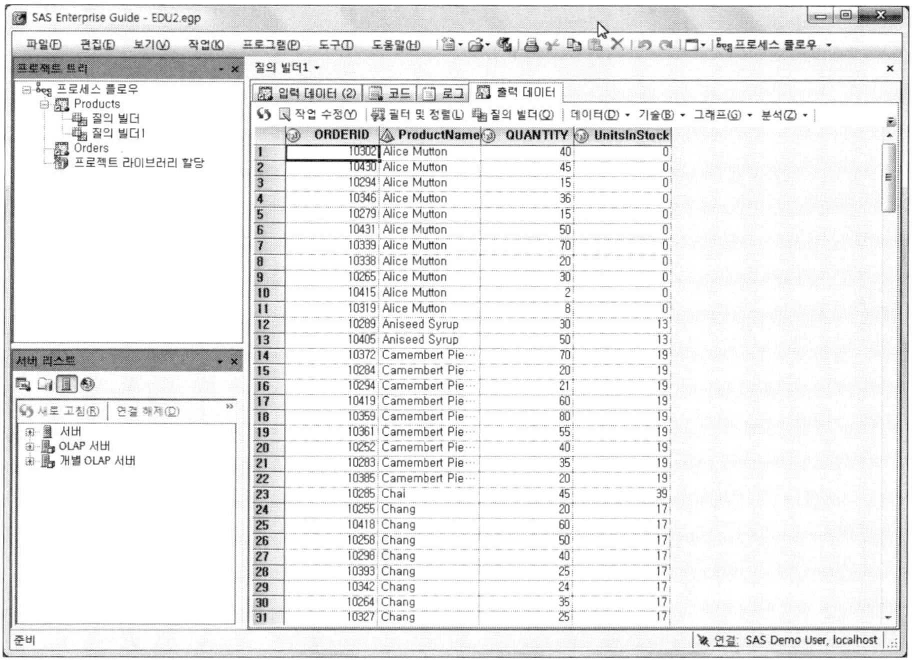

그림 4.16 출력된 데이터

이제 〈그림 4.15〉에서와 같이 출력 데이터 테이블 이름을 변경하여, 동일한 또는 다른(이 예에서는 EDU) 라이브러리의 Orders_Product로 지정한 후 실행한다. 그리고 생성된 데이터를 확인하면 된다. 생성된 데이터 테이블은 〈그림 4.16〉과 같이 자동으로 생성되어 표시된다.

제5장

SAS/MACRO – 매크로 언어

SAS를 사용하여 자료를 처리하거나 분석할 때 반복적인 작업을 수행해야 할 경우가 종종 생긴다. 이런 경우에 보다 효율적인 작업을 수행하기 위해서는 SAS에서 제공하는 **매크로** 언어(macro language)를 사용하여 처리하는 것이 훨씬 편리하다. 명령어(command), 선택사항(option), 문법(syntax), 번역기(complier) 등으로 이루어져 있는 매크로 언어는 여러 단계들 간의 정보를 넘겨주고, 동적으로 코드(code)를 생성하고, 데이터 또는 프로시저 단계들을 조건적으로 실행하고, 일반화할 수 있고, 유연한 코드를 만드는 도구들을 제공한다. 이 장에서는 매크로 언어를 소개하고 사용방법을 살펴본다.

5.1. 매크로 변수

대부분의 SAS 사용자들이 매크로 언어와 처음 접하게 되는 것은 매크로 변수의 사용을 통해서이다. 상징변수(symbolic variable)로도 알려져 있는 매크로 변수는 일종의 임시 저장장소로서 SAS 데이터세트나 변수의 이름이 아니며, 매크로 언어에 속해 있는 매크로 변수는 일단 정의되어지고 나면 SAS 프로그램을 실행하는 동안에 많은 다른 값들을 가질 수가 있다. 매크로 변수의 이름을 부여하는 규칙은 SAS 데이터셋이나 변수의 이름을 부여하기 위해 사용한 규칙을 그대로 적용하면 된다.

5.1.1. 매크로 변수를 지정하는 %LET 명령문

매크로 변수를 정의하는 가장 쉬운 방법 중 하나는 **%LET** 명령문을 사용하는 것이다. **%LET** 명령문의 사용형식은

```
%LET 매크로-변수-이름 = 값;
```

와 같고 등호 왼쪽에는 정의하고자 하는 매크로 변수의 이름을, 오른쪽에는 매크로 변수에 할당되는 값을 지정하게 되는데, 할당되는 값을 표시하기 위해 인용부호를 사용하지 않아야 한다. 정의된 매크로 변수는 SAS 데이터셋에서의 변수와는 다르게 문자형도, 숫자형도 아니다(일반적으로는 문자형이라고 생각해도 무방하다). 매크로 변수를 참조하거나 호출하기 위해서는 & 기호를 매크로 변수의 이름 앞에 사용하면 된다.

예 5.1 **%LET 명령문의 사용**

```
DATA exchange;
     INPUT currency $ buying selling basic;
CARDS;
dollar 1577 1708 1642.5
yen    1229 1331 1280.0
pound  2589 2805 2697.0
;
RUN;

%LET fer=exchange; /* ① */

DATA dollar;
     SET &fer; /* ② */
     IF currency='dollar';
RUN;
```

① 매크로 변수 fer에 exchange라는 문자열의 값을 저장한다.

② 매크로 변수 fer에 저장되어 있는 exchange라는 값을 호출하여 사용한다.

〈예 5.1〉은 매크로 변수를 정의하기 위해 **%LET** 명령문을 사용한 예이다. 먼저 환율 자료를 읽어서 SAS 데이터셋 exchange로 저장하였다고 가정하자. 이때 데이터셋의 이름은 여덟 글자로 되어 있어 자판 두드리기에 익숙하지 않은 사람이라면 이를 간단히 처리하고 싶을 것이다. 이런 경우에 매크로 변수를 정의하여 사용하면 쉽게 해결할 수 있다.

먼저 ①에서 **%LET** 명령문을 사용하여 fer이라는 매크로 변수를 정의하고 그에 대한 값으로 exchange를 부여하였다. 즉, exchange라는 이름의 데이터셋이 fer이라는 매크로 변수의 값으로 지정되었음을 알 수 있다. 그리고 지정된 매크로 변수를 호출하여 사용하기 위해 ②와 같이 & 기호를 매크로 변수 fer 앞에 사용하였다(매크로 변수는 여러 번 호출하여 사용할 수 있다).

예 5.2 **TITLE 명령문에서 매크로 변수의 호출**

```
PROC PRINT DATA=&fer;
     TITLE "Foreign &fer rate <--- &fer data-set";
RUN;
```

매크로 변수를 TITLE 명령문에서 사용할 경우 주의할 점이 있는데, TITLE 명령문에서 매크로 변수의 값을 호출할 때에는 〈예 4.2〉에서 보는 것과 같이 반드시 이중인용부호(“ ”)를 사용해야 한다는 것이다. 〈예 4.2〉의 프로그램을 실행하면 OUTPUT 화면에서의 제목(title)이 Foreign exchange rate 〈--- exchange data-set로 출력됨을 확인할 수 있다. 만약, TITLE 명령문에서 이중인용부호 대신 단순인용부호(‘ ’)를 사용한 경우에는 SAS는 단순히 &fer를 매크로 변수 fer를 호출하는 것으로 인식하지 않고 하나의 문자열로 처리하게 된다. 따라서 제목이 Foreign &fer rate 〈--- &fer data-set로 출력되어 사용자가 의도한 것과는 전혀 다른 결과를 주게 된다.

한편, 매크로 프로그램에서 주석을 붙이고자 할 때에는 /*와 */를 사용하는 일반적인 SAS 프로그램에서와 달리 %* create new data set;와 같이 %*로 시작한다.

5.1.2. 프로그램을 저장하는 %STR 함수

매크로 변수의 값으로 SAS 프로그램의 일부를 지정하기 위해서는 **%STR** 함수를 사용하면 된다. **%STR** 함수의 사용형식은

```
%STR(문자열);
```

와 같고 괄호 안에 프로그램을 지정하면 된다.

다음 〈예 5.3〉은 **PLOT** 프로시저를 이용하여 그림을 그리는 프로그램을 매크로 변수에 저장하는 예로써, 앞의 **%LET** 명령문을 사용하여 매크로 변수를 정의하는 것과는 다르게 **%STR( )**으로 저장하고자 하는 프로그램 전체를 지정하고 있다. 또한 매크로 변수 plot의 내용을 수행하기 위해서는 〈예 5.3〉에서와 같이 &plot으로 호출하여 사용하면 되는데, 매크로 변수를 호출하여 사용하는 경우 일반적으로는 매크로 변수 뒤에 세미콜론(;)을 사용할 필요가 없다.

예 5.3 **%STR 함수를 사용한 매크로 변수의 지정과 실행**

```
%LET plot=%STR(
     PROC PLOT DATA=exchange;
          PLOT buying*selling;
     RUN;
     );

&plot
```

일반적으로 **%STR** 함수로 지정한 프로그램 안에서도 매크로 변수를 사용할 수 있다. 다음 〈예 5.4〉는 **%STR** 함수로 지정한 SAS 프로그램 안에서 매크로 변수 var1, var2를 호출하여 사용한 예이다.

예 5.4 **%STR 함수 안에서 매크로 변수의 사용**

```
%LET var1=buying;
%LET var2=selling;

%LET plot=%STR(
     PROC PLOT DATA=exchange;
          PLOT &var1*&var2;
     RUN;
     );

&plot
```

%STR 또는 **%NRSTR** 함수는 괄호 안에 특정한 특수문자나 예약 연산자 등을 표현하고자 하는 경우에 사용할 수 있다. 일부 특수문자나 예약 연산자가 변수 값이나 문장에 포함되어 있는 경우 매크로 문맥에 따라 컴파일하는 과정에서 오류가 발생하거나 생략된다. 이때 %STR 또는 %NRSTR 함수를 사용하면 이러한 문자들을 표현할 수 있다. 다음과 같은 특수문자와 예약 연산자가 이에 해당한다.

```
+ - * / < > = ¬ ^ ~ ; ,  # blank
AND OR NOT EQ NE LE LT GE GT IN
```

또한, **%STR**과 **%NRSTR** 함수는 ‘, ’, “, ”, (,)와 같이 시작과 끝이 있는 따옴표나 괄호를 하나만 표현하고자 하는 경우도 사용할 수 있는데 이 경우 앞에 %를 사용한다. 예를 들어, “Tom’s home”과 같이 문장 중에 ’를 표현하고자 하는 경우 다음과 같이 하면 된다.

예 5.5 **%STR 함수 안에서 특수문자의 사용**

```
%LET msg=%STR(Tom%'s home);
%PUT &msg;
```

여기에서 **%STR**과 **%NRSTR** 함수의 차이는 &와 %를 문자열의 값으로 표현하느냐이다. **%STR** 함수는 매크로 변수나 매크로로 반영되지만 **%NRSTR** 함수는 문자열 값으로 표현한다.

예 5.6 %NRSTR 함수의 사용

```
%LET var=buying;
%PUT var=%STR(&var); /* ① */
%PUT var=%NRSTR(&var); /* ② */
```

〈예 5.6〉에서 %PUT var=%STR(&var);에서는 &var을 매크로 변수로 인식하기 때문에 var=buying이라는 결과가 나타나지만, %PUT var=%NRSTR(&var);에서는 &를 문자열 값으로 인식하여 var=&var이라는 결과가 나타난다.

5.2. 매크로의 정의와 실행

매크로(macro)는 앞 절에서 설명한 매크로 변수를 확장한 것으로, 이것은 일반적으로 매크로 변수가 다룰 수 없는 복잡한 기능을 수행하는 강력한 도구이다.

5.2.1. 매크로를 정의하는 %MACRO와 %MEND 명령문

모든 매크로들은 **%MACRO** 명령문과 **%MEND** 명령문을 사용하여 정의된다. 데이터 단계에서의 **DO** 명령문과 **END** 명령문을 사용하는 경우와 유사하게 위의 두 개의 명령문은 항상 함께 사용해야 하고 그 형식은 다음과 같다.

```
%MACRO 매크로-이름;
    매크로-텍스트
%MEND <매크로-이름>;
```

또한 미리 정의되어 있는 매크로를 호출하여 실행하고자 할 때는 &로 시작한 매크로 변수와는 다르게 %를 사용해야 한다. 매크로를 호출하여 사용하는 경우에도 일반적으로 매크로 뒤에 세미콜론을 사용할 필요가 없다.

예 5.7 매크로의 정의와 실행 - 1

```
DATA bankdata;
    INPUT name $ bis bcredit per @@;
CARDS;
KB국민   6.50 26232  7.0 신한      7.62 14512  4.8
우리    -2.70 30559 11.4 KEB하나   6.90 13224  3.6
한국산업 0.97 24040 10.3 중소기업  6.79 25176  5.7
수협     9.78  8921  3.2 수출입   10.29  5887  2.0
NH농협  10.29 11066  4.1 대구      8.57  3293  3.4
부산     5.34  6023  7.9 경남      4.54  2930  5.7
광주     2.98  4869  9.6 전북      9.29  2494  2.4
제주     9.32  2894  3.2 한국씨티  5.45  2283  4.5
;
RUN;

%LET dsn=bankdata;

%MACRO corr;
    PROC CORR DATA=&dsn;
        VAR bis per;
    RUN;
%MEND corr;

%corr
```

〈예 5.7〉은 매크로를 정의하고 실행하는 한 예이다. 여기에서 데이터셋 bankdata는 16개 은행의 국제결제은행(BIS) 자기자본비율과 부실채권현황에 관한 가상의 자료로서, 변수 bcredit과 per은 각각 '무수익여신'과 '총여신대비 무수익여신 비율'을 나타낸다. 위 프로그램에서 매크로 corr은 변수 bis와 per의 상관계수를 구하고자 하는 것으로, 이때 매크로를 실행하기 위해 %corr를 사용하였다.

정의된 매크로는 호출하여 사용하기 전에 미리 수행(submit)되어야 하며, 한 번 수행된 매크로는 계속해서 여러 번 호출하여 사용할 수 있다. 또한 매크로를 수행한다는 것이 그 내용을 실제로 실행시킨다는 것이 아니고, 단지 매크로의 내용을 컴파일(compile)하여 매크로 이름으로 할당된 임시 공간에 저장한다는 것을 뜻한다. 따라서 컴파일된 매크로를 호출할 때 해당하는 매크로의 내용이 실제로 수행되게 된다.

5.2.2. 매크로 모수 (Macro Parameter)

매크로 변수를 정의하는 가장 쉬운 방법은 **%LET** 명령문을 사용하는 것이지만, 매번 새로운 매크로 변수를 정의하기 위해서는 번거로울 수가 있고 매크로 변수들의 값을 매크로에 넘겨줄 때에는 제한적인 측면을 가진다. 이런 경우에 매크로 모수를 사용하면 한층 효율적인 프로그램을 작성할 수가 있는데, 매크로 모수는 **%LET** 문을 사용하지 않고 매크로 변수들을 정의하고 할당된 값들을 매크로에 넘겨주게 된다.

매크로 모수를 지정하는 방법은 **%MACRO** 명령문에서 지정한 매크로 이름 뒤에 매크로 변수의 이름들을 나열하고 괄호로 묶어주면 된다. 그리고 나열되는 매크로 변수들을 구분하기 위해서 콤마를 사용하면 된다.

예를 들어, 변수 bis와 per의 2차원 산점도(scatter plot)를 그리고자 하는 경우 다음 매크로 plot1과 같이 매크로를 정의하여 사용할 수 있을 것이다.

예 5.8 매크로의 정의와 실행 - 2

```
%LET var1=bis;
%LET var2=per;

%MACRO plot1;
    PROC GPLOT DATA=bankdata;
        PLOT &var1*&var2;
    RUN; QUIT;
%MEND plot1;

%plot1
```

위 프로그램에서 만약 변수 per 대신에 bcredit로 바꾸어야 할 경우, 매크로 변수 var2의 값을 bcredit로 할당하기 위해서는 이에 해당하는 %LET 문을 수정해야 한다. 그러나 사용할 변수가 달라질 때마다 이미 작성된 프로그램을 수정하여 사용하는 것은 번거롭고 비효율적이라고 할 수 있는데, 이런 경우 다음 〈예 5.9〉에서와 같이 매크로 모수를 사용하면 보다 간편하게 처리할 수 있다.

예 5.9 매크로 모수의 사용

```
%MACRO plot2(var1, var2); /* ① */
    PROC GPLOT DATA=bankdata;
        PLOT &var1*&var2; /* ② */
    RUN; QUIT;
%MEND plot2;
%plot2(bis, per) /* ③ */
%plot2(bis, bcredit) /* ④ */
```

① 매크로 plot2를 정의하는 문장으로 괄호 안에 매크로 내에서 사용될 모수를 지정하였다.
② 매크로 모수를 호출할 때는 반드시 &로 시작해야 한다.
③ 앞에서 정의된 매크로를 불러오는 문장으로 괄호 안에 지정된 모수에 의해서 변수 bis와 per의 산점도를 그리게 된다. 즉, 매크로 모수 var1에 bis가 그리고 var2에 per이라는 값이 할당되어 매크로 plot2가 실행된다.
④ 매크로 모수 var1에 bis가 그리고 var2에 bcredit라는 값이 할당되어 매크로 plot2가 실행된다.

특정 작업을 집중적으로 여러 번 반복해야 할 경우에는 매크로 모수에 초깃값(default value)을 지정해 두면 훨씬 효율적이다. 예를 들어, 변수 bis와 per의 산점도를 주로 작성하며 간간이 변수를 바꾸어 산점도를 작성하는 경우를 생각해 보자. 다음 〈예 5.10〉을 앞의 〈예 5.9〉와 비교해 보면 매크로를 정의하는 ①에서 '매크로 모수 = 초깃값으로 지정할 변수'의 형식으로 처리한다는 점을 제외하고는 동일하다.

예 5.10 매크로 모수에 초깃값 지정하기

```
%MACRO plot3(var1=bis, var2=per); /* ① */
    PROC PLOT DATA=bankdata;
        PLOT &var1*&var2;
    RUN; QUIT;
%MEND plot3;

%plot3( ) /* ② */
%plot3 /* ③ */
%plot3(var1=bis, var2=bcredit) /* ④ */
```

위와 같이 매크로 모수에 초깃값을 지정하면 ②에서와 같이 매크로를 호출할 때 괄호 안에 아무것도 지정하지 않아도 ①에서 지정한 변수 bis와 per의 산점도를 그리게 된다(물론 ③과 같이 지정해도 동일한 결과를 얻는다). 또한 매크로 모수의 값을 바꾸고 싶을 경우 ④와 같이 지정하면 되는데, 이때 var2만을 변경하고자 하는 경우 %plot3(var2=bcredit)과 같이 변경하고자 하는 모수의 값만을 새로 지정하면 된다.

5.2.3. MLOGIC과 MPRINT 옵션

특정 매크로를 호출하여 실행시킬 때 일반적으로는 매크로의 실행과정이 출력되지 않는다. 따라서 매크로 프로그램의 논리적 또는 문법적 오류를 검토하는 등의 작업을 위해 매크로의 실행과정을 살펴보고자 하는 경우에는 **MLOGIC** 및 **MPRINT** 옵션 등을 이용하여 LOG 윈도우에 그 수행과정을 출력시킬 필요가 있다. 여기서 **MLOGIC**은 매크로의 논리적 흐름을 출력하도록 하는 옵션이며, **MPRINT**는 매크로의 실제 실행 프로그램을 출력하는 옵션으로 매크로 변수 및 모수가 호출하는 실제 값 등도 출력된다.

예 5.11 MLOGIC과 MPRINT 옵션의 사용

```
OPTIONS MLOGIC MPRINT; /* ① */

%plot3(var1=bis, var2=bcredit)

OPTIONS NOMLOGIC NOMPRINT; /* ② */
```

① **MLOGIC**과 **MPRINT** 옵션을 사용할 것을 지정한다. 그 결과로써 LOG 윈도우에 매크로의 논리적 흐름과 실제 실행 프로그램이 출력된다.

② **MLOGIC**과 **MPRINT** 옵션의 사용을 해제한다.

〈LOG 윈도우의 내용〉

```
MLOGIC(PLOT3): 실행을 시작하는 중입니다.
MLOGIC(PLOT3): 파라미터 VAR1에 값 bis 있음
MLOGIC(PLOT3): 파라미터 VAR2에 값 bcredit 있음
MPRINT(PLOT3):   PROC GPLOT DATA=bankdata;
MPRINT(PLOT3):   PLOT bis*bcredit;
MPRINT(PLOT3):   RUN;
MPRINT(PLOT3):   QUIT;
MLOGIC(PLOT3): 실행을 종료하는 중입니다.
```

5.3. 매크로의 활용

지금까지 매크로와 매크로 변수(모수)의 기본적인 기능과 사용법에 대해서 살펴보았는데, 이 절에서는 이러한 기능을 활용하는 다양한 형태의 사례를 다루어 보도록 하자.

5.3.1. 매크로 속의 매크로

예를 들어, BIS 자기자본비율이 8% 이하인 은행만으로 구성된 새로운 데이터셋을 만들고 상관계수를 구하는 매크로 corr1을 다음과 같이 작성하였다고 하자. 만약 이 프로그램의 일부를 수정할 필요가 생길 경우, 예를 들어 BIS가 8보다 큰 은행을 대상으로 상관계수를 구하고자 한다면 매크로 프로그램 전체를 수정해야 할 것이다.

예 5.12 매크로의 정의와 실행 - 3

```
%MACRO corr1(var1, var2);
   DATA temp; SET bankdata; IF bis<8;
   RUN;
   PROC CORR; VAR &var1 &var2;
   RUN;
%MEND corr1;

%corr1(bis, per)
```

그런데 위와 같은 프로그램을 다음 〈예 5.13〉과 같이 두 개의 매크로로 분리한 후 이를 combine이라는 이름의 매크로로 작성했다면 %data만을 수정하면 될 것이다. 즉, 프로그램 전체를 수정하지 않고 %data나 %corr만을 수정함으로써 효율성을 도모할 수 있다. 여기에서는 프로그램이 비교적 간단하여 두 개의 프로그램으로 나누었을 경우의 장점을 실감하기 어려울 것이다. 그러나 다른 프로그래밍 언어에서 부프로그램(subroutine)을 사용해 본 독자들은 프로그램이 복잡한 경우 이 방법이 얼마나 효과적인지를 짐작할 수 있을 것이다.

예 5.13 매크로 안에서 매크로 호출하기

```
%MACRO data;
    DATA temp; SET bankdata; IF bis>8;
    RUN;
%MEND data;

%MACRO corr;
    PROC corr; VAR &var1 &var2;
    RUN;
%MEND corr;

%MACRO combine(var1, var2);
    %data
    %corr
%MEND combine;

%combine(bis, per)
```

5.3.2. 조건부 매크로: %IF-%THEN-%ELSE 명령문

앞에서 설명한 combine과 같이 몇 개의 매크로로 구성된 프로그램의 경우 조건문을 사용하면 훨씬 효과적이다. 매크로 안에서의 조건문의 형식은 다음과 같고

```
%IF 표현 %THEN 결과-텍스트;
%ELSE 결과-텍스트;
```

사용방법은 데이터 단계에서 사용되는 IF-THEN-ELSE 명령문과 동일하다.

예 5.14 조건부 매크로의 사용: %IF-%THEN

```
%MACRO condi(index, var1, var2);
    %IF &index=yes %THEN %data;
    %corr
%MEND condi;

%condi(yes, bis, per) /* ① */
%condi(no, bis, bcredit) /* ② */
```

① 조건에 일치하므로 매크로 %data와 %corr을 동시에 실행한다.

② 조건에 일치하지 않기 때문에 매크로 %corr만을 실행한다.

한편, 여러 개의 조건을 처리해야 할 경우 다음과 같이 **%IF-%THEN-%ELSE** 명령문을 사용하면 보다 편리하게 프로그램을 작성할 수 있다.

예 5.15 조건부 매크로의 사용: %IF-%THEN-%ELSE

```
%MACRO data1;
    DATA temp; SET bankdata;
        IF bis>8;
    RUN;
%MEND data1;

%MACRO data2;
    DATA temp; SET bankdata;
        IF bis<8;
    RUN;
%MEND data2;

%MACRO corr;
    PROC CORR; VAR &var1 &var2;
    RUN;
%MEND corr;

%MACRO condi(index, var1, var2);
    %IF &index=yes %THEN
        %DO; TITLE "Corr for BIS>8";
            %data1
            %corr
         %END;
    %ELSE
        %DO; TITLE "Corr for BIS<8";
            %data2
            %corr
        %END;
%MEND condi;

%condi(yes, bis, per) /* ① */
%condi(no, bis, per) /* ② */
```

〈예 5.15〉는 조건절이 복잡한 형태를 취하고 있는 예로써 ①과 같이 index 변수가 조건절에 해당할 경우(즉, index=yes)에는 BIS가 8 이상인 데이터셋(data1)을 불러 상관계수를 계산한다. 또한 조건절에 해당하지 않는 ②의 경우(즉, index≠yes)에는 BIS가 8 이하인 데이터셋(data2)를 불러 상관계수를 계산한다. 여기에서 index 변수는 문자 혹은 숫자 중 어느 것을 사용해도 무방하다.

만약 위 프로그램의 ①을 %condi(YES, bis, per)와 같이 대문자로 표기한다면 어떻게 될 것인가. 결론부터 말하면 ②와 동일한 결과가 산출된다. 즉, 조건절에서 지정한 Yes, YES, yEs 등은 서로 다르게 인식한다는 점이다. 이러한 문제를 해결하기 위해서는 **%UPCASE** 함수를 이용하는 방법이 있는데, 이 함수에 대한 자세한 설명은 5.4절을 참고하기 바란다.

5.3.3. 일련번호를 갖는 변수를 생성하는 %DO 명령문

%DO 문을 이용하면 **DATA** 명령문이나 **VAR** 명령문 등에서 일련번호로 되어 있는 데이터셋 또는 변수의 이름을 쉽게 만들 수 있다. 예를 들어, 다음 〈예 5.16〉의 프로그램을 실행시키면 data1에서 data5까지의 데이터셋이 생성되는 것을 LOG 윈도우를 통해 확인할 수 있을 것이다(이 데이터셋들은 모두 아무런 내용이 없는 빈 데이터셋들이다). 여기에서 ①과 같이 name과 no라는 두 개의 매크로 변수를 연결하여 사용하고 있다는 것을 주의 깊게 살펴보기 바란다.

예 5.16 **%DO 명령문의 사용**

```
%MACRO names(name, no);
    %DO n=1 %TO &no;
        &name&n /* ① */
    %END;
%MEND names;

DATA %names(data, 5);
RUN;
```

한편 매크로 변수와 매크로 변수 또는 매크로 변수와 문자(숫자) 사이에 특정한 문자나 숫자를 추가하고 싶을 경우, 다음 〈예 5.17〉에서와 같이 매크로 변수 다음에 마침표(.)를 삽입하여 매크로 변수와 문자(또는 매크로 변수)를 구분해 주어야 한다.

예 5.17 **매크로 변수와 문자열 구분하기**

```
%MACRO namesx(name, no);
    %DO n=1 %TO &no;
        &name.x&n /* ① */
    %END;
%MEND namesx;

DATA %namesx(data, 5);
RUN;
```

〈예 5.17〉에서는 ①과 같이 매크로 변수 &name 다음에 x라는 문자를 추가하기 위해서 그 사이에 마침표(.)를 삽입하였다. 따라서 이 프로그램을 실행하면 datax1에서 datax5까지의 데이터셋이 생성된다. 만약 위 프로그램에서 ①을 &namex&n과 같이 작성하면 &namex라는 매크로 변수(모수)를 호출하는 것이므로 프로그램에 오류가 발생하게 된다.

또한 매크로 변수와 문자(또는 매크로 변수) 사이에 마침표를 추가하기 위해서는 다음 예에서와 같이 프로그램을 작성하면 된다.

```
&p..&q
&data..txt
```

즉, 이들 예에서 앞의 마침표는 매크로 변수와 뒤의 마침표를 구분해 주는 역할을 한다.

%DO-%END 명령문 이외에 유용하게 사용할 수 있는 것으로 **%DO-%UNTIL** 명령문과 **%DO-%WHILE** 명령문이 있다. **%DO-%UNTIL** 명령문은 조건이 일치할 때까지 반복 작업을 시행하게 되며 사용형식은 다음과 같다.

```
%DO %UNTIL(표현);
... 텍스트 ...
%END;
```

이와 같은 명령문의 특징은 조건의 일치 여부를 문장의 맨 마지막 행에서 판단하므로 최소한 한 번의 반복은 실행한다는 점이다.

예 5.18 **%DO-%UNTIL 명령문의 사용**

```
%MACRO dountil(no);
   %PUT 매크로 시작 번호 : &no;
   %DO %UNTIL(&no>3);
       %PUT ***&no***; %LET no=%EVAL(&no+1);
   %END;
   %PUT 매크로 끝 번호 : &no;
%MEND dountil;

%dountil(2) /* ① */
%dountil(5) /* ② */
```

〈LOG 윈도우의 내용〉

```
%dountil(2)
매크로 시작 번호 : 2
***2***
***3***
매크로 끝 번호 : 4
%dountil(5)
매크로 시작 번호 : 5
***5***
매크로 끝 번호 : 6
```

〈예 5.18〉에서 ①의 경우 시작번호 2로부터 출발하여 ***3***을 인쇄한 후 조건이 4가 되면 작업이 완료하게 된다. 한편 ②의 경우에는 시작번호가 5이므로 처음부터 조건을 만족하지 않는 값이지만 반드시 한 번은 실행한 후(즉 ***5***를 인쇄한 후) 작업을 종료하게 된다. 이러한 과정은 LOG 윈도우를 통해 확인할 수 있을 것이다.

%DO-%UNTIL 명령문과 유사한 기능을 수행하는 것으로 **%DO-%WHILE** 명령문이 있는데, 사용형식은 **%DO-%UNTIL** 명령문과 동일하다. 다만 **%DO-%WHILE** 명령문은 조건이 성립하는 동안에만 반복작업을 수행하기 때문에, 조건이 일치하지 않은 경우에도 최소한 한 번의 반복을 수행하는 **%DO-%UNTIL** 명령문과는 달리 조건을 만족하지 않은 경우 작업을 바로 종료한다.

예 5.19 **%DO-%WHILE 문의 사용**

```
%MACRO dowhile(no);
   %PUT 매크로 시작 번호 : &no;
   %DO %WHILE(&no<3);
      %PUT ***&no***;
      %LET no=%EVAL(&no+1); /* ① */
   %END;
   %PUT 매크로 끝 번호 : &no;
%MEND dowhile;

%dowhile(1)
%dowhile(5)
```

<LOG 윈도우의 내용>

```
%dowhile(1)
매크로 시작 번호 : 1
***1***
***2***
매크로 끝 번호 : 3
%dowhile(5)
매크로 시작 번호 : 5
매크로 끝 번호 : 5
```

<예 5.19>는 **%DO-%WHILE** 명령문을 사용한 예로써 LOG 윈도우의 출력을 <예 4.18>과 비교해 보면 그 차이점을 쉽게 확인할 수 있을 것이다. 한편, ①에서 사용한 **%EVAL** 함수는 수식으로 표현된 변수를 연산된 값으로 바꾸어주는 기능을 가지고 있으며, 이 함수에 대한 자세한 설명은 4.4절을 참조하기 바란다.

5.3.4. 다중 매크로 변수이름 사용하기

어떤 매크로 변수가 문자열이 아닌 다른 매크로 변수를 호출해야 하는 경우가 종종 있는데, 이러한 경우에는 여러 개의 &를 동시에 사용하여 작업을 수행할 수 있다.

예를 들어, 다음 <예 5.20>에서 ①의 경우는 두 개의 매크로 변수 vname과 i를 연결하여 출력하는 것이므로 오류가 발생하게 된다(이 예에서 매크로 변수 vname은 존재하지 않는다). 그러나 ②에서는 먼저 매크로 변수 i의 값이 호출되고, 호출된 값 1, 2, 3이 문자열 vname과 결합된 후 매크로 변수 vname1, vname2, vname3의 값이 호출되어 aaa, bbb, ccc가 출력되게 된다.

예 5.20 이중 매크로 변수이름 사용하기

```
%MACRO temp;
   %LET vname1=aaa;
   %LET vname2=bbb;
   %LET vname3=ccc;
   %DO i=1 %TO 3;
      %PUT result1=&vname&i;  /* ① */
      %PUT result2=&&vname&i; /* ② */
   %END;
%MEND temp;

%temp
```

〈LOG 윈도우의 내용〉

```
WARNING: 명백한 기호 참조 VNAME을(를) 처리할 수 없습니다.
result1=&vname1
result2=aaa
WARNING: 명백한 기호 참조 VNAME을(를) 처리할 수 없습니다.
result1=&vname2
result2=bbb
WARNING: 명백한 기호 참조 VNAME을(를) 처리할 수 없습니다.
result1=&vname3
result2=ccc
```

5.3.5. 자동 매크로 변수

SAS에 내장되어 있는 매크로 변수를 활용하면 유용한 결과를 얻을 수가 있다. 예를 들어, TITLE 명령문을 사용하여 출력물에 날짜와 요일을 인쇄하고자 할 경우 다음과 같이 &SYSDATE와 &SYSDAY 변수를 이용할 수 있다.

예 5.21 자동 매크로 변수의 사용

```
TITLE "보고서 작성 일자: &SYSDAY, &SYSDATE";

PROC PRINT DATA=bankdata;
RUN;
```

위의 프로그램을 실행하면 '보고서 작성 일자: Monday, 05AUG24'와 같이 현재의 요일과 연월일을 출력하게 되는데, 이와 같이 SAS 프로그램의 어느 곳에서나 불러서 사용할 수 있는 변수라는 의미에서 이러한 변수들을 자동(automatic) 매크로 변수라고 한다. 유용하게 활용할 수 있는 몇 가지 자동 매크로 변수는 다음과 같은 것들이 있다.

- **&SYSDSN**: 가장 최근에 생성된 데이터셋의 이름을 표시한다. 만약 생성된 데이터셋이 없을 경우 _NULL_로 나타낸다.
- **&SYSINDEX**: 현재의 작업에서 수행된 매크로의 개수를 출력한다.
- **&SYSLAST**: SYSDSN과 동일한 기능을 가지며 출력형식에만 차이가 있다.
- **&SYSTIME**: 프로그램이 실행을 시작한 시간을 출력한다.

5.4. 매크로 함수

이 절에서는 매크로 내에서 사용할 수 있는 매크로 함수들을 간단한 예와 함께 설명할 것이다.

■ %EVAL

이 함수는 수식으로 표현된 매크로 변수를 연산된 값으로 바꾸어 준다. 다음 〈예 5.22〉에서 ①과 ②의 차이를 설명하면, 매크로 변수 y는 100+200이라는 수식을 그리고 매크로 변수 z는 이를 계산한 결과인 300을 각각 저장하고 있다는 점이다. 또한 이 함수는 수식뿐 아니라 논리식에도 사용할 수 있는데, 만약 ③과 같이 조건이 사실일 경우 1이 그렇지 않을 경우 0의 값이 저장된다. 한편 매크로 변수의 값은 보통의 경우 문자열로 취급되기 때문에 **%EVAL** 함수에서 소수점을 포함하는 연산은 수행되지 않으며, 연산의 결과가 저장될 때도 소수점 이하의 값은 무시된다.

예 5.22 %EVAL 함수의 사용

```
%LET x=100;
%LET y=&x+200; %PUT y = &y; /* ① */
%LET z=%EVAL(&x+200); %PUT z = &z; /* ② */
%LET v=%EVAL(2+3=5); %PUT v = &v; /* ③ */
```

〈LOG 윈도우의 내용〉

```
y = 100+200
z = 300
v = 1
```

■ %INDEX

매크로 변수에서 특정한 문자나 숫자 그리고 기호가 처음으로 나타나는 위치를 나타내는 함수이다. 만약 찾는 문자나 숫자가 없으면 함수값은 0이 된다. 다음 〈예 5.23〉은 ‘Bridge over troubled water’라는 문자열을 title이라는 매크로 변수에 저장한 후 영문자 b의 위치가 몇 번째인지를 **%INDEX** 함수를 이용하여 확인하는 것으로 이를 실행하면 다음과 같은 결과를 얻을 수 있다. 물론 여기에서도 대문자와 소문자는 구별되며 공백의 경우도 계산에 포함한다.

예 5.23 %INDEX 함수의 사용

```
%LET title=Bridge over troubled water;
%LET b=%INDEX(&title, b);
%PUT b는 &b.번째에 나타난다.;
```

〈LOG 윈도우의 내용〉

```
b는 17번째에 나타난다.
```

■ %LENGTH

매크로 변수가 몇 개의 글자로 이루어졌는지를 나타내는 함수이다(공백도 계산에 포함된다). 다음 〈예 5.24〉의 ①은 매크로 변수로 지정된 IMF, BIS, title이 각각 몇 글자로 이루어졌는지를 출력하는 프로그램이다. 만약 ②와 같이 두 개의 매크로 변수를 함께 사용하면 각각의 글자 수를 더한 결과가 출력된다. ①을 실행하면 그 결과는 ③과 같은데, 매크로 변수 title로 지정된 '다시뛰자'가 8인 이유는 한글의 경우 한 글자를 2자리로 계산하기 때문이다. 또한 ④의 결과가 27+8=35가 아니라 36인 이유는 ②의 %LENGTH 함수 안의 매크로 변수 &IMF와 &title 사이에 있는 공백 한자리를 포함하여 계산했기 때문이다. 대량의 데이터를 다룰 경우 **%LENGTH** 함수를 이용하면, 특정 변수가 일정한 글자 수를 넘어가는 경우를 확인하여 입력오류를 검사하는 데 유용하게 사용될 수 있다.

예 5.24 %LENGTH 함수의 사용

```
%LET IMF=International Monetary Fund;
%LET BIS=Bank for International Settlements;
%LET title=다시뛰자;
%PUT *%LENGTH(&IMF)*  **%LENGTH(&BIS)** ***%LENGTH(&title)***; /* ① */
%PUT *%LENGTH(&IMF &title)***; /* ② */
```

〈LOG 윈도우의 내용〉

```
*27*  **34** ***8*** ③
*36*** ④
```

■ %SCAN

몇 개의 단어로 이루어진 매크로 변수에서 지정된 단어를 찾는 함수이다. 다음 〈예 5.25〉의 ①과 같이 네 개의 단어로 이루어진 매크로 변수 title1에서 세 번째에 해당되는 단어를 찾기 위해서는 ②와 같이 프로그램하면 된다. **%SCAN** 함수는 괄호 안에 해당되는 매크로 변수와 찾고자 하는 단어의 위치의 형태로 지정하는데, 단어와 단어의 구분은 공백뿐 아니라 특수문자(〈 (+ & ! $ *) ; ^ - / , % . | 등)도 동일하게 인식한다. 따라서 ③의 경우 공백뿐 아니라 $도 구분자로 인식하므로 ④의 실행결과는 ②와 마찬가지로 troubled가 된다. 한편 **%SCAN** 함수에서는 구분자를 지정할 수 있는데 ⑤에서와 같이 $만을 구분자로 지정하여 실행하면 빈칸을 구분자로 인식하지 않으므로 ④의 결과와 달리 세 번째 단어는 water가 된다.

예 5.25 **%SCAN 함수의 사용**

```
%LET title1=Bridge over troubled water; /* ① */
%LET a=%scan(&title1, 3); %PUT a = &a; /* ② */
%LET title2=Bridge$over troubled$water; /* ③ */
%LET b=%SCAN(&title2, 3); %PUT b = &b; /* ④ */
%LET c=%scan(&title2, 3, $); %PUT c = &c; /* ⑤ */
```

〈LOG 윈도우의 내용〉

```
a = troubled
b = troubled
c = water
```

■ %SUBSTR

앞의 5.3절에서 설명한 자동 매크로 변수 **&SYSDAY**를 이용하여 요일을 출력할 경우 글자 수는 요일에 따라 다른데(예를 들어, Monday는 6글자, Wednesday는 9글자) 이를 일정하게 할 필요가 있을 경우(예를 들어, 모든 요일에 대해 앞의 3글자만 출력하고자 하는 경우) **%SUBSTR** 함수를 사용하면 된다. 아래의 문장은 모든 요일에 대해 첫 세 글자만 출력하도록 하는 프로그램으로 %SUBSTR(&SYSDAY, 1,3)에서 1은 출력을 원하는 변수 &SYSDAY의 처음 위치를 나타내며(여기서는 요일의 첫 번째 문자) 3은 출력을 원하는 변수의 문자수를 의미한다.

예 5.26 **%SUBSTR 함수의 사용**

```
TITLE "보고서 작성 일자: %SUBSTR(&SYSDAY, 1, 3), &SYSDATE";

PROC PRINT DATA=bankdata;
RUN;
```

위의 프로그램을 실행하면 '보고일자: Mon, 05AUG24'와 같은 결과를 얻는다. 만약 %SUBSTR(&SYSDAY,2,4)와 같이 프로그램하면 어떤 결과가 나타날지 확인해 보기 바란다.

■ %UPCASE

매크로 변수의 값을 대문자로 바꾸어주는 함수로 〈예 5.27〉의 ①에서와 같이 **%UPCASE** 함수를 사용하여 조건문을 지정하면 ②, ③, ④와 같이 대소문자를 어떤 식으로 표기하는지에 관계없이 동일한 결과를 제공한다. 물론 여기에서 **UPCASE**는 uppercase(대문자)를 뜻한다.

예 5.27 **%UPCASE 함수의 사용**

```
%MACRO condi2(index, var1, var2);
    %IF %UPCASE(&index)=YES %THEN %data1; /* ① */
    %corr
%MEND condi2;

%condi2(yes, bis, per) /* ② */
%condi2(YeS, bis, bcredit) /* ③ */
%condi2(yEs, bis, bcredit) /* ④ */
```

5.5. SYMGET과 SYMPUT 함수

SAS의 데이터 단계에서 사용된 명령이나 함수에 의해서 생성된 정보는 데이터 단계가 실행 중에 있을 때는 상수로 간주된다. 다시 말해서 어떤 데이터 단계에서 생성된 정보를 다른 데이터 단계로 옮기기 위해서는 별도의 절차가 필요하다.

여기에서는 이러한 문제를 해결하기 위한 방안으로 매크로 변수를 이용하여 데이터 단계에서 생성한 값을 저장하고 이를 다시 검색하여 불러오는 방법에 대해서 설명하고자 한다. 이 절에서 설명할 두 함수 중 SYMPUT 함수는 데이터 단계가 실행되는 동안 생성된 결과를 매크로 변수에 할당하는 기능을 하며, SYMGET 함수는 매크로 변수에 지정된 값을 다시 불러오는 역할을 한다.

5.5.1. SYMGET 함수

이 함수는 데이터 단계의 실행 중 매크로 변수에 저장되어 있는 값을 호출하는 기능을 한다. SYMGET 함수가 어떻게 이용되는지를 5.2절의 데이터셋 bankdata를 사용하여 알아보자.

예 5.28 SYMGET 함수의 사용

```
%LET b=bis; /* ① */

DATA new1;
    SET bankdata;
    w=SYMGET('b'); /* ③ */
    x="&b"; /* ④ */
        LENGTH y $ 2; /* ② */
    y='&b'; /* ⑤ */
    z=&b; /* ⑥ */
RUN;
```

OBS	name	bis	bcredit	per	w	x	y	z
1	KB국민	6.50	26232	7.0	bis	bis	&b	6.50
2	신한	7.62	14512	4.8	bis	bis	&b	7.62
3	우리	-2.70	30559	11.4	bis	bis	&b	-2.70
4	KEB하나	6.90	13224	3.6	bis	bis	&b	6.90
5	한국산업	0.97	24040	10.3	bis	bis	&b	0.97
6	중소기업	6.79	25176	5.7	bis	bis	&b	6.79
7	수협	9.78	8921	3.2	bis	bis	&b	9.78
8	수출입	10.29	5887	2.0	bis	bis	&b	10.29
9	NH농협	10.29	11066	4.1	bis	bis	&b	10.29
10	대구	8.57	3293	3.4	bis	bis	&b	8.57
11	부산	5.34	6023	7.9	bis	bis	&b	5.34
12	경남	4.54	2930	5.7	bis	bis	&b	4.54
13	광주	2.98	4869	9.6	bis	bis	&b	2.98
14	전북	9.29	2494	2.4	bis	bis	&b	9.29
15	제주	9.32	2894	3.2	bis	bis	&b	9.32
16	한국씨티	5.45	2283	4.5	bis	bis	&b	5.45

〈예 5.28〉의 프로그램을 살펴보면 ①에서 bis를 매크로 변수 b에 지정한다. ②는 변수의 길이(크기)를 지정하는 문장으로 지정하지 않을 경우 200칸으로 간주한다. ③은 **SYMGET** 함수를 이용하여 변수를 생성하는 문장인데 매크로 변수 b를 w라는 새로운 변수에 할당하는 기능을 한다. 여기에서 볼 수 있듯이 **SYMGET('매크로 변수')**의 사용형식에서 괄호 안의 매크로 변수는 인용부호로 지정해야 한다.

한편, ④의 문장을 실행하면 ③과 동일한 결과를 얻게 된다. 또한 ⑤는 새로운 변수 y에 &b라는 문자를 할당하는 문장이며 ⑥은 매크로 변수 bis의 실제 값을 새로운 변수 z에 할당한다. 물론 여기에서는 공교롭게도 bis라는 이름의 변수가 존재하기 때문에 이러한 일이 가능하다. 독자들은 ④, ⑤, ⑥의 차이를 출력결과를 보면서 확인해 보기 바란다.

예 5.29 **매개변수가 있는 SYMGET 함수의 사용**

```
%LET b1='해당사항없음'; /* ① */
%LET b2='경영개선권고';
%LET b3='경영개선조치';

DATA new2;
    SET bankdata;
    IF bis>=8 THEN id='b1'; /* ② */
        ELSE IF 6<=bis<8 THEN id='b2';
        ELSE id='b3';
    trt=SYMGET(id); /* ③ */
RUN;
```

OBS	name	bis	bcredit	per	id	trt
1	KB국민	6.50	26232	7.0	b2	'경영개선권고'
2	신한	7.62	14512	4.8	b2	'경영개선권고'
3	우리	-2.70	30559	11.4	b3	'경영개선조치'
4	KEB하나	6.90	13224	3.6	b2	'경영개선권고'
5	한국산업	0.97	24040	10.3	b3	'경영개선조치'
6	중소기업	6.79	25176	5.7	b2	'경영개선권고'
7	수협	9.78	8921	3.2	b1	'해당사항없음'
8	수출입	10.29	5887	2.0	b1	'해당사항없음'
9	NH농협	10.29	11066	4.1	b1	'해당사항없음'
10	대구	8.57	3293	3.4	b1	'해당사항없음'
11	부산	5.34	6023	7.9	b3	'경영개선조치'
12	경남	4.54	2930	5.7	b3	'경영개선조치'
13	광주	2.98	4869	9.6	b3	'경영개선조치'
14	전북	9.29	2494	2.4	b1	'해당사항없음'
15	제주	9.32	2894	3.2	b1	'해당사항없음'
16	한국씨티	5.45	2283	4.5	b3	'경영개선조치'

SYMGET 함수를 이용할 때 매개변수를 사용하면 효과적으로 프로그램을 할 수가 있다. 〈예 4.29〉는 BIS 자기자본비율에 따른 조치사항을 출력하는 프로그램이다. 먼저 ①과 같이 매크로 변수 b1, b2, b3을 지정한 다음 ②와 같이 IF-THEN 명령문을 이용하여 BIS가 6% 이하인 은행, 6~8인 은행, 8 이상인 은행의 세 부류로 구분하는 매개변수 id를 생성한다. 마지막으로 매개변수와 SYMGET 함수를 결합하여 ③과 같이 프로그램하면 BIS에 의한 경영개선 조치사항을 나타내는 변수 trt를 출력할 수 있다.

매개변수를 이용하지 않고 직접 SYMGET('매크로 변수')의 형태를 이용해도 동일한 결과를 얻을 수가 있는데, 〈예 5.30〉의 프로그램을 실행시킨 후 그 결과를 〈예 5.29〉의 결과와 비교해 보기 바란다.

예 5.30 매개변수가 없는 SYMGET 함수의 사용

```
%LET b1='해당사항없음';
%LET b2='경영개선권고';
%LET b3='경영개선조치';

DATA new3;
    SET bankdata;
    IF bis>=8 THEN x=SYMGET('b1');
        ELSE IF 6<=bis<8 THEN x=SYMGET('b2');
        ELSE x=SYMGET('b3');
RUN;
```

앞의 〈예 5.29〉와 〈예 5.30〉에서는 SYMGET 함수를 설명하기 위해서 매크로 변수나 매개변수를 사용하였는데, 단지 BIS에 따른 조치사항을 출력하기를 원할 경우 다음 〈예 5.31〉과 같이 IF-THEN 명령문을 이용하여 문자변수 trt를 직접 생성하는 방법으로 프로그램을 간략하게 할 수 있다.

예 5.31 조건문을 이용한 문자변수의 생성

```
DATA new4;
    SET bankdata;
    IF bis>=8 THEN trt='해당사항없음';
        ELSE IF 6<=bis<8 THEN trt='경영개선권고';
        ELSE trt='경영개선조치';
RUN;
```

예 5.32 연결 연산자 ||와 LEFT(_N_)의 이용

```
%LET b1='해당사항없음';
%LET b2='경영개선권고';
%LET b3='경영개선조치';

DATA new5;
    SET bankdata;
    trt=SYMGET('b'||LEFT(_N_)); /* ① */
RUN;
```

OBS	name	bis	bcredit	per	trt
1	KB국민	6.50	26232	7.0	'해당사항없음'
2	신한	7.62	14512	4.8	'경영개선권고'
3	우리	-2.70	30559	11.4	'경영개선조치'
4	KEB하나	6.90	13224	3.6	
5	한국산업	0.97	24040	10.3	
6	중소기업	6.79	25176	5.7	
7	수협	9.78	8921	3.2	
8	수출입	10.29	5887	2.0	
9	NH농협	10.29	11066	4.1	
10	대구	8.57	3293	3.4	
11	부산	5.34	6023	7.9	
12	경남	4.54	2930	5.7	
13	광주	2.98	4869	9.6	
14	전북	9.29	2494	2.4	
15	제주	9.32	2894	3.2	
16	한국씨티	5.45	2283	4.5	

매크로 변수가 일련번호의 형태를 취하고 있는 경우 3.2.2절에서 설명한 연결 연산자 ||와 LEFT(_N_)을 이용하면 유용하게 프로그램을 할 수가 있다. 〈예 5.32〉는 일련번호로 이루어진 매크로 변수 b1, b2, b3을 ①과 같이 ||와 LEFT(_N_)을 이용하여 출력하는 예이다.

앞에서도 설명한 바 있지만 _N_은 SAS에서 자동으로 생성하는 변수이고 LEFT 함수는 괄호 안에 지정된 변수의 값에서 왼쪽 공백을 제거해 주는 함수이다. 〈예 5.32〉의 출력결과를 보면 매크로 변수는 3개인데 반해 자료는 그 이상이므로 네 번째 개체부터는 지정된 매크로 변수가 없기 때문에 변수 trt의 값이 공란으로 남는다.

5.5.2. SYMPUT 함수

이 함수는 데이터 단계가 실행되는 동안 생성된 결과를 지정된 매크로 변수에 할당하는 기능을 한다. 이때 이미 존재하는 매크로 변수를 이용할 수도 있고 SYMPUT 함수를 사용하여 새로운 매크로 변수를 만들 수도 있다. SYMPUT 함수는 다음과 같은 사용형식을 가지며,

```
CALL SYMPUT('매크로 변수', 매크로 변수에 할당되는 값);
```

이때 반드시 CALL 명령문과 함께 사용해야 하고 매크로 변수는 인용부호로 지정해야 한다. SYMPUT 함수를 지정하는 다양한 방법을 예제를 통해서 살펴보기로 한다.

예 5.33 SYMPUT 함수의 사용

```
DATA bank2;
    INPUT name $ bis @@;
    CALL SYMPUT('bis', bis); /* ① */
    CALL SYMPUT('name', name); /* ② */
    CALL SYMPUT('test', 'testing value'); /* ③ */
CARDS;
신한   7.62 우리  -2.70 한국산업   0.97 수협   9.78
;
RUN;

%PUT bis = &bis; /* ④ */
%PUT name = &name; /* ⑤ */
%PUT test = &test; /* ⑥ */
```

〈LOG 윈도우의 내용〉

```
bis =          9.78
name = 수협
test = testing value
```

〈예 5.33〉은 SYMPUT 함수를 이용하는 전형적인 예인데 ①은 bis 변수의 값을 bis라는 동일 이름의 매크로 변수에 할당하는 기능을 한다. 자료를 읽어 들이는 동안 매크로 변수 bis에는 변수 bis의 값인 7.62, -2.7, 0.97 등이 차례로 할당되는데 최종적으로 9.78이 저장된다. ④가 실행되면 매크로 변수 bis에는 9.78이 저장되어 있음을 LOG 윈도우를 통해 확인할 수가 있다. 만약 ①을 다음과 같이 수정한 후 프로그램을 실행하면 매크로 변수 bis에는 -2.7이 저장된다.

```
IF _N_=2 then CALL SYMPUT('bis', bis);
```

한편 **SYMPUT** 함수를 이용하여 매크로 변수를 지정하는 방법은 ②와 같은 전형적인 형식 이외에 ③과 같이 매크로 변수에 할당할 변수 값을 직접 표시할 수 있는데, 이때 변수 값은 인용부호로 지정해야 한다. 〈예 5.33〉에서 ②와 ③의 처리결과를 확인하기 위해 ⑤와 ⑥을 실행해 보면 각각 '수협'과 'testing value'임을 알 수 있을 것이다.

예 5.34 **PUT 명령문을 사용한 출력형식 변경**

```
DATA day;
    INPUT samil MMDDYY.;
    CALL SYMPUT('day', PUT(samil, WORDDATE.));
CARDS;
030116
;
RUN;

%PUT day = &day;
```

〈LOG 윈도우의 내용〉

```
day =      March 1, 2016
```

매크로에 지정할 변수 값은 **PUT** 명령문을 이용하여 출력형식을 임의로 변경할 수 있다. 〈예 5.34〉의 프로그램에서 변수 samil은 030116과 같은 월-일-년(YYMMDD)의 형식으로 지정되어 있는데 **SYMPUT** 함수에서 put(samil, WORDDATE.)을 사용하면 매크로 변수에는 March 1, 2016과 같은 형식으로 변경하여 저장된다.

다음의 〈예 5.35〉는 **SYMPUT** 함수를 사용하여 생성된 결과를 이용하여 새로운 데이터셋을 만드는 전형적인 프로그램이다.

예 5.35 **SYMPUT 함수의 응용**

```
%MACRO correct(company);
    DATA _NULL_; /* ① */
        SET bank2;
        CALL SYMPUT('bankname',name); /* ② */
    RUN;
    %IF &bankname=&company %THEN /* ③ */
        %DO;
```

```
            DATA new2;
                SET bank2;
                bis=bis+2;
            RUN;
        %END;
%MEND correct;

%correct(수협); /* ④ */
```

데이터셋 - new2

OBS	name	bis
1	신한	9.62
2	우리	-0.70
3	한국산업	2.97
4	수협	11.78

〈예 5.35〉에서는 먼저 ①과 같이 SYMPUT 함수에 의해 생성되는 데이터셋을 _NULL_ 이라는 이름으로 저장한다. 데이터셋의 이름으로 _NULL_을 사용하면 SAS는 새로운 데이터셋을 생성하지 않으므로 처리시간을 절약할 수 있다. ②는 변수 name의 값을 bankname이라는 매크로 변수에 할당하는 문장으로 여기에는 가장 마지막 값인 '수협'이 저장된다. ③은 매크로 변수 bankname과 매크로 모수 company의 값이 일치하는지를 검사하는 문장이며, 일치할 경우 %DO 명령문에 의해 bis의 값에 각각 +2를 더한 결과를 새로운 데이터셋 new2에 저장하게 된다. ④에서는 매크로 변수와 매크로 모수의 값이 일치하므로 BIS 값이 수정되었음을 출력결과에서 확인할 수 있다.

예 5.36 잘못된 SYMPUT 함수의 사용

```
%MACRO incorrect(company);
    DATA new2;
        SET bank2;
        CALL SYMPUT('bankname',name);
    %IF &bankname=&company %THEN
        %DO;
            bis=bis+2;
        %END;
    RUN;
%MEND correct;

%incorrect(수협);
```

〈LOG 윈도우의 내용〉

```
WARNING: 명백한 기호 참조 BANKNAME을(를) 처리할 수 없습니다.
ERROR: 문자 피연산자를 %EVAL 함수 또는 %IF 조건에서 찾을 수 없습니다. 여기에는 숫자
       피연산자가 필요합니다. 조건: &bankname=&company
ERROR: 매크로 INCORRECT이(가) 실행을 중단합니다.
```

앞의 〈예 5.35〉과 같은 프로그램을 수행할 경우 흔히 저지르기 쉬운 실수 중 하나는 **SYMPUT** 함수와 조건문을 구분하지 않음으로써 프로그램의 실행에 실패할 수 있다는 것이다. 〈예 5.36〉은 잘못 작성된 프로그램의 전형적인 예인데, 프로그램을 실행한 후 LOG 윈도우를 확인해 보면 **SYMPUT** 함수를 실행한 결과가 생성되기도 전에 **%IF** 명령문이 나타나므로 오류 메시지가 출력되며 이로 인해 매크로가 더 이상 수행되지 않게 된다.

SYMPUT 함수를 사용하여 매크로 변수에 특정한 값을 할당할 경우 일정한 규칙에 따라 저장되게 되는데, 이러한 규칙을 제대로 이해하고 있지 않으면 원하는 결과를 출력하는 데 곤란을 겪게 된다. 매크로 변수에 저장되는 값이 문자인 경우와 숫자인 경우 각각 어떤 규칙이 적용되는지를 〈예 5.37〉을 통해 알아보자.

예 5.37 SYMPUT 함수를 사용한 문자값의 할당

```
DATA char1; /* ① */
    INPUT c $;
    CALL SYMPUT('char',c);
CARDS;
글
;
RUN;

DATA char2;
    LENGTH newchar $ 5; /* ② */
    newchar="&char"||" 자";
RUN;
```

데이터셋 - char2

OBS	newchar
1	글

〈예 5.37〉에서 ①의 데이터셋은 '글'이라는 값을 가진 문자변수 c가 하나 있다. 변수의 크기를 별도로 지정하지 않을 경우 문자변수는 8로 정해지는데, 한글은 2칸을 차지하므로 이 경우 c는 두 자리의 한글과 6자리의 공백으로 구성되어 있다. 따라서 ②와 같이 다섯 자리로 정의된 새로운 변수 newchar를 출력하면 '글___'과 같이 오른편에 세 자리의 빈칸이 포함되어 출력된다.

한편 TRIM 함수를 사용하면 변수 값에 포함되어 있는 공백을 잘라버릴 수 있는데. 다음 〈예 5.38〉을 살펴보면 ①에 의해서 변수 c는 더 이상 공백을 포함하지 않으므로 ②와 같이 자릿수를 5로 해도 이를 출력하면 '글_자'와 같은 결과를 얻을 수 있다.

예 5.38 TRIM 함수의 사용

```
DATA char3;
    INPUT c $;
    CALL SYMPUT('char',TRIM(c)); /* ① */
CARDS;
글
;
RUN;

DATA char4;
  LENGTH newchar $ 5; /* ② */
  newchar="&char"¦¦" 자";
RUN;
```

데이터셋 - char4

OBS	newchar
1	글 자

예 5.39 SYMPUT 함수를 사용한 숫자값의 할당

```
DATA num1;
    x=1;
    CALL SYMPUT('num',x);
RUN;

DATA num2;
    LENGTH newnum $ 5;
    newnum='하나'¦¦"&num"; /* ① */
RUN;
```

데이터셋 - num2

OBS	newnum
1	하나

숫자변수인 경우에는 문자와 달리 별도로 지정하지 않는 한 12바이트로 구성되며 오른쪽으로 정렬하는 특성이 있으므로 문자변수와 달리 왼쪽에 공백이 생긴다. <예 5.39>를 살펴보면 데이터셋 num1에는 1이라는 값을 가진 x라는 숫자변수가 하나 있다. 따라서 ①과 같이 다섯 자리로 정의된 새로운 변수 newnum을 출력하면 공백으로 인해 '하나_'와 같이 출력될 뿐 1은 나타나지 않는다.

예 5.40 LEFT 함수의 이용

```
DATA num3;
    x=1;
    CALL SYMPUT('num',LEFT(x)); /* ① */
RUN;

DATA num4;
    LENGTH newnum $ 5; /* ② */
    newnum='하나'||"&num";
RUN;
```

데이터셋 - num4

OBS	newnum
1	하나1

SYMGET 함수에서 이미 설명한 바와 같이 LEFT 함수를 사용하면 왼쪽의 공백을 제거할 수가 있다. <예 5.40>을 살펴보면 ①에 의해서 매크로 변수 num은 왼쪽에 공백을 포함하지 않으므로, ②와 같이 자리수를 5로 한 후 newnum을 정의하면 '하나1'과 같이 출력됨을 알 수 있다.

계수가 다른 동일한 형태의 방정식의 해를 반복해서 계산해야 하는 경우에 SYMPUT 함수를 사용하여 매크로를 만들면 간편하게 처리할 수 있다. 다음 <예 4.41>은 계량경제학 등에서 흔히 접하게 되는 비선형 방정식

$$L_t = I_t + (1-r) \times I_{t-1} + (1-r)^2 \times I_{t-2}$$

을 최소화하는 모수(parameter) r을 구하기 위한 매크로 프로그램이다. 먼저 ①과 같이 **%DO** 명령문을 이용하여 반복작업을 처리하고, **SYMPUT** 함수를 이용하여 ②, ③, ④처럼 계수를 매크로 변수로 지정한다. ⑤에서 지정된 **NLP** 프로시저는 비선형 프로그래밍(nonlinear programming)을 실행하는 기능을 가지고 있으며 목적함수, 추정모수, 함수식을 각각 ⑥, ⑦, ⑧과 같이 정의하면 된다.

예 5.41 비선형 방정식 풀기

```
DATA econo;
    INPUT t t_1 t_2 @@;
CARDS;
48774 32587 26969
40332 23975 20716
;
RUN;

%MACRO temp;
%DO i=1 %TO 2; /* ① */
    DATA _NULL_; SET econo;
        IF _N_=&i THEN CALL SYMPUT('t', t); /* ② */
        IF _N_=&i THEN CALL SYMPUT('t_1', t_1); /* ③ */
        IF _N_=&i THEN CALL SYMPUT('t_2', t_2); /* ④ */
    RUN;
    PROC NLP; /* ⑤ */
        MIN y; /* ⑥ */
        PARMS r; /* ⑦ */
        y=&t+&t_1*(1-r)+&t_2*(1-r)**2; /* ⑧ */
    RUN;
%END;
%MEND;

%temp
```

5.5.3. SYMPUT 함수와 SYMGET 함수의 활용

SYMPUT 함수와 **SYMGET** 함수를 이용하면 복잡한 형태의 계산을 손쉽게 할 수가 있다. 예를 들어, 어떤 통신회사의 모바일 통신 계약실적을 지역별, 대리점별로 집계한 아래의 자료를 읽어서 데이터셋 mobile을 만들었다고 하자.

이 데이터셋으로부터 총계약건수, 지역별 계약건수, 각 대리점이 차지하는 점유율을 계산하려고 한다. 총계약건수와 지역별 계약건수는 쉽게 계산할 수 있으나, 지역별 총계약건수에서 각 대리점의 계약건수가 차지하는 비율을 계산하는 것은 간단치 않다. 물론 지역별 총계약건수를 계산하고 그 결과를 내장함수를 이용하여 대리점별 점유율을 계산할 수 있지만, 〈예 5.42〉와 같이 SYMPUT 함수와 SYMGET 함수를 이용하면 더 간편하게 처리할 수가 있다.

예 5.42 SYMPUT 함수와 SYMGET 함수의 활용

```
DATA mobile;
    INPUT region $ agency $ cont @@;
CARDS;
북부 우이 74 북부 하계 54 북부 돈암 58 북부 구기 32 북부 평창 22
중부 종로 91 중부 안국 46 중부 명동 27 중부 한남 32 중부 용산 21
중부 혜화 80 남부 이수 53 남부 서초 33 남부 매봉 70 남부 상도 68
서부 아현 51 서부 서강 63 서부 마포 90 동부 성수 29 동부 암사 39
동부 강변 36 동부 신천 98 동부 군자 41
;
RUN;

DATA mobile1; /* ① */
    SET mobile;
    IF region='북부' THEN reg='north';
        ELSE IF region='중부' THEN reg='central';
        ELSE IF region='남부' THEN reg='south';
        ELSE IF region='서부' THEN reg='west';
        ELSE reg='east';
RUN;

PROC MEANS NOPRINT; /* ② */
    CLASS reg;
    VAR cont;
    OUTPUT OUT=stats SUM=s_con;
RUN;

DATA _NULL_; /* ③ */
    SET stats;
    IF _N_=1 THEN CALL SYMPUT('s_tot',s_con); /* ④ */
        ELSE CALL SYMPUT('s_'||reg,s_con); /* ⑤ */
RUN;
```

```
DATA new; /* ⑥ */
    SET mobile1;
    pctreg=(cont/SYMGET('s_'||reg))*100; /* ⑦ */
    pcttot=(cont/&s_tot)*100; /* ⑧ */
    DROP reg;
RUN;
```

데이터셋 - stats

OBS	reg	_TYPE_	_FREQ_	s_con
1		0	23	1208
2	centr	1	6	297
3	east	1	5	243
4	north	1	5	240
5	south	1	4	224
6	west	1	3	204

데이터셋 - new

OBS	region	agency	cont	pctreg	pcttot
1	북부	우이	74	30.8333	6.12583
2	북부	하계	54	22.5000	4.47020
3	북부	돈암	58	24.1667	4.80132
4	북부	구기	32	13.3333	2.64901
5	북부	평창	22	9.1667	1.82119
6	중부	종로	91	30.6397	7.53311
7	중부	안국	46	15.4882	3.80795
8	중부	명동	27	9.0909	2.23510
9	중부	한남	32	10.7744	2.64901
10	중부	용산	21	7.0707	1.73841
11	중부	혜화	80	26.9360	6.62252
12	남부	이수	53	23.6607	4.38742
13	남부	서초	33	14.7321	2.73179
14	남부	매봉	70	31.2500	5.79470
15	남부	상도	68	30.3571	5.62914
16	서부	아현	51	25.0000	4.22185
17	서부	서강	63	30.8824	5.21523
18	서부	마포	90	44.1176	7.45033
19	동부	성수	29	11.9342	2.40066
20	동부	암사	39	16.0494	3.22848
21	동부	강변	36	14.8148	2.98013
22	동부	신천	98	40.3292	8.11258
23	동부	군자	41	16.8724	3.39404

〈예 5.42〉에서 ①은 한글 값을 가지는 변수 region을 영문 값을 가지는 변수 reg로 바꾸는 작업이다. 이 부분이 필요한 이유는 변수 region의 값을 매크로 변수의 이름으로 이용하기 위해서인데, SAS에서는 특별한 옵션을 부여하지 않는 한(OPTIONS VALIDVARNAME=ANY) 한글로 된 변수 이름을 사용할 수 없기 때문이다.

②는 지역별 합계와 총합계를 계산하는 프로그램으로 그 결과를 stats라는 이름의 데이터셋에 s_con이라는 변수이름으로 저장한다. 데이터셋 stats를 출력해 보면 위와 같이 첫 줄에는 총계약건수가, 둘째 줄부터는 지역별 계약건수의 합이 저장되어 있음을 알 수 있다.

한편 ③은 계산된 결과를 매크로 변수로 변환하는 프로그램이며, ④와 ⑤에 의해서 총계약건수는 매크로 변수 s_tot에 그리고 지역별 총계약건수는 각각 s_east, s_west 등에 저장된다. ⑥은 이렇게 생성된 매크로 변수를 이용하여 각 대리점별 점유율을 계산하는 프로그램으로 ③에서 생성한 여섯 개의 매크로 변수를 이용하여 총계약건수대비 점유율(대리점 계약건수/총계약건수) pcttot와 지역별 총계약건수 대비 점유율(대리점 계약건수/각 지역별 총계약건수) pctreg를 계산한다.

⑧에서와 같이 SYMGET 함수를 사용하지 않고 매크로 변수를 직접 사용하는 편이 ⑦에 비해 훨씬 효율적인데 대용량의 자료를 다룰 경우 처리시간을 절약할 수 있는 방법이다.

조금 간단한 예로서 제2장 〈예 2.7〉의 경우에 대해서 SYMPUT 함수를 이용하여 변수의 합계를 매크로 변수에 할당하고, 이 매크로 변수를 이용하여 합계에 대한 각 개체의 비율을 구하는 것을 다루어 보자.

예 5.43 변수의 합계에 대한 각 개체의 비율 구하기

```
DATA one;
     INPUT a @@;
CARDS;
1 2 3
;
RUN;

PROC MEANS DATA=one;
    VAR a;
    OUTPUT OUT=sumout SUM(a)=suma;
RUN;
```

```
DATA _NULL_;
    SET sumout;
    IF _N_=1 THEN CALL SYMPUT('total',suma); /* ① */
RUN;


DATA rone;
    SET one;
    ratio=a/&total; /* ② */
    sum=SYMGET('total'); /* ③ */
RUN;
```

① 데이터셋 sumout에서 첫 번째 개체의 변수 suma의 값을 매크로 변수 total에 할당한다.

② 매크로 변수의 값을 호출하여 사용할 때는 변수 이름 앞에 &를 입력해야 한다. 여기에서는 &total 대신에 6을 사용하는 것과 같다.

③ 매크로 변수의 값을 읽어서 변수 sum을 만든다. 사실, 이 예에서는 필요하지 않은 부분이지만 **SYMGET** 함수의 사용법을 설명하기 위해서 사용하였다.

데이터셋 – one

OBS	a
1	1
2	2
3	3

데이터셋 – sumout

OBS	_TYPE_	_FREQ_	suma
1	0	3	6

데이터셋 – rone

OBS	a	ratio	sum
1	1	0.16667	6
2	2	0.33333	6
3	3	0.50000	6

이제 조금 더 복잡한 경우를 생각해 보자. 예를 들면, 변수만을 바꾸면서 동일한 작업을 계속 반복해야 되는 경우가 종종 있다. 다음 예에서는 사용할 변수목록을 미리 데이터셋으로 만들어 놓은 후에, **SYMPUT** 함수를 이용하여 변수 이름을 하나씩 호출하여 사용하고 있다.

예 5.44 매크로를 이용한 반복작업 - 1

```
DATA one;
   INPUT xxx yyy zzz @@;
CARDS;
3 4 5   4 5 6   5 6 7
;
RUN;
```

```
DATA name;
    INPUT name $ @@;
CARDS;
XXX YYY ZZZ
;
RUN;

OPTIONS MLOGIC MPRINT; /* ① */

%MACRO kkk;

%DO i=1 %TO 3;
DATA _NULL_;
    SET name;
    IF _N_=&i THEN CALL SYMPUT('vname',name); /* ② */
RUN;
PROC MEANS DATA=one NOPRINT;
    VAR &vname;
    OUTPUT OUT=meanout&i MEAN=average;
RUN;
DATA meanout&i;
    SET meanout&i;
    name=SYMGET('vname'); /* ③ */
RUN;
%END;

DATA meanout;
    SET meanout1 meanout2 meanout3;
RUN;
%MEND;

%kkk;
```

① MLOGIC, MPRINT 옵션은 매크로 프로그램을 실행할 때 프로그램이 실행되는 과정을 LOG 윈도우에 출력하고자 하는 경우에 사용한다.

② 변수 name의 값을 매크로 변수 vname에 차례로 할당한다.

③ 매크로 변수 vname의 값을 변수 name의 값으로 한다.

데이터셋 - meanout

OBS	_TYPE_	_FREQ_	average	name
1	0	3	4	XXX
2	0	3	5	YYY
3	0	3	6	ZZZ

〈예 5.44〉의 프로그램은 자동변수 **_N_**과 **LEFT** 함수를 이용하여 다음과 같이 조금 더 효율적으로 작성할 수가 있다.

예 5.45 매크로를 이용한 반복작업 - 2

```
DATA _NULL_;
    SET name;
    CALL SYMPUT('vname'||LEFT(_N_),name); /* ① */
RUN;

%MACRO kkk;
%DO i=1 %TO 3;
PROC MEANS DATA=one NOPRINT;
    VAR &&vname&i; /* ② */
    OUTPUT OUT=meanout&i MEAN=average;
RUN;
%END;
%MEND;

%kkk;

DATA meanout;
    SET meanout1 meanout2 meanout3;
    name=SYMGET('vname'||LEFT(_N_)); /* ③ */
RUN;
```

① 변수 name의 첫 번째 값을 매크로 변수 vname1에, 두 번째 값을 vname2에, 세 번째 값을 vname3에 할당한다.

② 매크로 변수 내에서 다시 매크로 변수를 사용하는 경우에 이와 같이 &를 한 번 더 입력해 주어야 한다(4.3.4절 참조).

③ 매크로 변수 vname1, vname2, vname3의 값을 변수 name의 각 개체에 차례로 할당한다.

제 6 장

SAS/IML을 이용한 데이터 입출력

SAS/IML 소프트웨어는 기본적으로 행렬 연산을 위한 것이지만, IML(interactive matrix language)이라는 약어가 의미하듯이 인터랙티브한 환경에서 강력하고 유연한 프로그래밍 언어에 액세스할 수 있게 해준다. 예를 들어 SAS/IML 소프트웨어는 SAS 데이터셋에서 행렬을 생성하고, 반대로 행렬에서 SAS 데이터셋을 생성하는 명령문을 가지고 있다. 또한 다양한 통계분석을 수행하거나 선형 또는 비선형 최적화(optimization) 문제를 풀기 위해 사용될 수도 있다.1) 이 장에서는 SAS/IML의 기능 중 데이터 입출력과 관련된 주요 사항들을 소개한다.

6.1. 행렬 생성하기

6.1.1. IML 프로그램으로 행렬 생성하기

행렬(matrix)은 여러 가지 방법으로 IML에서 생성할 수 있다. 가장 직접적인 방법은 행렬의 각 원소들을 IML에서 입력하는 것이다. 예를 들어 〈예 6.1〉은 다음과 같이 행(row)이 2개이고 열(column)이 2개인 2×2 행렬 C를 생성한다.

$$C = \begin{pmatrix} 1 & 2 \\ 3 & 4 \end{pmatrix}$$

예 6.1 행렬의 원소를 직접 입력하기

```
PROC IML;
   C={1 2, 3 4};
   PRINT C;
QUIT;
```

① 일반적으로 IML 프로그램은 **PROC IML** 명령문으로 시작하고 **QUIT** 명령문으로 종료된다. **PROC IML** 명령문을 실행한 후 **QUIT** 명령문을 실행하기 전까지는 프로그램의 일부만을 순차적으로 실행할 수 있다. 해당 부분을 마우스를 이용하여 블록으로 설정한 후 실행하면 된다.

1) “SAS 도움말과 문서 – SAS/IML User’s Guide”를 참조하기 바란다.

② 행렬의 원소들은 { } 안에 나열하면 된다. 이때 콤마(,)는 행을 구분한다.

③ 생성된 행렬은 특별한 호출이 없으면 출력되지 않는다. 행렬을 출력하는 한 가지 방법은 PRINT 명령문을 사용하는 것이다.

IML에서 행렬을 생성할 때 주의해야 할 사항 중 하나는 모든 원소들이 숫자 또는 문자로 동일한 유형을 가져야 한다는 점이다. 즉, 하나의 행렬 내에는 여러 데이터의 유형을 혼합할 수 없다.

표 6.1 SASHELP.Class 데이터

OBS	Name	Sex	Age	Height	Weight
1	알프레드	남	14	69.0	112.5
2	앨리스	여	13	56.5	84.0
3	바바라	여	13	65.3	98.0
4	캐롤	여	14	62.8	102.5
5	헨리	남	14	63.5	102.5
…	…	…	…	…	…
17	로날드	남	15	67.0	133.0
18	토마스	남	11	57.5	85.0
19	윌리엄	남	15	66.5	112.0

6.1.2. SAS 데이터셋으로부터 행렬 생성하기

이미 존재하고 있는 SAS 데이터셋을 사용하여 행렬을 생성할 수 있다. 예를 들어 〈예 6.2〉는 SASHELP 라이브러리에 있는 Class 데이터셋(표 6.1 참조)으로부터 여러 개의 행렬을 생성하는 예이다. 독자들은 〈예 6.2〉의 명령문들을 순차적으로 실행하여 보기 바란다.

예 6.2 SAS 데이터셋으로부터 행렬 생성하기

```
PROC IML;
    USE SASHELP.Class;
             SHOW DATASETS;
             SHOW CONTENTS;
        READ ALL INTO X;
            PRINT (X[1:5,])[FORMAT=5.1][LABEL="X"];
        READ ALL VAR _NUM_ INTO Y;
            PRINT (Y[1:5,])[FORMAT=5.1][LABEL="Y"];
        READ ALL VAR {Age Height Weight} INTO Z;
```

```
            PRINT (Z[1:5,])[FORMAT=5.1][LABEL="Z"];
        READ ALL VAR _CHAR_ INTO W;
            PRINT (W[1:5,])[LABEL="W"];
         SHOW X Y Z W;
    CLOSE SASHELP.Class;
QUIT;
```

X (Y, Z)		
14.0	69.0	112.5
13.0	56.5	84.0
13.0	65.3	98.0
14.0	62.8	102.5
14.0	63.5	102.5

W	
알프레드	남
앨리스	여
바바라	여
캐롤	여
헨리	남

○ USE 명령문

이미 존재하고 있는 SAS 데이터셋으로부터 행렬을 생성하기 위해서는, 먼저 **USE** 명령문을 실행하여 해당 데이터셋을 사용할 수 있도록 열림 상태로 지정해야 한다.

USE 명령문에서는 다음과 같이 **VAR** 옵션 또는 **WHERE** 옵션을 사용할 수 있다. 예를 들어, 〈예 6.3〉과 같이 **USE** 명령문을 설정하면 "변수(열) Sex, Age, Height, Weight에 대하여 개체(행)가 Sex='여'"인 데이터만 열림(즉, 사용가능한) 상태가 된다. **VAR** 옵션을 지정하지 않으면 모든 변수(열)들이 사용가능한 상태가 되고, **WHERE** 옵션을 지정하지 않으면 모든 개체(행)들이 사용가능한 상태가 된다.

예 6.3 USE 명령문의 사용

```
PROC IML;
    USE SASHELP.Class VAR {Sex Age Height Weight} WHERE(Sex='여');
        READ ALL INTO X;
            PRINT X;
    CLOSE SASHELP.Class;
QUIT;
```

열려져 있는 데이터셋을 더 이상 사용하지 않을 경우에는 **CLOSE** 명령문을 사용하여 닫힘 상태로 변경하는 것이 좋다.

○ SHOW 명령문

이 명령문은 열려져 있는 데이터셋 또는 행렬의 특정 정보를 출력하는 기능을 가지고 있다. 다음 결과는 SHOW DATASETS과 SHOW CONTENTS 명령문의 실행 결과이다.

예 SHOW DATASETS 명령문의 결과

```
LIBNAME  MEMNAME                          OPEN MODE  STATUS
-------- -------------------------------- ---------  -------------
SASHELP  CLASS                            Input      Current Input
```

예 SHOW CONTENTS 명령문의 결과

```
DATASET : SASHELP.CLASS.DATA
LABEL   : 학생 데이터

 VARIABLE                          TYPE  SIZE
 --------------------------------  ----  ----
 Name                              char    12
 Sex                               char     4
 Age                               num      8
 Height                            num      8
 Weight                            num      8/

Number of Variables   : 5
Number of Observations: 19
```

○ LIST 명령문

이 명령문은 열려져 데이터셋에서 전체 또는 일부 데이터를 결과 창에 출력하는 기능을 가지고 있다. 이때 〈예 6.4〉에서와 같이 POINT, VAR, WHERE 옵션 등을 함께 사용할 수 있다.

예 6.4 LIST 명령문의 사용 (결과 생략)

```
PROC IML;
    USE SASHELP.Class;
        LIST; /* ① */
        LIST ALL; /* ② */
        p = 1:5; LIST POINT p; /* ③ */
        p = {3 6 9}; LIST POINT p; /* ④ */
        VarNames = {Name Sex Age}; LIST ALL VAR VarNames; /* ⑤ */
```

```
      LIST POINT p VAR VarNames; /* ⑥ */
      LIST ALL VAR VarNames WHERE(Sex='남' & Age>12); /* ⑦ */
      LIST ALL VAR VarNames WHERE(Name={'바바라','헨리'} | Age>15); /* ⑧ */
   CLOSE SASHELP.Class;
QUIT;
```

① 현재 작업중인 개체를 출력한다.

② 모든 개체를 출력한다.

③ 1, 2, 3, 4, 5번 개체를 출력한다.

④ 3, 6, 7번 개체를 출력한다.

⑤ 모든 개체의 Name, Sex, Age 변수를 출력한다.

⑥ 3, 6, 7번 개체의 Name, Sex, Age 변수를 출력한다.

⑦ "Sex='남'이고 Age>12"인 개체의 Name, Sex, Age 변수를 출력한다.

⑧ "Name={'바바라','헨리'} 또는 Age>15"인 개체의 Name, Sex, Age 변수를 출력한다.

WHERE 옵션에서는 SAS 데이터-단계에서 사용되는 >(GT), >=(GE), <(LT), <=(LE), =(EQ), ^=(NE) 등의 비교 연산자(comparison operator)와 &(AND), |(OR), ^ 또는 ~(NOT) 등의 논리 연산자(logical operator)를 사용할 수 있다.

○ READ 명령문

이 명령문은 열려져 데이터셋에서 전체 또는 일부 데이터를 읽어 들여서 행렬을 생성하는 기능을 가지고 있으며, 생성될 행렬의 이름은 **INTO** 옵션에 지정하면 된다. 이때 기본적으로는 숫자 변수만을 읽어 들인다. 예를 들어, 〈예 6.2〉에서

```
READ ALL INTO X;
```

코드는 숫자 변수인 Age, Height, Weight만을 읽어 들인다(예 6.2의 결과 참조). 이 코드는 다음 코드와 동일한 결과를 출력한다(예 6.2의 결과 참조).

```
READ ALL VAR _NUM_ INTO Y;
```

여기에서 **_NUM_**는 '모든 숫자 변수'를 나타내는 예약어이다. 반대로 모든 문자 변수만을 읽어서 행렬을 생성하려면 다음과 같이 코드를 작성하면 된다.

```
READ ALL VAR _CHAR_ INTO W;
```

여기에서 **_CHAR_**은 '모든 문자 변수'를 나타내는 예약어이다(예 6.2의 결과 참조).

예 6.5 **READ 명령문의 사용**

```
PROC IML;
    USE SASHELP.Class;
        READ ALL VAR {Age Height Weight} INTO X WHERE(Age>=15);
            PRINT X;
    CLOSE SASHELP.Class;
QUIT;
```

X		
15	62.5	112.5
15	66.5	112
16	72	150
15	67	133
15	66.5	112

READ 명령문에서는 LIST 명령문에서와 같이 **POINT, VAR, WHERE** 옵션 등을 함께 사용할 수 있다. 예를 들어 〈예 6.5〉에서는 변수 Age, Height, Weight에 대하여 'Age>=15'인 개체만을 읽어서 행렬 X를 생성한다.

예 6.6 **열 이름과 행 이름 지정**

```
PROC IML;
    USE SASHELP.Class;
        READ ALL INTO X[COLNAME=VARS] WHERE(Age>=15);
            PRINT X;
        VarNames = {Age Height Weight};
        READ ALL INTO Y[COLNAME=VarNames ROWNAME=Name] WHERE(Age>=15);
            PRINT Y;
    CLOSE SASHELP.Class;
QUIT;
```

X		
Age	Height	Weight
15	62.5	112.5
15	66.5	112
16	72	150
15	67	133
15	66.5	112

Y			
	Age	Height	Weight
자넷	15	62.5	112.5
메리	15	66.5	112
필립	16	72	150
로날드	15	67	133
윌리엄	15	66.5	112

READ 명령문으로 행렬을 생성할 때, 열 이름 또는 행 이름을 부여할 수 있다. 〈예 6.6〉의 첫 번째 READ 명령문에서는 COLNAME=VARS 옵션을 사용하여 데이터셋으로부터 열 이름을 가져오도록 지정하고 있다. 여기에서 COLNAME=은 열 이름을 지정하는 옵션이며, VARS는 데이터셋의 변수 이름을 가져오도록 하는 예약어이다. 〈예 6.6〉의 두 번째 READ 명령문에서와 같이 새로운 열 이름을 벡터로 지정할 수 있다. 행렬의 크기가 $n \times p$일 때 열 이름은 $1 \times p$ 벡터로 지정하면 된다. 또한 ROWNAME= 옵션으로 행 이름을 지정할 수 있는데, 데이터셋에 존재하는 변수를 지정할 수 있다.

○ PRINT 명령문

이 명령문은 존재하고 있는 행렬의 전체 또는 일부를 결과 창에 출력하는 기능을 가지고 있다. 이때 다음과 같이 여러 개의 행렬을 동시에 지정하는 것도 가능하다.

```
PRINT X Y Z W;
```

또한 다음과 같이 행렬의 일부만을 출력하도록 지정하는 것도 가능하다.

```
PRINT (X[1:5,]);            /* 1, 2, ..., 5번째 행을 출력, 열은 전부 출력 */
PRINT (X[,1:3]);            /* 행은 전부 출력, 1, 2, 3번째 열을 출력 */
PRINT (X[{1,3,5},{1,3}]); /* 1, 3, 5번째 행과 1, 3번째 열에 해당하는 원소들을 출력 */
```

예 6.7 **PRINT 명령문의 사용**

```
PROC IML;
    USE SASHELP.Class;
        READ ALL VAR {Age Height Weight} INTO X;
            PRINT (X[1:5,{2,3}])[FORMAT=5.1][LABEL="X의 일부"];
    CLOSE SASHELP.Class;
QUIT;
```

X의 일부	
69.0	112.5
56.5	84.0
65.3	98.0
62.8	102.5
63.5	102.5

또한 PRINT 명령문에서는 〈예 6.7〉에서와 같이 FORMAT(출력 형식을 지정) 또는 LABEL(레이블을 지정) 옵션을 함께 사용할 수 있다.

○ SORT 명령문

이 명령문은 **SORT** 프로시저와 유사하게 SAS 데이터셋을 정렬하는 기능을 가지고 있다. 다음 〈예 6.8〉에서는 SASHELP.Class 데이터셋을 변수 Name을 기준으로 정렬하여, WORK 라이브러리에 Sorted라는 SAS 데이터셋으로 저장하고 있다.

예 6.8 SORT 명령문의 사용

```
PROC IML;
    SORT SASHELP.Class OUT=WORK.Sorted BY Name;
QUIT;
```

6.2. 행렬 원소들 간의 연산

SAS/IML 소프트웨어는 기본적인 행렬 연산뿐만 아니라 다양한 통계분석의 수행 및 최적화(optimization) 문제를 풀기 위한 매우 강력한 기능들을 가지고 있다.[2] 데이터 처리를 위해서도 SAS/IML의 기능들이 매우 효율적으로 사용될 수 있다. 이 절에서는 그러한 예를 몇 가지 다룬다.

SAS 데이터-단계에서는 일반적으로 동일한 데이터 내의 동일한 행(개체) 내에서만 연산이 가능하다. 반면에 IML에서는 동일한 데이터의 서로 다른 행들 간에도 연산이 가능하며, 서로 다른 여러 개의 데이터 사이에도 연산이 가능하다.

예 6.9 행렬의 일부를 가져오기

```
PROC IML;
    USE SASHELP.Class;
        READ ALL VAR {Age Height Weight} INTO X[COLNAME=VARS ROWNAME=Name];
    CLOSE SASHELP.Class;
    Y = X[1:3,{2,3}];
        PRINT Y;
QUIT;
```

2) "SAS 도움말과 문서 - SAS/IML User's Guide"를 참조하기 바란다.

Y	
69	112.5
56.5	84
65.3	98

6.2.1. 행렬의 일부를 가져오기

행렬의 일부를 가져와서 새로운 행렬을 생성할 수 있다. 이때 〈예 6.9〉에서와 같이 [ ] 안에 행 또는 열의 번호(또는 이름)을 지정하면 된다. 다음은 행렬의 일부를 가져오는 다양한 예이다.

```
Y1 = X[3,2];                        /* 3번째 행, 1번째 열을 원소를 하나 추출 */
Y2 = X[1:3,];                       /* 1, 2, 3번째 행을 추출, 열은 전부 추출 */
Y3 = X[,1:3];                       /* 행은 전부 추출, 1, 2, 3번째 열을 추출 */
Y4 = X[1:3,{2,3}];                  /* 1, 2, 3번째 행을 추출, 2, 3번째 열을 추출 */
Y5 = X[1:3,{'Height','Weight'}];    /* 행 이름 또는 열 이름을 사용할 수 있음 */
Y6 = X[{1,3,5},{2,3}];              /* 1, 3, 5번째 행을 추출, 2, 3번째 열을 추출 */
```

6.2.2. 행렬 원소들 간의 연산

여기에서는 SASHELP.Class 데이터의 변수 Height, Weight에 대하여 평균을 계산하고, 각 개체들의 평균 대비 비율을 계산하는 예를 고려하자.

예 6.10 행렬 원소들 간의 연산

```
PROC IML;
    USE SASHELP.Class;
        READ ALL VAR {Age Height Weight} INTO X[COLNAME=VARS ROWNAME=Name];
    CLOSE SASHELP.Class;
    Y = J(19,2,0);     /* ① */
    X1 = X[,{2,3}];    /* ② */
    X_m = J(1,2,0);    /* ③ */
    DO i=1 TO 2;
        X_m[i] = MEAN(X1[,i]);    /* ④ */
    END;
    PRINT X_m;
    DO i=1 TO NROW(X1);    /* ⑤ */
        DO j=1 TO NCOL(X1);    /* ⑥ */
            Y[i,j] = (X1[i,j]/X_m[1])*100;    /* ⑦ */
```

```
        END;
    END;
    Z = X || Y;    /* ⑧ */
    PRINT (Z)[FORMAT=6.1];
QUIT;
```

① **J(n,p,원소)** 함수는 동일한 원소로 $n \times p$ 행렬을 생성한다. 여기에서는 모든 원소가 0인 19×2 행렬 Y를 생성한다.

② 행렬 X의 2, 3번째 열(Height, Weight)을 가져와서 행렬 X1을 생성한다.

③ 모든 원소가 0인 1×2 행렬(행 벡터) X_m을 생성한다.

④ 행렬 X1의 i번째 열(Height, Weight)의 평균을 계산하여, 행렬 X_m의 i번째 열에 저장한다. 벡터의 경우에는 하나의 첨자만 사용해도 된다. 여기에서 **MEAN**은 주어진 벡터(행렬)의 평균을 계산하는 함수이다.

⑤ DO 명령문의 첨자 i는 1, 2, ..., n의 값을 차례로 가진다. 여기에서 **NROW**는 주어진 행렬의 행의 개수를 반환하는 함수이다.

⑥ DO 명령문의 첨자 j는 1, 2, ..., p의 값을 차례로 가진다. 여기에서 **NCOL**은 주어진 행렬의 열의 개수를 반환하는 함수이다.

⑦ 행렬 X1의 [i,j]번째 원소를 벡터 X_m의 j번째 원소로 나누고 100을 곱하여, 행렬 Y의 [i,j]번째 위치에 저장한다.

⑧ 행렬 X와 Y를 세로로 결합하여 행렬 Z를 생성한다.

X_m	
62.336842	100.02632

Z				
14.0	69.0	112.5	110.7	180.5
13.0	56.5	84.0	90.6	134.8
13.0	65.3	98.0	104.8	157.2
...	...	...	...	...
11.0	57.5	85.0	92.2	136.4
15.0	66.5	112.0	106.7	179.7

〈예 6.10〉에서 볼 수 있듯이 IML에서는 서로 다른 데이터나 서로 다른 행 또는 열 간에 연산이 필요할 경우 효율적으로 사용될 수 있다. 또한 **DO** 명령문 등을 사용하여 동일한 유형의 반복작업도 편리하게 수행할 수 있다.

예 6.11 IML에서 SAS 프로시저 사용하기

```
PROC IML;
    USE SASHELP.Class;
        READ ALL VAR {Age Height Weight} INTO X[COLNAME=VARS ROWNAME=Name];
    CLOSE SASHELP.Class;
    X1 = X[,{2,3}];
    SUBMIT;   /* ① */
        PROC MEANS DATA=SASHELP.Class NOPRINT;    /* ② */
            VAR Height Weight;                    /* ② */
            OUTPUT OUT=WORK.X_Mean MEAN=;         /* ② */
        RUN;                                      /* ② */
    ENDSUBMIT;   /* ① */
    USE WORK.X_Mean;   /* ③ */
        READ ALL VAR {Height Weight} INTO X_m;    /* ④ */
    CLOSE SASHELP.Class;
    PRINT X_m;
    Y = J(19,2,0);
    DO i=1 TO NROW(X1);
        DO j=1 TO NCOL(X1);
            Y[i,j] = (X1[i,j]/X_m[1])*100;
        END;
    END;
    Z = X || Y;
    PRINT (Z)[FORMAT=6.1];
QUIT;
```

① **PROC** 명령문으로 시작하는 SAS 프로시저를 IML 내에서 실행할 수 있다. 이때 프로시저의 시작과 끝 부분은 **SUNMIT** 명령문과 **ENDSUBMIT** 명령문으로 감싸주면 된다.

② **PROC MEANS**를 사용하여 변수 Height, Weight의 평균을 구하여, WORK 라이브러리에 X_mean라는 SAS 데이터셋으로 저장한다.

③ 데이터셋 X_mean을 열림(사용 가능한) 상태로 지정한다.

④ 데이터셋 X_mean에 저장되어 있는 변수 Height, Weight의 평균을 행렬(벡터) X_m에 저장한다.

PROC 명령문으로 시작하는 SAS 프로시저를 IML 내에서도 실행할 수 있다. 〈예 6.11〉에서는 〈예 6.10〉의 평균을 구하는 부분은 **PROC MEANS**를 사용하여 구하고, 그 결과를 행렬로 저장하여 IML에서 사용하는 예이다.

6.3. 행렬로부터 SAS 데이터셋을 생성하기

IML에서 생성된 행렬을 SAS 데이터셋으로 저장할 수 있다. 이때 다음 〈6.12〉에서와 같이 **CREATE** 명령문과 **APPEND** 명령문을 사용하면 된다.

예 6.12 행렬로부터 SAS 데이터셋을 생성하기

```
PROC IML;
   ...
        VarNames = {Age Height Weight H_ratio W_Ratio};
        CREATE WORK.Ratio FROM Z[COLNAME=VarNames];
            APPEND FROM Z;
        CLOSE WORK.Ratio;
QUIT;
```

데이터셋 – WORK.Ratio

OBS	AGE	HEIGHT	WEIGHT	H_RATIO	W_RATIO
1	14	69.0	112.5	110.689	180.471
2	13	56.5	84.0	90.637	134.752
3	13	65.3	98.0	104.753	157.210
...	...	...	...	...	...
18	11	57.5	85.0	92.241	136.356
19	15	66.5	112.0	106.678	179.669

CREATE 명령문은 데이터셋 및 변수들의 저장공간을 확보하기 위한 기능을 담당하며, **APPEND** 명령문은 데이터셋에 개체들을 추가하는 기능을 담당한다. **CREATE** 명령문에서 **COLNAME=** 옵션을 지정하지 않으면, 생성된 데이터셋에서 변수 이름은 Col1, Col2, ... 과 같이 설정된다.

6.4. SAS/IML Studio 소개

IML Studio는 GUI(graphic user interface) 환경의 SAS 제품 중 하나로서, 데이터 탐색과 분석을 수행할 수 있는 도구이다. 이 절에서는 그래프 작성과 모형 적합을 위한 두 가지 사례를 통해 IML Studio의 주요 기능을 소개한다.

먼저, 다음과 같은 작업을 수행하여 예제 데이터를 열기 바란다.

① 풀다운 메뉴에서 **'파일(F) 〉 열기(O) 〉 파일(F)'** 메뉴를 선택한다(그림 6.1).

② **파일 열기** 대화상자에서 사용할 SAS 데이터셋을 선택하고 **열기(O)** 버튼을 클릭한다. 이 예에서는 IML Studio에서 예제 데이터로 제공하고 있는 Hurricanes 데이터셋을 사용하도록 하자.

6.4.1. 그래프 작성

〈그림 6.2〉에서 볼 수 있듯이 IML Studio는 다양한 형태의 그래프 작성을 지원한다. 여기에서는 다음과 같은 작업을 수행하여 회전 도표를 작성하여 보자.

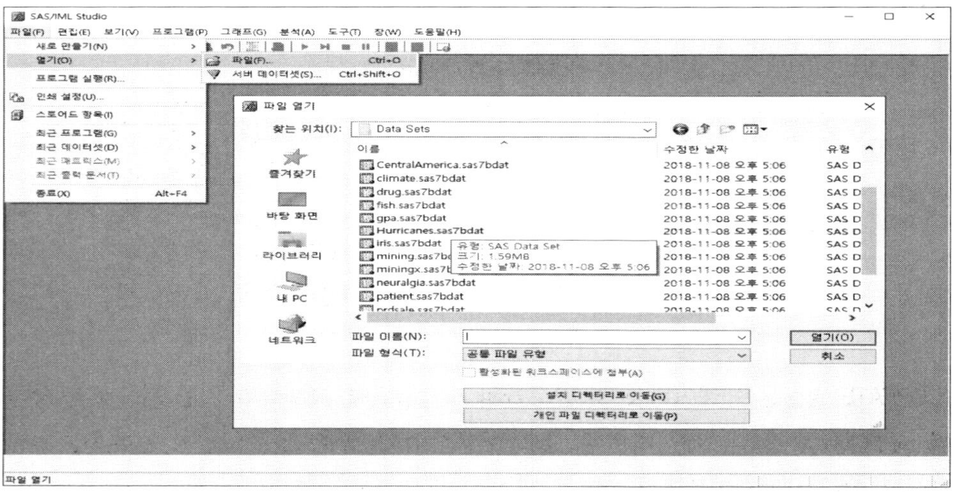

그림 6.1 **'파일 열기' 대화상자**

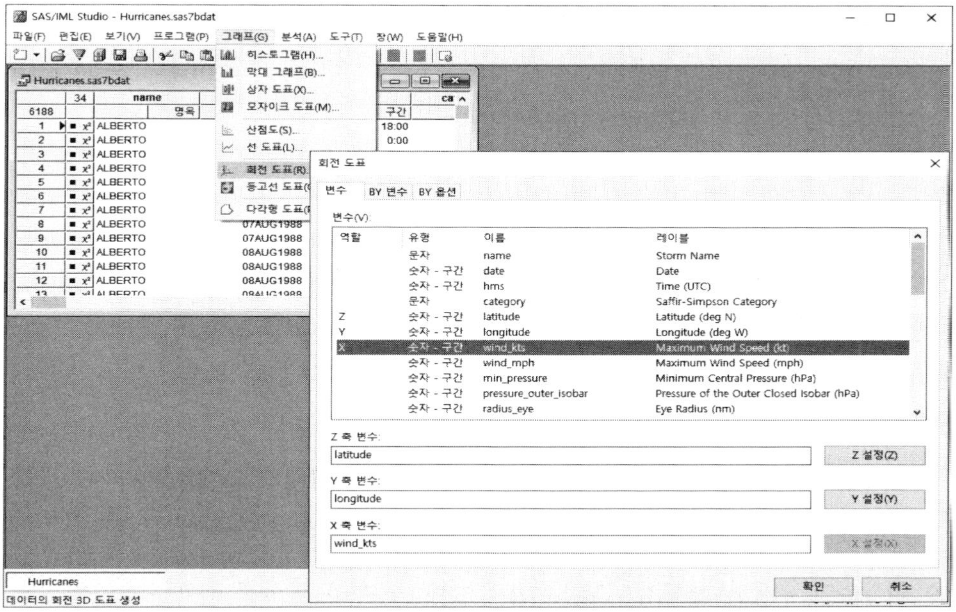

그림 6.2 '회전 도표' 대화상자

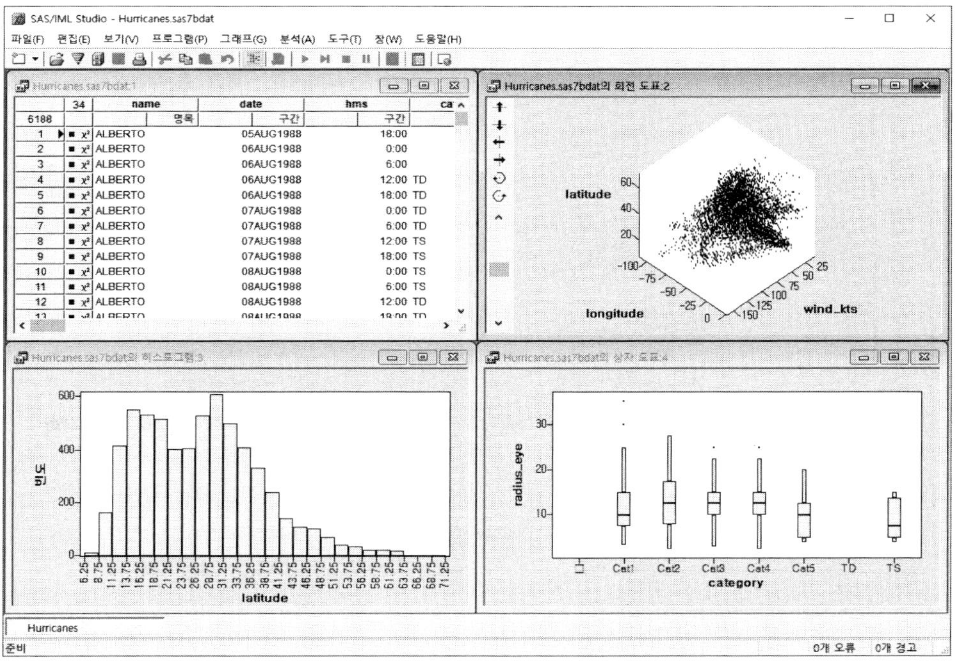

그림 6.3 여러 가지 유형의 그래프

① 풀다운 메뉴에서 '**그래프(G) 〉 회전 도표(R)**' 메뉴를 선택한다(그림 6.2).

② **회전 도표** 대화상자에서 Z, Y, X 축 변수를 각각 latitude, longitude, wind_kts로 선택하고, **확인** 버튼을 클릭한다.

③ 회전 도표가 출력된 창에서 왼쪽에 화살표 및 회전 버튼을 사용하여 그래프를 회전시켜 보기 바란다(그림 6.3).

독자들은 **그래프(G)** 메뉴의 기능들을 사용하여 〈그림 6.3〉과 같이 다양한 유형의 그래프들을 작성하여 보기 바란다.

6.4.2. 모형 적합

〈그림 6.4〉에서 볼 수 있듯이 IML Studio는 다양한 형태의 통계분석을 지원한다. 여기에서는 다음과 같은 작업을 수행하여 선형 회귀분석을 수행하여 보자.

① 풀다운 메뉴에서 '**분석(A) 〉 모형 적합(R) 〉 선형 회귀(R)**' 메뉴를 선택한다(그림 6.4).

② **선형 회귀** 대화상자에서 Y 변수(반응변수), X 변수(설명변수)를 각각 wind_kts, min_pressure로 선택하고, **확인** 버튼을 클릭한다. **도표** 및 **테이블** 탭의 내용들도 살펴보기 바란다.

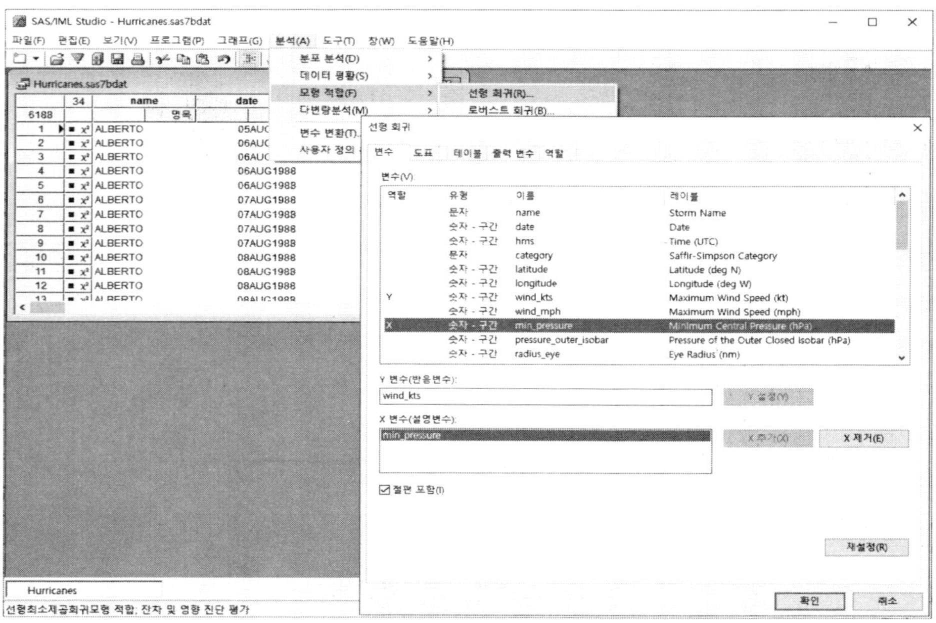

그림 6.4 '선형 회귀' 대화상자

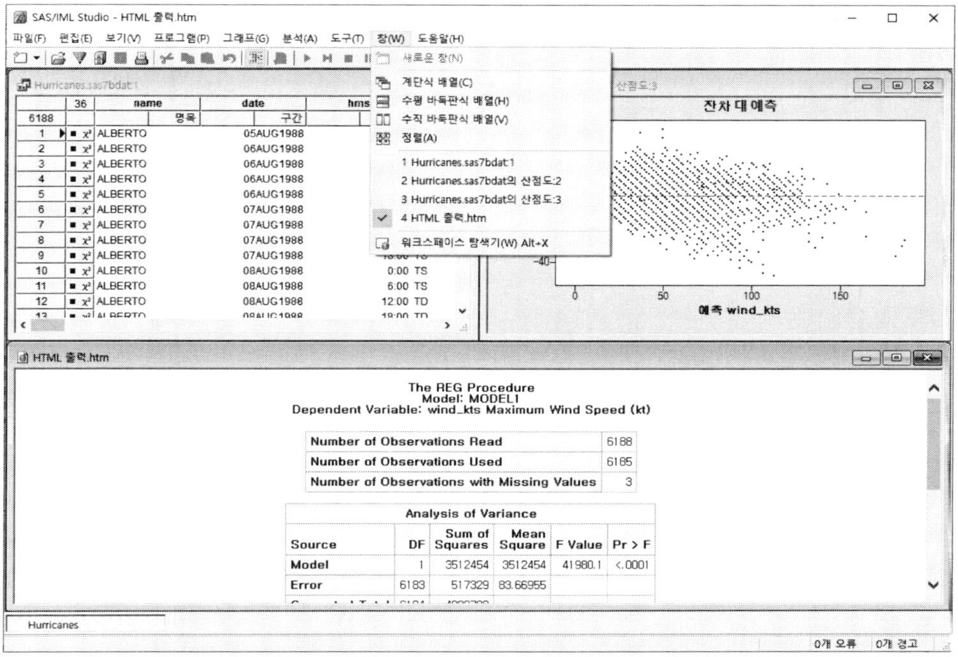

그림 6.5 선형 회귀분석의 출력 창

<그림 6.5>는 선형 회귀분석의 결과들을 보여주고 있다. 독자들은 **창(W)** 메뉴를 사용하여 여러 가지 결과들을 살펴보기 바란다. 또한 **분석(A)** 메뉴의 기능들을 사용하여 다양한 통계분석을 수행하여 보기 바란다.

제 7 장

고급 프로그래밍 사례

이 장에서는 앞서 배운 다양한 고급 프로그래밍 방법을 실무에서 어떻게 활용하는지 알아본다. 또한 실무나 연구에서 자주 발생하는 상황에서 유용한 매크로 구문을 예제를 통해 익혀보고, 끝으로 SAS 프로그래밍에서 알아두면 유용한 다양한 팁들을 살펴보겠다.

7.1. 프로그래밍 기법을 분석에 활용하기

'구슬이 서 말이라도 꿰어야 보배'라는 속담이 있다. 지금까지 다양한 SAS 고급 프로그래밍 기술을 익혔는데, 이 절에서는 앞에서 학습한 다양한 기술들이 어떻게 유기적으로 결합하고, 시스템으로 거듭나는지를 알아본다.

7.1.1. 데이터 분석 시스템이 일하는 방법

데이터 분석 결과는 일회성 리포트나 연구 자료로 사용되기도 한다. 하지만 '시스템'에 적용하여 분석결과를 지속적으로 이용하기도 한다. 주기적으로 결과를 갱신하여 활용하는 시스템을 흔히 **배치 시스템**(batch system)이라고 부른다. 이번에는 이 배치 시스템의 작동 원리와 기준 일자를 활용하여 데이터를 처리하는 방법을 알아보자.

(1) 배치 시스템의 작동 방법과 원리

배치 시스템은 특정 시점에 한 번에 작업을 처리하는 시스템을 말한다. 실무에서 분석 결과는 주로 배치 형태로 활용된다. 예를 들어, 은행에서는 고객의 상품군에 대한 가입 가망도를 산출하는 시스템을 이용하여 상품 추천에 활용하기도 한다. 이때 실행 주기는 '년, 분기, 월, 일' 모두 사용할 수 있다. 보통은 월 배치를 많이 사용한다. 월 배치를 많이 사용하는 이유는 시스템에 장애가 발생했을 때, 대응할 수 있는 시간이 충분하기 때문이다. 이와 같이 시스템을 구성할 때는 단순히 결과를 얻는 것만 중요한 것이 아니며, 효율적으로 자원을 잘 활용하여, 안정적으로 운영될 수 있는지 등도 검토해야 한다. 이 점이 학교에서 배우는 분석과 가장 큰 차이이다.

데이터 분석에 기초한 배치 시스템은 보통 실행 일자 정보를 입력 받아, 기간내 발생 빈도, 경과일, 주기 등과 같은 변수를 만들어 새로운 데이터를 구성한다. 예를

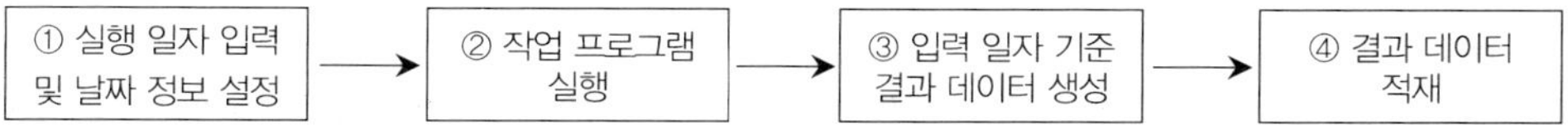

그림 7.1 배치 시스템 실행 구조

들어, 전국 매장의 매출을 매월 산출하는 프로그램을 구성하는 경우를 생각해 보자. 이 경우 입력 정보로 집계 시작일을 받고, 해당 일을 기준으로 직전 1개월 간의 매출 내역을 각 매장별로 집계한다. 이 프로그램의 경우 '집계 시작일자'만 바꿔주면 나머지 프로그램에는 별다른 수정이 필요 없다.

배치 시스템의 실행 구조는 〈그림 7.1〉과 같다. ① '실행 일자 입력 및 날짜 정보 설정'은 이후 실행할 작업 프로그램에서 필요한 다양한 날짜를 매크로 변수로 만드는 단계이다. 보통은 실행 시점을 기준으로 '1개월 전 일자, 3개월 전 일자, 2주 전 일자' 등과 같은 정보를 매크로 변수에 할당한다. 날짜 정보 설정이 끝나면, ② '작업 프로그램을 실행'한다. 여기서 말하는 작업 프로그램은 앞서 설명했던 매장 매출 산출 프로그램을 의미한다. 작업 프로그램은 필요 입력 데이터를 추출할 때, 기간이나 일자 정보를 매크로로로 할당한다. 그러면 '실행 일자'를 변경하면 자동으로 다른 기간의 데이터를 추출하게 된다. ③ 프로그램을 실행하고 나면, 원하는 결과 데이터를 얻게 되는데, 보통 이 데이터는 특정 시점을 기준으로 집계한 결과이다. 그렇기 때문에 데이터를 구성하는 변수 중 하나를 '기준일자'로 생성하고 매크로 변수를 여기에 할당한다. ④ 프로그램 실행 결과 데이터는 실제 운영에 사용하는 데이터에 더하여 관리한다. 이제 예제를 통해 각 단계를 보다 자세히 알아보자.

(2) 실행 일자 입력 및 날짜 정보 설정

실행 일자를 입력 받아 날짜 정보를 만드는 경우는 크게 두 가지다. 하나는 현재 시점을 기준으로 하여 프로그램을 실행하는 방법이다. 다른 하나는 프로그램을 개발하는 단계에서 개발자가 특정 시점을 지정할 수 있도록 하는 방법이다. 두 가지 방법을 예제를 통해 배워보자.

○ 현재 시점을 기준으로 날짜 정보를 생성하는 프로그램

현재 시점을 기준으로 하는 경우 **TODAY()** 함수를 활용한다. 만약 날짜 외에 시간까지 필요한 경우라면, **DATETIME()** 함수로 시간 정보를 받을 수 있다. 보통 날짜를 받는 경우가 많기 때문에 예제에서는 현재 날짜를 이용하여 '직전 7일, 1개월, 3개월'에 해당한 일자를 산출하는 프로그램을 살펴보자.

예 7.1 실행 일자 입력 및 날짜 정보 설정 - 1

```
DATA _NULL_;
/* ① 일자 할당 코드 */
    TODAY      = TODAY();
/* ② 날짜 계산 코드 */
    STD_DD    = PUT(TODAY(),YYMMDDN8.);
    BF_MD7_DD = PUT(INTNX('DAY'  ,TODAY, -6),YYMMDDN8.);
    BF_MM1_DD = PUT(INTNX('MONTH',TODAY, -1),YYMMDDN8.);
    BF_MM3_DD = PUT(INTNX('MONTH',TODAY, -3),YYMMDDN8.);
/* ③ 계산 결과 저장(매크로 변수) 코드 */
    CALL SYMPUTX('STD_DD'    , STD_DD);
    CALL SYMPUTX('BF_MD7_DD', BF_MD7_DD);
    CALL SYMPUTX('BF_MM1_DD', BF_MM1_DD);
    CALL SYMPUTX('BF_MM3_DD', BF_MM3_DD);
RUN;

/* ④ 할당 결과 확인 코드 */
%PUT NOTE: &=STD_DD;
%PUT NOTE: &=BF_MD7_DD;
%PUT NOTE: &=BF_MM1_DD;
%PUT NOTE: &=BF_MM3_DD;
```

〈LOG 윈도우의 내용〉

```
NOTE: STD_DD=20240810
NOTE: BF_MD7_DD=20240804
NOTE: BF_MM1_DD=20240701
NOTE: BF_MM3_DD=20240501
```

① 오늘 일자는 **TODAY()** 함수를 이용해 얻을 수 있다. 이 함수는 실행 시점의 일자를 SAS 일자 값으로 반환한다. 따라서 우리가 이해할 수 있는 일자로 확인하고 싶은 경우, **FORMAT**을 입히거나 **PUT** 함수를 이용한 형변환이 필요하다.

② 날짜(이 경우 이전 시점) 계산에는 INTNX() 함수를 이용한다. 이 함수의 첫 번째 인수에는 연산할 시간의 단위를 지정하도록 되어 있다. 보통은 DAY, WEEK, MONTH, YEAR를 많이 사용하며 앞 자만 따서 D, W, M, Y로 입력해도 된다. 다만, 인수를 입력할 때는 작은 따옴표로 입력 값을 감싸야 한다. 그리고 이 함수의 세 번째 인수는 차이 값을 의미한다. 만약 단위를 DAY로 지정하고, 차이를 1로 하면 1일을 더한 일자를 반환한다(이때도 SAS 일자 값). 반면, MONTH로 지정하면, 한 달을 더한 일자를 반환한다. 각 일자 계산 결과는 PUT 함수를 이용하여, 사람이 알아볼 수 있는 문자열 일자로 변환한다.

③ INTNX() 함수로 얻은 일자 값은 데이터 단계 안에서만 사용할 수 있다. 데이터 단계가 종료된 이후에도 이 결과들을 활용하려면 매크로 변수에 할당하는 방법을 이용한다. 매크로 변수에 값을 할당할 때는 CALL SYMPUTX() 함수를 이용한다. 이 함수의 첫 번째 인수는 매크로 변수의 이름이고, 두 번째 변수는 값을 저장하고 있는 데이터 단계의 변수 이름이다. 예를 들어 'CALL SYMPUTX('BF_MD7_DD', BF_MD7_DD);'. 이 구문은 두 번째 인수 BF_MD7_DD에 저장되어 있는 일자 값을 첫 번째 인수 매크로 변수 BF_MD7_DD에 저장하겠다는 의미이다. 매크로 변수 이름은 사용자가 임의로 변경할 수 있다.

④ %PUT NOTE: 구문은 로그에 노트로 특정 문자열을 출력할 때 사용하는 코드이다. 이 구문은 매크로 변수에 저장된 값을 로그창에서 확인하고 싶은 경우에도 자주 사용한다. 참고로 '&=BF_MD7_DD'는 'BF_MD7_DD = &BF_MD7_DD'와 같은 의미이다.

위의 결과를 살펴보면 각 매크로 변수에 '기준일, 직전 7일, 1개월, 3개월'에 해당하는 일자들이 저장된 것을 확인할 수 있다.

○ 특정 시점을 입력받아 날짜 정보를 생성하는 프로그램

특정 시점을 입력받는 경우, 매크로 변수를 이용한다. 〈예 7.2〉와 같이 매크로 변수에 특정 일자를 입력받은 다음 결과를 필요한 날짜들을 계산하여, 다시 매크로 변수에 할당한다.

예 7.2 **실행 일자 입력 및 날짜 정보 설정 - 2**

```
/* 사용자 정의 일자 할당 코드 */
%LET STD_DD = 20240901;

DATA _NULL;
STD_DD     = INPUT("&STD_DD.",YYMMDD8.);
    BF_MD7_DD = PUT(INTNX('DAY'  ,STD_DD, -6),YYMMDDN8.);
    BF_MM1_DD = PUT(INTNX('MONTH',STD_DD, -1),YYMMDDN8.);
    BF_MM3_DD = PUT(INTNX('MONTH',STD_DD, -3),YYMMDDN8.);
    CALL SYMPUTX('BF_MD7_DD', BF_MD7_DD);
    CALL SYMPUTX('BF_MM1_DD', BF_MM1_DD);
    CALL SYMPUTX('BF_MM3_DD', BF_MM3_DD);
RUN;
%PUT NOTE: &=STD_DD;
%PUT NOTE: &=BF_MD7_DD;
%PUT NOTE: &=BF_MM1_DD;
%PUT NOTE: &=BF_MM3_DD;
```

〈LOG 윈도우의 내용〉

```
123  %PUT NOTE: &=STD_DD;
NOTE: STD_DD=20240901
124  %PUT NOTE: &=BF_MD7_DD;
NOTE: BF_MD7_DD=20240826
125  %PUT NOTE: &=BF_MM1_DD;
NOTE: BF_MM1_DD=20240801
126  %PUT NOTE: &=BF_MM3_DD;
NOTE: BF_MM3_DD=20240601
```

〈예 7.2〉는 〈예 7.1〉과 매우 비슷하다. 다만 프로그램 시작 코드에서 일자를 **%LET** 명령문을 이용하여 개발자가 직접 할당할 수 있는 차이가 있다. 보통 시스템 개발 단계에서는 프로그램 검증을 위해 위와 같이 시점을 고정하고, 개발한다. 그리고 개발이 모두 끝나면 〈예 7.1〉과 같이 시스템 시간을 이용하여, 일자를 계산하도록 코드를 변경한다. 〈예 7.2〉와 〈예 7.1〉 사이에는 이 외에도 'STD_DD'를 다루는 방법에 다소 차이가 있기 때문에 유심히 살펴보기 바란다.

(3) 작업 프로그램 구성 및 데이터 생성

작업 프로그램은 데이터 처리나 분석 등을 목적으로 하는 다양한 프로그램을 의미한다. 작업 프로그램은 정해진 구조나 틀이 있는 것은 아니며, 목적에 맞게 정의하고 구연하면 된다. 예를 들어 고객 데이터를 분석하는 경우를 생각해 보자. 우리 서비스를 이용하는 5,000명의 고객을 대상으로 특정 월의 '일 평균 구매 금액과 빈도' 등을 집계하여 결과 데이터로 만들어주는 프로그램을 생각할 수 있다. 이 경우 기준이 되는 '월'은 '(2) 실행 일자 입력 및 날짜 정보 설정'에서 배운 내용으로 구현할 수 있다. 이렇게 입력받은 날짜를 활용하여 데이터를 추출하고, 변환하고, 집계하는 과정을 작업 프로그램 구성에서 수행한다. 예제를 통해 보다 자세하게 알아보자.

먼저 특정 폴더에 라이브러리를 할당한 후, 예제 데이터 'CUS_TRN_HST'를 라이브러리를 할당한 폴더에 저장하기 바란다. 이 데이터는 고객 5,000명의 2022년 1월부터 2023년 12월까지의 거래 이력을 기록한 데이터를 각 월별로 요약한 데이터이다. 이 데이터는 〈표 7.1〉과 같이 5개의 변수로 구성되어 있으며 119,509건의 관측치를 가지고 있다.

〈예 7.3〉은 CUS_TRN_HST 데이터를 이용하여, 2023년 1월을 기준으로 직전 1개월, 3개월, 6개월간 합계 구매금액을 집계하는 프로그램이다. 이 프로그램을 살펴보자.

표 7.1 CUS_TRN_HST 데이터의 변수 정보

No	영문 이름	한글 이름	속성	의미	예시
1	BAS_YM	기준년월	문자	데이터가 기록된 연월	202305, 202301, …
2	ID	고객번호	문자	고객 식별을 위한 고유번호	0001, 0002, …
3	BUY_DT	구매일자	문자	당월 마지막 구매 일자	20230228, 20230101,
4	BUY_AMT	구매금액	숫자	당월 합계 구매 금액	13000, 14000, …
5	BUY_CN	구매건수	숫자	당월 합계 구매 건수	1, 2, 10, …

예 7.3 고객 정보를 집계하는 프로그램

```
/* ① 일자를 입력받아 필요한 일자를 만드는 코드 */
%LET EXE_YM = 202301;
DATA _NULL_;
    EXE_YM    = INPUT("&EXE_YM.",YYMMN6.);
    STD_YM    = PUT(INTNX('MONTH',EXE_YM, -1),YYMMN6.);
    BF_MM1_YM = PUT(INTNX('MONTH',EXE_YM, -1),YYMMN6.);
    BF_MM3_YM = PUT(INTNX('MONTH',EXE_YM, -3),YYMMN6.);
    BF_MM6_YM = PUT(INTNX('MONTH',EXE_YM, -6),YYMMN6.);
    CALL SYMPUTX('STD_YM', STD_YM);
    CALL SYMPUTX('BM1'   , BF_MM1_YM);
    CALL SYMPUTX('BM3'   , BF_MM3_YM);
    CALL SYMPUTX('BM6'   , BF_MM6_YM);
RUN;
%PUT NOTE: &=EXE_YM;
%PUT NOTE: &=STD_YM;
%PUT NOTE: &=BM1;
%PUT NOTE: &=BM3;
%PUT NOTE: &=BM6;

/* ② 기간 집계 코드 */
PROC SQL;
    CREATE TABLE MYSAS.EX63 AS
    SELECT "&STD_YM" AS STD_YM
         , ID
         , SUM(CASE WHEN BAS_YM BETWEEN "&BM1" AND "&STD_YM"
                    THEN BUY_AMT ELSE 0 END) AS M1_SM_BY_AMT
         , SUM(CASE WHEN BAS_YM BETWEEN "&BM3" AND "&STD_YM"
                    THEN BUY_AMT ELSE 0 END) AS M3_SM_BY_AMT
         , SUM(CASE WHEN BAS_YM BETWEEN "&BM6" AND "&STD_YM"
                    THEN BUY_AMT ELSE 0 END) AS M6_SM_BY_AMT
      FROM MYSAS.CUS_TRN_HST
    GROUP BY "&STD_YM"
         , ID
    ;
QUIT;
```

OBS	STD_YM	ID	M1_SM_BY_AMT	M3_SM_BY_AMT	M6_SM_BY_AMT
1	202212	0001	54000	227000	359000
2	202212	0002	93000	211000	634000
3	202212	0003	134000	151000	277000
4	202212	0004	31000	150000	350000
5	202212	0005	86000	221000	479000
…	…	…	…	…	…
4996	202212	4996	41000	118000	342000
4997	202212	4997	108000	254000	472000
4998	202212	4998	33000	87000	347000
4999	202212	4999	61000	147000	295000
5000	202212	5000	24000	215000	484000

〈예제 7.3〉은 간단한 작업 프로그램 예시이다. 먼저 프로그램 ①은 날짜를 계산하기 위한 프로그램이다. 이 프로그램의 경우, 직전 1, 3, 6개월을 INTNX 함수로 계산하여, 'BM1, BM3, BM6'이라는 매크로 변수에 저장했다. 그리고 NOTE 명령문을 통해 연산 결과를 확인한다. 프로그램 ②는 주어진 데이터를 PROC SQL을 이용하여 요약하는 작업이다. 이때 2023년 1월을 기준으로 직전 1, 3, 6개월 합계를 구하였고, 따라서 기준년월 STD_YM에는 '202212'가 들어가도록 매크로 변수를 이용하였다.

```
SUM(CASE -기간 조건- THEN -수치- ELSE 0 END)
```

구조는 특정 조건을 만족하는 대상이나 기간에 대한 집계에 자주 사용하는 SQL CASE 명령문 구조이다. 이 구조는 PROC SQL에서만 쓰는 것이 아니며, 일반적인 SQL에서도 모두 유용하게 쓰일 수 있다. 이 구문에서 'BAS_YM BETWEEN "&BM1" AND "&STD_YM"'은 직전 1개월부터 기준 년월까지를 조건으로 주겠다는 의미이다.

실행 결과를 살펴보면, 2023년 1월을 기준으로 이전 1개월, 3개월, 6개월 간의 구매금액이 모두 집계된 것을 알 수 있다. 실제 프로그램에서는 이보다 훨씬 복잡한 작업을 비슷한 방법으로 수행한다. 하지만 그 절차나 접근은 모두 비슷하다. 앞서 살펴본 것과 같이 실무에서는 작업 프로그램 구성 단계에서 다양한 작업이 수행된다. 예를 들면, 고객의 가입 정보, 거래 정보, 인구통계 정보 등을 기준 시점을 기준으로 산출한다. 이렇게 만들어진 각 데이터들은 최종 결과 데이터 형태로 결합한다. 여기서 말하는 결과 데이터는 특정 일자를 기준으로 만든 데이터를 의미한다. 이 데이터에는 예제 7.3의 결과와 같이 기준 시점(일자, 년월, 년주차) 등의 정보가 포함되어 있다.

(4) 결과 데이터 적재

배치 시스템에서 결과 데이터는 주기적으로 기준 시점을 달리하여 만들어진다. 그리고 만들어진 데이터는 기존에 사용하던 데이터에 덮어씌우거나 이어 붙이는 방법으로 관리한다. 그러나 보통 분석을 목적으로 하는 데이터의 경우 히스토리를 유지하기 때문에 후자를 주로 사용한다. 후자의 경우, 처음 데이터를 만들어 저장하는 경우와 이후 기간이 지나 추가 데이터를 적재하는 경우 두 가지로 나누어 생각할 수 있다. 전자를 '초기 적재', 후자를 '운영 적재'라고 부른다. 이번에는 이 두 가지에 대해 알아보자.

○ 초기 적재

초기 적재는 시스템을 개발하고, 처음으로 데이터를 저장하기 위한 프로그램이다. 데이터 베이스의 경우 초기 적재 코드에 데이터 구조를 정의하는 코드가 포함된다. 하지만 SAS는 굳이 이런 작업을 따로 하지 않는다. 〈예 7.3〉에서 만든 데이터를 데이터-단계 또는 **PROC SQL**을 활용하여 'TB_MRT_SMRY_INFO'라는 이름으로 영구 라이브러리에 저장해 보자.

예 7.4 **고객 정보 집계 데이터 적재: 초기 적재**

```
DATA MYSAS.TB_MRT_SMRY_INFO;
    SET MYSAS.EX63;
RUN;
```

○ 운영 적재

운영 적재는 이미 존재하는 데이터셋에 같은 구조의 데이터를 추가하는 것을 의미한다. 운영 적재에는 **PROC SQL**의 **INSERT INTO** 또는 **PROC APPEND**, 데이터-단계의 **SET** 명령문을 주로 사용한다. 실습을 위해 먼저 〈예 7.3〉에서 2023년 1월을 기준(EXE_YM = 202301)으로 데이터를 생성했던 코드를, 이번에는 2023년 2월을 기준(EXE_YM = 202302)으로 다시 실행하여 데이터를 구성해 둔다. 그리고 결과 데이터를 'TB_MRT_SMRY_INFO_202301'라는 이름으로 영구 라이브러리에 저장하자('STD_YM = 202301'을 기준으로 함). 이 작업이 끝나면 〈예 7.5〉의 매크로 프로그램을 이어서 수행해 보자.

예 7.5 고객 정보 집계 데이터 적재: 운영 적재

```
DATA MYSAS.TB_MRT_SMRY_INFO_202301;
    SET MYSAS.EX63;
RUN;

%MACRO Load;
/* ① 입력 파라미터 정의 */
%LET STD_YM        = 202301;
%LET TARGET_TABLE = MYSAS.TB_MRT_SMRY_INFO;
%LET SOURCE_TABLE = MYSAS.TB_MRT_SMRY_INFO_&STD_YM;

/* ② 적재 대상 데이터가 존재하는 지 확인(초기 적재 여부) */
%IF %SYSFUNC(EXIST(&TARGET_TABLE.)) %THEN %DO;
    %PUT NOTE: ## 운영 적재 코드 실행 ##;
    DATA &TARGET_TABLE.;
        /* ③ 대상 데이터에 같은 기준년월 데이터를 제거 */
        SET &TARGET_TABLE. (WHERE = (STD_YM ^= "&STD_YM"))
        /* ④ 신규 데이터를 적재 */
            &SOURCE_TABLE.
        ;
    RUN;
%END;
%ELSE %DO;
/* ⑤ 초기 적재 실행 코드 */
    %PUT NOTE: ## 초기 적재 코드 실행 ##;
    DATA &TARGET_TABLE.;
        SET &SOURCE_TABLE.;
    RUN;
%END;
%MEND;

%Load;
```

OBS	STD_YM	ID	M1_SM_BY_AMT	M3_SM_BY_AMT	M6_SM_BY_AMT
1	202212	0001	54000	227000	359000
2	202212	0002	93000	211000	634000
3	202212	0003	134000	151000	277000
4	202212	0004	31000	150000	350000
5	202212	0005	86000	221000	479000
…	…	…	…	…	…
9996	202301	4996	14000	103000	266000
9997	202301	4997	1000	202000	357000
9998	202301	4998	136000	204000	339000
9999	202301	4999	19000	112000	220000
10000	202301	5000	86000	190000	373000

① 운영 적재에서 필요한 입력 파라미터는 크게 세 가지이다. 첫 번째는 기준년월 STD_YM 이다. 이 파라미터는 신규 데이터가 만들어진 기준 시점을 의미한다. 이 예에서는 '202301'이 기준년월이 된다. 두 번째는 적재 대상 데이터인 'TARGET_TABLE'이다. 이 파라미터에는 새로운 데이터를 적재할 대상이 되는 데이터의 이름을 입력한다. 마지막 세 번째 파라미터 'SOURCE_TABLE'은 신규 생성한 데이터의 이름을 나타낸다. 매크로 변수의 이름은 필요에 따라 사용자가 바꿔도 되지만, 그런 경우 이하 코드에서도 변경이 필요하다.

② 적재 대상 데이터 즉, TARGET_TABLE이 존재하는지 확인하기 위한 구문이다. 이 구문은 매크로 조건문인 **%IF-%THEN-%ESLE** 구문을 이용한다. 여기서 사용한 **EXIST( )** 함수는 인수로 받은 데이터셋이 존재하면 '참'을 그렇지 않으면 '거짓'을 반환한다. 다만 이 함수는 원래 데이터-단계에서 사용하는 함수이기 때문에 **%SYSFUNC( )** 함수로 감싸 매크로 조건문에서도 사용할 수 있도록 한 것이다. 적재 대상 데이터가 존재하는지를 확인하는 이유는 간혹 적재 대상 데이터가 지워지거나 없는 상황에서 운영 적재를 실행한 경우가 있을 수 있기 때문이다. 만약 적재 대상 데이터(즉, TARGET_TABLE)가 없다면 초기 적재를 먼저 수행해야 하므로, 조건을 만족하지 않으면 초기 적재 코드가 실행하도록 구성한다.

③ 이 코드는 TARGET_TABLE에 적재할 기준 년월의 데이터가 포함되지 않도록 하기 위한 안전 장치이다. 시스템을 구축하는 경우 많은 테스트를 거치게 된다. 적재할 데이터가 있는지 확인하는 코드가 없다면, 중복하여 같은 데이터가 여러 개 저장될 수 있다. 이는 자칫 시스템 성능을 크게 떨어트리고 잘못된 분석 결과를 만들어낼 수 있다. 실무에서 이 부분을 생략해 문제가 발생하는 경우가 종종 있다. 꼭 넣어주자.

④ 신규 데이터를 결합하기 위한 코드이다. 이 경우, SET 명령문을 이용하였다.

⑤ 초기 적재 코드를 실행하기 위한 영역이다. 초기 적재 코드를 이 부분에 포함하면, 운영용과 초기 적재용 코드를 분리하여 관리하지 않아도 된다.

특정한 목적으로 데이터를 만들고, 저장하고, 시스템으로 관리하는 일은 생각보다 어렵다. 왜냐하면 고려해야 할 부분이 많기 때문이다. 이런 시스템을 구축할 때는 여러 가지 경우의 수를 고민해 보고 예외 상황을 잘 처리해야 한다. 가령 〈예 7.5〉의 적재 대상 데이터가 존재하는지, 기존 데이터에 적재할 데이터가 이미 있지는 않은지 등을 확인하는 부분이 그렇다. '뭘 이런 것 까지'라고 생각할지 모른다. 하지만 이런 사소한 차이로, 잘 운영되는 시스템과 계속 사고가 발생하는 시스템이 갈린다.

7.1.2. RFM 점수를 이용한 고객 세분화

고객 세분화(customer segmentation) 또는 군집화(clustering)는 실무에서 매우 자주 사용되는 방법이다. 보통은 계층형 군집화 방법이나 k-평균 군집화와 같은 고급 분석 방법으로 고객을 나눈다. 하지만 이런 기법이 쓰이기 전에는 주요 변수의 분포에 기초한 세분화가 많이 쓰였다. 물론 이런 방법은 현재도 유용하게 쓰이고 있다. 그중 가장 널리 쓰는 세분화 방법이 바로 RFM을 활용한 고객 세분화 방법이다. 이번에는 SAS를 활용한 RFM 세분화 방법을 알아보자.

(1) RFM이란?

RFM(Recency, Frequency, Monetary)은 고객관계관리(CRM, Customer Relationship Management)의 고객 세분화를 목적으로 자주 사용하는 점수부여방식(scoring system) 모형이다. 이 방법은 고객 가치를 고객이 얼마나 최근에 제품을 구입했는가(Recency), 고객이 얼마나 자주 제품을 구입하는가(Frequency), 고객이 제품을 구입하는 데 어느 정도의 돈을 쓰고 있는가(Monetary) 3가지 기준으로 평가한다. 각 평가 지표의 가중 스코어를 이용하여 지표 하나를 만들어 고객을 나누는 방식이다. RFM 모형은 이해가 쉽고 결과로 나눈 세분군별 반응률 차이가 명확하여 실무에서 자주 활용한다. RFM의 최근성은 최근 구매일자로 측정하며, 빈도는 보통 방문 또는 구매 빈도로 측정한다. 마지막으로 금액은 합계 구매 금액을 주로 사용한다. 보통 RFM은 1개월이나 3개월간 누적된 데이터에 기초하여 산출하며, 경우에 따라 1년을 보기도 한다.

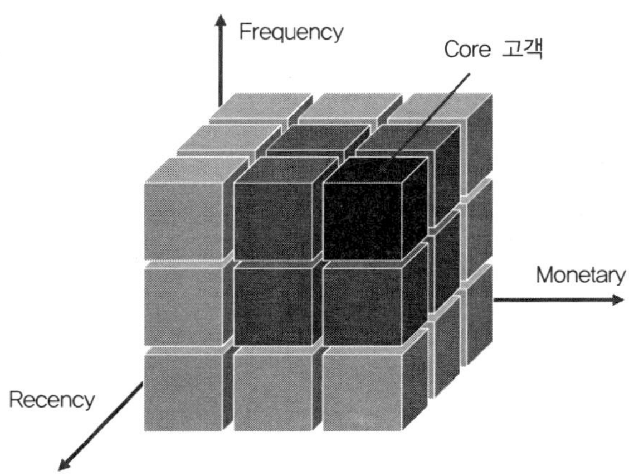

그림 7.2 RFM 세분화 원리

(2) PROC RANK로 RFM 점수 산출하는 법

○ 데이터 구성하기

RFM 점수를 구성하려면 먼저 구매 일자, 빈도, 금액을 집계해야 한다. 집계 기간은 상황과 목적에 따라 다르지만 이 예에서는 6개월을 이용했다. 정확한 구성 변수는 '최근 6개월 내 마지막 구매 일자, 최근 6개월 합계 구매 빈도, 최근 6개월 합계 구매 금액'이다. 이 변수들을 이용하여 RFM 점수를 만들 수 있다.

예 7.6 RFM 점수 생성을 위한 집계

```
PROC SQL;
    CREATE TABLE MYSAS.TB_MRT_RFM_INV AS
    SELECT ID
         , INPUT(MAX(BUY_DT),YYMMDD8.) AS BUY_DT
           FORMAT = YYMMDDN8.
         , SUM(BUY_CN)                 AS BUY_CN
         , SUM(BUY_AMT)                AS BUY_AMT
       FROM MYSAS.CUS_TRN_HST
     WHERE BAS_YM BETWEEN '202307' AND '202312'
     GROUP BY ID
     ;
QUIT;
```

OBS	ID	BUY_DT	BUY_CN	BUY_AMT
1	0001	20231216	12	512000
2	0002	20231215	8	189000
3	0003	20231225	13	580000
4	0004	20231214	8	345000
5	0005	20231212	18	376000
...	...	...	...	...
4996	4996	20231225	13	695000
4997	4997	20231217	12	737000
4998	4998	20231217	14	632000
4999	4999	20231223	11	597000
5000	5000	20231218	10	624000

〈예 7.6〉은 2023년 7월~12월간 데이터를 추출하여, 고객(ID)을 기준으로 최근 구매 일자와 합계 구매 빈도 및 금액을 산출하는 프로그램이다. 최근 구매 일자의 경우, MAX() 함수로 구할 수 있다. 이 데이터의 구매 일자 BUY_DT는 문자형이기 때문에,

이후 점수 산출을 위해 수치형으로 변환하였다. 변수를 수치형으로 변환할 경우 정확한 날짜를 알기 어렵기 때문에, FORMAT 명령문을 이용하여 날짜 포맷을 입혔다.

○ RFM 점수 산출

최근 구매 일자, 빈도, 금액 세 가지 변수는 모두 단위가 다르다. 그 때문에 이들 값의 평균을 구하면 가장 단위가 큰 금액에 의존하게 된다. 따라서 각 변수를 점수화 또는 표준화하는 작업이 필요하다. 그러나 구매 빈도나 금액은 0인 고객이 많기 때문에, 표준편차와 평균을 이용한 표준화는 좋은 선택이 아니다. 따라서 보통은 분위수에 기초한 점수화 방법을 채택한다. 예를 들어, 구매 빈도가 큰 순으로 100명의 고객을 정렬하고 이중 1~10등을 100점, 11~20등을 90점, …, 91~100등을 0점으로 점수를 부여하는 방법이다. 이 방법은 단위에 영향을 받지 않고 점수 구간별 고객수가 일정하여 실무에서 자주 사용된다.

PROC RANK는 수치형 변수의 순위를 만들기 위한 프로시저이다. 그러나 이 프로시저에는 PERCENT라는 순위화 방법이 포함되어 있다. 이 방법은 순위화 대상 변수를 크기순으로 0~100 사이의 %값으로 변환한다. 즉, 가장 큰 값은 100이 되고 가장 작은 값은 0이 된다. 따라서 이 기능을 이용하면, 주어진 변수를 쉽게 0~100 사이의 값을 가지는 점수로 변환할 수 있다.

예 7.7 집계 변수 점수화

```
PROC RANK DATA=MYSAS.TB_MRT_RFM_INV OUT=MYSAS.TB_MRT_RFM_INS PERCENT;
   VAR    BUY_DT BUY_CN BUY_AMT;
   RANKS R_SCORE F_SCORE M_SCORE;
RUN;
```

OBS	ID	BUY_DT	BUY_CN	BUY_AMT	R_SCORE	F_SCORE	M_SCORE
1	0001	20231216	12	512000	48.36	63.36	60.40
2	0002	20231215	8	189000	44.86	6.84	1.20
3	0003	20231225	13	580000	78.34	76.10	75.24
4	0004	20231214	8	345000	41.78	6.84	18.88
5	0005	20231212	18	376000	35.44	99.24	25.66
…	…	…	…	…	…	…	…
4996	4996	20231225	13	695000	78.34	76.10	91.64
4997	4997	20231217	12	737000	51.22	63.36	95.20
4998	4998	20231217	14	632000	51.22	86.12	83.94
4999	4999	20231223	11	597000	71.52	46.00	78.62
5000	5000	20231218	10	624000	54.38	29.50	82.80

○ RFM 점수 결합

일반적으로 최근성(R), 빈도(F), 금액(M) 점수를 RFM 점수로 결합하는 방법은 다음과 같이 가중 결합을 취하는 것이다.

$$\text{RFM Score} = w_1\text{R} + w_2\text{F} + w_3\text{M}$$

가중치를 결정하는 방법은 매우 다양하다. 가장 쉽게 생각할 수 있는 방법은 가중치를 모두 같게 하는 방법이다. 이 방법은 가장 흔히 쓰이는 방법이다. 그러나 산업과 활용 목적에 따라 이 세 가지 지표의 가중치가 다를 수 있다. 예를 들어, 고객의 이탈을 막는 것이 목적이라면 최근성이 보다 중요한 지표가 될 수 있다. 이 외에도 'R, F, M'의 가중치를 '0.5, 0.35, 0.15'로 주는 방법도 있다. 또한 RFM 스코어를 데이터에 기초하여 산출하는 방법도 있다. 가장 쉽게 생각할 수 있는 방법은 회귀모형을 이용한 방법이다. 다음달 합산 구매 금액에 기초하여 각 성분의 가중치를 구한 뒤 표준화하면, 각 성분의 중 어떤 지표가 다음달 구매 금액에 중요한 영향을 미치는지를 알 수 있다. 물론 종속변수로 쓰이는 지표는 '구매 금액, 구매 빈도, 구매 여부' 등 어떤 것도 될 수 있다. 이 역시 목적에 따라 다르다.

예 7.8 RFM 점수 생성

```
DATA MYSAS.TB_MRT_RFM_SCORE;
    SET MYSAS.TB_MRT_RFM_INS;
    RFM_SCORE = ROUND( MEAN(R_SCORE,F_SCORE,M_SCORE) );
RUN;
```

OBS	ID	…	R_SCORE	F_SCORE	M_SCORE	RFM_SCORE
1	0001	…	48.36	63.36	60.40	57
2	0002	…	44.86	6.84	1.20	18
3	0003	…	78.34	76.10	75.24	77
4	0004	…	41.78	6.84	18.88	23
5	0005	…	35.44	99.24	25.66	53
…	…	…	…	…	…	…
4996	4996	…	78.34	76.10	91.64	82
4997	4997	…	51.22	63.36	95.20	70
4998	4998	…	51.22	86.12	83.94	74
4999	4999	…	71.52	46.00	78.62	65
5000	5000	…	54.38	29.50	82.80	56

〈예 7.8〉은 R, F, M 세 가지 점수의 평균을 이용하여(세 점수의 가중치를 모두 동일하게), RFM 점수를 생성하는 프로그램이다. 이 예에서 MEAN 함수를 사용한 이유는 R, F, M 점수 중 어느 하나가 결측인 경우를 대비하기 위함이다. MEAN 함수는 변수 중 어느 한 값이 결측이면, 해당 인수를 제외한 나머지 변수로 평균을 구한다. 또한 RFM 점수는 각 점수와 달리 ROUND 함수로 소수점을 없앴다. ROUND 함수는 두 번째 인수를 이용하여 소수점 몇 번째 자리까지 남길지를 지정할 수 있다. 두 번째 인수에 지정한 값의 자릿수까지 남기도록 함수가 구성되어 있다. 예를 들어, 소수점 첫째 자리까지 남기고 싶은 경우 '0.1'을, 둘째 자리까지 남기고 싶은 경우 '0.01'을 두 번째 인수로 넣으면 된다.

이 예에서와 같이 PROC RANK의 PERCENT 방법으로 얻은 RFM 점수는 보통 각 점수대별로 고른 분포를 보인다. 하지만 0건 또는 0원 등과 같은 값에 관측치가 몰리는 경우, 즉 비구매 고객이 많은 경우에는 분포가 다소 치우친 형태를 가진다. 또한 동점이 많은 경우에도 비슷한 현상이 발생한다. 서로 값이 같은데 해당 분위수 구간에 관측치가 모두 찼다고, 순위를 달리할 수 없기 때문이다.

(3) RFM 기반 고객 세분화

RFM 점수로 고객을 나누는 방법은 정하기 나름이다. R, F, M 점수 각각을 고려해 나누는 방법도 있고, RFM 점수를 기준으로 고객을 나눌 수도 있다. 예를 들어 'R' 점수는 높지만 'F, M' 점수가 낮은 고객은 최근에 처음으로 구매를 경험한 고객일 것이다. 이런 고객의 경우 재구매 유도를 위한 오퍼를 제공할 수 있다. 다음은 RFM 점수에 기초하여 고객을 나눈 하나의 예시이다.

표 7.2 RFM 세분화 예시

Seg No.	R	F	M	이름	전략
1	80~100	80~100	80~100	우량 고객	프리미엄 서비스제공
2	50 이하	80~100	80~100	이탈 우려	재구매 또는 방문을 위한 프로모션
3	80~100	50 이하	80~100	우량 가망	방문 빈도를 높이기 위한 교차판매
4	50 이하	50 이하	50 이하	저수익 고객	경우에 따라 디 마케팅 대상
…	…	…	…	…	…

RFM 점수는 위 표와 같이 보통은 세분화에 사용된다. 하지만 이 외에도 RFM 점수는 다양한 방법으로 활용될 수 있다. 첫째, 고객 등급을 만드는 데 활용할 수 있다. RFM 점수가 높은 고객은 최근에, 자주, 큰 금액을 구매하는 고객으로 우량고객이라고 할 수 있다. 따라서 이런 고객에게는 'VVIP, BLACK' 등과 같은 높은 등급을 부여할 수 있다. 고객 등급을 산정하는 기준은 산업이나 기업마다 다르지만, RFM 점수는 등급에 대한 가이드라인을 만드는 데 유용할 수 있다. 둘째, 이탈 징후 분석에 유용하게 쓰일 수 있다. RFM 점수의 변화를 통해서도 이탈 징후를 발견할 수 있다. 지난 분기까지만 해도 RFM 스코어가 100점이었던 고객이 80점으로 떨어졌다면(100점 만점이라고 가정), 비록 점수 자체는 높지만 그 감소폭이 크기 때문에 이탈이 발생할 수 있다. 즉, RFM 스코어의 감소 정도를 통해 이탈 징후를 보이는 고객을 조기에 감지하여, 이탈을 막는 용도로 활용할 수 있다. 이 외에도 RFM 점수는 다양한 구매 가망도 모형이나 메인화 등 다양한 용도로 활용될 수 있다.

7.1.3. 시차 변수를 만드는 방법

시차 변수는 시간에 따라 관측된 자료에서 유용한 변수 유형이다. 시차 변수는 크게 이전 시차(Lag)와 다음 시차(Lead) 두 가지로 나누어 생각할 수 있다. 이런 시차 변수는 시계열 분석에서 주로 사용한다. 그러나 실무에서 예측 모형을 만드는 경우, 다양한 행동 변수를 구성하기 위한 기초 변수로 유용하게 사용한다. 예를 들어, '3개월 평균 대비 최근 1개월 합계 구매 금액, 구매 주기' 등의 변수는 고객의 최근 방문 경향이나 충성도 등을 측정하는 데 활용할 수 있다.

표 7.3 시차 변수의 기본 개념

순서	값	Lag	Lead
1	10	.	15
2	15	10	23
3	23	15	5
4	5	23	…
…	…	…	…

표 7.4 고객 구매 순서 데이터 (CUS_BUY_SQ)

OBS	ID	SQ	BUY_AMT
1	1	1	960
2	1	2	993
3	1	3	1027
4	1	4	1128
5	2	1	977
…	…	…	…
84	19	3	1041
85	19	4	965
86	20	1	1008
87	20	2	1019
88	20	3	1026

(1) 예제 데이터

예제 데이터는 〈표 7.4〉와 같은 고객 구매 순서 데이터이다. 이 데이터는 20명의 고객을 대상으로 88건의 구매이력을 수집한 데이터이다. 이 데이터의 ID는 고객을 식별하기 위한 고유 번호로 이 값이 같으면 같은 고객이다. SQ는 구매 순서를 의미한다. 예를 들어, 첫 번째 관측치 'ID=1, SQ=1, BUY=AMT=960'은 '1번 고객이 첫 번째 순서로 구매한 금액이 960만원이다.'라는 의미로 이해할 수 있다.

(2) 이전/이후 데이터를 가져오고 싶은 경우

첫 번째 예에서는 고객 구분 없이 이전 또는 이후 시차 구매금액을 만드는 방법을 알아본다. SAS에서는 시차 함수로 **LAG**만 제공하기 때문에, 이후 시차를 만들고 싶은 경우 데이터를 역순으로 정렬한 다음 구성한다. 예제를 통해 자세한 방법을 알아보자.

○ 이전 시차(LAG) 데이터 생성

이전 시차 데이터는 데이터-단계에서 **LAG** 함수를 이용하면 쉽게 구할 수 있다. 이 함수는 바로 이전 시차를 구하고 싶은 경우 LAG(X)와 같이 사용한다. 그리고 만약 *k*시차 이전 값을 가져오고 싶은 경우 LAG*k*(X)와 같이 사용할 수 있다.

예 7.9 이전 시차(LAG) 변수의 생성 방법

```
/* ① 시차 변수를 기준으로 정렬 */
PROC SORT DATA=MYSAS.CUS_BUY_SQ;
    BY ID SQ;
RUN;

/* ② LAG 변수 만들기 */
DATA EXAMPLE_LAG;
    SET MYSAS.CUS_BUY_SQ;
    LAG1_BUY_AMT = LAG(BUY_AMT);
    LAG2_BUY_AMT = LAG2(BUY_AMT);
    LAG3_BUY_AMT = LAG3(BUY_AMT);
RUN;
```

OBS	ID	SQ	BUY_AMT	LAG1_BUY_AMT	LAG2_BUY_AMT	LAG3_BUY_AMT
1	1	1	960	.	.	.
2	1	2	993	960	.	.
3	1	3	1027	993	960	.
4	1	4	1128	1027	993	960
5	2	1	977	1128	1027	993
…	…	…	…	…	…	…
84	19	3	1041	975	995	1079
85	19	4	965	1041	975	995
86	20	1	1008	965	1041	975
87	20	2	1019	1008	965	1041
88	20	3	1026	1019	1008	965

〈예 7.9〉는 ID와 SQ를 기준으로 1, 2, 3 시차 이전 변수를 만들기 위한 프로그램이다. ①의 프로그램은 먼저 고객 ID와 순서를 기준으로 정렬한다. 사전 정렬을 수행하는 이유는 데이터의 순서가 원하는 순서 변수를 기준으로 정렬되어 있지 않을 수 있기 때문이다. ②의 프로그램은 시차 변수를 만드는 코드이다. 이 예에서는 1, 2, 3 시차 변수를 만들기 위해 LAG, LAG2, LAG3 함수를 이용한 것을 알 수 있다. 결과를 살펴보면, 첫 번째 관측치의 경우 이전 시차가 없기 때문에 LAG, LAG2, LAG3 모두 결측인 것을 알 수 있다.

○ 이후 시차(LEAD) 데이터 생성

LEAD는 다음 시차 값을 의미한다. SAS의 경우 LEAD 함수를 따로 지원하지 않는다. 하지만 LAG와 LEAD는 사실 데이터가 나열된 순서를 기준으로 이전과 이후이기 때문

에 데이터 나열 순서만 바꾸면, LEAD를 LAG로 손쉽게 얻을 수 있다. 즉, **PROC SORT**에서 기준변수의 정렬 방법을 **ASCENDING**에서 **DESCENDING**으로 변경한 뒤 데이터-단계로 LAG를 구하면, LEAD가 된다.

예 7.10 이후 시차(LEAD) 변수의 생성 방법

```
/* ① 시차 변수를 기준으로 내림차순 정렬 */
PROC SORT DATA=MYSAS.CUS_BUY_SQ;
    BY DESCENDING ID DESCENDING SQ;
RUN;

/* ② LEAD 변수 만들기 */
DATA EXAMPLE_LEAD;
    SET MYSAS.CUS_BUY_SQ;
    LEAD1_BUY_AMT = LAG(BUY_AMT);
    LEAD2_BUY_AMT = LAG2(BUY_AMT);
    LEAD3_BUY_AMT = LAG3(BUY_AMT);
RUN;

/* ③ 원래 순서대로 재정렬 */
PROC SORT DATA=EXAMPLE_LEAD;
    BY ID SQ;
RUN;
```

OBS	ID	SQ	BUY_AMT	LAG1_BUY_AMT	LAG2_BUY_AMT	LAG3_BUY_AMT
1	1	1	960	993	1027	1128
2	1	2	993	1027	1128	977
3	1	3	1027	1128	977	988
4	1	4	1128	977	988	1094
5	2	1	977	988	1094	1006
…	…	…	…	…	…	…
84	19	3	1041	965	1008	1019
85	19	4	965	1008	1019	1026
86	20	1	1008	1019	1026	.
87	20	2	1019	1026	.	.
88	20	3	1026	.	.	.

〈예 7.10〉의 코드는 크게 세 단계로 구성되어 있다. ①번 단계에서는 **PROC SORT**를 이용하여 데이터를 내림차순으로 정렬한다. 내림차순으로 정렬할 때는 정렬 대상 변수 앞에 **DESCENDING** 옵션을 적어준다. 이 명령문을 생략하면 **ASCENDING**(기본값)을 입력한 것과 같다. 이 경우 LEAD를 구하는 것이 목적이기 때문에 순서 변수가 큰

순(내림차순)으로 정렬했다. ②번 단계는 LEAD를 구하는 단계로, 데이터가 순서 변수가 큰 순으로 정렬되어 있기 때문에 LAG로 LEAD를 구할 수 있다. ③번 단계는 다시 원래 순서로 데이터를 변환하는 단계이다. 이 단계는 눈으로 결과를 확인할 목적이 아니라면 생략해도 상관없다.

○ 특정 대상 내에서 순서를 기준으로 이전 데이터를 가져오고 싶은 경우

앞서 살펴본 〈예 7.10〉에서는 한 가지 문제가 있다. ID=1과 ID=2는 서로 다른 고객이다. 그럼에도 불구하고, ID=2번 고객의 첫 번째 LAG에는 ID=1번 고객의 마지막 값이 포함되어 있다. 이 경우 ID=2번의 첫 번째 LAG 값은 ID=2번의 이전 값이 아니기 때문에 틀린 값이다. 따라서 이전 값을 가져오더라도 대상이 바뀔 경우, 첫 번째 LAG 값은 결측으로 변경해주어야 한다. 예제를 통해 그 방법을 알아보자.

ID	SQ	BUY_AMT	LAG1_BUY_AMT	LAG2_BUY_AMT	LAG3_BUY_AMT
1	1	960	.	.	.
1	2	993	960	.	.
1	3	1027	993	960	.
1	4	1128	1027	993	960
2	1	977	1128	1027	993
.	.	.	.	.	.
19	2	975	995	1079	1014

그림 7.3 단순하게 이전/이후 데이터를 가져올 때의 문제

예 7.11 ID별 LAG 변수 만들기

```
/* ① 시차 변수를 기준으로 정렬 */
PROC SORT DATA=MYSAS.CUS_BUY_SQ;
    BY ID SQ;
RUN;

/* ② ID별 시차 변수 만들기 */
DATA EXAMPLE_LAG_BY_ID;
    SET MYSAS.CUS_BUY_SQ;
    BY ID SQ;
    LAG1_BUY_AMT = LAG(BUY_AMT);
    IF FIRST.ID THEN LAG1_BUY_AMT =.;
RUN;
```

OBS	ID	SQ	BUY_AMT	LAG1_BUY_AMT
1	1	1	960	.
2	1	2	993	960
3	1	3	1027	993
4	1	4	1128	1027
5	2	1	977	.
…	…	…	…	…
84	19	3	1041	975
85	19	4	965	1041
86	20	1	1008	.
87	20	2	1019	1008
88	20	3	1026	1019

〈예 7.11〉은 ID별로 시차 변수를 만들기 위한 코드이다. 이 코드는 앞서 살펴본 시차를 만드는 코드와 유사하다. 유일한 차이점은 시차 변수를 만드는 데이터 스텝에 'BY ID SQ;'와 'IF FIRST.ID THEN … ;'이 추가 되었다는 점이다. 이 부분은 ID와 SQ를 기준으로 ID가 처음 등장하는 관측치의 LAG1_BUY_AMT의 값을 결측으로 처리하라는 의미이다. 이렇게 처리하면 이전 ID의 마지막 값이 다음 ID의 첫 번째 값이 되는 문제를 해결할 수 있다.

7.1.4. 다양한 그룹별 요약 방법

평균, 표준편차, 합계 등과 같은 통계량은 데이터를 요약하고 설명하는 데 유용하다. 그런 이유로 이 통계량들은 실무에서도 자주 쓰인다. 또한 이들 통계량은 지점, 고객, 상품 등과 같은 특정 단위로 요약하여 살펴보고 싶은 경우에도 자주 사용한다. 이번에는 다양한 통계량들을 그룹별로 구하는 방법과 특정 수치 또는 순서를 기준으로 누적하는 방법을 배워보자.

(1) 연번 만들기

연번은 연속된 숫자를 의미한다. 보통 연번은 순위를 만들거나 ID를 부여하는 등의 목적으로 사용한다. 연번은 '연속된 숫자'라는 그 의미에서 알 수 있듯이, 보통 순서를 위한 기준 변수가 존재한다. '평균 점수'와 같은 수치형 변수를 기준으로 삼는 경우, 순위와 연번은 비슷하지만 다른 결과를 가져온다. 예를 들어 두 학생이 모두 평균 점수가 88점으로 같다면, 순위는 같은 값을 가지지만, 연번은 서로 다른 값을 가지게 된다. 그러나 동점자가 없다면 연번과 순위는 같다. 만약 기준 변수를 따로 정하지 않는다면, 데이터의 나열 순서를 그 기준으로 삼는다.

○ 단순 연번 만들기

단순 연번은 전체 데이터를 대상으로 연번을 부여한다. 예를 들어, 관측치가 100개라면, 연번은 1~100번까지 부여된다. 〈예 7.12〉를 통해 단순 연번을 만드는 방법을 알아보자. 이 예에서는 DGTL_SESN_HST 데이터를 이용한다. 이 데이터는 앱이나 웹을 통해 어떤 사이트나 앱에 접속하는 사람의 '접속' 단위로 정리된 데이터이다. 이 데이터에는 7개 변수가 있으며 총 74,986개의 관측치를 가진다. 자세한 데이터 설명은 아래 〈표 7.5〉와 같다.

표 7.5 DGTL_SESN_HST 데이터의 변수 정보

No	영문 이름	한글 이름	속성	참고
1	CH_TPC	채널구분 코드	문자	A: App M: Mobile Web W: Web
2	SESN_NO	세션 번호	문자	
3	CUS_NO	고객 번호	문자	
4	ACS_ST_DTM	접속 시작시간	숫자	
5	ACS_ED_DTM	접속 종료시간	숫자	
6	DUR_SEC	접속 시간	숫자	
7	PV_CN	페이지 열람 건수	숫자	

예 7.12 단순 연번 만들기

```
DATA EXAMPLE;
    SET MYSAS.DGTL_SESN_HST;
    ROW_NUMBER = _N_;
RUN;
```

OBS	CH_TPC	CUS_NO	ACS_ST_DTM	…	DUR_SEC	ROW_NUMBER
1	A	0001	2023.07.02 23:05:25	…	179	1
2	A	0001	2023.07.04 03:17:57	…	150	2
3	A	0001	2023.07.06 01:01:13	…	147	3
4	A	0001	2023.07.06 01:09:44	…	108	4
5	W	0001	2023.07.10 22:03:39	…	131	5
…	…	…	…	…	…	…
74982	A	5000	2023.07.19 23:40:42	…	147	74982
74983	A	5000	2023.07.21 22:30:45	…	242	74983
74984	A	5000	2023.07.22 18:47:32	…	92	74984
74985	A	5000	2023.07.27 17:45:46	…	149	74985
74986	W	5000	2023.07.30 00:55:52	…	104	74986

SAS에서는 연번을 데이터-단계에서 쉽게 만들 수 있다. 데이터-단계에서는 자동변수를 사용할 수 있다. 자동변수는 데이터를 읽고 처리하는 동안 임시로 만들어지는 변수이다. 대표적인 자동변수가 **_N_**, **_ERROR_** 등이다. 이중 **_N_**은 현재까지 읽은 관측치 수를 담고 있는 변수이다. 단순 연번은 이 자동변수 값을 'ROW_NUMBER = _N_;'과 같이 새로운 변수에 할당하면 쉽게 얻을 수 있다.

○ 수치 순으로 연번 만들기

〈예 7.12〉에서는 데이터가 나열된 순서에 기초하여 연번을 만들었다. 이번에는 특정 수치 변수의 크기 순으로 연번을 부여하는 방법을 알아보겠다. 이 연번은 서로 같은 값을 갖는 관측치가 없다면 순위와 같은 특징이 있다. 수치형 변수를 기준으로 연번을 만들 때는 먼저 해당 수치형 변수를 기준으로 정렬을 수행한다. 그리고 '단순 연번 만들기'에서와 같은 방법으로 연번을 구한다. 〈예 7.13〉을 통해 자세한 방법을 알아보자.

예 7.13 그룹별 수치 순으로 연번 만들기

```
/* ① 순서 기준 변수를 기준으로 정렬 */
PROC SORT DATA=MYSAS.DGTL_SESN_HST OUT=SORTED_DATA;
    BY DESCENDING DUR_SEC;
RUN;

/* ② 연번 생성 */
DATA OUT_DATA;
    SET SORTED_DATA;
    ROW_NUMBER = _N_;
RUN;
```

OBS	CH_TPC	CUS_NO	ACS_ST_DTM	…	DUR_SEC	ROW_NUMBER
1	A	3881	2023.07.21 10:27:08	…	359	1
2	A	3105	2023.07.13 18:53:49	…	332	2
3	A	0069	2023.07.22 00:44:18	…	330	3
4	M	4850	2023.07.24 15:46:18	…	330	4
5	W	0811	2023.07.15 00:26:26	…	329	5
…	…	…	…	…	…	…
74982	M	3429	2023.07.23 08:07:55	…	2	74982
74983	A	3701	2023.07.16 05:44:50	…	2	74983
74984	A	4200	2023.07.23 00:31:46	…	2	74984
74985	A	2332	2023.07.03 01:35:52	…	1	74985
74986	A	0377	2023.07.29 10:28:31	…	0	74986

〈예 7.13〉에서는 각 세션을 이용 시간 DUR_SEC가 높은 순서로 연번을 부여한다. 프로그램은 크게 이용 시간을 기준으로 데이터를 정렬하는 단계와 정렬된 데이터에 연번을 만드는 두 가지 단계로 구성되어 있다. ①번 코드에서는 **PROC SORT**를 이용하여, 주어진 데이터를 이용 시간을 기준으로 큰 값에서 작은 값으로 내림차순 정렬하려고 **BY** 명령문에 DUR_SEC 변수를 할당하고, **DESCENDING** 옵션을 추가했다. ②번 코드는 정렬된 데이터를 **SET** 명령문으로 받아 자동변수 **_N_**을 이용하여, 데이터 나열 순으로 연번을 생성한다. 이 프로그램의 결과를 살펴보면 ROW_NUMBER에 연번이 생성된 것을 알 수 있다. 연번의 경우 DUR_SEC의 값이 서로 같은 경우에도 다른 연번이 부여된다.

○ 그룹별 수치 순으로 연번 만들기

연번은 어떤 방법으로 많이 사용될까? 보통 연번은 특정 고객 안에서의 순서나 연번이 필요한 경우에 유용하다. 특히 같은 순위가 있어서는 안 되는 경우가 종종 있는데, 이 경우에 특히 유용하게 쓰일 수 있다. 그룹별 연번은 고객, 지점, 접속 등과 같이 특정 그룹 내에서 연번을 부여하는 방법이다. 〈예 7.14〉를 통해 구체적인 방법을 알아보자.

예 7.14 그룹별 수치 순으로 연번 만들기

```
/* ① 그룹 변수와 순서 기준 변수를 기준으로 정렬 */
PROC SORT DATA=MYSAS.DGTL_SESN_HST OUT=SORTED_DATA;
    BY CUS_NO ACS_ST_DTM;
RUN;

/* ② 연번 생성 */
DATA OUT_DATA;
    SET SORTED_DATA;
    RETAIN ROW_NUMBER 0;
    BY CUS_NO;
    IF FIRST.CUS_NO THEN ROW_NUMBER = 1;
        ELSE ROW_NUMBER + 1;
RUN;
```

OBS	CH_TPC	CUS_NO	ACS_ST_DTM	…	DUR_SEC	ROW_NUMBER
1	A	1	2023.07.02 23:05:25	…	179	1
2	A	1	2023.07.04 03:17:57	…	150	2
3	A	1	2023.07.06 01:01:13	…	147	3
4	A	1	2023.07.06 01:09:44	…	108	4
5	W	1	2023.07.10 22:03:39	…	131	5
6	A	1	2023.07.11 08:10:52	…	81	6
7	A	1	2023.07.12 18:22:41	…	145	7
8	W	1	2023.07.15 23:12:04	…	103	8
9	A	1	2023.07.22 14:27:44	…	153	9
10	A	1	2023.07.29 01:15:26	…	117	10
11	A	1	2023.07.30 23:32:44	…	119	11
12	W	1	2023.07.31 00:36:10	…	135	12
13	M	1	2023.07.31 18:08:10	…	90	13
14	M	1	2023.08.01 23:28:12	…	196	14
15	W	2	2023.07.04 08:03:17	…	163	1
16	A	2	2023.07.04 20:27:10	…	90	2
17	A	2	2023.07.10 00:43:08	…	150	3
18	M	2	2023.07.12 19:56:55	…	133	4
19	A	2	2023.07.13 11:49:04	…	149	5
20	W	2	2023.07.16 23:21:51	…	120	6
…	…	…	…	…	…	…

그룹별 수치 순으로 연번을 부여하려면 먼저 '그룹'과 '수치'를 기준으로 정렬된 데이터가 필요하다. 그다음 정렬된 데이터에서 〈예 7.13〉과 같은 방법으로 연번을 생성한다. 다만 이때는 자동변수 **_N_** 대신 누적 합계를 구하는 'X + 1' 형태를 이용한다. 다음으로는 그룹이 변할 때 순위를 다시 1에서 시작하도록 해야 하기 때문에, **BY-FIRST** 명령문을 이용하여 고객 번호가 주어진 데이터에서 처음 등장하는 시점에 순위를 1로 변환시킨다.

(2) 누적 합계 만들기

데이터 분석에서 누적 합계(누계)는 매우 다양한 방법으로 쓰인다. 예를 들어, 여러 상품의 품목별 매출 금액을 구한 뒤, 크기순으로 정렬하고 누계를 구하면 상위 몇 개 상품이 얼마나 중요한지를 알 수 있다. 이 외에도 상위 몇 퍼센트의 고객이 우리 매출을 좌우하는지를 살펴볼 때도 누계는 유용하게 쓰일 수 있다. 이번에는 '수치 순으로 누계 산출, 그룹별 수치 순으로 누계'를 구하는 방법을 살펴보자.

표 7.6 TB_MAR_SMRY_PRD 데이터의 변수 정보

No	영문 이름	한글 이름	속성	참고
1	PRD_SCD	상품소분류코드	문자	6자리 코드, 앞 3자리는 대분류
2	YY_TOT_BUY_AMT	연총구매금액	문자	연간 총 구매 금액
3	YY_PUR_BUY_CUS	연총구매고객수	문자	연간 총 구매 고객(중복 없음)
4	YY_TOT_BUY_CNT	연총구매빈도	숫자	연간 총 구매 빈도

○ 수치 순으로 누계 산출

누계는 보통 어떤 수치가 큰 순이나 작은 순으로 누적하여 구하는 것이 일반적이다. 누적 합계라는 통계량 자체가 순서가 있는 경우에 유용하기 때문이다. 예를 들어 제품의 판매 금액을 기준으로 누계를 구하면, 상위 몇 개 제품이 얼마나 중요한지를 누계를 통해 확인할 수 있다. 〈표 7.6〉과 같은 구조를 갖는 TB_MAR_SMRY_PRD 데이터를 이용하여 누계를 구하는 방법을 알아보자.

예 7.15 수치 순으로 누계 산출

```
/* ① 누적합계를 구할 변수를 기준으로 정렬 */
PROC SORT DATA=MYSAS.TB_MAR_SMRY_PRD OUT=SORTED_DATA;
   BY DESCENDING YY_TOT_BUY_AMT;
RUN;

/* ② 누적 합계 산출 */
DATA OUTPUT_DATA;
    SET SORTED_DATA;
    /* 누계를 저장할 변수 초기화 */
    RETAIN ACM_BUY_AMT 0;
    /* 누적 합계 산출 */
    ACM_BUY_AMT + YY_TOT_BUY_AMT;
    /* 금액에 콤마를 찍어주도록 포맷 적용*/
    FORMAT
        YY_TOT_BUY_AMT COMMA32.
        ACM_BUY_AMT    COMMA32.
    ;
RUN;
```

OBS	PRD_SCD	YY_TOT_BUY_AMT	YY_PUR_BUY_CUS	YY_TOT_BUY_CNT	ACM_BUY_AMT
1	306089	4,053,560	18	20	4,053,560
2	309089	3,639,654	18	18	7,693,214
3	318028	3,461,796	18	18	11,155,010
4	319011	3,354,933	15	17	14,509,943
5	315051	3,116,820	14	15	17,626,763
…	…	…	…	…	…
9396	402033	10,145	1	1	6,016,155,193
9397	419095	10,140	1	1	6,016,165,333
9398	407035	10,126	1	1	6,016,175,459
9399	407012	9,886	1	1	6,016,185,345
9400	412090	8,909	1	1	6,016,194,254

〈예 7.15〉는 각 상품별로 지난 1년간의 판매 금액을 취합한 YY_TOT_BUY_AMT에 대하여 판매 금액이 큰 순으로 누계를 구하기 위한 코드이다. 먼저 프로그램은 연번 만들기와 같이 두 단계로 구성되어 있다. ①에서는 누계를 구할 변수 YY_TOT_BUY_AMT를 기준으로 내림차순 정렬을 수행한다. ②에서는 앞서 정렬한 데이터를 **SET** 명령문으로 불러온다. 그리고 누적 합계를 저장할 변수 ACM_BUY_AMT를 **RETAIN** 명령문을 이용하여 0으로 초기화한다. 그다음 누적 합계를 구하고 COMMA32. 포맷으로 금액을 보다 보기 쉽게 표현하도록 했다.

결과를 살펴보면 결과 데이터에 ACM_BUY_AMT 변수가 추가된 걸 알 수 있다. 또한 YY_TOT_BUY_AMT이 큰 순으로 정렬되어 있고, 정렬 순서대로 YY_TOT_BUY_AMT의 누계를 구한 것을 알 수 있다.

○ 그룹별 수치 순으로 누계

누계는 모든 상품을 대상으로 구할 수도 있다. 하지만 세탁기가 한 대 팔린 것과 화장지가 천 개 팔린 것을 같이 놓고 본다면, 화장지가 억울할지 모른다. 그 때문에 상품의 유형으로 나누어 집계하는 것이 때때로 필요하다. 이번에는 어떤 그룹 변수의 값을 기준으로 누계를 구하는 방법을 알아보자.

예 7.16 **그룹을 기준으로 수치 누계 산출**

```
/* ① PRD_LCD 만들기 */
DATA LCD_DATA;
    SET MYSAS.TB_MAR_SMRY_PRD;
    /* PRD_SCD의 첫음 세 자리로 LCD 생성 */
    PRD_LCD = SUBSTR(PRD_SCD,1,3);
RUN;

/* ② 누적 합계를 구할 변수를 기준으로 정렬 */
PROC SORT DATA=LCD_DATA OUT=SORTED_DATA;
    BY PRD_LCD DESCENDING YY_TOT_BUY_AMT;
RUN;

/* ③ 그룹별 누적 합계 산출 */
DATA OUTPUT_DATA;
    SET SORTED_DATA;
    /* 그룹 변수 지정 */
    BY PRD_LCD;
    /* 그룹별 최초 값인 경우, 누계 변수를 0으로 초기화 */
    IF FIRST.PRD_LCD THEN ACM_BUY_AMT = 0;
    /* 누적 합계 산출 */
    ACM_BUY_AMT + YY_TOT_BUY_AMT;
    /* 금액에 콤마를 찍어주도록 포맷 적용*/
    FORMAT
        YY_TOT_BUY_AMT COMMA32.
        ACM_BUY_AMT    COMMA32.
    ;
RUN;
```

OBS	PRD_SCD	YY_TOT_BUY_AMT	…	PRD_LCD	ACM_BUY_AMT
1	101015	1,080,412	…	101	1,080,412
2	101050	1,040,121	…	101	2,120,533
3	101013	969,408	…	101	3,089,941
4	101011	966,810	…	101	4,056,751
5	101002	939,596	…	101	4,996,347
…	…	…	…	…	…
99	101023	306,878	…	101	63,158,150
100	102069	1,093,170	…	102	1,093,170
101	102054	1,051,752	…	102	2,144,922
102	102073	986,856	…	102	3,131,778
103	102070	975,792	…	102	4,107,570
…	…	…	…	…	…

〈예 7.16〉에서는 ASPWRK.TB_MAR_SMRY_PRD 데이터를 이용한다. ① 이 데이터에는 상품을 구분하기 위한 PRD_SCD라는 코드 변수가 있다. 이 변수는 상품 소분류 코드로 앞 세 자리는 대분류를 나타낸다. 이 예에서는 앞 세 자리를 잘라 PRD_LCD(상품 대분류 코드)를 구성했다. 대분류 코드를 구성할 때는 **SUBSTR** 함수를 이용했다. 이 함수는 Substring을 의미하는 함수로 변수 값 중 일부를 추출한다. ② 그룹별 누계를 구하는 경우 **PROC SORT**의 **BY** 명령문에 그룹 변수를 먼저 위치시킨 뒤, 집계할 변수를 위치한다. 그룹을 기준으로 정렬한 다음 누계를 구하기 때문이다. ③ 누계를 구하기 위한 기준 변수는 **BY** 명령문에 지정한다. 그리고 **IF** 명령문을 이용하여, 그룹 변수의 값이 바뀌면 누계가 0이 되도록 한다. **IF** 명령문의 조건절에서 FIRST.PRD_LCD는 PRD_LCD 중 첫 번째 값일 때만 1이 된다. **FIRST.BY**는 **LAST.BY**와 함께 알아 두면 유용하다(2.4절 참조).

(3) 누적 비율 만들기

금액이나 값은 데이터를 읽는 사람이 이 수치에 대한 이해가 있다면 그 자체만으로도 의미를 가진다. 왜냐하면 값을 읽는 사람의 머릿속에 '통상 얼마 정도인데 값이 크다(혹은 작다)'와 같은 '기준'이 있기 때문이다. 하지만 사전 지식이 없는 경우, 가장 일반적인 기준은 전체 합계일 것이다. '전체 판매 금액 중 상위 5개 상품의 판매 금액의 비율은 얼마일까?'는 여러모로 궁금한 정보이다. 이번에는 누적 비율을 만드는 방법을 알아보자.

예 7.17 누적 비율 산출

```
/* ① 전체 합계 산출 */
PROC SQL NOPRINT;
    SELECT SUM(YY_TOT_BUY_AMT)
        INTO :PRD_TOT_BUY_AMT
        FROM MYSAS.TB_MAR_SMRY_PRD
    ;
QUIT;
/* 결과 확인 */
%PUT NOTE: &=PRD_TOT_BUY_AMT;

/* ② 누적합계를 구할 변수를 기준으로 정렬 */
PROC SORT DATA=MYSAS.TB_MAR_SMRY_PRD OUT=SORTED_DATA;
    BY DESCENDING YY_TOT_BUY_AMT;
RUN;
```

```
/* ③ 누적 비율 산출 */
DATA OUTPUT_DATA;
    SET SORTED_DATA;
    /* 누계를 저장할 변수 초기화 */
    RETAIN ACM_BUY_AMT 0;
    /* 누적 합계 산출 */
    ACM_BUY_AMT + YY_TOT_BUY_AMT;
    /* 누적 비율 산출 */
    ACM_BUY_AMT_RT = ACM_BUY_AMT / &PRD_TOT_BUY_AMT;
    /* 금액에 콤마를 찍어주도록 포맷 적용*/
    FORMAT
        YY_TOT_BUY_AMT COMMA32.
        ACM_BUY_AMT    COMMA32.
        ACM_BUY_AMT_RT PERCENT32.3
    ;
RUN;
```

OBS	PRD_SCD	YY_TOT_BUY_AMT	…	ACM_BUY_AMT	ACM_BUY_AMT_RT
1	306089	4,053,560	…	4,053,560	0.0674%
2	309089	3,639,654	…	7,693,214	0.1279%
3	318028	3,461,796	…	11,155,010	0.1854%
4	319011	3,354,933	…	14,509,943	0.2412%
5	315051	3,116,820	…	17,626,763	0.2930%
…	…	…	…	…	…
9396	402033	10,145	…	6,016,155,193	100.00%
9397	419095	10,140	…	6,016,165,333	100.00%
9398	407035	10,126	…	6,016,175,459	100.00%
9399	407012	9,886	…	6,016,185,345	100.00%
9400	412090	8,909	…	6,016,194,254	100.00%

① 누적 비율을 구하려면 전체 합계 값이 필요하다. 이 코드는 사전에 **PROC SQL**을 이용하여, 합계를 산출하여 매크로 변수 PRD_TOT_BUY_AMT에 저장하기 위한 코드이다. **SELECT-INTO** 명령문은 뒤에서 다시 다루겠지만, 이 예에서와 같이 전체 합계로 비율을 구할 때는 계산량을 크게 낮춰줄 수 있어 유용하다. 매크로 변수에 결과를 할당할 경우, 보통 **%PUT** 명령문으로 결과를 확인한다. ② 기준 변수에 의한 정렬은 〈예 7.15〉와 유사하다. ③ 누적 비율 산출을 위해 'ACM_BUY_AMT_RT = ACM_BUY_AMT / &PRD_TOT_BUY_AMT' 부분이 추가되었다. 이 코드는 누적 합계를 사전에 구한 전체 합계로 나눈 뒤 변수 ACM_BUY_AMT_RT에 저장한다. 결과를 살펴보면 누적 비율이 잘 산출된 것을 알 수 있다. 여기에서 다루지는 않았지만, 그룹별 누적 비율은 〈예 7.15〉와 〈예 7.16〉의 내용을 참고하면 쉽게 구할 수 있다.

(4) n-분위수 만들기

분위수는 크게 두 가지 용도로 쓰인다. 첫째, 데이터를 요약하고자 하는 경우이다. 예를 들어 4-분위수는 데이터의 분포를 표현하는 훌륭한 통계량이다. 둘째, 변수 변환을 목적으로 쓰인다. 예를 들어 수치형 변수의 각 값에 대응하는 분위수를 구하면, 이는 수치형 변수를 순위형 변수로 변환하는 것과 같은 효과를 준다. 수치형 변수를 순위형으로 바꾼다는 것은 정보의 손실을 수반하기 때문에 꺼려질 수 있다. 그러나 너무 많은 정보는 데이터를 이해하고 해석하는 데 방해가 되는 경우가 많다. 예를 들어 '12.3'과 '상위 12%' 두 숫자를 비교해 보자. 어떤 숫자가 더 '유용해' 보이는가? 아마도 대부분 후자를 선택할 것이다. 왜냐하면 상위 12%는 원 자료의 정보 중 일부를 잃었지만, 이 수치만으로 보다 많은 인사이트를 제시할 수 있기 때문이다. 이번에는 예제를 통해 수치형 변수를 n-분위수로 변환하는 방법을 알아보자.

예측 모형을 만들고 입력 변수를 넣으면, 모형은 어떤 사건에 대한 가능성을 '확률'로 반환한다. 하지만 이 확률이 항상 유용한 것은 아니다. 어떤 사건의 발생 가능성은 그 사건이 무엇이냐에 따라 평균이 다르기 때문이다. 예를 들어 '보험사기'와 '재방문' 두 사건 모두는 확률로 표현할 수 있다. 하지만 두 확률이 모두 10%라고 하여 같은 수준에 둘 수 없다. 왜냐하면 보험사기 확률은 1%도 되지 않지만, 재방문율은 보통 5%가 넘기 때문이다. 이처럼 예측 모형의 확률은 사전확률(prior probability)에 대한 정보가 없다면, 어떤 판단도 내리기 어렵다. 이런 이유로 실무에서는 모형의 예측 확률을 100-분위수 또는 1,000-분위수로 변환하여 점수로 활용한다. 이 점수는 상대적으로 얻은 확률이 얼마나 높은지를 나타낼 수 있기 때문이다(앞서 설명한 상위 12%와 같은 원리). 앞서 예로 든 보험사기 확률 10%는 아마도 상위 1%, 즉 보험사기

표 7.7 구매확률 예측 데이터(BUY_PRED_PROB)

OBS	ID	P_BUY_Y
1	1	0.11212
2	2	0.15728
3	3	0.43147
4	4	0.84101
5	5	0.18703
...	...	...
96	96	0.34521
97	97	0.31198
98	98	0.11697
99	99	0.22463
100	100	0.41687

점수 990점 이상일 것이고, 재방문율 10%는 600점 정도 될 것이다. 이 경우 같은 확률도 상대적으로 꽤 큰 차이가 있음을 알 수 있다.

<표 7.7>의 BUY_PRED_PROB 데이터는 100명의 가망 고객을 대상으로, 구매확률을 예측한 결과 데이터이다. 이 구매확률을 분위수로 변환하여 100점 만점의 점수로 변환하여 보자.

예 7.18 분위수 산출

```
/* ① 20개 그룹으로 순위 부여 */
PROC RANK DATA=MYSAS.BUY_PRED_PROB OUT=RANK_DATA GROUPS=20;
    VAR   P_BUY_Y;
    RANKS P_BUY_RNK;
RUN;

/* ② 5점 단위로 100점 만점으로 점수 구성*/
DATA OUTPUT_DATA;
    SET RANK_DATA;
    P_BUY_SCORE = (P_BUY_RNK + 1)*5;
RUN;
```

OBS	ID	P_BUY_Y	P_BUY_RNK	P_BUY_SCORE
1	1	0.11212	0	5
2	2	0.15728	0	5
3	3	0.43147	9	50
4	4	0.84101	19	100
5	5	0.18703	1	10
...	...	...	...	...
96	96	0.34521	5	30
97	97	0.31198	4	25
98	98	0.11697	0	5
99	99	0.22463	2	15
100	100	0.41687	8	45

① 연속형 변수를 분위수로 변환하는 가장 쉬운 방법은 PROC RANK를 이용하는 것이다. 이 프로시저에는 본래 기능인 순위 외에도 백분위 비율을 구하는 PERCENT, k개로 순위를 부여하는 GROUPS 등의 옵션이 있다. 그중 GROUPS 옵션은 주어진 개수만큼 순위를 부여한다. 이 예에서는 k를 20으로 지정했기 때문에 순위는 '0~19'까지 총 20개가 부여된다. 만약 그룹변수별로 순위를 만들고 싶다면, 사전에 기준변수로 정렬한 다음 'BY 그룹변수' 꼴로 프로시저를 실행하면 된다. ② PROC RANK로

구한 순위는 '0~19'이므로 이 값을 바로 점수로 쓰기에는 부적합하다. 따라서 값을 변환한 다음 P_BUY_SCORE 변수에 저장한다. 이 예에서는 점수 범위를 5~100점으로 하고, 점수 증감 단위를 5점으로 하도록 코딩했다. 결과를 살펴보면, 구매확률이 높은 4번째 관측치(P_BUY_Y = 0.84101)는 100점으로 높은 점수를 받은 것을 알 수 있다. 또한 구매확률이 낮은 1~2번째 관측치는 모두 5점을 받은 것을 확인할 수 있다. 점수 단위나 범위는 **GROUPS** 옵션의 값과 프로그램을 변경하여 조정할 수 있다.

7.2. 상황별로 자주 사용하는 매크로

매크로는 코드 재사용율을 높여준다. 이 절에서는 어떤 코드의 특정 값을 바꿔 반복 실행하는 방법, 변수 이름을 매크로에 저장하는 방법, 변수 값을 매크로 변수에 지정하는 방법 등을 알아본다. 이 방법들은 '매크로 변수와 함수'를 활용하여 코드를 간결하고 유연하게 해준다.

7.2.1. 매크로 함수 개발 방법

모든 개발과정이 그렇듯 매크로 개발에도 시행착오(trial and error)가 필요하다. 개발자는 '어?'를 반복하다가 '어! 된다'로 개발을 마무리한다. 매크로 개발 과정에서 가장 중요한 것은 중간중간 발생한 오류를 빨리 찾아내는 것이다. 그런 의미에서 이번에는 매크로 프로그램 개발 단계에서 알아두면 유용한 몇 가지 팁들을 우선 살펴보겠다.

(1) 개발은 '%LET'으로 시작

매크로 함수는 %FUNCTION(X=, Y=)과 같은 형식으로 호출하고, %MACRO FUNCTION(X=, Y=)과 같은 형식으로 정의한다. 흔히 '매크로로 감싼다'는 표현을 쓴다. 매크로로 감쌀 경우 가장 큰 문제는 디버깅(debugging)이 어렵다는 점이다. 오류가 발생해도 정확한 원인을 매크로 개발 단계에서는 알기 어렵다. 따라서 처음부터 매크로 함수로 개발하기 보다는 **%LET** 명령문으로 매크로 함수에 필요한 변수들은 프로그램 서두에 정의하고, 개발을 이어 나가는 것이 좋다. 그리고 개발이 모두 끝난 뒤 매크로 함수 형태로 변환해도 늦지 않다.

예 7.19 입력 파라미터 정의

```
%LET SOURCE_TABLE = SOURCE_MART_2023; /* 입력 데이터 이름 */
%LET TARGET_TABLE = SMRY_MART_2023;   /* 결과 데이터 이름 */
%LET RAND_SEED    = 123123;
- 매크로 프로그램 코드 -
```

프로그램에서 사용할 매크로 인수 혹은 파라미터는 〈예 7.19〉와 같이 **%LET** 명령문을 이용하여 사전에 정의하는 것이 좋다. 또한 초기화가 필요한 매크로 변수도 프로그램 시작에서 정의해 두는 것이 좋다. 〈예 7.19〉에서는 SOURCE_MART_2023 데이터를 가져와 어떤 작업을 수행한 뒤 SMRY_MART_2023 데이터에 저장하는 것으로 보인다. 또한 RAND_SEED를 파라미터로 받은 점을 보면, 작업 처리 과정에서 난수를 활용한 부분이 포함된 것으로 보인다.

(2) 주석 처리 방법

○ 프로그램 구조를 주석으로

좋은 문서와 좋은 주석은 닮아 있다. 주석(footnote)도 어떻게 보면 문서의 일종이기 때문이다. 주석은 프로그램을 설명하는 문서이다. 주석이 본연의 역할을 잘하려면 이해하기 쉬워야 한다. 주석을 작성할 때도 '이해하기 쉬움'에 중점을 두는 것이 중요하다. 보통 문서는 계층형(hierarchy) 구조로 작성한다. 사람은 단순히 나열되어 있는 정보보다는 계층형 구조로 구조화되어 있는 정보를 보다 쉽게 이해하기 때문이다. 주석을 달 때도 계층형 구조로 주석을 달면 보다 이해하기 편리하다.

예 7.20 계층형 구조의 주석 예시

```
/* 1. 연 평균 통장 잔액 산출 */
/* 1.1. 대상 추출 */
- 프로그램 -
/* 1.2. 수신 잔액 산출 */
- 프로그램 -
/* 1.3. 펀드, 방카 잔액 산출 */
- 프로그램 -
/* 1.4. 산출 잔액 합산 */
- 프로그램 -
/* 1.5. 결과 저장 */
- 프로그램 -
```

〈예 7.20〉은 실무에서 실제로 사용했던 것과 비슷하게 재구성한 주석 예시이다. 이 주석을 살펴보면, '1. 연 평균 통장 잔액 산출'을 통해 이하 세부 내용이 연 평균 통장 잔액을 산출하기 위한 중간 과정임을 이해할 수 있다. 이 프로그램의 경우 여신과 펀드/방카를 나누어 잔액을 구한 뒤 합산하는 방식으로 구성되어 있다. 이 사실을 주석만 살펴보아도 쉽게 이해할 수 있다. 주석을 작성할 때 주의할 점은 '용어' 선택이다. 되도록 주석에서 사용하는 용어는 개발자 입장의 용어가 아닌, 사용자나 관리자 입장의 용어를 사용하는 것이 좋다.

○ 프로그램 설명을 위한 주석 예시

프로그램 설명을 위한 주석은 프로그램의 가장 상단에 위치한다. 이 주석에는 프로그램에 대한 개요 정보가 담겨있다. 주석의 서식은 회사마다 다르지만 대체로 아래와 같은 정보를 포함하고 있다.

예 7.21 프로그램 설명을 위한 주석 예시

```
/**************************************************************
* 1) 프로그램: 우수 고객 평잔 산출 프로그램
* 2) 작성일: 2023.12.23.(토)
* 3) 작성자: Han, Noah
* 4) 입력 데이터: SOURCE_TABLE
* 5) 결과 데이터: TARGET_TABLE
* 6) 세부 설명: 월 단위로 우수 고객의 수신, 펀드, 방카 합산 금액 산출
* 7) 배치 주기: 월 배치(매월 26일 실행)
* 8) 실행 시간: 12.45초
* 9) 히스토리: (2023.12.23.) 최초 작성
*             (2023.12.25.) 평잔 정의 변경
**************************************************************/
- 입력 파라미터 정의 -
```

〈예 7.21〉은 매크로 또는 SAS 프로그램 개발에서 필요한 주요 정보를 입력한 주석의 예시이다. 이 주석에는 프로그램에 대한 전반적인 설명은 물론, 수정되었을 경우의 히스토리 정보를 남기는 것이 좋다. 매크로 함수를 개발할 때는 위 정보에 추가로 파라미터 정보를 함께 넣어주면 좋다.

○ 매크로 함수를 이용한 주석 처리 방법

프로그램 개발 또는 운영 단계에서 갑자기 특정 코드 블록을 모두 주석으로 처리해야 하는 경우가 있다. 이때 프로그램 내에 주석이 포함되어 있으면, 주석처리가 제대로 되지 않아 오류가 발생하는 경우가 있다. 이 경우에 매크로 함수는 주석 대용으로 유용하게 쓰일 수 있다.

예 7.22 긴 코드를 한 번에 주석 처리하기

```
%MACRO comment();
- 주석 처리할 코드 -
%MEND;
```

〈예 7.22〉는 일반적인 주석인 '/* */' 대신 comment()라는 매크로 함수 안에 주석 처리할 코드를 감싸버렸다. 일반적인 주석의 경우 주석 처리할 영역 내에 다른 주석이 포함되면, 주석을 여는 '/*' 기호와 해당 주석을 닫는 '*/' 기호가 호응하여 이후 코드는 주석 처리가 되지 않는다. 이 경우 위와 같은 매크로 함수 형태로 주석을 대신하면 이전 주석을 유지하면서 보다 쉽게 주석처리가 가능하다.

(3) 매크로 처리 과정 확인

매크로 개발의 가장 큰 어려움은 그 과정을 로그로 확인하기 어렵다는 점이다. 따라서 디버깅 때문에 고생하는 경우가 많다. 그러나 다행히 매크로 처리 과정을 확인할 수 있는 두 가지 옵션이 있다. 바로 MLOGIC과 MPRINT이다. 이 두 옵션은 실무에서 매크로 프로그램 개발에 자주 사용하는 옵션들이다. 먼저 MLOGIC 옵션은 프로그램 실행 과정을 순서대로 로그 창으로 출력한다. 다음으로 MPRINT 옵션은 매크로 함수 내 실행된 SAS 코드를 출력하는 옵션이다. 다음 예를 통해 MLOGIC과 MPRINT 옵션의 사용 방법과 기능에 대해 자세히 알아보자.

예 7.23 MLOGIC과 MPRINT 옵션의 사용

```
/* ① 옵션 적용 */
OPTIONS MPRINT MLOGIC;

/* ② 매크로 함수 정의 */
%MACRO MSG_LOG_PRINT(MSG = );
    %IF &MSG NE %THEN %DO;
```

```
        %PUT NOTE: &MSG.;
        DATA TEMP_PROGRAM;
            A = 10;
        RUN;
    %END;
    %ELSE %DO;
        %PUT NOTE: 메시지가 입력되지 않았습니다.;
        DATA TEMP_PROGRAM;
            A = 10;
        RUN;
    %END;
%MEND;

/* ③ 매크로 함수 실행 */
%MSG_LOG_PRINT(MSG = );

/* ④ 옵션 해제 */
OPTIONS NOMPRINT NOMLOGIC;
```

〈LOG 윈도우의 출력〉

```
MLOGIC(MSG_LOG_PRINT): 실행을 시작합니다.
MLOGIC(MSG_LOG_PRINT): 파라미터 MSG에 값  있음
MLOGIC(MSG_LOG_PRINT): %IF 조건 &MSG NE은(는) FALSE입니다.
MLOGIC(MSG_LOG_PRINT): %PUT NOTE: 메시지가 입력되지 않았습니다.
NOTE: 메시지가 입력되지 않았습니다.
MPRINT(MSG_LOG_PRINT):   DATA TEMP_PROGRAM;
MPRINT(MSG_LOG_PRINT):   A = 10;
MPRINT(MSG_LOG_PRINT):   RUN;
```

① **MPRINT**와 **MLOGIC** 옵션은 시스템 옵션으로 **OPTIONS** 명령문을 통해 적용할 수 있다. **OPTION** 명령문은 동시에 두 가지 옵션을 모두 지정할 수도 있고, 각자를 따로 지정해도 동일하게 적용된다. ② 매크로 함수를 정의하는 부분이다. 이 매크로 함수는 MSG라는 파라미터를 입력받아, 메시지가 있으면 메시지를 로드 창에 출력하고 TEMP_PROGRAM이라는 데이터를 만든다. 하지만 만약 MSG가 비어 있다면, "메시지가 입력되지 않았습니다."를 출력하고 데이터를 만든다. ③ 매크로 함수를 호출하는 코드이며, 이 경우에는 메시지에 아무 값도 할당하지 않았다. ④ 옵션을 해제하고 싶은 경우, 각 옵션 이름 앞에 'NO-'를 붙인 뒤 실행하면 설정이 초기화 된다.

로그 창에 출력된 결과를 살펴보면, 〈예 7.23〉의 결과와 같이 매크로 함수의 실행 과정과 실행된 데이터-단계의 코드에 대한 상세 정보가 출력된 것을 확인할 수 있다. 로그 창을 통해 알 수 있듯이 MLOGIC 옵션으로 인해 추가로 출력된 내용은 'MLOGIC(매크로 함수 이름)'으로 표시되어 있다. 이는 MPRINT의 경우도 마찬가지이다.

이 두 옵션을 사용하면 매크로 실행 과정을 로그로 쉽게 확인할 수 있기 때문에 개발 단계에서 매우 편리하다. 다만 개발이 끝난 경우에는 로그를 너무 많이 만들어 내기 때문에 옵션의 설정 부분을 코드에서 제외하는 것이 좋다.

7.2.2. 자주 사용하는 매크로 반복문

데이터를 분석하거나 처리하다 보면 같은 코드를 '날짜, 변수 이름, 데이터' 등만 바꿔 재사용하는 경우가 종종 발생한다. 같은 코드를 반복하여 사용하다 보면 의도치 않게 실수를 하게 되는 경우도 있다. 또한 작성한 코드를 다른 사람이 살펴볼 경우, 장황한 코드로 인해 코드를 이해하기 어려운 경우도 발생한다. 매크로는 이와 같은 반복 작업을 보다 간결하고 이해하기 쉽도록 만들어 준다.

(1) %DO-%TO 반복문

%DO-%TO 반복문은 특정 색인(index) 변수를 일정한 간격으로 증감시키며 코드를 반복 실행하는 반복문이다. 매크로 프로그램의 반복문은 보통 어떤 리스트에 주어진 값들을 바꿔가며 특정 코드를 반복하여 실행한다. 따라서 보통 '%LET LIST = A B C D;'와 같은 형식으로 반복실행할 값들을 할당하고 시작한다. 즉, A로 한 번 코드를 실행하고, 다음에는 B로 한 번 실행하고, …, 이렇게 반복하여 실행하는 것이다. 다음 예를 통해 자세한 사용법을 알아보자.

예 7.24 %DO-%TO 반복문

```
%MACRO LOOP;
/* ① 반복 실행 대상 리스트 정의 */
%LET LIST = A B C D;
/* ② 반복문 시작 */
%DO I = 1 %TO %SYSFUNC(COUNTW(&LIST));
    /* ③ I번째 실행 대상 추출 */
    %LET CUR_VALUE = %SCAN(&LIST, &I);
    /* ④ 반복 실행 코드(필요에 따라 변경) */
```

```
    %PUT NOTE: INDEX = &I / VALUE = &CUR_VALUE;
%END;
%MEND;

%LOOP;
```

〈LOG 윈도우의 출력〉

```
NOTE: INDEX = 1 / VALUE = A
NOTE: INDEX = 2 / VALUE = B
NOTE: INDEX = 3 / VALUE = C
NOTE: INDEX = 4 / VALUE = D
```

① 반복 실행할 값 리스트를 **%LET** 명령문을 이용하여 정의하였다. ② 색인 매크로 변수 *I*를 1부터 리스트에 포함된 원소의 개수까지 반복하겠다는 의미이다. 이 코드에서 사용된 **%SYSFUNC(COUNTW())** 부분은 공백으로 구분되어 있는 원소의 개수를 반환한다. 여기에서 **COUNTW()** 함수는 SAS 함수로서(매크로 함수가 아님), 공백으로 나뉜 문자열에 포함된 단어의 개수를 반환한다. 이 함수는 매크로 함수가 아니기 때문에 **%SYSFUNC()** 함수로 감싸주어야 한다. ③ **%SCAN** 함수는 첫 번째로 입력된 매크로 변수에서 공백을 기준으로 두 번째 인수 번째에 있는 원소를 반환한다. 이 코드에서는 **%SCAN()** 함수의 반환 값을 CUR_VALUE 변수에 저장한다. ④ CUR_VALUE와 색인이 일치하는지를 확인하기 위해 매크로 변수의 값을 출력하기 위한 코드이다. 실제 반복문을 사용할 때는 반복하여 변경할 부분에 &CUR_VALUE를 넣으면 된다.

(2) %DO-%UNTIL 반복문

%DO-%UNTIL 반복문은 '%UNTIL(-조건-)'의 조건이 참일 때까지 반복적으로 코드를 실행하는 반복문이다. 〈예 7.25〉의 프로그램은 〈예 7.24〉의 프로그램과 동일한 기능을 수행한다. 다만 **%UNTIL** 반복문을 사용했다는 차이만 있다. 〈예 7.25〉를 통해 **%DO-%UNTIL** 반복문의 사용법을 알아보자.

예 7.25 %DO-%UNTIL 반복문

```
%MACRO LOOP;
/* ① 변수 초기값 설정 */
%LET LIST = A B C D;
%LET I    = 0;
/* ② 반복문 실행 */
%DO %UNTIL(&I = %SYSFUNC(COUNTW(&LIST)));
/* ③ 값 갱신 */
    %LET I         = %EVAL(&I + 1);
    %LET CUR_VALUE = %SCAN(&LIST, &I);
/* ④ 결과 출력 */
    %PUT NOTE: INDEX = &I / VALUE = &CUR_VALUE;
%END;
%MEND;

%LOOP;
```

〈예 7.25〉의 실행 결과는 앞서 살펴본 〈예 7.24〉와 같다. 차이점을 중심으로 살펴보자. 먼저 ① **%DO-%UNTIL** 반복문의 경우 색인 변수를 따로 요구하지 않기 때문에, 반복문을 실행하기에 앞서 색인 변수를 0으로 초기화한다. ② 조건문의 형태가 다소 복잡해 보이지만, 이 조건문은 '색인 변수 = 전체 리스트의 원소수'를 만족할 때까지 반복하라는 의미이다. ③ 반복문이 시작되면 먼저 색인 변수를 한 단위 증가시키고, 이어서 **%SCAN** 함수로 I번째 원소를 추출한 뒤 결과를 출력한다. 이 과정을 조건을 만족할 때까지 반복한다.

7.2.3. 변수 이름을 매크로 변수에 저장하는 방법

앞서 살펴본 반복문은 변수를 바꿔가며 특정 작업을 수행하는 경우, 특히 유용하다. 예를 들어 변수별 분포를 뽑거나, 변수 이름에 특정 접두어(prefix)나 접미어(subfix)를 일괄로 붙이는 경우가 그렇다. 이번에는 변수 이름을 리스트로 추출하는 방법부터 차례로 알아보자.

(1) 변수 정보를 데이터로 저장하는 방법

변수 이름을 추출하는 가장 쉬운 방법은 **PROC CONTENTS**를 사용하는 것이다. 이 프로시저는 입력한 데이터의 메타정보를 출력한다. 이때 **OUT=** 옵션에 데이터 이름을 지정하면 메타 정보를 SAS 데이터로 저장할 수 있다.

예 7.26 PROC CONTENTS로 변수 이름 추출하기

```
PROC CONTENTS DATA=SASHELP.CLASS
              OUT=MYSAS.MTA_CLASS(KEEP=VARNUM NAME TYPE LENGTH)
              NOPRINT;
RUN;

PROC SORT DATA=MYSAS.MTA_CLASS;
    BY VARNUM;
RUN;
```

OBS	NAME	TYPE	LENGTH	VARNUM
1	Name	2	12	1
2	Sex	2	4	2
3	Age	1	8	3
4	Height	1	8	4
5	Weight	1	8	5

〈예 7.26〉의 프로그램을 살펴보자. PROC CONTENTS는 DATA= 옵션으로 입력한 데이터의 메타정보를 출력한다. 그러나 우리가 원하는 것은 이 출력 결과 중 일부를 데이터로 저장하는 것이다. 먼저 NOPRINT 옵션은 HTML과 같은 그래픽 출력을 끄기 위한 옵션이다. 어차피 데이터로 저장할 것이기 때문에 불필요한 자원낭비를 막기 위해 설정한다. OUT= 옵션에는 메타정보를 저장할 데이터 이름을 할당한다. 이때 메타 데이터에는 변수 이름(NAME), 유형(TYPE), 크기(LENGTH), 라벨(LABEL), 변수 순서(VARNUM)을 제외한 나머지를 모두 KEEP 명령문을 이용하여 제외한다. 메타 데이터에는 이들 정보 이외에도 매우 다양한 정보가 포함되어 있다. 포함된 정보가 궁금하다면 KEEP 명령문 없이 실행하여 확인하기 바란다. 변수 순서 VARNUM은 원 데이터의 변수가 나열된 순서를 나타내는 변수다. 메타정보를 추출할 대상 데이터에 포함된 변수가 많은 경우, 이 변수는 순서 정보를 저장하기 때문에 매우 유용하게 쓰인다. PROC SORT 이하의 코드는 데이터에 변수가 나열된 순서대로 메타 데이터도 정렬한다. 결과를 살펴보면 MTA_CLASS 데이터에 CLASS 데이터의 변수 정보가 모두 포함된 것을 알 수 있다. MTA_CLASS 데이터는 이후 예제에서도 사용할 것이기 때문에 영구 라이브러리에 저장하도록 하자.

(2) 변수 이름을 매크로에 저장하는 방법

메타 데이터로 추출한 변수 정보는 다시 매크로 변수로 할당하여 사용할 수 있다. 이렇게 할당한 정보는 주로 앞서 살펴본 반복문의 입력 값으로 할당하여 사용한다. 매크로 변수에 할당하는 방법은 크게 두 가지가 있다. 첫째, 하나의 매크로 변수에 공백이나 특정 구분자를 이용하여 리스트 형태로 저장하는 방법이다. 둘째, 매크로 변수에 접미사로 인덱스를 넣어 'V1, V2, V3,…' 행태로 저장하는 방법이다. 두 가지 방법은 나름의 장단점이 있기 때문에 예제를 통해 각각의 방법을 알아보자.

○ 하나의 매크로 변수에 저장하기

메타 정보를 하나의 매크로 변수에 저장하는 경우, 보통 공백을 구분자로 각 변수 이름을 구분하여 저장한다. 예를 들어, CLASS 데이터의 경우 'Name, Sex, …, Weight' 등의 변수가 포함되어 있다. 이 변수들의 이름을 추출하여 특정 매크로 변수에 'Name Sex … Weight'와 같은 형태로(공백을 구분자로 하여) 저장한다. 이때 구분자는 꼭 공백일 이유는 없다. 다만 많은 SAS 프로시저들이 공백으로 변수를 구분하기 때문에 주로 공백을 이용하는 것이다. 하나의 매크로 변수에 저장하는 절차는 크게 두 단계로 이뤄진다. 첫째, 데이터의 메타 정보를 추출하여 메타 데이터를 구성하는 단계이다. 〈예 7.26〉이 여기에 해당한다. 둘째, 메타 데이터를 불러와서 SQL의 SELECT INTO 명령문을 이용하여 매크로 변수에 저장하는 것이다. 〈예 7.27〉을 통해 그 방법을 알아보자.

예 7.27 하나의 매크로 변수에 저장하는 방법

```
PROC SQL NOPRINT;
    SELECT NAME
        INTO :VNAME_LIST
        SEPARATED BY ' '
            FROM MYSAS.MTA_CLASS
    ;
QUIT;

%PUT NOTE: &=VNAME_LIST;
```

〈LOG 윈도우의 출력〉

```
20   %PUT NOTE: &=VNAME_LIST;
NOTE: VNAME_LIST=Name Sex Age Height Weight
```

〈예 7.27〉의 프로그램을 살펴보자. 먼저 PROC SQL에 NOPRINT 옵션을 추가한 이유는 그래픽 출력을 막기 위해서이다. PROC SQL은 CREATE 명령문이 없는 경우 결과를 HTML 형식과 같은 그래픽으로 출력한다. 그래픽 출력은 변수가 적을 때는 문제가 되지 않는다. 그러나 변수가 많은 경우 그래픽 출력은 처리속도를 저해하는 원인이 되기 때문에, 되도록 매크로에 데이터의 변수 값을 할당하는 경우에는 출력을 꺼주는 것이 좋다. SELECT 명령문에는 값을 가져올 변수 이름을 지정한다. 이 예에서는 변수 이름을 매크로 변수에 저장하는 것이 목적이기 때문에 NAME을 선택하였다. INTO 명령문 다음에는 저장할 매크로 변수명을 콜론(:)과 함께 넣는다. 만약 SELECT 명령문에 변수가 두 개라면 INTO 명령문에도 ':VAR1, :VAR2'와 같이 콤마로 구분하여 매크로 변수를 기입하면 된다. SEPARATED BY 명령문은 매크로 변수 하나에 변수 값 여러 개를 넣는 것이기 때문에, 각 값을 무엇으로 구분할지를 정해주기 위한 구문이다. SEPARATED BY 다음의 따옴표 안에 구분자를 지정하면 된다. 이 예에서는 공백을 넣었다. 마지막으로 '%PUT NOTE:'로 로그 창에서 할당 결과를 확인한다. 참고로 '&=NAME_LIST'는 'NAME_LIST = &NAME_LIST'와 같은 의미이다.

○ 매크로 변수에 인덱스를 넣어 저장하는 방법

하나의 매크로 변수에는 공백을 포함하여 최대 65,534개의 문자를 저장할 수 있다. 즉, 앞서 〈예 7.27〉에서 설명한 방법은 변수가 수 천개에 달하는 경우 매크로 변수에 넘침이 발생할 수 있다. 따라서 이 방법은 약간의 위험이 따른다. 이런 이유로 실무에서는 변수가 많은 경우 매크로 변수에 인덱스를 붙여(MCRV1, MCRV2, …, MCRV100 등) 각 변수 이름과 매크로 변수를 1:1로 대응시켜 저장하는 방법을 이용하기도 한다. 다만, 이 방법은 할당 결과를 확인하거나 결과를 활용할 때 항상 반복문을 사용해야 한다는 단점이 있다. 〈예 7.28〉을 통해 변수 이름을 매크로 변수에 인덱싱을 적용하여 저장하는 방법을 알아보자.

예 7.28 변수 이름을 인덱스로 구분한 매크로 변수에 저장하기

```
/* ① 변수명 할당 */
PROC SQL NOPRINT;
    SELECT NAME
        INTO :VNAME1-
        FROM MYSAS.MTA_CLASS
    ;
QUIT;
```

```
/* ② 변수 저장 */
%LET OBS_NUM = &SQLOBS;
%PUT NOTE: &=SQLOBS;

/* ③ 결과 확인 */
%MACRO LOOP;
    %DO I = 1 %TO &OBS_NUM.;
        %PUT NOTE: VNAME&I : &&VNAME&I;
    %END;
%MEND;

%LOOP;
```

〈LOG 윈도우의 출력〉

```
NOTE: VNAME1 : Name
NOTE: VNAME2 : Sex
NOTE: VNAME3 : Age
NOTE: VNAME4 : Height
NOTE: VNAME5 : Weight
```

① 변수명을 매크로 변수에 할당하기 위한 코드이다. SELECT INTO 명령문의 전반적인 구조는 앞에서 살펴본 〈예 7.27〉과 같다. 차이점은 SEPATATED BY 구문이 없어지고, 'VNAME1-'이 추가됐다는 점이다. 'VNAME1-'은 SELECT에 지정된 첫 번째 변수 값을 VNAME1에 저장하고, 이후 값은 인덱스를 1씩 증가시켜 마지막 값까지 저장하겠다는 의미이다. 즉, 실제 데이터는 매크로 변수 'VNAME1, VNAME2, …'에 데이터가 기록된 순서대로 순차적으로 저장된다. ② SQL 프로시저는 코드가 실행되면 결과로 출력되는 데이터의 관측치 수를 자동 매크로 변수 SQLOBS에 저장한다. SQLOBS는 자동 매크로 변수이기 때문에 SQL 프로시저가 실행될 때마다 값이 바뀐다. 따라서 실무에서는 안정성을 목적으로 %LET 명령문으로 다른 매크로 변수에 할당하여 사용한다. 실행되는 코드가 여러 개인 경우, 간혹 다른 SQL 프로시저의 결과로 얻은 관측치 수가 자동 매크로 변수에 저장되어 문제가 발생하기 때문이다. ③ 매크로 변수를 인덱스로 구분하여 저장하는 경우, 하나의 매크로 변수에 저장된 것이 아니기 때문에 %DO-%END 루프로 결과를 확인하고 사용해야 한다. %PUT 명령문을 살펴보면 '&&VNAME&I'와 같이 매크로 변수 값을 호출하는 것을 알 수 있다. 이 원리는 다음 예제를 통해 알아보자.

○ 매크로 변수의 Forward Re-scan Rule(FRR)

매크로 변수 이름에 인덱스를 포함하여 배열과 비슷하게 사용하는 경우 스캔이 어떻게 이뤄지는지를 이해하는 것은 상당히 어려운 일이다. 따라서 앞에서 배운 인덱스가 있는 매크로 변수를 정확히 이해하기 위해 SAS가 어떻게 '&'를 풀어나가는지를 〈예 7.29〉를 통해 살펴보자.

예 7.29 매크로 변수의 FRR 알아보기

```
/* ① 매크로 변수 스캔 과정을 살펴보기 위한 옵션 */
OPTIONS SYMBOLGEN;

/* ② 매크로 변수 초기화 */
%LET ONE = TWO;
%LET TWO = THREE;
%LET THREE = FOUR;

/* ③ 스캔 과정 확인 */
%PUT NOTE: &ONE;
%PUT NOTE: &&ONE;
%PUT NOTE: &&&ONE;
%PUT NOTE: &&&&&ONE;
%PUT NOTE: &&&&&&&ONE;
```

〈LOG 윈도우의 출력〉

```
33    %PUT NOTE: &ONE;
SYMBOLGEN: 매크로 변수 ONE이(가) TWO(으)로 표현됩니다.
NOTE: TWO
34    %PUT NOTE: &&ONE;
SYMBOLGEN: &&이(가) &(으)로 표현됩니다.
SYMBOLGEN: 매크로 변수 ONE이(가) TWO(으)로 표현됩니다.
NOTE: TWO
35    %PUT NOTE: &&&ONE;
SYMBOLGEN: &&이(가) &(으)로 표현됩니다.
SYMBOLGEN: 매크로 변수 ONE이(가) TWO(으)로 표현됩니다.
SYMBOLGEN: 매크로 변수 TWO이(가) THREE(으)로 표현됩니다.
NOTE: THREE
36    %PUT NOTE: &&&&&ONE;
SYMBOLGEN: &&이(가) &(으)로 표현됩니다.
SYMBOLGEN: &&이(가) &(으)로 표현됩니다.
SYMBOLGEN: 매크로 변수 ONE이(가) TWO(으)로 표현됩니다.
SYMBOLGEN: &&이(가) &(으)로 표현됩니다.
```

```
SYMBOLGEN: 매크로 변수 TWO이(가) THREE(으)로 표현됩니다.
NOTE: THREE
37   %PUT NOTE: &&&&&&&ONE;
SYMBOLGEN: &&이(가) &(으)로 표현됩니다.
SYMBOLGEN: &&이(가) &(으)로 표현됩니다.
SYMBOLGEN: &&이(가) &(으)로 표현됩니다.
SYMBOLGEN: 매크로 변수 ONE이(가) TWO(으)로 표현됩니다.
SYMBOLGEN: &&이(가) &(으)로 표현됩니다.
SYMBOLGEN: 매크로 변수 TWO이(가) THREE(으)로 표현됩니다.
SYMBOLGEN: 매크로 변수 THREE이(가) FOUR(으)로 표현됩니다.
NOTE: FOUR
```

〈예 7.29〉의 프로그램을 살펴보자. 먼저 **SYMBOLGEN** 옵션은 &가 풀려나가는 과정을 로그 창에서 확인하기 위해 사용한 옵션이다. 각 할당 내용을 살펴보면 매크로 변수 ONE에는 TWO를, TWO에는 THREE를, THREE에는 FOUR를 각각 할당해 두었다. '&매크로 변수 이름'의 형태로 매크로 변수 값을 불러와서 활용했던 것을 떠올리면, 'THREE'라는 값을 얻으려면 '&&ONE'을 이용하면 될 것 같다. 그러나 로그 창에서 '&&ONE'은 TWO로 &ONE과 결과가 같은 것을 알 수 있다. 왜 이런 현상이 발생할까? 원리는 간단하다. 매크로 변수에 &가 여러 개 붙는 경우, SAS는 왼쪽에서 오른쪽으로 코드를 스캔하고, '&&'는 모두 '&'로 바꿔주고, '&변수명'인 경우 그 값을 반환한다. 따라서 '&&ONE'의 스캔 과정은 다음과 같다.

&&ONE → &ONE → TWO

같은 원리로 '&&&&&&&ONE'과 같이 복잡한 매크로 참조 과정을 살펴보면, 다음과 같은 순서로 매크로 변수를 스캔해 간다.

&&&&&&&ONE
→ 스캔 1회차: &&&TWO
→ 스캔 2회차: &THREE
→ 스캔 3회차: FOUR

7.2.4. LABEL로 변수 메타 관리하기

메타 데이터는 앞서 살펴본 것과 같이 데이터에 대한 데이터이다. 메타 데이터에는 '변수 이름, 크기, 자료형, 역할' 등의 정보가 포함된다. 메타 데이터에 무엇을 담을지는 목적에 따라 다르다. 이번에는 데이터 분석이 주 목적인 경우, 자주 쓰이는 변수 유형과 역할과 유형에 무엇이 있는지와 역할과 유형을 LABEL로 할당하는 방법을 알아보겠다.

(1) 변수의 유형과 역할

○ 변수의 유형

변수의 유형은 크게 범주형과 수치형 두 가지로 나누어 생각할 수 있다. 예를 들어, 성별은 보통 "남, 여" 두 가지 범주로 구분하며 이산적인 범주를 가지기 때문에 범주형 변수이다. 반면 키, 몸무게, 거리 등의 변수는 연속적인 실수 값을 가질 수 있다. 변수는 그 유형에 따라 처리 방법과 분석 방법이 크게 다르다. 따라서 SAS 프로그래밍에서도 대부분 범주형과 수치형을 구분한다. 보통 수치형 변수는 'Numeric'의 앞 글자를 따와서 'N'으로 나타내고, 범주형 혹은 문자형 변수는 'Character'의 앞 글자를 따와서 'C'로 나타낸다.

표 7.8 변수의 유형

유형	설명
범주형 (Character; C)	가질 수 있는 값이 이산적 (예: 성별, 직업 등)
수치형 (Numeric; C)	가질 수 있는 값이 연속적 (예: 키, 몸무게, 거리 등)

○ 변수의 역할

변수의 역할은 데이터 처리 및 분석 목적에 따라 다르다. 예를 들어, 예측 모형의 경우 역할은 크게 '입력, 출력, 아이디, 세그먼트' 등으로 나누어 생각할 수 있다. 머신러닝, 데이터마이닝, 인공지능 등 도메인에 따라 이들 역할을 부르는 명칭은 다소간 차이가 있지만, 역할에는 큰 차이는 없다. 가령 입력 변수는 '독립 변수, 입력 변수, 특징, 요인, 설명 변수' 등 다양한 이름으로 부른다. 변수 역할은 다음 표와 같이 나누어 생각할 수 있다.

표 7.9 변수의 역할

역할	설명
입력 (Input; I)	예측에 활용되는 변수 (기타 출력 변수를 예측할 목적으로 사용하는 변수들)
출력 (목표) (Target; T)	예측의 대상이 되는 변수 (예: 채무 불이행 여부, 재구매 여부, 재방문 여부, 구매 금액 등)
아이디 (키) (Key; K)	각 개체를 구분하기 위한 변수 (예: 고객번호, 주민번호 등)
세그먼트 (Segment; S)	모형 또는 대상을 구별할 목적으로 사용하는 변수 (예: 모형 구분 목적으로 사용하는 변수)
제외 변수 (Rejected; R)	분석 또는 처리 대상이 아닌 참고용 변수 (예: 배치 시간, 기타 부가 정보)

(2) 변수 유형과 역할을 LABEL에 할당하는 방법

SAS는 변수 이름의 길이를 최대 34자로 제한하고 있다. 또한 변수 이름에는 언더바(_)를 제외한 특수 문자 또는 공백을 포함할 수 없다. 한글 역시 별도 옵션을 주지 않으면 사용할 수 없다. 정리하면 변수 이름에는 제약이 많다. 또한 실무에서는 회사마다 정해진 변수 명명 규칙이 있다. 그 때문에 데이터 분석가가 변수 이름에 유형이나 역할 정보를 담기 어렵다. 그러나 LABEL은 비교적 자유롭다. 한글, 특수문자, 공백은 물론 길이도 최대 256자로 거의 제한이 없다고 보아도 무방하다. 이런 이유로 실무에서는 LABEL을 이용하여 큰 폭으로 성능을 개선하기도 한다. 이번에는 LABEL에 변수의 역할과 유형을 할당하여 활용하는 방법을 〈예 7.30〉을 통해 알아보자.

예 7.30 LABEL에 변수 유형과 역할 할당하기

```
DATA MYSAS.HMEQ_LABEL;
    SET MYSAS.HMEQ;
    LABEL
        ID      = '[RK] 아이디'
        BAD     = '[TC] 채무불이행여부'
        LOAN    = '[IN] 대출신청금액'
        MORTDUE = '[IN] 이전대출금액'
        VALUE   = '[IN] 현재자산'
        REASON  = '[IC] 대출사유'
        JOB     = '[IC] 직업'
        YOJ     = '[IN] 근속연수'
        DEROG   = '[IN] 불량사유보고횟수'
        DELINQ  = '[IN] 부실거래수'
        CLAGE   = '[IN] 최종거래경과월수'
        NINQ    = '[IN] 최근신용상태조사사수'
```

```
        CLNO    = '[IN] 금융거래수'
        DEBTINC = '[IN] 수입대비부채비율'
    ;
RUN;
```

OBS	[RK] 아이디	[TC] 채무불이행여부	…	[IN] 수입대비부채비율
1	1	1	…	.
2	2	1	…	.
3	3	1	…	3.71131
4	4	1	…	.
5	5	0	…	.
…	…	…	…	…

보통 SAS 솔루션, 특히 데이터 분석을 위한 제품은 변수 유형과 역할을 사용자 인터페이스에서 설정하는 기능을 제공한다. 하지만 SAS 프로그래밍을 통해 직접 개발하는 경우, 〈예 7.30〉과 같이 변수의 유형과 역할을 LABEL(레이블)로 할당하면, 필요한 변수를 역할과 유형에 맞게 편리하게 추출하여 사용할 수 있다. 〈예 7.30〉에서는 HMEQ 데이터를 불러오면서 데이터를 한 줄 읽을 때마다 값을 1씩 증가시키는 자동변수 '_N_'을 이용하여 임시로 ID를 생성하였다. 결과 데이터는 영구 라이브러리 MYSAS에 HMEQ_LABEL로 저장한다. 데이터-단계에서 레이블은 LABEL 명령어 이하에 "변수명 = '레이블'" 형태로 생성한다. 이때 변수 간에는 공백으로 구분하며, 마지막 레이블 생성 코드는 세미콜론(;)으로 닫는다. 레이블에 유형과 역할을 할당할 때는 '역할, 유형' 순으로 약어를 이용해 할당하였다. 약어의 명명 기준은 앞에서 살펴본 〈표 7.8〉, 〈표 7.9〉를 기준으로 하였다.

(3) 유형과 역할의 활용

유형과 역할을 LABEL에 입력하면 앞에서 다룬 내용들을 응용하여 원하는 유형과 역할에 해당하는 변수를 추출할 수 있을 것이다. 따라서 〈예 7.31〉에서는 SAS에서 데이터 및 컬럼 등의 관리를 목적을 생성하는 SASHELP.VCOLUMN 또는 DICTIONARY.COLUMNS 데이터의 구조를 살펴본다. 그리고 이 데이터의 LABEL 정보를 통해 원하는 변수를 추출하는 법을 알아보자.

참고로 SASHELP.VCOLUMN 또는 DICTIONARY.COLUMNS 데이터는 현재 활성화되어 있는 라이브러리에 속한 데이터와 변수들에 대한 정보가 저장되어 있다(표 7.10 참조). SAS 라이브러리 탐색기에서 이들 데이터를 열어서 살펴보기 바란다.

표 7.10 SASHELP.VCOLUMN 또는 DICTIONARY.COLUMNS 데이터의 구조

#	변수	유형	길이	레이블
1 *	libname	문자	8	Library Name
2 *	memname	문자	32	Member Name
3	memtype	문자	8	Member Type
4 *	name	문자	32	Column Name
5 *	type	문자	4	Column Type
6 *	length	숫자	8	Column Length
7	npos	숫자	8	Column Position
8 *	varnum	숫자	8	Column Number in Table
9 *	label	문자	256	Column Label
10	format	문자	49	Column Format
11	informat	문자	49	Column Informat
12	idxusage	문자	9	Column Index Type
13	sortedby	숫자	8	Order in Key Sequence
14	xtype	문자	12	Extended Type
15	notnull	문자	3	Not NULL?
16	precision	숫자	8	Precision
17	scale	숫자	8	Scale
18	transcode	문자	3	Transcoded?

○ SASHELP.VCOLUMN와 DICTIONARY.COLUMNS 데이터의 구조

VCOLUMN 데이터에는 〈표 7.10〉과 같이 총 18개 변수를 포함하고 있다. 그러나 이들 변수를 모두 사용하는 것은 아니며, * 표시가 되어 있는 7개의 변수를 주로 사용한다. 보통은 libname과 memname으로 데이터를 특정한 다음, **LABEL**로 조건을 추가하여 원하는 역할과 유형의 변수를 추출한다.

SAS에서 데이터에 대한 메타 정보를 제공하는 데이터는 DICTIONARY 라이브러리에 속한 데이터들과 SASHELP 라이브러리에서 'V'로 시작하는 데이터들이다. 이 두 유형의 메타 데이터는 같은 정보를 제공한다. 다만 DICTIONARY 라이브러리에 속한 메타 데이터는 **PROC SQL**에서만 이용할 수 있다. DICTIONARY라는 라이브러리 이름은 SAS 라이브러리 이름 명명 규칙(최대 길이)을 위반하기 때문이다. 굳이 구별하여 사용하고 싶지 않다면 SASHELP의 VCOLUMN만 이용하면 된다.

○ 역할별 변수 추출 방법

〈예 7.31〉에서는 SASHELP.VCOLUMN 데이터를 활용하여, MYSAS.HMEQ_LABEL 데이터에서 특정 변수를 추출한다. 추출할 대상 변수는 역할이 '입력'이고, 유형이 '범주'인 변수들이다. 최종적으로 이 변수들을 매크로 변수 _C_VLIST_에 공백으로 구분된 리스트 형태로 저장하는 방법을 예제를 통해 알아보자.

예 7.31 역할별 변수 추출하기

```
/* ① 매크로 변수 초기화 */
%LET _C_VLIST_=;

/* ② 범주형 변수 추출 */
PROC SQL NOPRINT;
    SELECT NAME
        INTO :_C_VLIST_
    SEPARATED BY ' '
        FROM SASHELP.VCOLUMN
    WHERE LIBNAME = 'MYSAS'
        AND MEMNAME = 'HMEQ_LABEL'
        AND LABEL LIKE '[IC]%'
    ;
QUIT;

/* ③ 결과 확인 */
%PUT NOTE: &=_C_VLIST_;
```

〈LOG 윈도우의 출력〉

```
134  %PUT NOTE: &=_C_VLIST_;
NOTE: _C_VLIST_=REASON JOB
```

① 매크로 변수에 어떤 값을 자동으로 읽어 할당하는 경우, 먼저 매크로 변수를 초기화해 주는 것이 좋다. 예를 들어, 입력 데이터에 해당 역할과 유형의 변수가 없는 경우 의도치 않은 오류가 발생할 수 있기 때문이다. 이 경우 원인을 찾는 데 많은 시간이 소요될 수 있다. 따라서 매크로 변수를 사용할 때는 〈예 7.31〉과 같이 우선 초기화를 해주도록 하자. ② 이 코드는 SASHELP.VCOLUMN 데이터에서 원하는 변수 이름을 추출하여, 앞에서 초기화한 매크로 변수 _C_VLIST_에 저장하기 위한 것이다. 프로그램에서 먼저 조건문의 'LIBNAME, MEMNAME, LABEL'은 각각 '라이브러리 이름, 데이터 이름, 레이블'이다. 이 코드는 라이브러리와 데이터 이름을 통해 대상 데이터를 특정하고, LABEL에 포함된 정보로 대상 변수를 추출한다. "LABEL LIKE '[IC]%'" 코드는 레이블이 '[IC]'로 시작하는 대상을 추출하겠다는 의미이다. 그 외 내용은 앞서 알아본 것과 같다.

보통 실무에서는 변수를 역할과 유형별로 매크로 변수에 할당하는 작업을 위와 같이 수행한다. 그리고 각 변수의 역할과 유형이 필요할 때마다 매크로 변수에 저장된 리스트를 가져다 활용한다. 이렇게 프로그램을 개발할 경우 입력 데이터의 변수가 바뀌어도 유연하게 대응할 수 있어서, 범용성이 높은 프로그램을 만들 수 있는 장점이 있다.

7.3. 알아 두면 유용한 SAS 프로그래밍 팁

SAS로 프로그램을 개발할 때 알아 두면 유용한 몇 가지 기능이 있다. 예를 들어 데이터셋이 큰 경우, 압축 기능은 데이터 처리 시간을 절약하고 저장 공간을 아껴주어 유용하다. 또한, 간혹 SAS에서 한글이 깨지거나 잘리는 경우 처음 겪는 상황에 당황하기도 한다. 이번에는 SAS 프로그래밍에서 알아 두면 유용한 몇 가지 기능을 알아보자.

7.3.1. 데이터가 크다면, 압축을 이용하자

압축은 불필요한 정보를 제거하여 데이터 크기를 줄이는 방법이다. 압축이 주는 가장 큰 장점은 데이터 처리 시간을 줄일 수 있다는 점이다. 보통 데이터 처리 시간은 연산 시간과 데이터를 읽고 쓰는 시간으로 나누어 생각할 수 있다. 압축의 경우 데이터 용량이 줄어들기 때문에, 데이터를 읽고 쓰는 데 필요한 시간을 크게 줄여준다. 이런 장점은 데이터가 클수록 보다 더욱 극대화되기 때문에 큰 데이터일수록 압축 기능은 유용하다.

데이터 압축 방법을 익히기 위해 사용할 실습 데이터셋은 〈표 7.11〉과 같다. 이 데이터셋은 ID 변수를 포함하여 총 7개 변수를 가지고 있다. 이들 중 ID 변수를 제외하고 수치형 변수가 3개, 문자형 변수가 3개 포함되어 있다. 이 데이터셋은 총 35,000 건의 관측치를 가지고 있으며 크기는 83MB 정도 된다.

표 7.11 데이터 압축 예제 데이터셋 TB_CMPRS_EX의 구조

ID	CHR1	CHR2	CHR3	NUM1	NUM2	NUM3
1		LLLLLLLLLLL	ASDFASDFASDFASDF	.	1234	9
2		LLLLLLLLLLL	ASDFASDFASDFASDF	.	1234	9
3		LLLLLLLLLLL	ASDFASDFASDFASDF	.	1234	9
4		LLLLLLLLLLL	ASDFASDFASDFASDF	.	1234	8
5		LLLLLLLLLLL	ASDFASDFASDFASDF	.	1234	10
…	…	…	…	…	…	…
34996		LLLLLLLLLLL	ASDFASDFASDFASDF	.	1234	10
34997		LLLLLLLLLLL	ASDFASDFASDFASDF	.	1234	9
34998		LLLLLLLLLLL	ASDFASDFASDFASDF	.	1234	8
34999		LLLLLLLLLLL	ASDFASDFASDFASDF	.	1234	8
35000		LLLLLLLLLLL	ASDFASDFASDFASDF	.	1234	13

(1) 데이터 크기를 확인하는 방법

본격적으로 압축을 다루기에 앞서, SAS 데이터의 크기를 알아보는 방법을 살펴보자. 압축이 됐는지 또는 얼마나 됐는지를 눈으로 확인하려면, 먼저 그 크기가 원래 어땠는지를 알아야 하기 때문이다. SAS에서 데이터의 크기를 확인하는 방법은 다양하다. 여기에서는 이 중 두 가지 방법을 알아본다.

○ PROC DATASETS을 이용하는 방법

이 방법은 우선 간단하고 결과로 출력되는 '파일 크기'가 이해하기 쉽도록 단위 변환이 되어 있다. 따라서 이 방법은 정확한 사이즈를 몰라도 될 때 유용하다.

예 7.32 PROC DATASETS을 이용한 데이터 크기 확인 방법

```
PROC DATASETS LIB=MYSAS          /* 라이브러리 이름 */
              MEMTYPE = DATA     /* 멤버 유형: 데이터 */
              ;
RUN;
```

#	이름	멤버 유형	파일 크기	마지막 수정일
1	CUSTOMER	DATA	131072	2024.09.06 12:28:01
2	CUS_TRN_HST	DATA	4980736	2024.08.12 22:56:42
...	...	...	...	...
10	TB_CMPRS_EX	DATA	86769664	2024.08.12 22:57:12
...	...	...	...	...

〈예 7.32〉의 프로그램부터 살펴보자. 이 코드는 **PROC DATASETS**를 이용하여 데이터의 크기를 알아보는 코드이다. 먼저 명령어를 살펴보면, 'LIB=MYSAS'는 사이즈를 알고 싶은 데이터셋이 포함된 라이브러리 지정하기 위한 코드이다. 다음으로 'MEMTYPE=DATA'는 앞서 지정한 라이브러리에 저장된 어떤 유형의 파일을 보여줄지 정하기 위한 코드이다. SAS에서는 파일의 유형을 멤버(member)라고 한다. 멤버의 유형에는 데이터, 카탈로그, 뷰 등이 있다. TB_CMPRS_EX 파일은 SAS 데이터이기 때문에 **MEMTYPE**을 DATA로 지정했다.

○ VTABLE을 이용하는 방법

SASHELP.VTABLE에는 SAS에서 관리하는 데이터에 대한 다양한 정보가 포함되어 있다. 이 정보 중에는 '데이터의 크기, 압축 방법'도 포함되어 있다. 이 데이터에 저장된 파일 크기는 바이트 단위로 기록되어 있어 **PROC DATASETS**의 결과보다 정확한 데이터 크기를 확인할 수 있다. 또한 압축 방법을 확인할 수 있다는 점도 유용하다.

예 7.33 VTABLE을 이용한 데이터 크기 확인 방법

```
PROC SQL;
    SELECT LIBNAME
           , MEMNAME
           , COMPRESS
           , FILESIZE FORMAT=SIZEKMG8.2
         FROM SASHELP.VTABLE
     WHERE LIBNAME='MYSAS'
    ;
QUIT;
```

Library Name	Member Name	Compression Routine	Size of File
MYSAS	CUSTOMER	NO	128.00KB
MYSAS	CUS_TRN_HST	NO	4.75MB
…	…	…	…
MYSAS	TB_CMPRS_EX	NO	82.75MB
…	…	…	…

이 프로그램은 SASHELP.VTABLE의 MYSAS 라이브러리에 저장된 데이터의 정보 중 일부를 추출하여 보여주는 프로그램이다. 출력한 변수를 먼저 살펴보자. **LIBNAME**은 라이브러리 이름을 의미하고, **MEMNAME**은 데이터(혹은 멤버)의 이름을 나타낸다. 다음으로 **COMPRESS** 변수는 해당 테이블은 어떤 방법으로 압축했는지를 나타낸다. 압축되지 않은 경우 'NO'를 값으로 가진다. 그리고 **FILESIZE**는 해당 데이터의 크기를 의미하며 단위는 바이트이다. 데이터의 크기는 보통 'KB, MB, GB, TB' 단위이기 때문에, 'SIZEKMG' 포맷을 <예 7.33>과 같이 소수점 2~3째 자리까지 출력하도록 하여 사용한다.

(2) 데이터 압축 방법

여기에서는 데이터 압축 명령어와 그 특징을 먼저 소개한다. 그리고 데이터 압축 옵션을 적용하는 방법을 설명한다.

○ 데이터 압축 명령어

SAS는 크게 두 가지 압축 방식을 지원한다. 첫 번째 압축 방법은 RLE(run length encoding) 방식으로 데이터 값에 공백이 많거나 같은 문자가 반복되는 경우 좋은 성능을 나타낸다. 두 번째 방법은 RDC(Ross Data Compression) 방식으로 문자열이 반복되는 경우 보다 효율적인 압축 방법이다. 두 방법 모두 변수 크기가 불필요하게 큰 경우에 압축율이 높은 편이다. 다만 압축을 사용할 경우, 데이터를 읽고 쓰는 속도는 빨라지지만 압축을 푸는 과정에서 CPU를 사용하기 때문에 CPU 사용시간이 증가한다. 또한 데이터에 압축 요소가 적거나 없는 경우, 데이터 크기가 오히려 증가할 수도 있다. 그리고 데이터 압축은 SAS 데이터 파일에만 적용할 수 있으며 뷰에는 적용되지 않는다.

표 7.12 데이터 압축 명령어

명령어	특징
COMPRESS = YES|CHAR	RLE(run length encoding)을 사용 공백을 포함한 동일한 문자가 반복되는 경우 유용함
COMPRESS = BINARY	RDC(ross data compression)을 사용 같은 문자열이 반복되는 경우 유용함

○ 압축 옵션 적용 방법

데이터 압축 옵션은 크게 세 가지 방법을 적용할 수 있다. 첫 번째 방법은 데이터 옵션을 이용하여 특정 데이터에 압축 옵션을 주는 방법이다. 이 방법은 옵션을 지정한 데이터에 한하여 압축 옵션이 적용되며, 데이터-단계와 프로시저-단계 모두에서 사용할 수 있다. 두 번째 방법은 라이브러리를 만들 때 옵션을 주는 방법이다. 이 방법은 지정한 라이브러리에 생성하는 데이터에 한하여 옵션을 적용한다. 세 번째 방법은 시스템 옵션을 이용한 방법이다. 이 방법은 해당 세션이 살아있는 동안 만들어진 모든 데이터에 옵션을 적용한다.

표 7.13 압축 옵션의 적용 유형과 범위

옵션 유형	범위	예시
데이터	지정한 생성 데이터	DATA 데이터 이름(COMPRESS = YES);
라이브러리	특정 라이브러리에 생성한 데이터	LIBNAME '경로' COMPRESS = YES;
시스템	옵션 실행 후 생성한 데이터	OPTIONS COMPRESS = YES; /* 적용 */ OPTIONS COMPRESS = NO; /* 해제 */

(3) 사례: 데이터 옵션을 이용한 데이터 압축

앞에서 설명한 바와 같이 데이터 압축 방법은 크게 세 가지가 있다. 여기에서는 데이터 옵션을 이용한 압축 방법을 예제와 함께 살펴보자.

예 7.34 데이터 옵션을 이용한 데이터 압축

```
/* ① RLE 압축 방법을 이용한 압축 */
DATA MYSAS.TB_CMPRSD_01(COMPRESS=YES);
    SET MYSAS.TB_CMPRS_EX;
RUN;

/* ② RDC 방법을 이용한 압축 */
DATA MYSAS.TB_CMPRSD_02(COMPRESS=BINARY);
    SET MYSAS.TB_CMPRS_EX;
RUN;

/* ③ 결과 확인 */
PROC SQL;
    SELECT LIBNAME
         , MEMNAME
         , COMPRESS
         , FILESIZE FORMAT=SIZEKMG8.2
        FROM SASHELP.VTABLE
    WHERE LIBNAME='MYSAS'
        AND MEMNAME IN('TB_CMPRSD_01','TB_CMPRSD_02')
    ;
QUIT;
```

〈LOG 윈도우의 출력〉

```
NOTE: 데이터셋 'MYSAS.TB_CMPRSD_01'을(를) 압축해서 크기가 97.54%(으)로 줄었습니다.
      압축된 파일은 21페이지입니다. 압축되지 않은 파일은 854페이지가 필요합니다.
...
NOTE: 데이터셋 'MYSAS.TB_CMPRSD_02'을(를) 압축해서 크기가 97.78%(으)로 줄었습니다.
      압축된 파일은 19페이지입니다. 압축되지 않은 파일은 854페이지가 필요합니다.
```

Library Name	Member Name	Compression Routine	Size of File
MYSAS	TB_CMPRSD_01	CHAR	2.15MB
MYSAS	TB_CMPRSD_02	BINARY	1.95MB

〈예 7.34〉는 데이터 옵션을 이용한 데이터 압축 방법을 살펴보기 위한 코드이다. 또한 이 코드는 RLE 압축과 RDC 방법을 각각 비교하기 위해 두 가지 방법으로 데이터를 압축해 보았다. ① 이 코드는 RLE 압축 방법을 이용하여 데이터를 압축하는 코드이다. 이 코드를 실행하면 데이터 압축 결과가 로그창 및 결과창에 출력된다. RLE 압축 방법의 경우, 압축을 통해 82.75MB였던 데이터를 2.15MB이트로 약 97.5% 줄인 것을 알 수 있다. ② 이 코드는 RDC 방법을 이용하여 데이터를 압축하는 코드이다. 결과를 살펴보면 이 방법이 RLE 방법보다 압축률이 조금 더 높다는 것을 알 수 있다. ③번 코드는 VTABLE을 이용하여 압축 결과를 확인하기 위한 코드이다. 결과를 살펴보면 각 테이블의 압축 방법(Compression Routine)과 압축된 크기를 확인할 수 있다.

7.3.2. 한글 변수 이름과 데이터 이름 사용하기

SAS 변수와 데이터의 이름은 최대 32글자의 영어와 언더바('_')로 구성할 수 있으며, 숫자로 시작할 수 없다. 즉, 원칙적으로는 한글은 데이터 이름이나 변수 이름이 될 수 없다. 그러나 간혹 변수 이름이나 데이터 이름을 한글로 표현해야 하는 경우가 있는데, 보통은 레이블(label) 기능을 이용한다. 그런데 레이블마저도 사용할 수 없는 경우, 옵션을 통해 물리적인 데이터와 변수 이름을 한글로 지정할 수 있다. 이번에는 그 방법을 예제와 함께 알아보자.

(1) 한글 변수 이름

한글 변수 이름을 사용할 때는 VALIDVARNAME=ANY 옵션을 사용한다. 이 옵션은 SAS 세션 중에 사용하거나 만들 수 있는 변수 이름의 유형을 제어한다. VALIDVARNAME 옵션에는 'V6, V7, UPCASE, ANY' 등을 지정할 수 있는데(기본값은 V7), 한글 변수명을 사용하고 싶은 경우 ANY를 이용한다. 사실 ANY는 SAS에서 다른 데이터베이스에 저장되어 있는 데이터를 읽을 때, SAS의 변수 명명 규칙에 맞지 않은 경우에도 읽을 수 있게 하기 위한 옵션이다. 이 옵션을 적용하면 변수 이름에 특수문자를 포함시키는 것도 가능하다. 다만 SAS 명명 규칙에 맞지 않은 변수를 읽거나 만들 때는 따옴표로 묶은 뒤, 뒤에 'n'을 붙여야 한다. 예를 들면, '한글 변수 이름'n과 같은 꼴이다. 예제를 통해 자세한 활용법을 알아보자.

예 7.35 **한글 변수 이름의 사용**

```
OPTIONS VALIDVARNAME=ANY;

DATA EXAMPLE;
    '한글변수명'n = 100;
RUN;
```

OBS	한글변수명
1	100

(2) 한글 데이터 이름

데이터 이름을 한글로 입력하고 싶은 경우에는 VALIDMEMNAME=EXTEND 옵션을 이용한다. VALIDMEMNAME 옵션은 SAS 데이터와 뷰 등에 대한 명명 규칙을 정하기 위한 옵션이다. 이 옵션에는 'COMPATIBLE, EXTEND' 두 가지를 지정할 수 있는데, 기본값은 COMPATIBLE이다. 기본값으로 지정되면 SAS 데이터 이름이 최대 32자의 영어와 언더바('_')로 구성된 경우에만 읽고 쓸 수 있다. EXTEND 옵션을 적용하면 SAS 데이터 명명 규칙은 다소 완화된다. 한글이나 그 외 나라의 언어를 데이터 이름으로 사용할 수 있다. 또한 '/ \ * ? " 〈 〉 |: -.'와 같은 특수문자를 제외한 나머지 특수문자를 데이터 이름에 포함할 수 있다. 그러나 이 옵션을 적용한 경우에도 데이터 이름은 32자를 넘을 수 없고, 공백이나 '.'으로 데이터 이름을 시작할 수 없다. 물론 공백만으로 이름을 짓는 것도 불가능하다. 이제 예제를 통해 옵션의 사용 방법을 알아보자.

예 7.36 **한글 데이터 이름의 사용**

```
OPTIONS VALIDMEMNAME=EXTEND;

DATA '한글 데이터 이름'n;
    AA = 100;
RUN;
```

〈라이브러리 탐색기의 내용〉

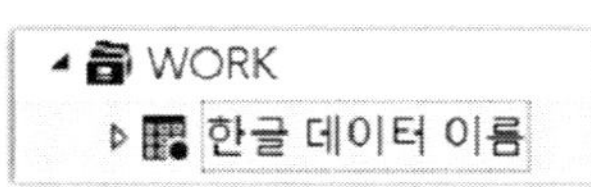

〈예 7.36〉은 앞에서 설명한 것과 같이 데이터 이름을 한글로 사용할 수 있도록 EXTEND 옵션을 적용하는 프로그램이다. 이 옵션은 이름이 한글인 데이터를 만들 수 있게 하고, 라이브러리에서 확인할 수 있게 한다. 다만 데이터를 읽을 때와 쓸 때는 한글 변수명과 같이 '한글 데이터 이름'n 꼴로 사용한다.

7.3.3. 로그와 그래픽 출력을 끄는 방법

매크로를 익숙히 다루는 SAS 프로그래머라면 간혹 불필요한 로그나 그래픽 출력을 끄고 싶을 때가 있다. 매크로는 보통 코드 재사용을 목적으로 하기 때문이다. 코드를 반복하여 실행하다 보면, 한 번에 너무 많은 로그와 그래픽 출력 결과가 쌓이게 된다. 심한 경우 목적한 작업 시간보다 출력 시간이 더 길어지는 경우도 존재한다. 이번에는 로그와 그래픽 출력을 옵션을 통해 조정하는 방법을 알아보자.

(1) 로그 출력을 제한하는 방법

로그 창에는 다양한 로그가 출력된다. 세부 유형까지 포함하면 약 14가지 정도가 된다. 그러나 이 정보 중 상당수는 상황에 따라 필요 없는 경우가 많다. 특히 소스 코드를 그대로 출력하는 로그와 노트의 경우, 처음 개발할 때를 제외하면 필요 없는 경우가 많다. 이번에는 이들의 출력을 제한하는 방법을 알아보자.

예 7.37 로그 창에 출력되는 코드와 노트를 끄는 방법

```
OPTIONS NOSOURCE NONOTES;

DATA EXAMPLE;
    X = 123;
RUN;

OPTIONS SOURCE NOTES;
```

[옵션 적용 전]

```
1          OPTIONS NONOTES NOSTIMER NOSOURCE NOSYNTAXCHECK;
68
69         DATA EXAMPLE;
70             X = 123;
71         RUN;

NOTE: 데이터셋 WORK.EXAMPLE은(는) 1개 관측값과 1개 변수를 가집니다.
NOTE: DATA 문장 실행 (총 프로세스 시간):
      실행 시간            0.00 초
      사용자 CPU 시간      0.00 초
      시스템 CPU 시간      0.00 초
      메모리               663.65k
      OS Memory            20900.00k
      Timestamp            2023.09.06. 오전 05:32:13
      Step Count                          202  Switch Count  2
      Page Faults                         0
      Page Reclaims                       148
      Page Swaps                          0
      Voluntary Context Switches          10
      Involuntary Context Switches        0
      Block Input Operations              0
      Block Output Operations             264


72
73         OPTIONS NONOTES NOSTIMER NOSOURCE NOSYNTAXCHECK;
83
```

↓

[옵션 적용 후]

```
1          OPTIONS NONOTES NOSTIMER NOSOURCE NOSYNTAXCHECK;
68
69
70
71         OPTIONS NOSOURCE NONOTES;
76
77         OPTIONS NONOTES NOSTIMER NOSOURCE NOSYNTAXCHECK;
87
```

〈예 7.37〉은 소스 코드와 노트를 로그 창에 출력하지 않도록 NOSOURCE와 NONOTES 옵션을 적용한 프로그램이다. 예제의 결과에는 옵션을 적용한 경우와 그렇지 않은 경우를 비교해 놓았다. 이 프로그램을 실행하면 결과의 오른쪽 '옵션 적용 후'와 같이 출력된다. 적용 전과 비교해 보면 그 차이가 명확함을 알 수 있다. 로그의 양이 절반도 되지 않기 때문이다. NOSOURCE와 NONOTES 옵션은 한 번 실행하면 해당 세션(접속)이 살아있는 동안은 계속하여 적용된다. 따라서 사용이 끝났다면 다시 원래 옵션으로 돌려주는 것이 좋다. 옵션을 원래대로 할 때는 SOURCE와 NOTES 옵션을 이용한다.

(2) 그래픽 출력을 제한하는 방법

SAS 프로시저를 실행하면 보통 그래픽 형태로 결과가 출력된다. 그래픽 출력은 보고서 작성이나 분석 결과의 확인에 꼭 필요한 부분이다. 그러나 앞에서 설명한 단순 반복작업에서 그래픽 출력이 쓸모없는 경우가 많으며, 동시에 프로그램 실행 시간을 크게 늘려 자원 낭비의 원인이 된다. 이러한 이유로 실무에서는 보통 그래픽 출력을 모두 끄고, 결과를 데이터로 저장하여 프로그램 실행 시간을 줄이는 방법을 택한다. 이번에는 그래픽 출력을 끄는 방법을 예제를 통해 알아보자.

예 7.38 그래픽 옵션 끄기

```
/* ① 그래픽 출력 on/off 매크로 정의 */
%MACRO ODSOFF();
ODS GRAPHICS OFF;
ODS EXCLUDE ALL;
ODS NORESULTS;
%MEND;

%MACRO ODSON();
ODS GRAPHICS ON;
ODS EXCLUDE NONE;
ODS RESULTS;
%MEND;

/* ② 그래픽 출력 off 매크로 실행 */
%ODSOFF;

/* ③ 실행 프로그램 */
PROC SORT DATA=MYSAS.HMEQ;
    BY JOB;
RUN;

ODS OUTPUT FitStatistics=HMEQ_FIT_STAT_SMRY;

PROC LOGISTIC DATA=MYSAS.HMEQ;
    BY JOB;
    CLASS REASON BAD;
    MODEL BAD(EVENT='1') = LOAN MORTDUE VALUE REASON YOJ DEROG
                           DELINQ CLAGE NINQ CLNO DEBTINC;
RUN;

/* ④ 그래픽 출력 on 매크로 실행 */
%ODSON;
```

OBS	JOB	RowId	Criterion	InterceptOnly	InterceptAndCovariates
1		AIC	AIC	12.777	24.003
2		SBC	SC	15.171	52.736
3		M2LOGL	-2 Log L	10.777	0.003
4	Mgr	AIC	AIC	294.575	221.025
5	Mgr	SBC	SC	298.684	270.336
6	Mgr	M2LOGL	-2 Log L	292.575	197.025
…	…	…	…	…	…
19	Self	AIC	AIC	78.997	54.256
20	Self	SBC	SC	81.592	85.398
21	Self	M2LOGL	-2 Log L	76.997	30.256

〈예 7.38〉은 HMEQ 데이터의 직업(JOB)별로 로지스틱 회귀모형을 적합하고, 직업별 모형의 성능지표를 'HMEQ_FIT_STAT_SMRY'라는 데이터에 저장하는 코드이다. 이 구조는 실무에서 흔히 볼 수 있는 구조이다. 프로그램을 처음부터 천천히 살펴보자. ①은 그래픽 출력을 켜고 끄기 위해 필요한 다양한 ODS 옵션을 매크로 함수로 정의하여 실행하기 위한 코드이다. 이 매크로 함수에서 사용한 옵션은 GRAPHICS, EXCLUDE, RESULTS 총 세 가지 옵션이다. ②는 앞에서 정의한 그래픽 출력을 끄는 매크로 함수를 실행한다. ③은 실제로 분석을 실행하기 위한 코드이다. 직업별로 로지스틱 회귀모형을 적합하기 위해서는 BY 명령문을 이용하면 편리하다. 다만 BY 명령문을 이용할 경우, 사전에 BY 명령문에 할당할 변수를 기준으로 데이터가 정렬되어 있어야 한다. 따라서 PROC SORT를 이용하여 사전에 직업 변수로 정렬을 하였다. 그리고 PROC LOGISTIC 프로시저를 이용하여 모형을 적합한다. 이 코드에서 'ODS OUTPUT …' 코드는 원래 그래픽으로 출력되던 결과를 데이터로 출력하도록 하기 위한 코드이다. 프로시저의 그래픽 출력을 데이터로 저장하고 싶은 경우, 해당 프로시저를 구글이나 도움말을 통해 검색한 뒤 'SAS Help ▶ Details ▶ ODS Table Names'에서 필요한 데이터 이름을 찾아 위의 예제와 같이 특정 데이터로 할당할 수 있다. 마지막으로 ④에서는 앞에서 꺼둔 그래픽 출력을 다시 원래대로 하기 위해 %ODSON 매크로 함수를 실행한 것이다.

〈예 7.38〉의 결과는 ODS OUTPUT에 지정한 HMEQ_FIT_STAT_SMRY 데이터를 PRINT 프로시저로 출력한 것의 일부이다. 결과를 살펴보면 JOB별로 모형의 성능을 'AIC, SBC, M2LOGL' 등을 이용하여 나타낸 것을 알 수 있다.

7.3.4. 한글이 깨질 때와 잘릴 때의 해결 방법

프로그래밍 언어 대부분에서 한글은 다루기 어렵다. 특히 외부 파일을 읽는 경우, 값이 깨지거나 잘리는 문제가 자주 발생한다. 보통 그 원인은 인코딩이나 변수 크기 문제이다. 이번에는 SAS에서 외부 파일을 읽어드릴 때 한글이 깨지거나 잘리는 문제를 해결하는 방법을 알아보자.

(1) 한글이 깨지는 경우

한글 값을 갖는 데이터의 대부분은 'EUC-KR'이나 'UTF-8' 인코딩을 사용한다. 보통 인코딩 문제가 발생하는 이유는 외부에서 가져온 데이터의 인코딩 방식이 'EUC-KR'인데, SAS는 인코딩이 'UTF-8'로 설정되어 있거나 혹은 그 반대인 경우이다. 인코딩 문제로 데이터가 깨질 경우 〈그림 7.4〉와 같은 값을 가진다.

그림 7.4 인코딩이 달라서 데이터가 깨진 경우

○ SAS 시스템의 인코딩 설정 확인

인코딩 문제를 해결하려면 먼저 SAS 시스템의 인코딩 설정이 어떻게 되어 있는지를 확인해야 한다. SAS 시스템의 인코딩 설정은 〈예 7.39〉와 같이 **PROC OPTIONS**를 통해 쉽게 확인할 수 있다.

예 7.39 PROC OPTIONS를 이용한 SAS 시스템의 인코딩 확인

```
PROC OPTIONS OPTION=ENCODING;
RUN;
```

〈LOG 윈도우의 출력〉

```
   SAS (r) Proprietary Software Release 9.4  TS1M6
 ENCODING=UTF-8   Specifies the default character-set encoding for the SAS session.
```

PROC OPTIONS는 SAS의 시스템 옵션들을 제어하기 위한 다양한 기능을 제공한다. 이들 기능 중 하나가 〈예 7.39〉와 같이 특정 옵션 값을 확인하는 기능이다. OPTION=에 옵션의 이름을 할당하면 SAS에서 현재 사용 중인 해당 옵션 값을 로그 창에 결과와 같이 출력한다. 이 예에서는 'UTF-8'로 인코딩이 설정되어 있는 것을 알 수 있다.

○ 데이터 파일의 인코딩 확인 방법

SAS에서 다른 파일(csv, xlsx, txt 등)의 인코딩 방법을 확인하는 방법은 없다. 다만, x commend라는 기능을 통해 리눅스 커맨드로 파일 인코딩을 확인할 수 있다. 그러나 이 방법 역시 권한이 주어진 경우에만 가능하다. 따라서 데이터 파일의 인코딩 방식은 텍스트 편집기를 통해 확인하는 것을 추천한다. 실무에서 자주 사용하는 텍스트 편집기는 Notepad++가 있는데, Notepad++에서 인코딩을 확인하는 방법을 간단히 알아보겠다.

Notepad++로 인코딩 확인 방법

- Notepad ++ 실행
- '파일 〉 열기'를 통해 인코딩을 확인할 데이터 선택
- 상단 메뉴의 '인코딩'을 눌러서 파일 인코딩 방식 확인

위의 방법을 이용하면 SAS로 읽을 데이터 파일의 인코딩을 확인할 수 있다. 이 방법은 정확한 인코딩을 파악하는 데 도움이 된다. 보통 한글은 인코딩 방식이 'UTF-8' 또는 'EUC-KR'로 되어 있다. 따라서 데이터 파일의 인코딩이 'UTF-8'인데 파일이 깨진다면, SAS에서 'EUC-KR'로 바꾸어 시도해 보면 대부분 파일을 잘 읽는다. 그 반대의 경우도 마찬가지이다.

○ 인코딩에 맞게 파일을 읽는 방법

SAS에서 외부 데이터 파일을 읽어 SAS 데이터셋으로 만드는 방법은 크게 두 가지다. 하나는 PROC IMPORT를 이용하는 방법이고, 다른 하나는 데이터-단계의 INFILE 기능을 이용하는 방법이다. 보통 정밀하게 데이터를 읽을 필요가 있는 경우 INFILE 명령문을 많이 사용하며, 데이터를 쉽고 편리하게 읽고 싶은 경우에는 PROC IMPORT를 주로 이용한다. 두 방법 모두 특정 경로에 있는 파일을 읽으며 경로가 긴 경우에는 FILENAME 명령문을 이용한다. FILENAME 명령문에는 인코딩을 지정하는 기능이 포함되어 있으므로, 이 기능을 이용하면 주어진 파일의 인코딩에 맞춰 데이터를 읽을 수 있다.

예제를 통해 읽을 데이터는 '전국관광지정보표준데이터.csv'[1] 파일이다. 이 파일은 'EUC-KR' 방식으로 인코딩되어 있어서, 바로 SAS 데이터로 변환할 경우 〈그림 7.4〉

와 같이 파일이 깨지는 현상이 발생한다. 따라서 **FILENAME** 명령문에서 읽을 파일의 인코딩 방식을 〈예 7.40〉과 같이 지정한다.

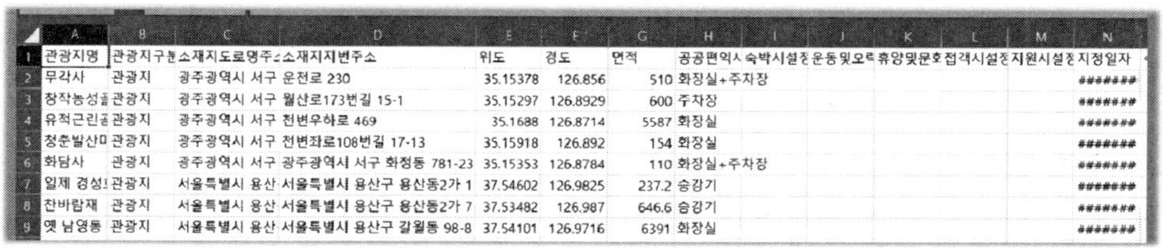

	A	B	C	D	E	F	G	H	I	J	K	L	M	N
1	관광지명	관광지구분	소재지도로명주소	소재지지번주소	위도	경도	면적	공공편익시	숙박시설정	운동및오락	휴양및문화	접객시설정	지원시설정	지정일자
2	무각사	관광지	광주광역시 서구 운천로 230		35.15378	126.856	510	화장실+주차장						#######
3	창작농성골	관광지	광주광역시 서구 월산로173번길 15-1		35.15297	126.8929	600	주차장						#######
4	유적근린공	관광지	광주광역시 서구 천변우하로 469		35.1688	126.8714	5587	화장실						#######
5	청춘발산마	관광지	광주광역시 서구 천변좌로108번길 17-13		35.15918	126.892	154	화장실						#######
6	화담사	관광지	광주광역시 서구	광주광역시 서구 화정동 781-23	35.15353	126.8784	110	화장실+주차장						#######
7	일제 경성	관광지	서울특별시 용산	서울특별시 용산구 용산동2가 1	37.54602	126.9825	237.2	승강기						#######
8	찬바람재	관광지	서울특별시 용산	서울특별시 용산구 용산동2가 7	37.53482	126.987	646.6	승강기						#######
9	옛 남영동	관광지	서울특별시 용산	서울특별시 용산구 갈월동 98-8	37.54101	126.9716	6391	화장실						#######

그림 7.5 전국관광지정보표준데이터.csv 파일의 일부

예 7.40 **FILENAME 명령문의 사용**

```
/* ① 인코딩 방식 설정 */
%LET PATH = C:\Temp\SAS_Advanced;
FILENAME FP "&PATH./전국관광지정보표준데이터.csv" ENCODING='EUC-KR';

/* ② 한글 변수, 데이터 이름 허용 */
OPTIONS VALIDMEMNAME=EXTEND;
OPTIONS VALIDVARNAME=ANY;

/* ③ 데이터 파일 가져오기 */
PROC IMPORT DATAFILE=FP
    DBMS     = CSV
    OUT      = WORK.IMPORT
    REPLACE;
    GETNAMES = YES;
RUN;
```

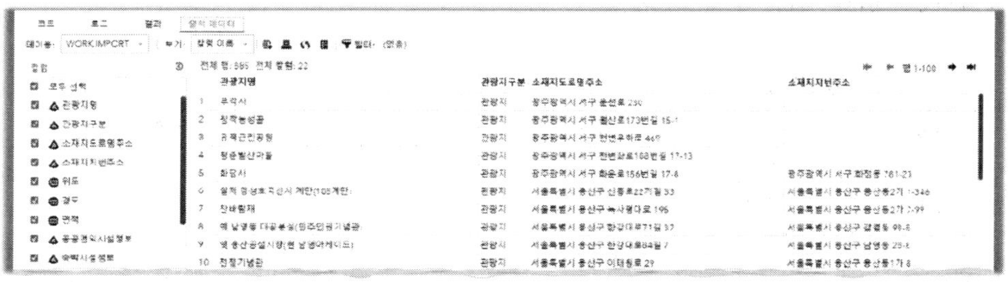

1) 출처: https://www.data.go.kr/data/15021141/standard.do

SAS 시스템과 인코딩 방식이 다른 데이터는 〈예 7.40〉과 같이 FILENAME 명령문에서 ENCODING='인코딩 방식' 옵션을 이용하여 인코딩 방식을 지정할 수 있다. '전국관광지정보표준데이터.csv' 파일은 인코딩이 EUC-KR이기 때문에 예제 프로그램에서도 이를 따라 'EUC-KR'로 지정했다. 만약 인코딩 UTF-8이라면 'EUC-KR'자리에 'UTF-8'을 넣으면 된다.

이 예에서 FILENAME 명령문으로 할당한 '전국관광지정보표준데이터.csv'는 변수와 데이터 이름이 〈그림 7.5〉와 같이 모두 한글이다. 이 경우 앞에서 살펴본 VALIDMEMNAME과 VALIDVARNAME 옵션을 모두 변경한 뒤 읽어보자.

〈예 7.40〉의 프로그램을 살펴보자. ①은 %LET 매크로 함수와 FILENAME 명령문을 사용하여 데이터 파일의 위치 및 인코딩 방식을 설정하는 코드이다. ②는 한글 변수와 데이터 이름을 사용할 수 있도록 옵션을 변경하기 위한 코드이다. 앞에서 살펴본 바와 같이 이 CSV 파일은 주로 한글로 구성되어 있어서 옵션을 변경했다. ③은 외부 파일을 SAS 데이터로 변환하기 위해 IMPORT 프로시저를 이용하였다. 각 옵션을 자세히 살펴보자. 먼저 DATAFILE= 옵션에는 읽을 파일의 이름(저장되어 있는 경로를 포함)을 지정한다. 이 경우 FILENAME 명령문에서 읽을 파일을 FP라는 이름에 할당했기 때문에 FP를 지정하였다. DBMS= 옵션에는 읽을 파일의 유형을 지정한다. 자주 사용하는 파일의 유형에 따른 DBMS 설정값은 표 7.10과 같다. 'OUT =' 명령문에는 파일을 저장할 SAS 데이터 이름을 지정한다. 다음으로 'REPLACE' 명령문은 만약 데이터를 다시 읽어 드릴 때, 기존 데이터에 덮어씌울지를 정하기 위한 옵션으로 보통 'REPLACE'를 사용하는 경우가 많다. 마지막으로 'GETNAMES= YES'는 읽어드린 파일의 첫 줄을 변수 명으로 사용하는 경우에 'YES'로 지정한다. 프로그램 실행 결과를 살펴보면, 한글 변수와 값이 모두 잘 들어온 것을 알 수 있다.

표 7.14 자주 사용하는 IMPORT 프로시저의 DBMS 설정값

설정값	파일 원천	확장자 이름
CSV	쉼표로 구분된 값으로 구분된 파일	.csv
DLM	특정 구분자로 구분된 파일(DELIMITER=으로 지정)	.*
DTA	Stata 파일	.dta
EXCEL	MS-Excel 97, 2000~2007, 2010 이후 버전	.xls, .xlsb, .xlsm, .xlsx
SAV	SPSS 파일	.sav
TAB	Tab으로 구분된 파일	.txt

(2) 한글이 잘리는 경우

<예 7.40>의 결과를 살펴보면 데이터가 원하는 바와 같이 잘 읽어진 것처럼 보인다. 그러나 <그림 7.6>과 같이 한글 값이 잘린 데이터가 종종 보인다. 왜 이런 문제가 발생하는 것일까?

이 문제의 원인은 IMPORT 프로시저가 변수의 크기를 결정하는 방법에 있다. IMPORT 프로시저는 변수의 이름과 유형을 프로그래머가 직접 지정하지 않아도, 데이터를 스캔하여 자동으로 이름과 유형을 정한다. 따라서 읽을 변수의 개수가 많은 경우에도 쉽게 데이터를 읽을 수 있는 것이다. 문제는 기본 설정에 의해 데이터 스캔 범위가 상위 20개로 제한적이라는 점이다. 즉, 상위 20개의 관측치를 스캔했을 때 최대 크기가 8글자라면 IMPORT 프로시저는 해당 변수의 크기를 8로 설정한다. 만약 20번째 이후의 어떤 데이터 값이 15글자라면 뒤 7글자가 잘리게 된다. 이 문제는 IMPORT 프로시저의 '행 추측' 옵션인 GUESSINGROWS=의 값을 조정하면 쉽게 해결할 수 있다. 즉, 스캔 범위를 100~1,000개로 늘려주면 보다 정확한 변수의 크기를 할당할 수 있게 된다. 물론 이렇게 '행 추측' 개수를 늘려도 전체 데이터를 모두 확인하지 않는다면 값이 잘릴 수 있다. 전체 데이터를 모두 확인하려면 GUESSINGROWS=MAX를 지정하면 된다. 그러나 '행 추측' 개수를 늘리면 스캔 시간이 길어지기 때문에 데이터 특성(변수 값의 길이가 일정한지 여부 등)에 따라 개수를 지정하는 것이 좋다. <예 7.41>은 '행 추측' 개수를 500개로 늘려서 데이터 파일을 읽는 프로그램이다.

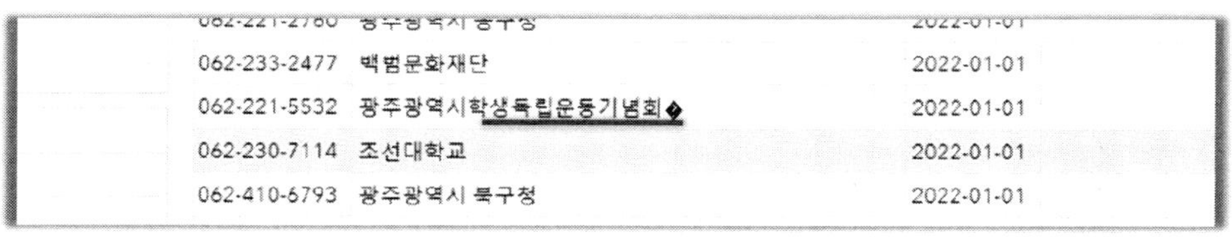

그림 7.6 한글 값이 잘리는 현상

예 7.41 '행 추측' 개수 늘려주기

```
PROC IMPORT DATAFILE=FP
    DBMS     = CSV
    OUT      = WORK.IMPORT
    REPLACE;
    GETNAMES = YES;
    GUESSINGROWS=500;
RUN;
```

7.3.5. 엑셀 데이터를 가져오는 간단한 방법

엑셀 파일을 SAS로 가져오는 방법은 다양하다. IMPORT 프로시저나 데이터-단계에서 INFILE 명령문을 이용하여, 특정 시트만 골라 가져오는 방법이 가장 흔히 사용된다. 그러나 엑셀은 일반적인 'CSV, TXT' 등과 달리 한 파일 내에 여러 개의 시트가 포함되어 있다. 이 점은 라이브러리와 많이 닮아있다. 따라서 SAS에서는 엑셀 파일을 하나의 라이브러리로 취급하여 가져오는 것이 가능하며, 이 방법은 실무에서 생각보다 편리하다. 이번에는 여러 데이터시트가 포함되어 있는 엑셀 파일을 라이브러리 기능을 이용하여 SAS로 가져오는 방법을 알아보자.

여기에서 사용할 데이터는 〈그림 7.7〉과 같이 세 개의 시트로 구성되어 있으며, 각 시트마다 서로 다른 데이터가 기록되어 있다. 즉, 각 시트가 하나의 데이터를 의미한다.

	A	B	C	D	E	F	G	H	I
1	CUST_ID	AGE	SEX_CD	CTY_NM	HP_NO	SSN	CUST_GRD		
2	00001	53	F	경상북도	010-4301-	960420-1	GOLD		
3	00002	40	F	경상남도	010-6906-	980807-1	BLUE		
4	00003	49	F	울산광역ㅅ	010-1976-	970523-1	BLUE		
5	00004	40	F	서울특별ㅅ	010-2398-	980219-1	BLUE		
6	00005	28	F	경기도	010-3134-	990909-1	BLUE		
7	00006	41	M	서울특별ㅅ	010-2017-	970608-1	BLUE		
8	00007	40	M	경기도	010-6199-	980208-1	BLUE		
9	00008	28	F	경기도	010-7464-	991107-1	GOLD		
10	00009	36	F	울산광역ㅅ	010-3446-	980520-1	BLUE		
11	00010	39	F	경기도	010-1116-	980220-1	BLACK		
12	00011	30	F	경기도	010-9987-	991120-1	BLUE		

그림 7.7 CUSTOMERS.xlsx 파일의 형태

엑셀 파일은 라이브러리를 할당할 때 사용하는 **LIBNAME** 명령문에 **XLSX** 옵션을 추가하여 지정할 수 있다. 자세한 방법을 예제를 통해 알아보자.

예 7.42 **엑셀 파일을 라이브러리로 할당하는 방법 - 1**

```
LIBNAME EXLFIL XLSX 'C:\Temp\a\CUSTOMERS.xlsx';

PROC PRINT DATA=EXLFIL.DEMO(OBS=5);
RUN;
```

〈라이브러리 탐색기의 내용〉

CUST_ID	AGE	SEX_CD	CTY_NM	HP_NO	SSN	CUST_GRD
00001	53	F	경상북도	010-4301-3172	960420-1918811	GOLD
00002	40	F	경상남도	010-6906-3854	980807-1043007	BLUE
00003	49	F	울산광역시	010-1976-4160	970523-1890737	BLUE
00004	40	F	서울특별시	010-2398-3567	980219-1988043	BLUE
00005	28	F	경기도	010-3134-5942	990909-1370299	BLUE

〈예 7.42〉의 프로그램을 살펴보면 일반적인 라이브러리 할당 코드에 **XLSX** 옵션만 추가된 것을 알 수 있다. 이 옵션을 사용하면 결과와 같이 엑셀 파일의 각 시트를 하나의 데이터로 취급하고, 엑셀 파일 전체를 하나의 라이브러리로 할당한다. 엑셀 파일을 라이브러리로 취급하여 읽어 들이는 방법은 각 시트를 따로 읽지 않아도 되고, 변수의 크기나 자료형을 따로 고려하지 않아도 되므로 상당히 편리하다. 그러나 시트 이름에 공백이 포함되거나 엑셀 파일 이름이 한글인 경우가 있을 수 있다. 이 경우에는 7.3.2절에서 설명한 옵션들을 적용하고, 데이터를 읽을 때도 '데이터 이름'n과 같은 형태로 사용해야 한다(예 7.43 참조).

예 7.43 엑셀 파일을 라이브러리로 할당하는 방법 - 2

```
/* Sheet 이름에 한글이나 특수 문자가 있는 경우 */
OPTIONS VALIDMEMNAME=EXTEND;

/* Sheet 내 변수 이름에 한글이나 특수 문자가 있는 경우 */
OPTIONS VALIDVARNAME=ANY;

/* 엑셀 파일 열기 */
LIBNAME EXLFIL XLSX 'C:\Temp\a\CUSTOMERS.xlsx';

/* Excel의 각 시트를 데이터 셋으로 취급하고, Work로 복사 */
PROC COPY INLIB=EXLFIL OUT=Mysas;
RUN;

/* 엑셀 파일 닫기 */
LIBNAME EXLFIL CLEAR;
```

엑셀 파일에서 직접 읽어드린 데이터는 바로 편집할 수 있다. 그러나 Base SAS의 경우 데이터가 열리지 않는 경우도 있다. 또한 엑셀 데이터를 직접 다룰 경우, 원본 데이터가 변조되거나 수식이 깨질 수 있다. 따라서 〈예 7.43〉에서는 **PROC COPY**를 이용하여, EXLFIL 라이브러리에 속한 모든 데이터를 Mysas 라이브러리로 복사하였다. 데이터 이동이 모두 끝난 경우, **LIBNAME … CLEAR** 명령문으로 엑셀 파일을 닫아준다. 이러한 방법은 원 데이터가 변조되는 것을 막고, Base SAS 환경에서도 데이터를 쉽게 다루기 위한 절차이다.

제 8 장

SAS Studio 소개

SAS에서 프로그래밍을 위해 SAS Base(Foundation), Enterprise Guide, SAS Studio 등 다양한 도구를 사용할 수 있다. 이 장에서는 이들 중 웹 브라우저 기반의 SAS Studio를 소개하고자 한다.

8.1. SAS Studio의 기능

8.1.1. SAS Studio란?

일반적으로 SAS Basee(Foundation)에서는 확장 편집기 창에서 프로그램을 코딩하고, 로그 창에서 프로그램의 오류를 확인하고, 출력 창에서 결과를 확인한다.

SAS Studio는 웹 기반의 프로그램이며, 〈그림 8.1〉과 같이 코드 창에서 프로그램을 코딩하고, 로그 창에서 프로그램의 오류를 확인하고, 결과 창에서 결과를 확인한다. SAS Studio의 코드 창에서는 프로그램의 자동 완성 기능을 제공하여, 프로그램 코딩의 효율성이 획기적으로 개선되었다. 그리고 '프로그래머 모드' 외에 '시각적 프로그래머 모드'를 지원하여, 프로그램에 익숙하지 않은 사용자도 코딩 없이 데이터 조작이나 전처리 그리고 통계분석이나 머신러닝 기능을 손쉽게 할 수 있도록 지원한다.

이 절에서는 SAS Studio를 간략하게 소개하고, SAS Studio에서 기본적인 SAS 프로그래밍 작업을 수행하는 방법을 다루고 있다. 이러한 단계에 따라 SAS 소프트웨어에 포함된 Sashelp 라이브러리에서 샘플 데이터를 사용할 수 있다.

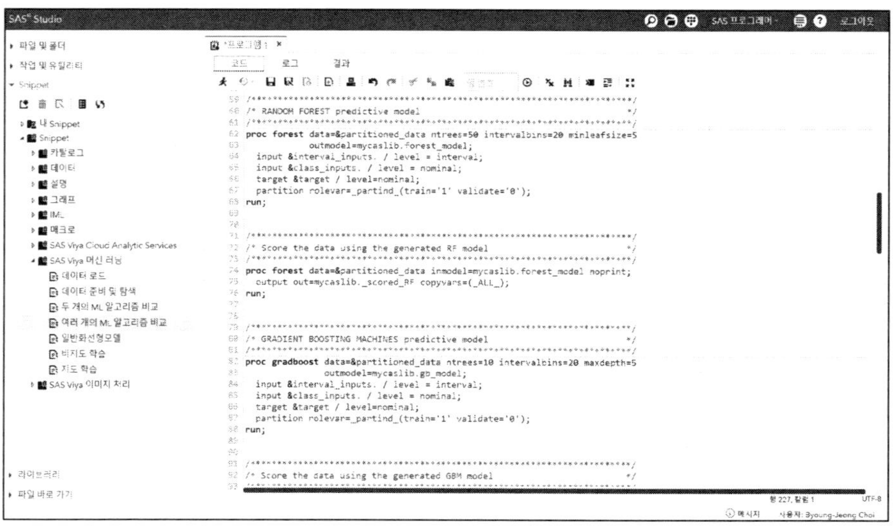

그림 8.1 SAS Studio 프로그래밍 화면

그림 8.2 SAS Studio와 SAS의 실행 원리

많은 사용자들이 PC 데스크톱 또는 SAS 서버의 응용 프로그램을 사용하여 SAS에서 프로그래밍할 수 있다. SAS Studio는 웹 브라우저를 통해 SAS 코드를 쓰고 실행할 수 있는 조금 다른 도구이다. SAS Studio를 사용하여 데이터 파일, 라이브러리 및 기존 프로그래밍에 액세스하고 새로운 프로그램을 작성할 수 있다. SAS Studio의 사전 정의된 작업을 사용하여 SAS 코드를 생성할 수도 있다. SAS Studio를 사용할 때도 배경에서 SAS 소프트웨어를 사용할 수 있다. 〈그림 8.2〉와 같이 SAS Studio는 SAS 명령을 처리하기 위해 SAS 서버로 연결된다. SAS 서버는 클라우드 환경의 호스트 서버, 로컬 환경의 서버 또는 로컬 컴퓨터의 SAS일 수 있다. 코드를 처리한 후 결과가 SAS Studio로 반환된다.

SAS Studio는 Google Chrome, Microsoft Edge, Apple Safari, Mozilla Firefox 등 여러 웹 브라우저를 지원한다.

SAS Studio는 사용자 고유의 SAS 프로그램을 작성하고 실행할 뿐만 아니라, SAS Studio와 함께 제공되는 사전 정의된 작업을 사용하여 데이터를 분석할 수도 있다. 작업은 SAS 프로시저를 기반으로 하며, 가장 일반적으로 사용되는 그래프 및 분석 프로시저 중 일부에 액세스할 수 있게 해준다. 기본 작업 템플릿을 사용하여 사용자 고유의 작업을 작성할 수도 있다.

SAS Studio에는 SAS '프로그래머 영역'과 '시각적 프로그래머 영역' 두 가지 다른 영역이 포함되어 있다. 영역은 특정 사용자 유형의 요구 사항에 맞게 사용자 정의된 사전결정 기능 집합이다. 특정 영역을 선택하면 인터페이스에서 사용할 수 있는 선택 항목의 범위를 좁혀 주기적으로 사용해야 하는 기능에 초점을 맞출 수 있다. 기본적으로 SAS Studio를 열 때 SAS 프로그램 영역이 선택된다. SAS Studio가 실행된 후에는 도구 모음의 영역 메뉴를 사용하여 영역을 변경할 수 있다. SAS 프로그래머와 시각적 프로그래머 영역은 시각적 프로그래머 영역에 프로세스 플로우 액세스가 포함되었다는 점을 제외하면 동일하다. 자세한 내용은 '(5) 영역 이해'를 참조하기 바란다. 이 장에서는 다음과 같은 작업을 수행하는 방법에 대하여 학습할 것이다.

- 프로그램 작성
- 결과 저장
- 프로그래밍 오류 수정
- 시간 절약을 위한 라이브러리 섹션 사용
- SAS Studio를 사용한 프로그램 작성

8.1.2. SAS Studio 사용하기

SAS Studio에 로그인(사인온)하면 프로그래밍을 즉시 시작할 수 있도록 빈 프로그램 창이 포함된 SAS Studio 기본 창이 나타난다. 왼쪽의 탐색 영역에도 액세스할 수 있다.

SAS Studio 기본 창은 왼쪽의 탐색 영역과 오른쪽의 작업 영역으로 구성된다. 탐색 영역에서는 파일(서버파일) 및 폴더 바로 가기, 작업 및 유틸리티, Snippet, 액세스할 라이브러리 및 파일 바로 가기에 액세스할 수 있다. 기본적으로 서버 파일 및 폴더 섹션이 표시된다.

작업 영역은 코드, 로그, 결과뿐만 아니라 데이터와 작업을 표시하는 데에도 사용된다. 이러한 항목을 열면 해당 항목이 작업 영역의 탭으로 구분된 인터페이스에 창으로 추가된다.

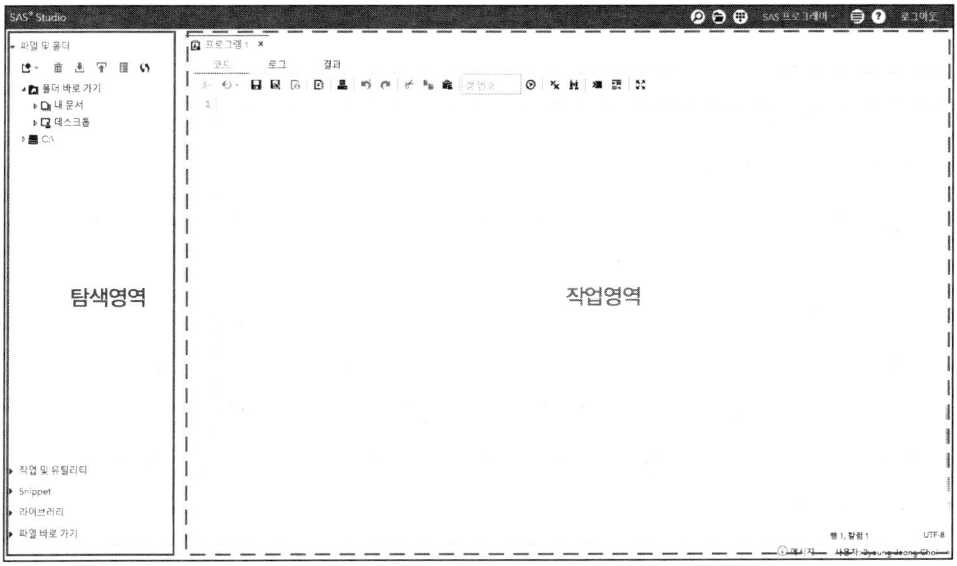

그림 8.3 SAS Studio 기본 창

(1) 탐색 영역의 사용

○ 파일(서버 파일) 및 폴더

탐색 영역의 파일(서버 파일) 및 폴더 섹션은 SAS 서버에서 파일 및 폴더에 액세스할 수 있다. 이 섹션에서는 SAS 프로그램 파일 또는 프로그램 패키지 파일과 같은 SAS 서버 또는 FTP 서버에 저장된 파일을 열어볼 수 있다. 폴더 바로 가기를 생성하여 z/OS 파일에 액세스할 수도 있고, SAS 서버에 저장된 SAS 테이블을 열 수 있다. 그리고 이 섹션을 사용하여 폴더 및 폴더 바로 가기를 생성하고, 파일을 업로드 및 다운로드하며, 새로운 SAS 프로그램을 생성할 수 있다.

폴더 트리에서 폴더를 펼치고 접을 수 있고, 항목을 복사하고 이동할 수 있으며, 폴더를 더블 클릭하거나 작업 공간으로 드래그하여 항목을 열 수 있다. 또한 SAS Studio 도구 모음에서 (**열기** 버튼)을 클릭하여 **폴더 바로 가기**에서 파일을 열 수 있다. 마우스 오른쪽 버튼을 클릭하여 **파일을 텍스트로 보기**를 선택하면 폴더의 항목을 텍스트로 볼 수도 있다. 보고 있는 파일이 3MB보다 크면 SAS Studio는 초과되는 부분을 자른다.

○ 새로운 '폴더 바로 가기' 생성하는 방법

① 탐색 영역에서 **파일 및 폴더**를 클릭한다. 그런 다음 (**새로 만들기** 버튼)을 클릭하고 **폴더 바로 가기**를 선택한다. 새로운 폴더 바로 가기 창이 열린다.

② **이름** 상자에 폴더의 이름을 입력한다.

③ **폴더 유형** 드롭다운 리스트에서 바로 가기가 참조하는 폴더가 **SAS 서버 폴더** 또는 **FTP 폴더**인지 여부를 지정한다.

④ SAS 서버 폴더 바로 가기를 생성하려면 디렉터리 상자에서 디렉터리의 물리적 경로를 입력하거나 **찾아보기**를 클릭하여 디렉터리를 선택한다. 디렉터리를 선택할 때 새로운 폴더를 생성하려면 (**새로운 폴더** 버튼)을 클릭한다.

⑤ **저장**을 클릭하여 **폴더 바로 가기**를 생성한다. 그러면 새로운 **바로 가기**가 **폴더 바로 가기** 리스트에 추가된다.

만약 FTP 폴더에 **바로 가기**를 생성하려면 호스트 이름 상자에서 사용자 이름 및 암호뿐만 아니라 FTP 호스트의 네트워크 주소도 입력해야 한다. 기본적으로 디렉터리는 FTP 사용자의 홈 디렉터리이다. 디렉터리 상자를 사용하여 홈 디렉터리와 관련된 다른 디렉터리를 지정할 수 있다. 예를 들어, FTP 사용자의 홈 디렉터리가 'c:\homedir'이고 **디렉터리** 상자에서 data를 지정하면 **바로 가기**의 루트 디렉터리는 FTP 서버에서 'c:\homedir\data'이다. **테스트**를 클릭하여 FTP 서버의 연결을 확인할 수 있다.

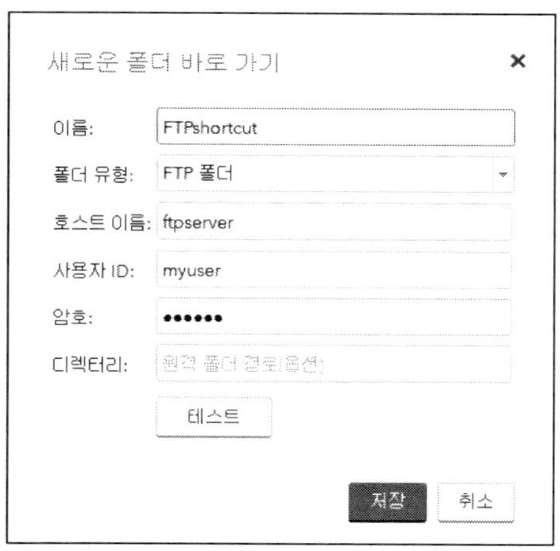

그림 8.4 새로운 폴더 바로 가기 창

새로운 폴더를 생성하려면 새로운 폴더를 생성하려는 파일(서버 파일) 및 폴더 섹션에서 폴더를 선택한다. 그리고 을 클릭하고 폴더를 선택하면 새로운 폴더 창이 열린다. 새로운 폴더의 이름을 입력하면 새로운 폴더가 폴더 리스트에 추가된다.

새로운 XML 파일을 생성하려면 을 클릭하고 **XML**을 선택한다. 그리고 작업 영역의 XML 편집기에서 새로운 파일을 열면 된다.

파일을 다운로드하려면 다운로드할 파일을 선택하고 을 클릭한다. 그런 다음 파일을 기본 응용 프로그램에서 열 것인지 로컬 컴퓨터에 저장할 것인지 선택해야 한다.

로컬 컴퓨터에 하나 이상의 파일을 업로드하려면 파일을 업로드하려는 폴더를 선택하고 을 클릭한다. 드러면 파일 업로드 창이 열린다. 그리고 파일 선택을 클릭하여 업로드하려는 파일을 탐색하면 된다.

○ 작업 및 유틸리티

탐색 영역의 작업 및 유틸리티 섹션에서는 SAS Studio의 작업에 액세스할 수 있다. 작업은 SAS 프로시저를 기반으로 하며 SAS 코드와 출력형식이 지정된 결과를 자동으로 생성한다. SAS Studio에서는 사전 정의된 여러 가지 작업이 제공되므로 이를 실행할 수 있다. 이러한 사전 정의된 작업의 복사본을 편집하여 사용자 고유의 새로운 작업을 생성할 수도 있다.

새로운 작업을 생성하려면 을 클릭하고 **새로운 작업**을 선택한다. 그러면 SAS Studio의 작업 영역에 템플릿이 생성되며 이 템플릿을 사용하여 사용자의 사이트에 맞는 사용자 정의 작업을 생성할 수 있다. 사용자 정의 작업은 내 작업 폴더 또는 탐색 영역의 파일(서버 파일) 및 폴더 섹션에서 액세스할 수 있다. 자세한 내용은 '8.7 SAS Studio의 작업 이해'를 참조하기 바란다.

생성한 작업을 편집하려면 내 작업 폴더에서 **작업**을 선택하고 을 클릭한다. 그러면 작업을 생성하는 데 사용되는 XML 코드가 **작업** 영역에 열린다. 사전 정의된 작업을 편집하려면 먼저 **작업**을 마우스 오른쪽 버튼으로 클릭하고 **내 작업에 작업 추가** 또는 **폴더에 추가**를 선택한다. 자세한 내용은 '8.7.4 사전 정의된 작업 편집'을 참조하기 바란다.

○ Snippet

탐색 영역의 **Snippet** 섹션에서는 코드 Snippet에 액세스할 수 있다. 코드 Snippet은 일반적으로 사용되는 SAS 코드의 샘플을 의미하며, SAS 프로그램에 삽입할 수 있다. SAS Studio에서는 사전 정의된 여러 가지 코드 Snippet이 제공되므로 이를 사용할 수 있다. 이러한 Snippet의 복사본을 편집하여 사용자 본인의 사용자 정의 Snippet을 생성할 수 있다. 사용자 정의 Snippet은 **내 Snippet 폴더**에서 액세스할 수 있다. 자세한 내용은 '8.2 프로그램 작업'을 참조하기 바란다.

생성한 Snippet을 편집하려면 **내 Snippet 폴더**에서 Snippet을 선택하고 을 클릭한다. 사전 정의된 Snippet을 편집하려면 먼저 Snippet을 마우스 오른쪽 버튼을 클릭하여 내 Snippet에 추가를 선택해야 한다. **내 Snippet 폴더**에 있는 Snippet만 편집할 수 있다.

○ 라이브러리 작업

탐색 영역의 **라이브러리** 섹션에서는 SAS 라이브러리에 액세스할 수 있다. SAS 테이블은 SAS 라이브러리에 저장된다. **라이브러리** 섹션에서 SAS 테이블을 열고 프로그램에 추가할 수 있다. **라이브러리** 섹션을 사용하여 테이블을 펼치고 해당 테이블 내의 칼럼을 볼 수 있다. 칼럼 이름 앞의 아이콘은 칼럼 유형을 나타낸다. 다음은 일반적인 칼럼 유형 아이콘의 예이다.

아이콘	칼럼 유형
	문자
	숫자
	날짜
	날짜/시간

라이브러리 섹션에서 테이블 및 칼럼을 프로그램으로 끌어오면, SAS Studio가 끌어온 항목에 대한 코드를 프로그램에 자동으로 추가한다. 자세한 내용은 '8.2.2 프로그램 열기 및 생성'을 참조하기 바란다.

Sasuser 라이브러리는 모든 SAS 서버 환경과 같이 읽기 전용이다. 이 라이브러리에 콘텐츠를 저장할 수 없다. 새로운 라이브러리를 생성하고 기존 라이브러리를 할당할 수도 있다.

○ 새로운 라이브러리를 생성하는 방법

① **탐색** 영역에서 **라이브러리**를 클릭하고 을 클릭한다. **새로운 라이브러리** 창이 나타난다.

② **이름** 상자에 라이브러리의 **라이브러리 참조**를 입력한다. **라이브러리 참조**는 8자 이내여야 한다.

③ **경로** 상자에 라이브러리가 있는 곳의 실제 경로를 입력하거나 **찾아보기**를 클릭하여 위치를 선택한다. 위치를 선택할 때 새로운 폴더를 생성하려면 을 클릭한다.

④ **옵션** 상자에서 필요한 구성 옵션을 지정한다. 알맞은 옵션은 운영 환경에 대한 문서를 참조하기 바란다.

⑤ SAS Studio를 사용할 때마다 이 라이브러리에 액세스하려면 **시작 시 이 파일 바로 가기 재생성**을 선택한다.

⑥ **확인**을 클릭하여 라이브러리를 생성한다. **탐색** 영역의 라이브러리 리스트에 새로운 라이브러리가 추가된다.

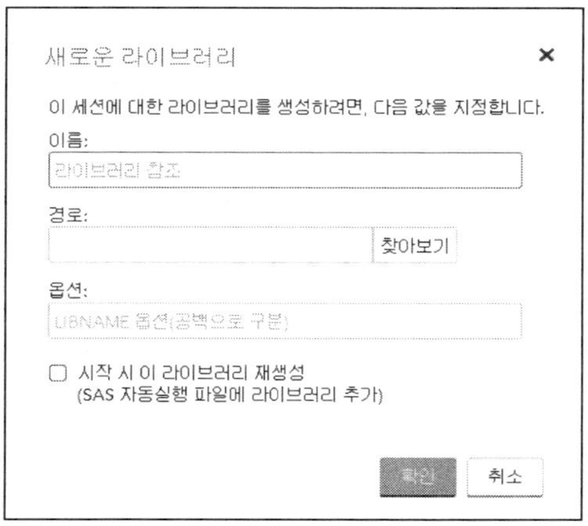

그림 8.5 새로운 라이브러리 창

○ 파일 바로 가기

파일 바로 가기를 사용하면 지정한 파일에 빠르게 액세스할 수 있다. SAS 서버, URL 또는 FTP 서버에서 파일에 대한 파일 바로 가기를 생성할 수 있다.

새로운 파일 바로 가기를 생성하려면 을 클릭한다. 전체 경로와 파일 이름을 지정하거나 URL을 지정하여 바로 가기를 정의할 수 있다. 다음에 SAS Studio를 사용할 때 이 바로 가기를 사용할 수 있도록 하려면 **시작 시 이 파일 바로 가기 재생성**을 선택한다.

파일 바로 가기를 더블 클릭하거나 작업 영역으로 끌어오는 방법으로 **파일 바로 가기**에서 파일을 열 수 있다. 기본적으로 **파일 바로 가기** 섹션은 **시각적 프로그래머** 영역에서 표시되지 않는다.

○ 탐색 영역 사용자 정의

SAS 프로그래머 영역에서 SAS Studio를 열면 기본적으로 **탐색** 영역의 5개 섹션이 표시된다. 표시되는 섹션을 사용자 정의하려면 ☰을 클릭하고 **보기**를 선택한다. 그런 다음 추가 또는 제거할 섹션을 선택 또는 선택 취소한다. **탐색** 영역은 즉시 업데이트된다.

(2) 작업 영역의 사용

작업 영역은 프로그램과 작업에 액세스하고 데이터를 보기 위한 SAS Studio 응용 프로그램의 기본 영역이다. **작업** 영역은 항상 표시되며 최소화할 수 없다. 프로그램, 작업 또는 테이블을 열면 **작업** 영역에 해당 창이 새로운 탭으로 열린다. 프로그램 및 작업과 연관된 코드, 로그 및 결과는 해당 프로그램 또는 작업의 기본 탭 아래에 함께 표시된다.

그림 8.6 프로그램 1개, 테이블 1개, 작업 2개가 포함된 작업 영역

○ 작업 영역 사용자 정의

기본적으로 **작업** 영역은 **탐색** 영역 옆에 표시되지만 **작업** 영역을 최대화하고 **탐색** 영역을 숨길 수 있다. **작업** 영역의 모든 탭을 한 번에 닫을 수도 있다. **작업** 영역을 최대화하려면 도구 모음에서 을 클릭한다. **탐색** 영역을 다시 열려면 을 다시 클릭한다.

작업 영역에 열려 있는 모든 탭을 닫으려면 을 클릭하고 **모든 탭 닫기**를 선택한다. 저장되지 않은 프로그램 또는 작업이 있으면 저장할지 묻는 메시지가 표시된다.

(3) SAS Studio에서 검색하기

검색 기능을 사용하여 **탐색** 영역의 모든 섹션을 검색할 수 있다. 검색할 수 있는 항목 유형은 **탐색** 영역에서 선택된 내용에 따라 다르다. 예를 들어 **파일(서버 파일) 및 폴더** 섹션에서 폴더 또는 폴더 바로 가기가 선택되면 폴더 및 파일을 검색할 수 있고, 검색에서 하위 폴더를 포함할지 여부를 선택할 수 있다. **작업 및 유틸리티** 섹션에서 작업 범주가 선택되면 작업 이름, 관련된 SAS 프로시저 및 작업 설명을 검색할 수 있다.

검색 기능에 액세스하려면 을 클릭한다. **검색** 상자가 나타나고 검색하려는 텍스트를 입력할 수 있다. **검색 대상** 옵션을 선택하거나 취소하여 검색 범위를 제한할 수 있다. 이러한 옵션은 탐색 영역에서 선택된 내용에 따라 달라진다. 기본적으로 검색에서는 대소문자가 구분된다. 대문자 및 소문자 텍스트를 모두 검색하려면 **대소문자 구분** 체크 박스를 선택 취소한다.

〈그림 8.7〉의 예시는 **Sashelp 라이브러리**에서 'Class'를 검색한 결과를 보여준다. 검색은 **Sashelp 라이브러리**에서 모든 테이블 및 칼럼을 포함하고 대소문자를 구분하지 않는다.

그림 8.7 Sashelp 라이브러리에서 'Class'를 검색한 결과

결과에서 항목을 더블클릭하여 열 수 있다. 검색 결과 리스트로 돌아가려면 을 다시 클릭한다. 검색 결과를 지우려면 을 클릭한다.

(4) 메시지 창의 사용

메시지 창에서는 SAS Studio에서 실행하는 프로그램, 작업, 질의 및 프로세스 플로우에 대한 정보를 표시한다. **메시지** 창을 열려면 SAS Studio 브라우저 창의 오른쪽 아래 모서리에 있는 **메시지**를 클릭한다. **필터 기준 드롭다운** 리스트를 클릭하고 보려는 메시지 유형을 선택하여 표시된 메시지의 일부를 선택할 수 있다.

일괄 모드에서 SAS 프로그램을 실행하면 **보기**를 클릭하여 **백그라운드 작업 상태** 창을 열 수 있다. 자세한 내용은 '백그라운드 작업으로 프로그램 실행'을 참조하기 바란다. 레파지토리 연결이 손실되면 연결을 확인할 때 사용할 수 있는 테스트 버튼과 함께 메시지가 표시된다.

그림 8.8 샘플 실행 메세지를 포함한 메시지 창

(5) 영역의 이해

SAS Studio는 조직 내의 다양한 사용자 및 그룹이 사용할 수 있으므로 사용자의 필요에 가장 적합한 특정 기능 또는 영역만 표시되도록 선택할 수 있다. **영역**은 다양한 사용자 유형의 필요에 맞게 사용자 정의된 기능 집합이다. SAS Studio에는 **SAS 프로그래머 영역**과 **시각적 프로그래머 영역**의 두 가지 영역이 포함되어 있다.

SAS 프로그래머 영역은 주로 SAS 프로그램 작성 및 편집 작업에 SAS Studio를 사용하는 사용자를 위한 영역이다. 이 영역은 기본적으로 탐색 영역의 4개 섹션(서버 파일 및 폴더, 작업 및 유틸리티, Snippets 및 라이브러리)이 모두 포함되는 새로운 프로그램 창을 열어 모든 프로그램 파일 및 코드 Snippet을 쉽게 관리할 수 있다.

시각적 프로그래머 영역은 프로젝트 기반 환경에서 프로세스 플로우 작업을 원하는 사용을 위해 설계되었다. 이 영역에서는 프로세스 플로우를 사용하여 개별 프로세스를 하나의 반복 프로세스 플로우로 결합하면 다른 사용자와 같이 저장하고, 재사용하고 공유할 수 있다. 이 영역은 기본적으로 새로운 **프로세스 플로우** 창을 열고 **탐색** 영역의 동일한 4개의 섹션을 포함한다. SAS 프로그래머 영역을 사용하는 동안 **프로세스 플로우**를 열면 **시각적 프로그래머 영역 전환** 창이 나타난다.

두 영역에서는 SAS Studio와 함께 제공되는 사전 정의 작업을 실행할 수 있으며 사용자가 직접 작업을 생성하고 편집할 수도 있다. 두 영역을 사용하여 SAS 프로그램 및 질의를 생성하고 실행할 수 있다. 〈표 8.1〉에서 두 영역의 차이점을 한눈에 볼 수 있다.

표 8.1 SAS 프로그래머 영역과 시각적 프로그래머 영역

SAS Studio의 요소	SAS 프로그래머	시각적 프로그래머
서버 파일 및 폴더	O	O
작업 및 유틸리티	O	O
Snippet	O	O
라이브러리	O	O
파일 바로 가기	O, 기본으로 표시안됨	O, 기본으로 표시안됨
Git 레파지토리	O, 기본으로 표시안됨	O, 기본으로 표시안됨
SAS 프로그램	O	O
질의	O	O
프로세스 플로우	X	O

SAS Studio를 시작하고 영역을 선택한 후에는 도구 모음에서 **영역** 메뉴를 클릭하고 사용하려는 영역을 선택하여 사용 중인 영역을 변경할 수 있다. ☰을 클릭하고 **보기**를 선택하여 SAS Studio에 표시되는 **탐색** 영역의 섹션을 지정할 수 있다.

(6) 자동실행 파일 편집

autoexec.sas 파일에서는 SAS Studio를 실행하고 SAS 서버에 연결할 때마다 SAS 문이 포함된다. 예를 들어 **autoexec.sas** 파일을 사용하여 SAS Studio를 대화식 및 비대화식 모드로 사용할 때마다 사용할 수 있는 라이브러리를 할당할 수 있다. 자동실행 파일은 홈 디렉터리에 저장된다. **새로운 라이브러리** 창을 사용하여 새로운 라이브러리를 생성할 때도 **시작 시 이 라이브러리 재생성** 옵션을 선택하면 **autoexec.sas** 파일에 **LIBNAME** 명령문을 자동으로 추가할 수 있다. 자세한 내용은 '라이브러리 작업'을 참조하기 바란다.

○ autoexec.sas 파일 편집 방법

① ☰을 클릭하고 **자동실행 파일 편집**을 선택한다.

② **autoexec.sas** 파일에 포함하려는 코드를 입력한다.

③ **실행**을 클릭하여 구문을 확인한다. **로그** 탭을 열어 로그를 볼 수 있다.

④ **저장**을 클릭하면 자동실행 파일을 저장하고 닫는다.

(7) SAS Workspace 서버 변경

둘 이상의 SAS Workspace 서버에 액세스할 수 있는 경우에는 이 메뉴가 활성화되며, 이 기능은 SAS Studio가 연결되는 서버를 변경할 수 있다. 서버를 변경하려면 ≡을 클릭하고 **SAS Workspace 서버 변경**을 선택한다. 그런 다음 사용할 서버를 선택한다. 서버를 변경하면 생성한 모든 라이브러리 및 파일 바로 가기가 삭제된다. 자세한 내용은 'SAS Studio: Administrator's Guide'를 참조하기 바란다.

8.2. 프로그램 작업

8.2.1. 코드 편집기의 정보

SAS Studio에는 새로운 SAS 프로그램 또는 기존 SAS 프로그램을 편집할 수 있는 **색상 코딩 구문 검사 편집기**가 포함되어 있다. SAS 카탈로그에서 SOURCE 엔트리를 편집할 수도 있다. 이 편집기에는 자동 완성, 자동 서식 지정 및 팝업 구문 도움말 같은 다양한 기능이 포함되어 있다. **코드 편집기**를 사용하여 SAS 프로그램을 작성, 실행 및 저장할 수 있다. 작업을 실행할 때 자동으로 생성되는 코드를 수정하고 저장할 수도 있다.

SAS Studio에는 일반적인 작업을 보다 쉽게 프로그래밍하는 데 사용할 수 있는 여러 샘플 코드 Snippet도 포함되어 있다.

8.2.2. 프로그램 열기 및 생성

(1) 프로그램 열기

탐색 영역의 **서버 파일 및 폴더** 섹션에서 SAS 프로그램을 열 수 있다. 프로그램을 열려면 해당 폴더를 펼치고 열려는 프로그램을 더블클릭하거나 작업 영역으로 끌어온다. 프로그램이 **작업** 영역의 새로운 탭에 열린다.

매우 큰 프로그램 파일을 열면 성능에 영향을 줄 수 있다. 10MB를 초과하는 프로그램 파일을 열면 계속 파일을 열 것인지 확인하는 메시지가 나타난다.

(2) 프로그램 생성

탐색 영역의 **서버 파일 및 폴더** 섹션에서 SAS 프로그램을 생성할 수 있다. 프로그램을 생성하려면 을 클릭하고 **SAS 프로그램**을 선택한다. **프로그램** 창이 **작업** 영역의 새로운 탭에 나타난다. 기본 응용 프로그램 도구 모음에서도 을 클릭하고 **새로운 SAS 프로그램**을 선택할 수 있다.

프로그램을 저장한 후에는 **자동 저장 활성화** 옵션을 사용하여 편집 중인 이전에 저장한 각 프로그램 파일뿐만 아니라 새로운 프로그램의 사본을 자동으로 만들 수 있다. 네트워크 연결이 끊어지거나 브라우저가 예기치 않게 닫히면 자동으로 저장된 사본을 사용하여 파일을 복구할 수 있다. 자세한 내용은 '코드 및 로그 우선 설정 지정'을 참조하기 바란다.

자동 저장 사용 옵션은 최소 한 번 저장했던 프로그램에 대해서만 사용할 수 있다. 이 옵션은 FTP 폴더에 폴더 바로 가기로 열리는 프로그램에는 적용되지 않는다.

(3) 프로그램 실행

프로그램을 작성한 후 프로그램 전체를 실행하거나 특정 코드 행을 선택하여 실행할 수 있다. 전체 프로그램을 실행하려면 을 클릭한다. 프로그램의 일부를 실행하려면 실행할 코드 행을 선택하고 을 클릭한다.

오류가 없으면 결과가 자동으로 열리고, 오류가 있으면 로그 탭이 기본적으로 열린다. **오류, 경고 및 주** 섹션을 펼쳐 메시지를 볼 수 있다. 메시지를 클릭하면 메시지가 로그에서 발생하는 정확한 위치를 볼 수 있도록 SAS Studio가 해당 메시지를 로그에서 강조 표시한다.

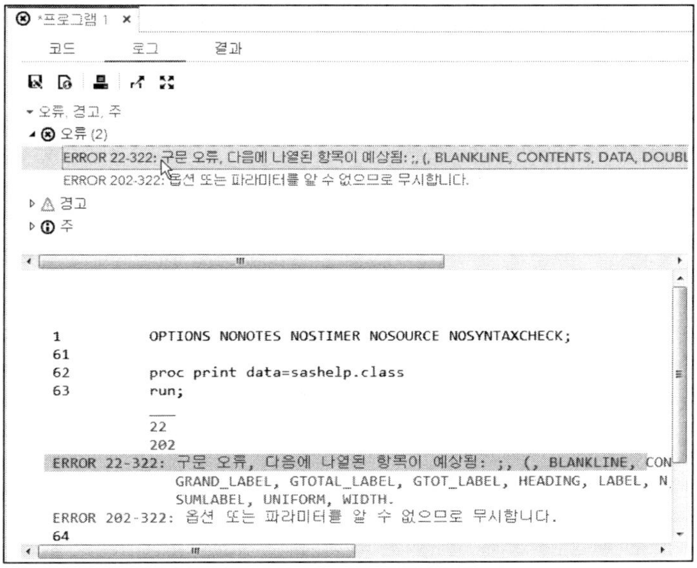

그림 8.9 코드 편집기에서 오류를 표시하는 로그 탭 화면

서버 환경에서 작업 중이기 때문에 SAS 프로그램에 **ENDSAS** 명령문을 포함하지 않아야 한다. **ENDSAS** 명령문을 포함하는 프로그램을 실행할 때 ≡을 클릭하고 **SAS 세션 재설정**을 선택하여 SAS 세션을 재설정한다.

(4) 자동 완성 기능의 사용

○ 자동 완성 기능의 정보

코드 편집기의 자동 완성, 즉 코드 완성 기능은 사용자가 실제로 단어를 모두 입력하기 전에 입력하려고 하는 다음 단어를 예측하여 완성해 주는 기능이다. 자동 완성 기능으로 SAS 프로시저, 문장, 매크로, 함수, CALL 루틴, 출력형식, 입력형식, 매크로 변수, SAS 색상, 스타일 요소, 스타일 속성 및 통계 키워드에 관련된 키워드와 다양한 SAS 문 및 프로시저 옵션을 완성할 수 있다. 자동 완성 기능은 라이브러리 참조 및 테이블 이름도 완성할 수 있다. 자동 완성 기능은 SAS 프로그램을 편집할 때만 사용할 수 있다.

자동 완성 기능이 필요할 때만 자동 완성 제안을 보고 싶으면 ≡을 클릭하고 **우선 설정**을 선택하여 이 기능을 비활성화할 수 있다. **코드 및 로그**를 클릭하고 **자동 완성 사용** 체크 박스를 선택 해제한다. 자동 완성 제안을 사용하려면 커서를 적절한 텍스트에 두고 Ctrl+스페이스바를 누른다.

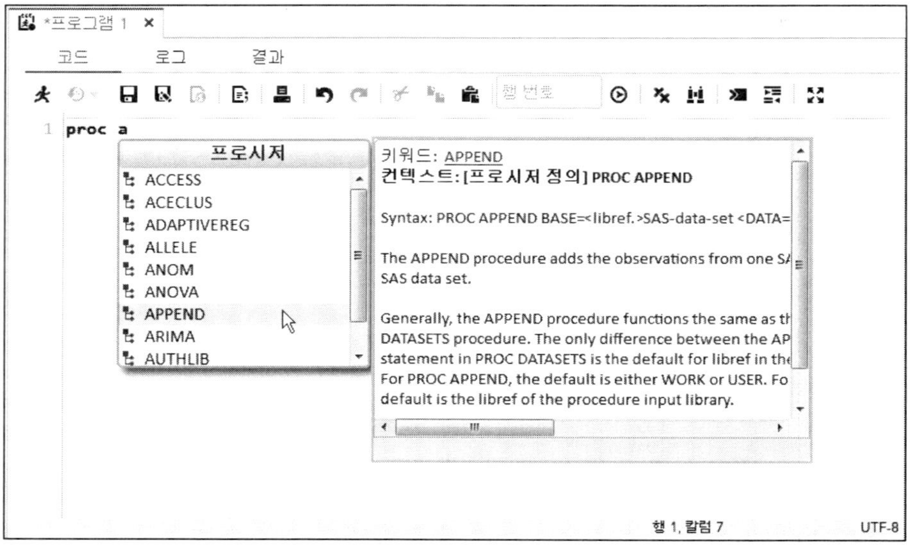

그림 8.10 코드 편집기의 자동 완성 기능의 예시 화면

이 예에서와 같이 **코드 편집기**에 proc a를 입력하면 키워드 및 도움말이 표시된다. 또한 이 예에서는 proc append를 코드 편집기에 표시하기 위해 **프로시저** 리스트에서 APPEND를 선택한다. 빈 칸을 입력하면 코드 편집기는 APPEND 프로시저의 **옵션** 리스트를 표시한다.

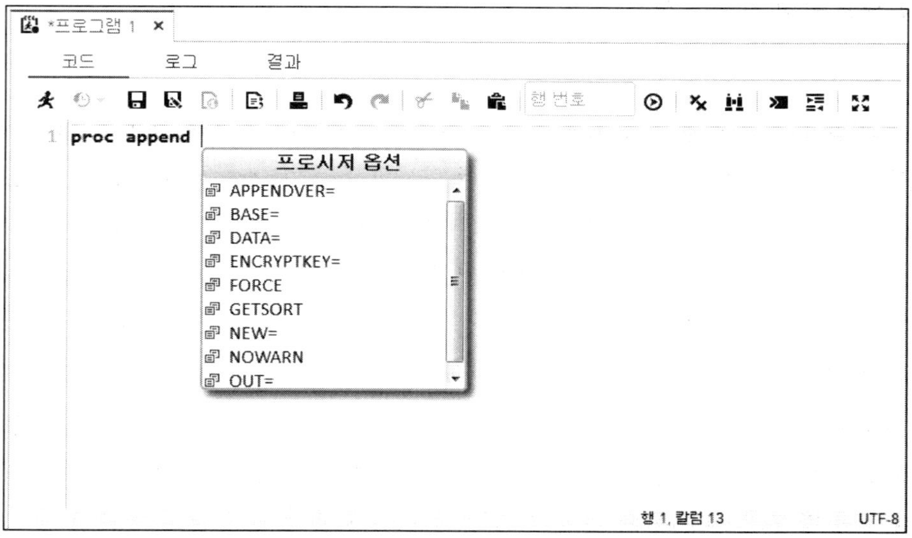

그림 8.11 Append 프로시저의 옵션 리스트 표시 화면

○ 자동 완성 기능을 사용하는 방법

① 자동 완성 리스트를 여는 방법은 추가할 키워드에 따라 다르다.

- 글로벌 문장, DATA 스텝 문, CALL 루틴, 프로시저, 매크로 문장 또는 자동 매크로 변수를 추가하려면 사용할 키워드의 처음 문자를 하나 이상 입력한다. 해당 문자로 시작하는 추천 키워드 리스트가 창에 나타난다.

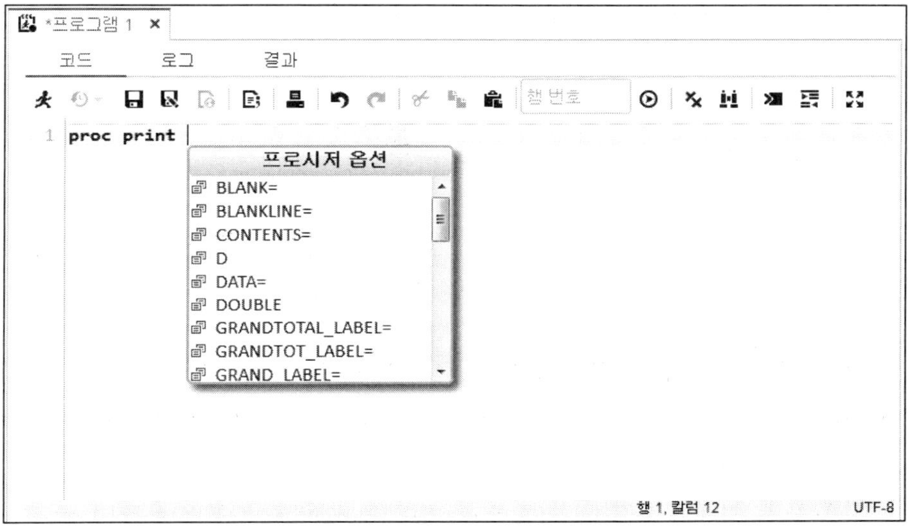

그림 8.12 PRINT 프로시저의 옵션 리스트 표시 화면

- 색상, 출력형식, 입력형식, 매크로 함수, SAS 함수, 통계량 키워드, 스타일 요소 또는 스타일 속성을 지정하려면, 마우스 포인터를 주석에 올려 놓고 Ctrl+스페이스바를 누른다. 옵션 리스트를 뒤로 탐색하려면, Ctrl+Shift+스페이스바를 누르거나 팝업 창 상단에 있는 화살표 키를 사용한다. **우선 설정** 창에서 **자동 완성 사용** 옵션을 선택 취소해도 바로 가기는 작동한다. 자세한 내용은 '코드 편집기 사용자 정의'를 참조하기 바란다.

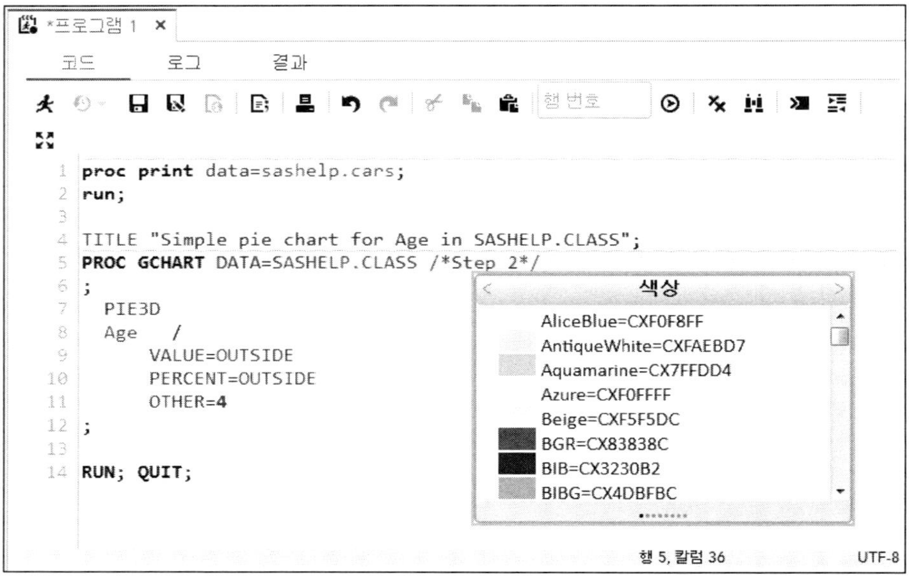

그림 8.13 코드 편집기의 옵션

② 사용하려는 키워드를 다음과 같은 방식으로 탐색할 수 있다.

- 올바른 키워드가 선택될 때까지 계속 입력한다. 입력을 계속할수록 원하는 단어와 가까워진다.
- 위쪽 또는 아래쪽 화살표나 Page Up 및 Page Down 키를 사용하여 리스트를 스크롤한다.

③ 선택한 키워드를 더블클릭하거나 Enter 키를 눌러 프로그램에 키워드를 추가할 수 있다.

8.2.3. 코드 Snippet 작업

(1) 코드 Snippet을 사용하는 이유

코드 Snippet을 사용하면 SAS 코드를 프로그램에 빠르게 삽입하고 필요에 맞게 사용자 정의할 수 있다. SAS Studio에서는 여러 코드 Snippet이 제공된다. 사용자 고유의 Snippet을 생성하고 즐겨찾기 리스트에 Snippet을 추가할 수도 있다. 다음은 SAS에서 제공하는 Snippet의 종류와 설명이다.

표 8.2 Snippet의 종류와 설명

Snippet 이름	설명
카탈로그	
SOURCE 엔트리 편집	카탈로그에서 SOURCE 엔트리 유형에 대한 콘텐츠를 지정할 수 있다. SOURCE 엔트리는 SAS 프로그램과 동일한 코드를 포함할 수 있다.
리스트 카탈로그 엔트리	지정한 카탈로그에서 지정한 유형의 콘텐츠를 나열한다. 기본적으로 Snippet은 모든 유형과 카탈로그 Sashelp.FSP의 CLASS 유형만 나열하는 방법을 보여준다.
리스트 카탈로그	지정한 라이브러리에서 모든 범주를 나열하는 SAS 테이블을 생성하고 표시한다. 기본적으로 테이블은 Work.catalog로 저장된다.
GRSEG 엔트리 인쇄	SAS ODS 출력(Output Delivery System)에 의해 지정된 열려 있는 대상으로 GRSEG 엔트리를 인쇄한다.
데이터	
DS2 코드	DS2 프로그램에 대한 템플릿을 제공한다. DS2는 고급 데이터 조작에 적절한 SAS 프로그래밍 언어이다. DS2는 Base SAS와 함께 제공되며 핵심 기능은 SAS DATA 스텝과 같다. 하지만 DS2는 그 외에도 변수 범위 지정, 사용자 정의 메소드, ANSI SQL 데이터 유형 및 사용자 정의 패키지가 포함되어 있어 DATA 스텝보다 뛰어나다. DS2 SET 문에는 FedSQL 구문이 포함될 수 있으며 런타임에 생성되는 질의는 DS2와 지원되는 데이터베이스 간에 데이터를 대화식으로 교환할 수 있다. 이 데이터는 입력 테이블의 SQL 사전 처리를 허용하여 두 언어의 성능을 효과적으로 결합한다. 자세한 내용은 SAS DS2 Language Reference를 참조하여라.
DS2 패키지	DS2 패키지에 대한 템플릿을 제공한다. 패키지는 DS2 프로그램과 유사하다. 패키지 본문은 일련의 글로벌 선언과 메소드 리스트로 구성된다. 구문상 주요 차이점은 PACKAGE 및 ENDPACKAGE 문입니다. 이러한 문장은 글로벌 범위를 가진 블럭을 정의한다. 자세한 내용은 SAS DS2 Language Reference를 참조하여라.
DS2 스레드	DS2 스레드 프로그램에 대한 템플릿을 제공한다. 일반적으로 DS2 코드는 순차적으로 실행된다. 즉, 한 프로세스의 실행이 완료되어야 다음 프로세스가 시작된다. 스레드 처리를 사용하면 두 개 이상의 프로세스를 동시에 실행할 수 있다. 스레드 처리에서는 각 프로그램이 코드 섹션을 동시에 실행하는 것을 스레드에서 실행한다고 한다. 자세한 내용은 SAS DS2 Language Reference를 참조하여라.
CSV 파일 생성	SAS 데이터를 쉼표로 구분된 텍스트 파일로 내보낸다.
PowerPoint 슬라이드 생성	Microsoft PowerPoint 출력을 웹 브라우저로 스트리밍한다.
XML 파일 생성	SAS 데이터를 웹 브라우저에서 볼 수 있는 XML 파일로 내보낸다.
CSV 파일 가져오기	쉼표로 구분된 파일을 가져와서 SAS 데이터셋에 출력을 쓴다.
XLSX 파일 가져오기	Microsoft XLSX 파일을 가져와서 SAS 데이터셋에 출력을 쓴다.
선형 회귀 데이터 시뮬레이션	선형 회귀 분석에 사용할 수 있는 입력 데이터 소스를 생성한다. 선형 회귀 분석에서는 최소제곱 방법을 사용하여 데이터에 선형함수를 할당하려고 시도한다.
일원분산분석 데이터 시뮬레이션	세 가지의 처리 레벨을 갖는 하나의 처리 인수를 다루는 입력 데이터 소스를 생성한다. 일원분산분석 작업을 사용하여 이 데이터를 분석하는 목적은 각 레벨 평균 간의 차이를 검정하고 이러한 차이의 값을 구하는 것이다.
설명	
사용자 정의 ODS 출력	SAS ODS(Output Delivery System)를 사용하여 HTML, PDF 및 RTF 출력 생성을 위한 템플릿을 제공한다. 자세한 내용은 SAS Output Delivery System: User's Guide를 참조하여라.
PROC SQL	SQL 질의 작성을 위한 템플릿을 제공한다. 자세한 내용은 SAS SQL Procedure User's Guide를 참조하여라.
그래프	SGPLOT, SGPANEL 및 SGSCATTER 프로시저에 대한 자세한 내용은 SAS ODS Graphics: Procedures Guide를 참조하여라.
막대 패널	SGPANEL 프로시저에서 VBAR 문을 사용하고 여러 막대 그래프를 생성할 수 있다.
상자 패널	SGPANEL 프로시저에서 VBOX 문을 사용하고 여러 막대 그래프를 생성할 수 있다.
비교 산점도	SGSCATTER 프로시저에서 COMPARE 문을 사용한다. 이 코드 Snippet은 축을 공유하는 산점도 비교 패널을 생성한다.

Snippet 이름	설명
점 도표	SGPLOT 프로시저에서 DOT 문을 사용한다. 점 도표에서는 범주변수의 값이 수평으로 요약된다. 기본적으로 각 점은 각 범주변수 값의 빈도를 나타낸다.
적합 도표	SGPLOT 프로시저에서 REG 문을 사용한다. 이 코드 Snippet은 이차 적합을 사용한 회귀 도표를 생성하며, 신뢰한계를 포함한다.
HBar 도표	SGPLOT 프로시저에서 HBAR 문을 사용한다. 이 코드 Snippet은 범주변수 값이 요약된 수평 막대 그래프를 생성한다.
HighLow 도표	SGPLOT 프로시저에서 HIGHLOW 문을 사용한다. High-Low 그래프는 한 변수의 여러 값이 다른 변수의 한 값과 어떤 관계에 있는지를 보여준다. 일반적으로 수평 축의 각 변수 값마다 수직 축에 해당하는 값이 여러 개씩 있다.
히스토그램 도표	SGPLOT 프로시저에서 HISTOGRAM 문을 사용한다. 이 코드 Snippet은 두 개의 밀도 도표가 있는 히스토그램을 생성한다. 이 Snippet에서 한 밀도 도표는 정규 밀도함수 추정값을 사용하고 다른 밀도 도표는 커널 밀도함수 추정값을 사용한다.
산점도 행렬	SGSCATTER 프로시저에서 MATRIX 문을 사용한다. 이 코드 Snippet은 산점도 행렬을 생성한다.
VBox 도표	SGPLOT 프로시저에서 VBOX 문을 사용한다. 상자 도표에서는 데이터를 요약하고 중위수, 제1 사분위수/제3 사분위수, 최솟값/최댓값을 나타낸다. 이 도표는 중심, 분포, 범위 및 이상치를 간단하게 보여 주는 빠른 시각적 요약을 제공한다. SGPLOT 및 SGPANEL 프로시저에는 수평 및 수직 상자 도표를 생성하기 위한 별도의 문장이 있다.
IML	SAS/IML에 라이선스가 있을 때만 사용할 수 있다. SAS/IML에 대한 자세한 내용은 SAS/IML User's Guide를 참조하여라.
비선형 방정식의 근 계산	한 변수의 함수 근을 구할 수 있다. 함수의 근(또는 0)을 구하면 비선형 방정식의 해를 구할 수 있다.
최대우도를 사용한 적합	최대우도 추정을 사용하여 정규 밀도함수 추정값의 모수를 추정한다.
부트스트랩 분포 생성	IML 프로시저를 사용하여 표본 평균의 부트스트랩 분포를 생성하고 분석한다.
함수 적분	SAS/IML 소프트웨어의 QUAD 서브루틴을 사용하여 1차 함수값을 적분할 수 있다. QUAD 서브루틴은 유한, 반무한 또는 무한 영역에서 함수의 정적분 값을 구하는 데 사용한다.
다변량 정규 데이터 시뮬레이션	지정한 평균과 공분산으로 다변량 정규분포의 데이터를 시뮬레이션한다.
매크로	주:SAS 매크로에 대한 자세한 내용은 SAS Macro Language: Reference를 참조하여라.
SAS 매크로	SAS 매크로 작업의 기본 템플릿을 제공한다. 매크로에서는 프로그램의 텍스트 대체 등을 포함한 많은 작업을 수행할 수 있다. SAS 프로그램은 매크로 수를 몇 개든 포함할 수 있고 하나의 프로그램에서 매크로를 여러 번 불러올 수 있다.
SAS 매크로 변수	사용자 정의된 글로벌 및 로컬 매크로 변수를 생성하는 방법의 예를 제공한다. 매크로 변수는 기호 치환을 통해 SAS 프로그램의 텍스트를 동적으로 수정할 수 있는 도구이다. 크거나 작은 양의 텍스트를 매크로 변수에 할당할 수 있다. 그 후에는 텍스트를 포함하는 변수를 단순히 참조하는 텍스트를 사용할 수 있다. 매크로 프로그래머에 의해 정의된 매크로 변수는 사용자 정의 매크로 변수라고 한다. 매크로 프로세서에 의해 정의된 매크로 변수는 사용자 정의 매크로 변수라고 한다. 데이터 행 내를 제외한 SAS 프로그램 아무 곳에서나 매크로 변수를 정의하고 사용할 수 있다.
SAS 매크로 DO 문	일치하는 %END 문이 발생할 때까지 단위로 처리되는 매크로 정의 섹션의 시작을 지정한다. 이 매크로 섹션은 %DO 그룹이라고 한다. 간단한 %DO 문은 %IF 조건이 True 또는 False인지 여부에 따라 처리될 매크로 섹션을 지정하기 위한 %IF-%THEN-%ELSE 문과 함께 나타난다. SAS에서는 이 Snippet에 의해 생성된 코드와 다른 %DO 반복 문을 제공한다. 자세한 내용은 SAS Macro Language: Reference를 참조하여라.
SAS 매크로 IF 문	매크로 부분을 조건부로 처리한다. %IF-%THEN-%ELSE 문에 대한 조건인 표현식은 상수 텍스트 또는 텍스트를 생성하는 텍스트 표현식인 피연산자만 포함할 수 있다.
SAS 매크로 문장	매크로를 불러올 때 지정하는 값을 가진 하나 이상의 로컬 매크로 변수의 이름을 지정한다. 매크로 변수에는 위치 및 키워드라는 두 가지 유형이 있다. 파라미터는 파라미터를 정의하는 매크로로 한정됩니다. 각 파라미터의 이름을 제공해야 한다. 텍스트 표현식을 사용하여 파라미터를 생성할 수 없다. 파라미터 리스트는 쉼표로 구분된 매크로 파라미터를 몇 개라도 포함할 수 있다. 파라미터 리스트의 매크로 변수는 대개 매크로를 참조한다.

Snippet 이름	설명
SAS 매크로 인용	매크로 프로세서가 특수 문자 및 니모닉을 매크로 언어의 일부가 아닌 텍스트로 해석하도록 지정하는 매크로 함수의 예를 제공한다. • %STR 함수는 매크로 컴파일에서 상수 텍스트의 특수 문자 및 니모닉 연산자를 암호화한다. 이 함수는 다음과 같은 특수 문자 및 니모닉 연산자를 암호화한다. + - * / 〈 〉 = ㄱ ^ ~ ; , # blank AND OR NOT EQ NE LE LT GE GT IN 이 함수는 문자가 쌍으로 발생할 때, 일치하지 않으면 앞에 %로 표시해서 다음과 같은 문자를 암호화한다. ' " ( ) • %NRSTR 함수는 매크로 컴파일에서 상수 텍스트의 특수 문자 및 니모닉 연산자를 암호화한다. 이 함수는 %STR 함수의 나열된 특수 문자 및 니모닉 연산자 모두를 암호화한다. 또한 %NRSTR 함수는 다음과 같은 문자를 암호화한다. & % • %BQUOTE 함수는 매크로 실행에서 확인된 값의 특수 문자 및 니모닉 연산자를 암호화한다. 이 함수는 다음과 같은 특수 문자 및 니모닉 연산자를 암호화한다. ' " ( ) + - * / 〈 〉 = ㄱ ^ ~ ; , # blank AND OR NOT EQ NE LE LT GE GT IN • %SUPERQ 함수는 매크로 실행에서 모든 특수 문자 및 니모닉 연산자를 암호화하지만 이후 값을 계산하지 않습니다. 이 함수는 다음과 같은 특수 문자 및 니모닉 연산자를 암호화한다. & % ' " ( ) + - * / 〈 〉 = ㄱ ^ ~ ; , # blank AND OR NOT EQ NE LE LT GE GT IN • %QSCAN 함수는 단어를 검색하고 특수 문자 및 니모닉 연산자를 암호화한다. • %QSUBSTR 함수는 하위 문자열을 생성하고 특수 문자 및 니모닉 연산자를 암호화한다. • %QUPCASE 함수는 값을 대문자로 변환하고 특수 문자 및 니모닉 연산자를 암호화하는 결과를 반환한다. • %UNQUOTE 함수는 매크로를 실행하는 동안 값을 해독하여 특수 문자 및 니모닉 연산자를 텍스트 대신 매크로 언어 요소로 해석한다. 매크로 컴파일 및 매크로 실행에 대한 자세한 내용은 SAS Macro Language: Reference를 참조하여라.
SAS 매크로 문자 함수	문자값으로 작업하는 SAS 매크로의 다양한 예를 제공한다. • %EVAL 함수는 정수 산술을 사용하여 산술 및 논리 표현식을 계산한다. 이 함수는 함수의 인수를 문자값에서 숫자 또는 논리 표현식으로 변환한다. 표현식을 계산한 후 결과는 문자값으로 변환된다. SAS 매크로 기능은 기본적으로 텍스트 생성이기 때문에 이 기능이 유용한다. 결과적으로 산술 표현식은 숫자 표현식으로 처음 변환된다. 숫자 표현식을 계산한 후 산술 표현식으로 다시 변환된다. • %INDEX 함수는 문자열의 첫 번째 문자의 위치를 반환한다. • %LENGTH 함수는 문자의 길이를 반환한다. • %SCAN 함수는 문자열에서 위치로 지정된 단어에 대해 검색한다. • %SUBSTR 함수는 문자열의 하위 문자열을 생성한다. • %UPCASE 함수는 값을 대문자로 변환한다.
SAS Viya 머신 러닝	이 Snippet을 사용하려면 SAS Visual Data Mining and Machine Learning 라이선스를 구입하고 이를 설치해야 한다.
데이터 로드	로컬 데이터를 CAS에 로드하는 방법을 보여준다.
데이터 준비 및 탐색	모델링 이전에 데이터 어세이(assay), 평가, 수정 및 준비를 위한 다양한 도구를 보여준다. 이 Snippet은 Machine Learning 샘플 데이터 라이브러리에서 Hmeq 데이터셋을 사용한다. Hmeq 데이터셋은 입력으로 사용되며 Hmeq_prepped 데이터셋을 생성한다. Hmeq_prepped 데이터셋은 후속 예에 사용된다. 이 Snippet을 실행할 때 결측값에 대한 경고 메시지가 표시될 수 있다. 샘플 데이터에는 다른 프로시저에서 사용할 수 있는 몇 가지 결측값이 포함되어 있다.
두 개의 ML 알고리즘 비교	Hmeq 데이터셋의 이진 타겟을 예측하는 데 두 개의 Machine Learning 알고리즘을 적용하고 비교해서 보여준다. 해당 데이터셋은 Machine Learning 샘플 데이터 라이브러리에 포함되어 있다. 이 Snippet을 실행하기 전에 데이터 로드 및 데이터 준비 및 탐색을 실행해야 한다.

Snippet 이름	설명
여러 개의 ML 알고리즘 비교	Hmeq 데이터셋의 이진 타겟을 예측하는 데 여러 개의 Machine Learning 알고리즘을 적용하고 비교해서 보여준다. 해당 데이터셋은 Machine Learning 샘플 데이터 라이브러리에 포함되어 있다. 이 Snippet을 실행하기 전에 데이터 로드 및 데이터 준비 및 탐색을 실행해야 한다.
일반화선형모델	GENSELECT 프로시저를 사용하여 일반화선형모델을 적합하고 평가해서 보여준다. 이 Snippet을 실행하기 전에 데이터 로드 및 데이터 준비 및 탐색을 실행해야 한다.
비지도 학습	데이터 준비, 분석 및 결과 시각화를 포함하는 전체 워크플로우 프로세스를 보여준다. 이 Snippet은 Sashelp.Iris 데이터셋을 사용한다.
지도 학습	데이터 탐색 및 준비, 모델링 및 평가를 포함하는 전체 워크플로우 프로세스를 보여준다. 이 Snippet은 Sampleml.Hmeq 데이터셋을 사용하며 Machine Learning 샘플 데이터 라이브러리에 포함되어 있다.
SAS Viya 이미지 처리	이 Snippet을 사용하려면 SAS Visual Data Mining and Machine Learning 라이선스를 구입하고 이를 설치해야 한다.
이미지 로드	지정한 경로에서 이미지 작업 집합을 로드하고 CAS 테이블을 생성한다. 경로 파라미터는 로드할 이미지가 있는 디렉터리를 가리킨다. 이미지 파일, 이미지 파일이 들어 있는 디렉터리 또는 URL을 경로 파라미터에 지정할 수 있다. 일반적인 워크플로우에는 이미지를 로드하는 작업과 그 후 다른 Snippet 중 하나를 사용하여 이미지를 크기 조정 또는 재조정하거나 변형하는 방식으로 이미지를 처리하는 작업이 포함된다. 한 Snippet의 출력을 다른 Snippet의 입력으로 사용할 수 있다. 추가 처리를 위해 이미지 저장 Snippet을 사용하여 이미지를 컴퓨터에 저장할 수 있다.
이미지 크기 조정	지정한 HEIGHT 및 WIDTH 파라미터에 따라 하나 이상의 이미지의 크기를 조정한다. HEIGHT 파라미터는 행 수에 해당하고 WIDTH 파라미터는 칼럼 수에 해당한다. 입력은 크기를 조정할 이미지가 포함된 CAS 테이블이고 출력은 크기가 조정된 이미지가 포함된 CAS 테이블이다.
이미지 재조정	지정한 옵션에 따라 하나 이상의 이미지의 깊이를 변경한다. TYPE 파라미터의 값인 “TO_8U”, “TO_32F” 또는 “TO_64F” 중 하나를 지정할 수 있다. ALPHA 및 BETA 파라미터를 사용하여 값을 조정할 수도 있다. 입력은 재조정할 이미지가 포함된 CAS 테이블이고 출력은 재조정된 이미지가 포함된 CAS 테이블이다.
이미지 변형	다른 확대 기술을 사용하여 하나 이상의 이미지를 변형한다. TYPE 파라미터의 값인 'COLOR_JITTERING', 'COLOR_SHIFTING', 'DARKEN', 'HORIZONTAL_FLIP', 'INVERT_PIXELS', 'LIGHTEN', 'ROTATE_LEFT', 'ROTATE_RIGHT', 'SHARPEN' 또는 'VERTICAL_FLIP' 중 하나를 지정할 수 있다. 입력은 변경할 이미지가 포함된 CAS 테이블이고 출력은 변형된 이미지가 포함된 CAS 테이블이다.
색상 변환	하나 이상의 이미지의 색상 공간을 변환한다. TYPE 파라미터의 값인 'BGR2HSV', 'BGR2RGB', 'BGR2YUV', 'COLOR2GRAY', 'GRAY2COLOR', 'HSV2BGR', 'RGB2BGR' 또는 'YUV2BGR' 중 하나를 지정할 수 있다. 입력은 변환할 이미지가 포함된 CAS 테이블이고 출력은 변환된 이미지가 포함된 CAS 테이블이다.
이미지 저장	지정한 이미지를 CASUSER와 같이 이전에 정의된 Caslib의 지정된 하위 디렉터리에 저장한다. Caslib 루트 디렉터리에 하위 디렉터리의 이름을 지정해야 한다. 저장된 이미지의 이름은 PREFIX 파라미터의 값으로 시작한다.
이미지 표시	SAS Studio에서 컴퓨터에 저장한 이미지를 표시한다. 이 Snippet은 이미지에 대한 참조를 포함하는 주석 데이터셋을 생성하고 PROC SGPLOT를 사용하여 이미지를 표시한다. IMAGE = 변수를 사용하여 표시할 이미지의 전체 이름과 위치를 지정한다.

(2) 코드 Snippet 생성

사용자 고유의 Snippet을 생성하는 방법은 다음과 같다.

① SAS Studio에서 .sas 파일을 열고 Snippet으로 저장할 코드를 선택한다.

② **코드** 탭에서 을 클릭한다. **내 Snippet에 추가** 대화상자가 나타난다. 선택한 코드를 마우스 오른쪽 버튼으로 클릭하고 **내 Snippet에 추가**를 선택하여 Snippet을 생성할 수도 있다.

③ Snippet의 이름을 입력하고 **저장**을 클릭한다.

이제 **내 Snippet** 폴더에서 이 Snippet을 사용할 수 있다.

(3) 코드 Snippet을 삽입하는 방법

프로그램에 코드 Snippet을 포함하는 방법은 다음과 같다.

① 프로그램에서 Snippet을 삽입할 위치를 클릭한다.

② **탐색** 영역에서 **Snippet** 섹션을 연다.

③ 다음과 같은 방법으로 프로그램에 Snippet을 추가할 수 있다.

- 드래그앤드롭 작업을 사용하여 Snippet을 추가한다.
- Snippet의 이름을 더블클릭한다.
- Snippet 이름을 마우스 오른쪽 버튼으로 클릭하고 **삽입**을 선택한다. 여러 Snippet을 선택하려면 Ctrl 키를 사용한다. 그런 다음 마우스 오른쪽 버튼을 클릭하고 **삽입**을 선택한다.

다음 예는 프로그램으로 XLSX 파일 가져오기 Snippet을 보여준다.

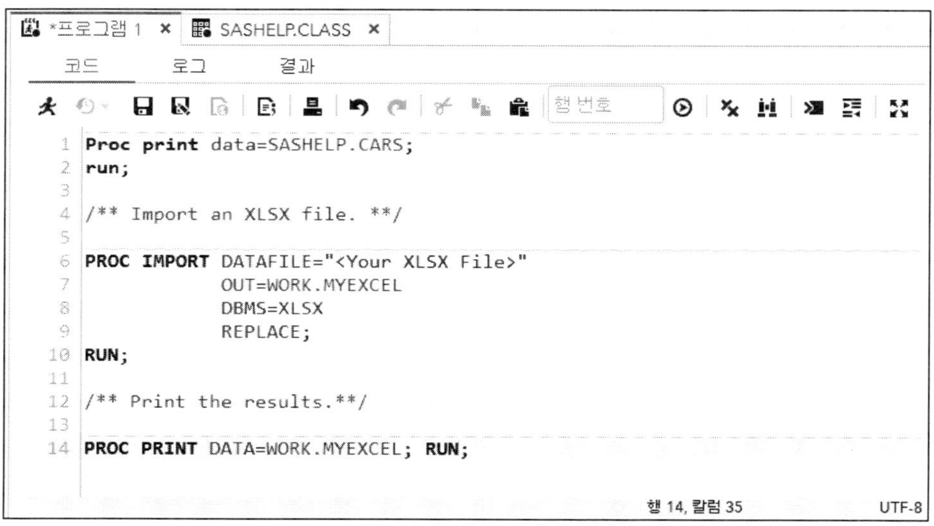

그림 8.14 프로그램에 삽입된 XLSX 파일 가져오기 Snippet 코드

8.3. 질의 작업

8.3.1. 질의란?

질의를 사용하여 지정한 기준에 따라 하나 이상의 테이블에서 데이터를 추출할 수 있다. 테이블 한 개를 기반으로 하는 질의를 생성하거나 테이블을 조인할 수 있다. 질의를 생성할 때 SAS Studio는 볼 수 있는 SQL(structured query language) 코드를 생성한다. **SAS 프로그래머** 및 **시각적 프로그래머** 영역 모두에서 질의를 생성할 수 있다.

8.3.2. 질의 생성

(1) 새로운 질의 생성

SAS Studio 기본 도구 모음에서 을 클릭하고 **새로운 질의**를 선택한다. **작업** 영역의 새로운 탭에서 **질의** 창이 열린다.

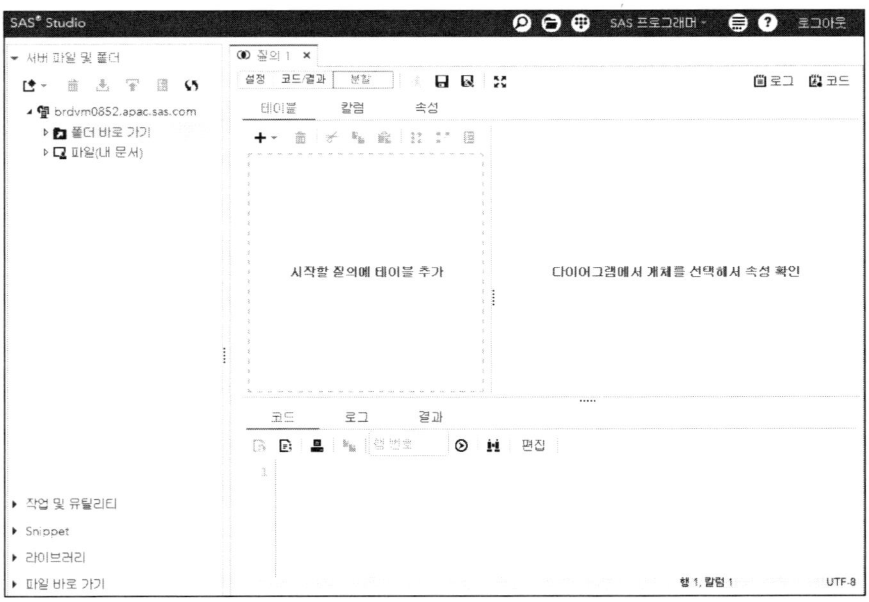

그림 8.15 새로운 질의 창

(2) 테이블에 질의 추가

질의 창의 테이블 탭에서 ➕을 클릭하고 **테이블**을 선택한다. **테이블 선택** 창에서 적합한 라이브러리를 펼쳐 사용하려는 테이블을 선택한다. 질의에 테이블이 추가된다.

탐색 영역의 라이브러리를 사용하여 질의에 테이블을 추가할 수도 있다. **라이브러리**를 클릭하고 적합한 라이브러리를 펼친다. **질의** 창의 **테이블** 탭에 사용하려는 테이블을 끌어 다 놓는다.

8.3.3. 조인의 이해

(1) 테이블 조인

질의를 생성하면 여러 테이블을 조인(join)할 수 있다. SAS Studio는 자동으로 테이블을 조인하거나 사용자가 수동으로 조인을 생성할 수 있다. SAS Studio는 동일한 이름 및 유형을 가진 칼럼을 사용하여 테이블을 조인하려고 한다. 찾은 칼럼 이름 및 유형과 일치하지 않으면 조인 기준을 지정할 수 있다.

질의에 하나 이상의 테이블이 있고 조인 기준을 지정하지 않으면 출력 데이터는 데이터 값의 Cartesian product 또는 사용 가능한 모든 조합을 포함한다.

(2) 조인 생성

○ 테이블 추가 및 조인 자동으로 생성하는 방법

탐색 영역의 라이브러리에서 **테이블** 탭의 질의에 추가하려는 테이블을 끌어다 놓는다. 그런 다음 질의에서 첫 번째 테이블 위에 테이블을 끌어 놓아 두 테이블을 조인한다.

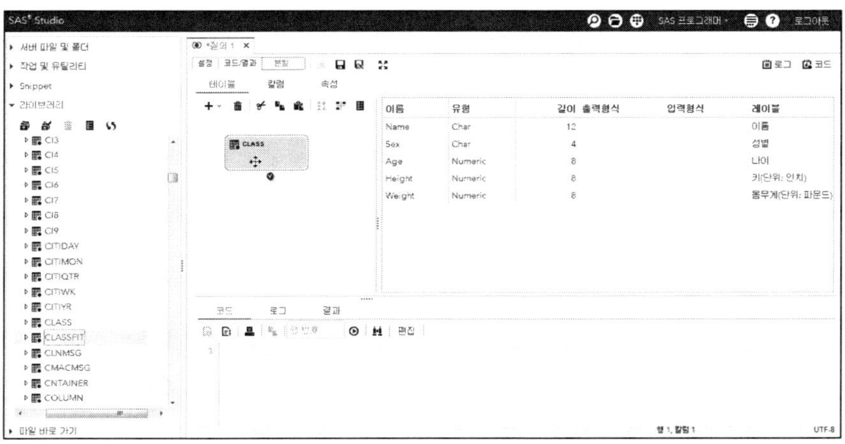

그림 8.16 Classfit 테이블을 라이브러리 영역에서 Class 테이블로 끌어온 질의 창

조인 창은 조인 기준을 표시한다. 〈그림 8.17〉 예에서 Classfit 테이블은 두 테이블에서 Name 칼럼을 사용하여 Classfit 테이블에 자동으로 조인된다.

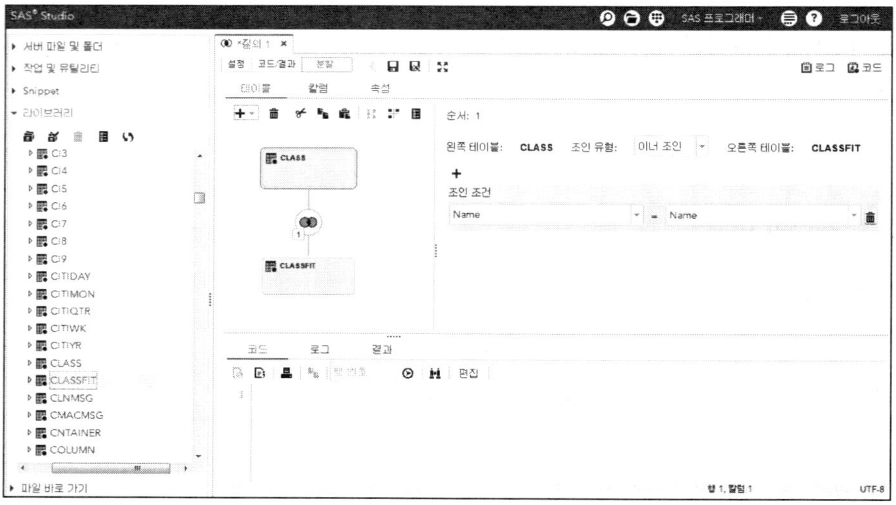

그림 8.17 Name 칼럼으로 조인된 Class 및 Classfit 테이블의 질의 창

○ 수동으로 조인을 생성하는 방법

조인이 자동으로 생성되지 않으면 조인 조건을 수동으로 지정할 수 있다.

① **질의** 창의 **테이블** 탭에서 조인하려는 테이블이 표시되는지 확인한다.

② 도구 모음에서 ✚을 클릭하고 **조인**을 선택한다. **새로운 조인** 창이 열린다.

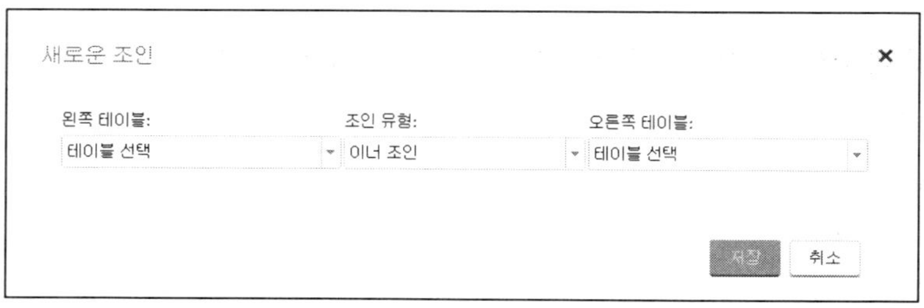

그림 8.18 수동 조인에서 새로운 조인 창

③ **왼쪽 테이블** 드롭다운 리스트에서 조인 왼쪽에 놓을 테이블을 선택한다.

④ **조인 유형** 드롭다운 리스트에서 사용하려는 조인의 유형을 선택한다. 기본 조인 유형은 **이너 조인**이다.

⑤ **오른쪽 테이블** 드롭다운 리스트에서 조인 오른쪽에 놓을 테이블을 선택한다.

⑥ **저장**을 클릭한다. 테이블 사이에 조인이 생성된다. 테이블이 칼럼과 일치하는 이름 및 데이터 유형을 가지고 있으면 조인 조건은 자동으로 생성된다. 테이블에 칼럼과 일치하는 이름 및 데이터 유형이 없으면 **칼럼** 드롭다운 리스트에서 조인 조건에 대한 칼럼을 선택할 수 있다.

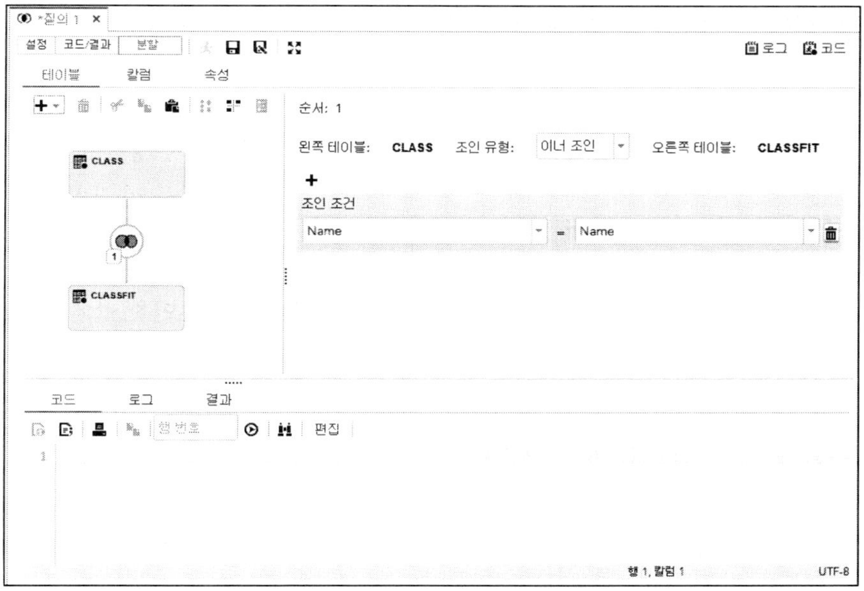

그림 8.19 Class 및 Classfit 테이블 사이에 조인이 있는 질의 창

⑦ 조인에 다른 조인 조건을 추가하려면 ➕을 클릭하고 **칼럼** 드롭다운 리스트에서 사용할 칼럼을 선택한다.

(3) 조인 유형에 대한 이해

SAS Studio는 조인에 대해 4가지 다른 유형을 지원한다. 기존 조인을 수정하여 원하는 조인의 유형을 선택할 수 있다. **조인** 창에서 사용하려는 조인 옵션을 선택할 수 있다.

SAS Studio 조인 유형	조인 아이콘	설명
이너 조인		출력 행은 첫 번째 테이블에서 두 번째 테이블의 칼럼 조인 기준과 일치하는 칼럼을 포함한다. 조인은 기본적으로 이너 조인이다.
왼쪽 조인	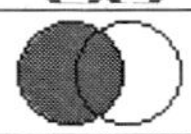	출력 행은 첫 번째 테이블의 모든 행과 두 번째 테이블에서 조인 조건과 일치하는 행을 포함한다.
오른쪽 조인	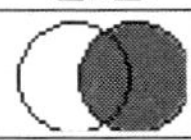	출력 행은 두 번째 테이블의 모든 행과 조인 조건과 첫 번째 테이블에서 조인 조건과 일치하는 행을 포함한다.
전체 조인	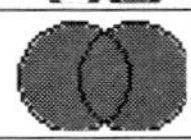	출력 행은 두 테이블에서 일치 및 일치하지 않는 모든 행을 포함한다.

(4) 기존 조인 수정

조인의 다른 유형을 선택하거나 조인 조건에서 사용된 칼럼을 변경하여 기존 조인을 수정할 수 있다. 조인 조건을 추가 및 제거하거나 전체 조인을 제거할 수 있다.

○ 조인 수정 방법

① **질의** 창의 **테이블** 탭에서 수정하려는 조인 지표를 클릭한다. **조인** 영역에서 조인이 표시된다.

② 조인 유형을 변경하려면 **조인 유형** 드롭다운 리스트에서 새로운 유형을 선택한다.

③ 새로운 조인 조건을 추가하려면 ✚을 클릭하고 조인에서 사용할 칼럼을 지정한다. 조인 조건을 제거하려면 적합한 조건 옆의 🗑을 클릭한다.

④ 전체 조건을 삭제하려면 조인 지표를 마우스 오른쪽 버튼으로 클릭하고 **삭제**를 선택한다.

8.3.4. 데이터 선택

(1) 출력에서 칼럼 지정

기본적으로 출력에서 포함하는 칼럼은 없다. 출력 테이블에 표시하려는 칼럼을 지정해야 한다. 또한 출력 테이블에서 칼럼 이름 대신 사용할 별칭을 지정할 수도 있다. 선택에 나열된 칼럼의 순서는 출력 테이블에 나열된 순서와 같다.

○ 출력 테이블에 대한 칼럼 선택 방법

① **질의** 창에서 **칼럼** 탭을 선택하여 질의의 테이블에서 칼럼 리스트를 표시한다.

② 칼럼 리스트에서 하나 이상의 칼럼을 **선택** 탭으로 끌어서 출력 데이터에 추가할 수 있다. **선택** 탭 도구 모음에서 ✚을 클릭하고 **칼럼 선택** 창에서 하나 이상의 칼럼을 선택한다.

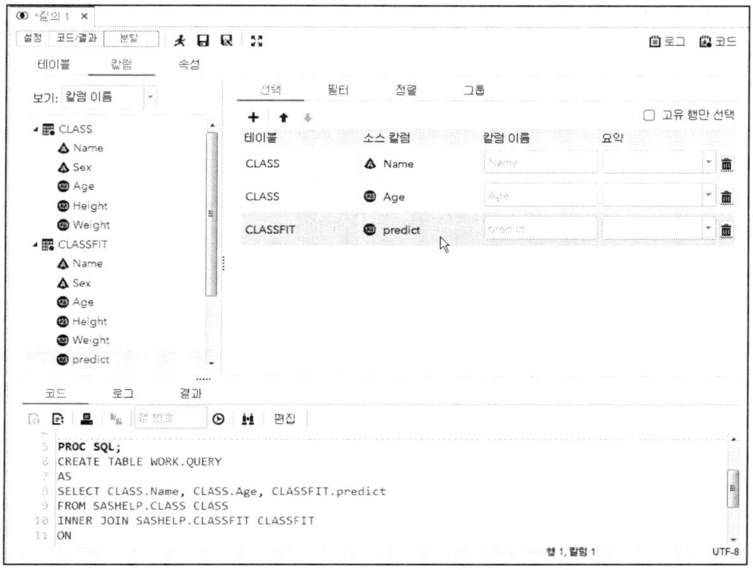

그림 8.20 선택 탭에 칼럼이 추가된 질의 창

○ 칼럼에 대한 별칭 지정 방법

선택 탭에서 각 칼럼에 대해 사용할 별칭을 입력한다. 별칭은 출력 데이터의 칼럼 머리글로 사용된다.

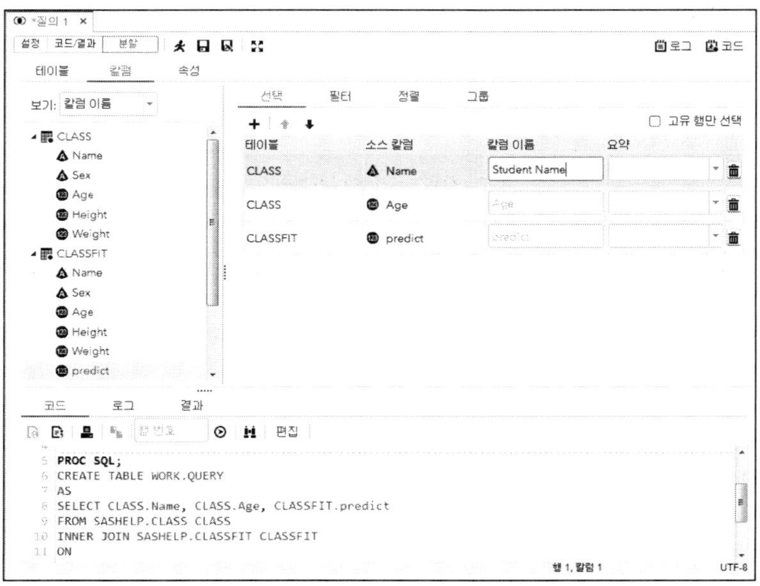

그림 8.21 칼럼 별칭이 있는 질의 창

(2) 요약 함수의 사용

질의 칼럼에서 요약 함수를 실행할 수 있다. 요약 함수를 실행하려면 요약 기능을 실행할 칼럼을 선택한다. 요약 칼럼에서 드롭다운 리스트를 사용하여 사용하려는 함수를 선택한다. 기본적으로 질의는 출력 데이터셋을 생성한다. 〈그림 8.22〉의 예는 모든 학생의 평균 나이를 찾는 방법을 보여준다.

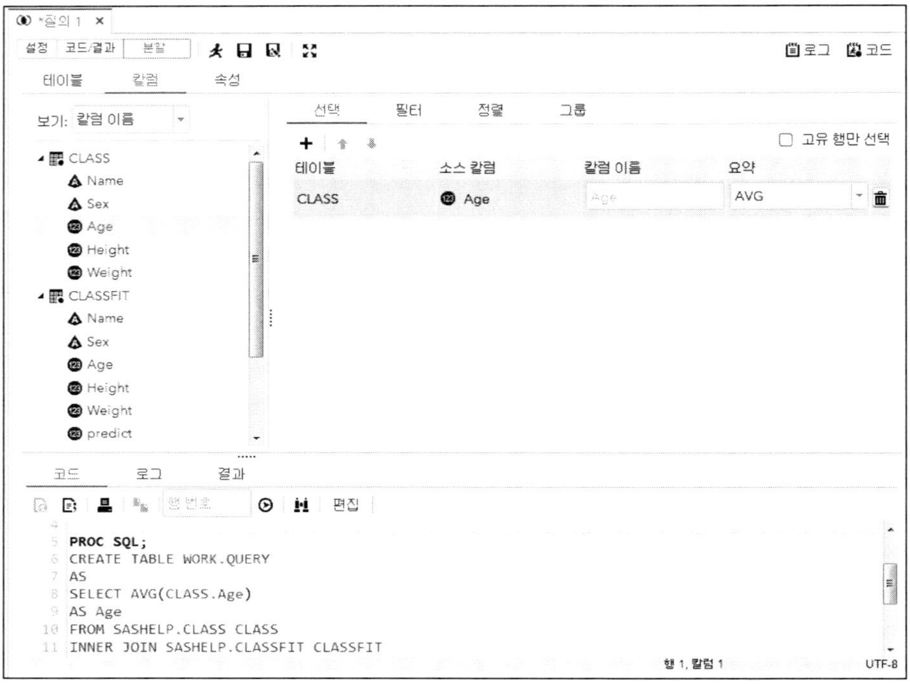

그림 8.22 나이 칼럼에 요약함수(평균)가 있는 질의 창

기본적으로 질의는 출력 데이터 탭에 결과를 표시하고 Work 라이브러리에 출력 테이블을 생성한다.

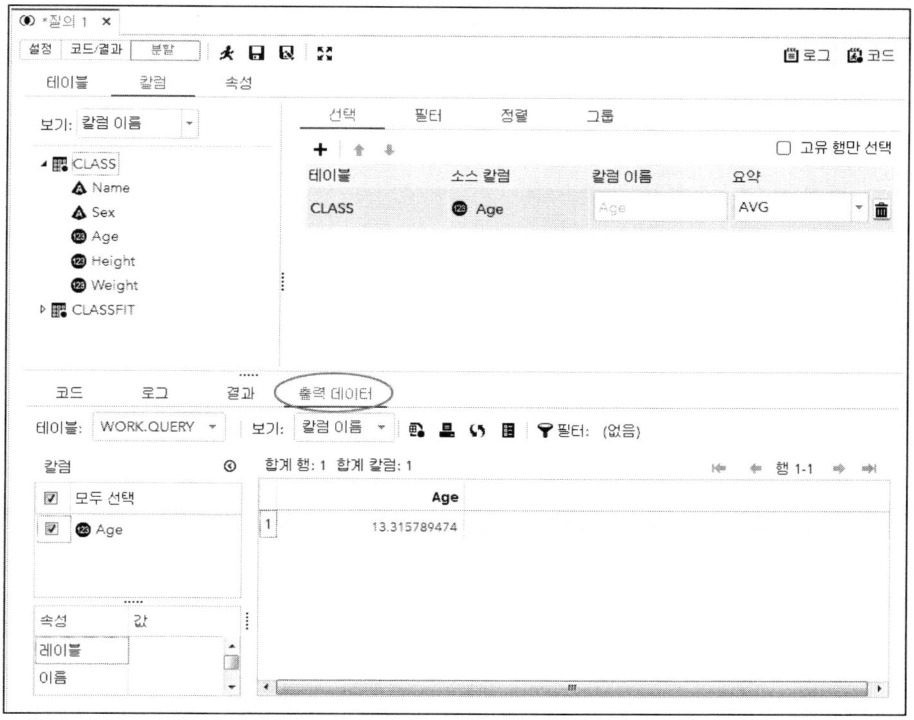

그림 8.23 출력 데이터 탭의 결과

기본적으로 칼럼을 요약하면 출력은 요약 없는 모든 칼럼으로 그룹화된다. 자세한 내용은 8.3.6절 '(3) 출력 그룹화'를 참조하기 바란다.

8.3.5. 데이터 필터링

(1) 필터 생성

데이터를 질의할 때 데이터에서 칼럼의 값에 따라 특정 기준을 만족하는 행만 검색할 수 있다. SAS Studio에 검색할 행을 지정하는 과정을 필터 설정이라고 하며, 이 작업은 필터 탭에서 수행된다. SQL 질의에서 **WHERE** 절을 사용할 때 해당한다.

① **질의** 창에서 칼럼 탭을 선택하여 질의의 테이블에서 칼럼 리스트를 표시한다.
② 칼럼 리스트에서 하나 이상의 칼럼을 **필터** 탭에 추가할 수 있다. **필터** 탭 도구 모음에서 **+**을 클릭하고 **칼럼 선택** 창에서 하나 이상의 칼럼을 선택한다.
③ **연산자** 드롭다운 리스트에서 **비교 연산자**를 선택한다. 기본값은 **Equals**이다.

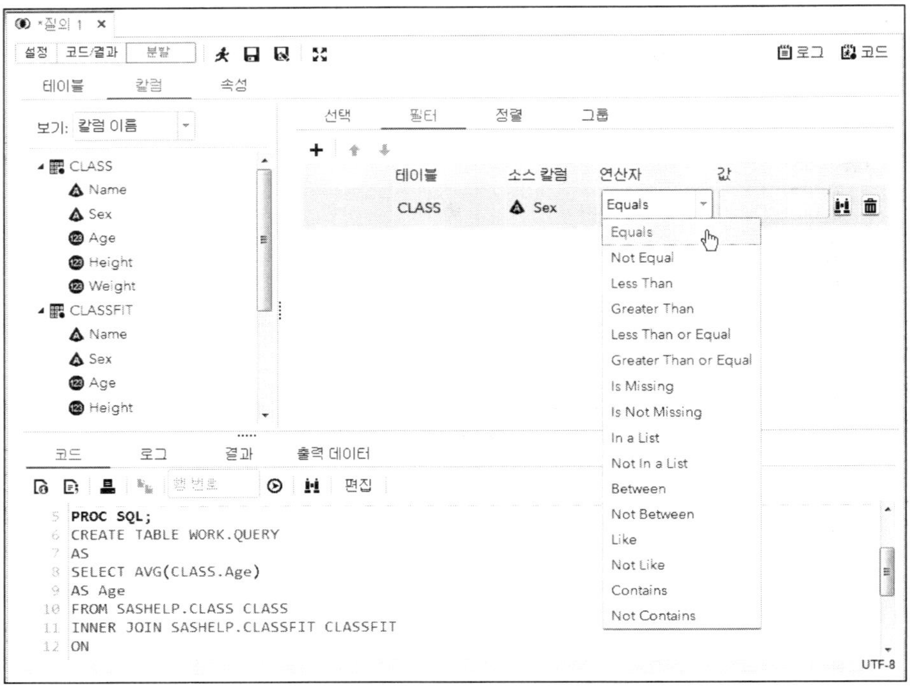

그림 8.24 Equal 연산자가 선택되어 있는 질의 창

④ 선택한 연산자에 값이 필요하면 을 클릭하여 입력하거나 **값 선택** 창에서 값을 선택한다. **값** 리스트에서 선택하려면 을 클릭하여 **값** 리스트를 펼친다. 사용하려는 값을 선택하고 **추가**를 클릭한다. 문자 칼럼에 대한 값을 선택하려면 **값을 따옴표로 묶기** 옵션을 선택하여 원하는 값을 작은 따옴표로 묶는다. 이 옵션은 기본적으로 선택되어 있다. 필터 실행 중 매크로 변수 또는 계산된 다른 값을 사용하려면 이 옵션을 취소해야 한다.

⑤ **칼럼** 리스트에서 선택하려면 을 클릭하여 **칼럼** 리스트를 펼친다. 그런 다음 사용할 칼럼을 선택한다.

⑥ **확인**을 클릭하고 필터에 값을 추가한다.

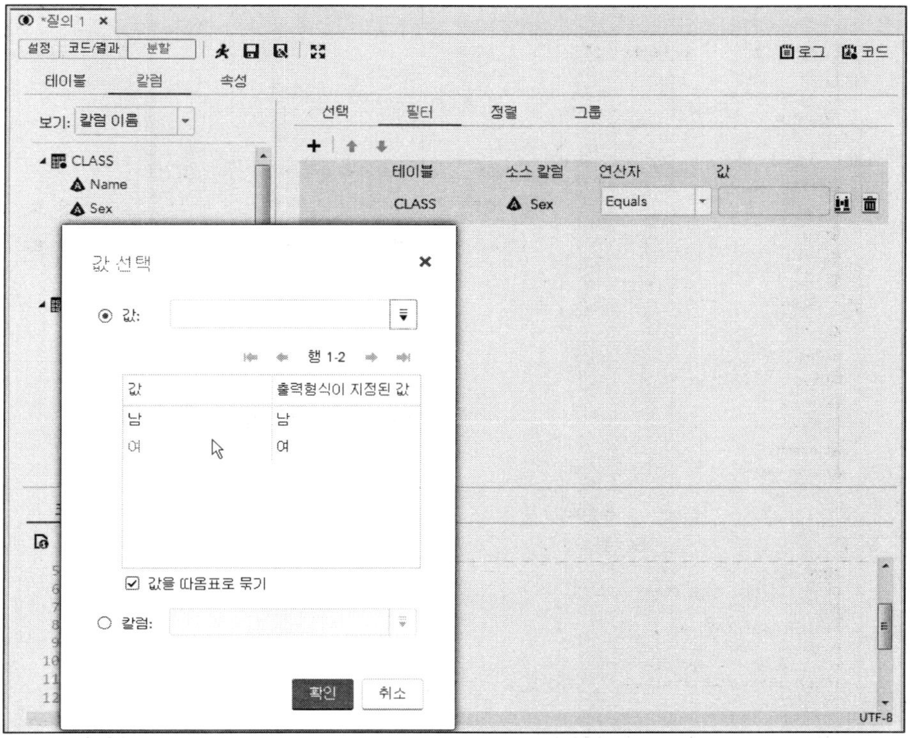

그림 8.25 필터의 값이 선택된 질의 창

(2) 필터 간 관계의 변경

필터에 한 개의 칼럼만 사용하거나 여러 칼럼을 사용하여 여러 비교 표현식을 생성할 수 있다. 필터에 한 개 이상의 비교 표현식을 생성하면, 이러한 필터 요소 간의 기본 관계는 AND이다. 필터 요소 간의 관계를 AND에서 OR로 변경할 수 있다.

○ 필터 간 관계 변경 방법

필터 탭에서 관계 값을 클릭하고 새로운 값을 선택한다.

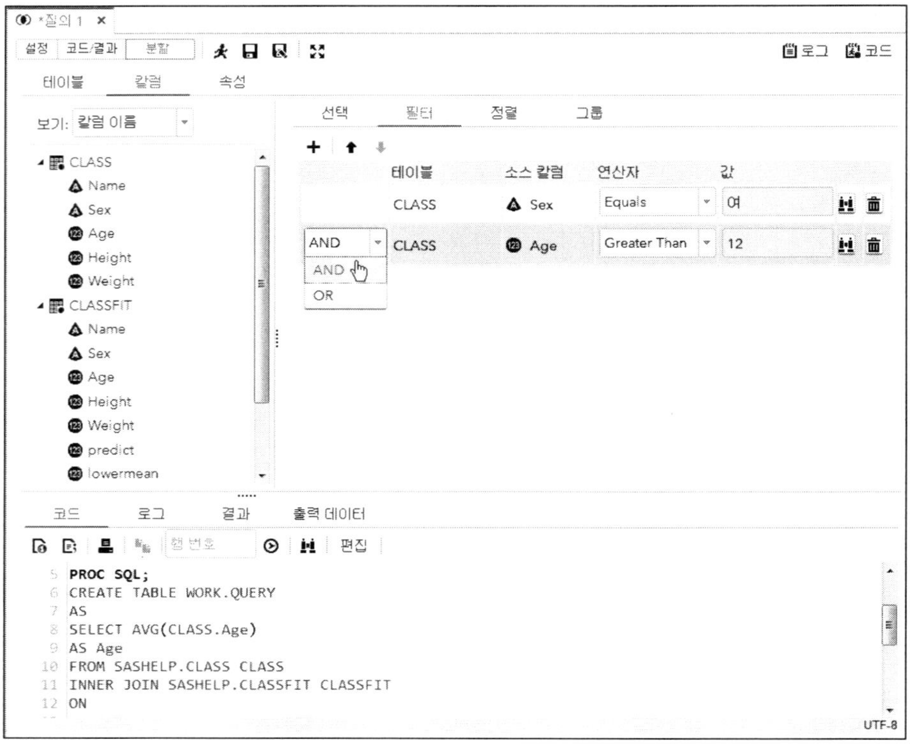

그림 8.26 필터 관계가 있는 질의 창

8.3.6. 출력 관리

(1) 출력 정렬

질의에서 사용한 테이블에서 한 개 이상의 칼럼을 사용하여 질의에서 출력을 정렬할 수 있다. 출력으로 선택하지 않은 칼럼을 사용하여 출력 테이블을 정렬할 수 있다.

○ 출력 정렬 방법

① **질의** 창에서 **정렬** 탭을 클릭한다.

② **칼럼** 리스트에서 **정렬** 탭에 하나 이상의 칼럼을 끌어 **정렬** 탭에 추가할 수 있다. **정렬** 탭 도구 모음에서 **+**을 클릭하고 **칼럼 선택** 창에서 하나 이상의 칼럼을 선택한다.

③ 데이터를 정렬할 칼럼에 대해 **정렬** 상자를 클릭한다. 드롭다운 리스트에서 **오름차순** 또는 **내림차순**을 선택한다. 기본 정렬 방향은 **오름차순**이다.

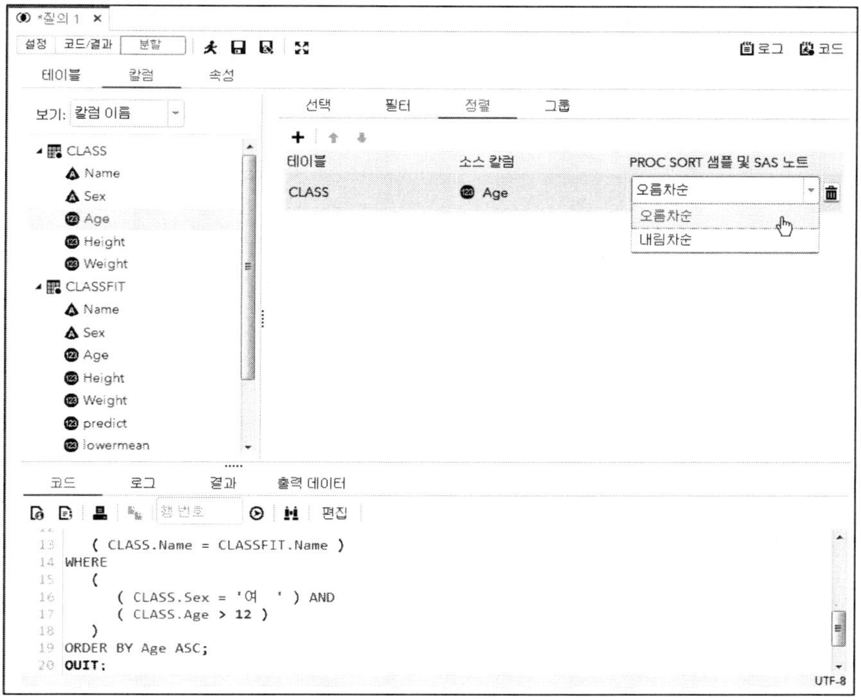

그림 8.27　정렬의 값이 선택된 질의 창

④ 여러 개의 칼럼으로 정렬하면 출력 테이블이 리스트의 첫 칼럼으로 처음 정렬된다. 이어 첫 번째 칼럼의 각 레벨에서 리스트의 두 번째 칼럼을 기준으로 행이 정렬된다. 칼럼을 선택하고 ⬆및 ⬇을 클릭한 다음 칼럼을 리스트의 위/아래로 이동하여 정렬 순서를 변경할 수 있다.

(2) 출력에서 중복 행 제거

일부 질의 유형은 여러 개의 동일 행을 출력한다. SAS Studio를 사용하면 동일한 행을 하나만 남기고 불필요한 중복 행을 제거할 수 있다. 중복 행을 제거하려면 **선택** 탭을 선택하고 **고유 행만 선택** 체크 박스를 선택한다.

(3) 출력 그룹화

요약된 칼럼을 생성하면 데이터를 칼럼 값에 기반한 그룹으로 분류할 수 있다. 이것은 SQL 질의에서 GROUP BY 절을 사용하는 것과 같다. 예를 들어, 학생 그룹의 평균 키를 계산하면 각 나이 그룹에 대한 평균 키를 표시하도록 결과를 그룹화할 수 있다.

기본적으로 **자동으로 그룹 선택** 옵션이 **그룹** 탭에 선택된다. 이 옵션이 선택되고 칼럼에 대해 요약 함수를 수행하면 질의는 요약 기능이 없는 모든 칼럼으로 자동 그룹화된다. 질의가 그룹화된 칼럼 리스트를 편집할 수 있다.

○ 출력 그룹화 방법

① **질의** 창에서 **그룹** 탭을 클릭한다.

② **칼럼** 리스트에서 **그룹** 탭으로 하나의 칼럼을 끌어 **그룹** 탭에 추가할 수 있다. **그룹** 탭 도구 모음에서 ➕을 클릭하고 **칼럼 선택** 창에서 하나 이상의 칼럼을 선택한다. **그룹** 탭에서 자동 선택된 모든 칼럼을 제거하려면 **자동으로 그룹 선택** 옵션을 취소한다.

③ 데이터 그룹화에 사용된 칼럼 순서를 변경하려면 이동하려는 칼럼을 선택한 후 ⬆및 ⬇을 클릭한다.

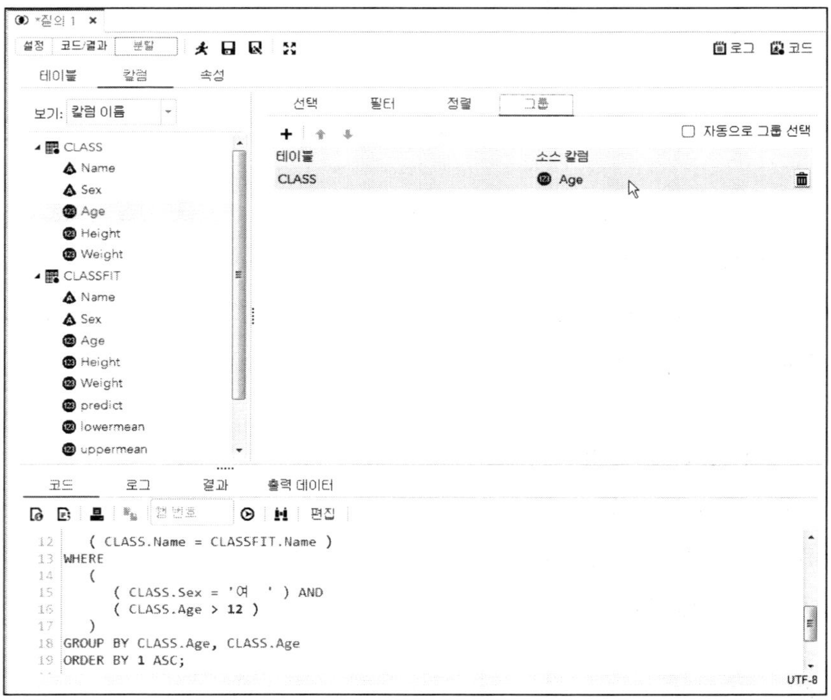

그림 8.28 **그룹 탭에 대한 질의 창**

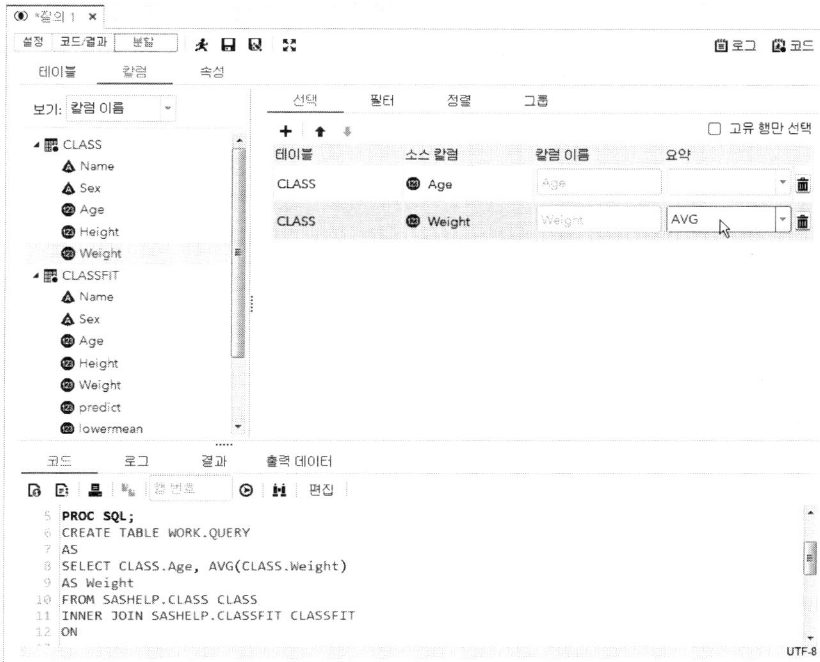

그림 8.29 요약 기능에 대한 질의 창

〈그림 8.29〉의 예는 각 나이 그룹에서 학생의 평균 키를 찾는 방법을 보여준다. **우선 선택** 탭에 나이 및 키 칼럼을 추가한 후 키 칼럼에 대해 AVG 요약 기능을 선택한다.

나이별 학생 몸무게를 보려면 질의를 나이 칼럼으로 그룹화한다. 결과에서 각 나이에 대한 평균 키가 표시된다.

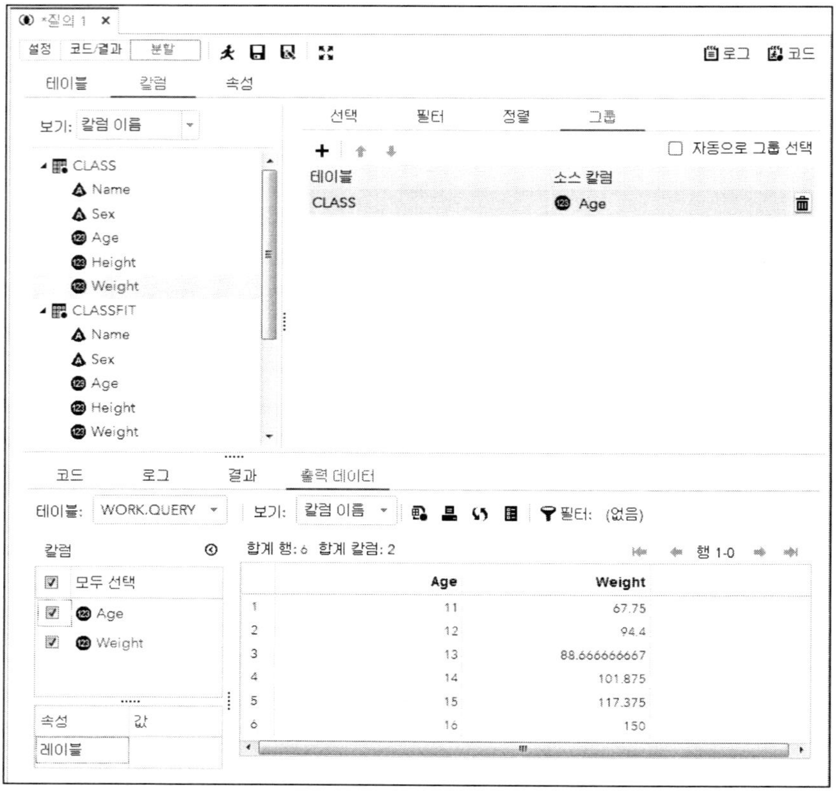

그림 8.30 그룹 탭에 대한 질의 창

기본적으로 질의는 결과의 테이블을 생성한다. 결과의 리포트(결과 탭에 표시됨)를 생성하려면 질의에 대한 출력 유형으로 리포트를 지정해야 한다. 자세한 내용은 '(4) 결과 저장'을 참조하기 바란다.

(4) 결과 저장

결과를 데이터 테이블, 데이터 뷰, 리포트의 3가지 출력형식 중 하나로 생성할 수 있다. 결과를 데이터 테이블이나 데이터 뷰로 저장하면 사용할 라이브러리 및 파일 이름을 지정할 수 있다. 라이브러리 및 파일 이름을 지정하지 않으면 결과는 Work 라이브러리에 저장된다.

○ 결과 출력형식 지정 방법

① **질의** 창에서 **설정** 탭을 클릭한다.

② **속성** 탭을 클릭한다. **결과** 영역의 **출력 유형** 드롭다운 리스트에서 사용하려는 출력형식을 선택한다.

- **리포트**: 질의 결과를 사용자가 다운로드할 수 있는 HTML, PDF, RTF 파일의 리포트로 저장한다. 질의 결과는 질의를 다시 실행해야만 업데이트된다. 이러한 출력형식의 질의 결과에 대해서는 SAS 작업을 실행할 수 없다.
- **테이블**: 질의 결과를 SAS 작업을 실행할 수 있는 정적 데이터 테이블로 저장한다. 질의 결과는 질의를 다시 실행해야만 업데이트된다. 기본적으로 데이터 테이블은 Work 라이브러리에 저장된다.
- **뷰**: SAS 작업을 실행할 수 있는 동적 데이터 뷰로 질의 결과를 저장한다. 데이터 뷰 형식으로 질의 결과를 열 때마다 질의에 사용된 데이터의 변경 사항이 적용되어 결과가 업데이트된다. 기본적으로 데이터 뷰는 Work 라이브러리에 저장된다.

○ 결과를 특정 위치에 저장하는 방법

① **질의** 창에서 **설정** 탭을 클릭한다.

② **속성** 탭을 클릭한다. **결과** 영역의 **출력 위치** 상자에서 결과를 저장하려는 라이브러리의 이름을 입력한다.

③ 결과에 대한 이름을 지정하려면 **출력 이름** 상자에 사용하려는 이름을 입력한다.

(5) 질의 실행

질의 기준 지정이 모두 끝나면 **질의** 창 도구 모음에서 을 클릭하여 결과를 생성할 수 있다. 출력 데이터는 분리된 탭의 작업 공간에서 열린다.

8.4. 프로세스 플로우 작업

8.4.1. 프로세스 플로우의 이해

(1) 프로세스 플로우란?

프로세스 플로우 작업을 하려면 **시각적 프로그래밍** 영역에서 작업해야 한다. 시각적 프로그래밍 영역에 대한 자세한 내용은 8.1.2절의 '(5) 영역 이해'를 참조하기 바란다.

프로세스 플로우는 하나 이상의 개체로 구성된다. 각 개체는 프로세스 플로우에서 노드로 표시된다. 프로세스 플로우는 SAS 프로그램, 작업 질의 등과 같은 둘 이상의 개체 간의 관계를 표시한다. 표본 프로세스 플로우에 세 개의 브랜치가 포함된다.

- 첫 번째 브랜치에서 Sashelp.Classfit 데이터셋에 대한 질의가 생성된다. 질의 결과로 출력 데이터셋(Work.Query로 불림)은 Sex=M인 관측값만 포함한다. 데이터 순위 작업은 나이별 키와 몸무게 값을 순위화한다.
- 두 번째 브랜치에서 출력 데이터셋을 생성하는 SAS 프로그램을 기록한다. 프로그램을 실행한 후 하위 플로우는 추가 프로그램을 포함하고 **작업** 노드가 실행된다. 그러면 **막대 그래프** 노드가 실행된다.
- 세 번째 브랜치에서 SAS 프로그램에 오류가 발생한다. **리스트 테이블 속성에 대한 정보** 노드가 완료되지 않았다. SAS Studio는 필수 데이터가 제공되지 않으면 프로세스를 실행할 수 없다.

그림 8.31 SAS Studio에서 프로세스 플로우를 사용하기 위한 시각적 프로그래머 선택

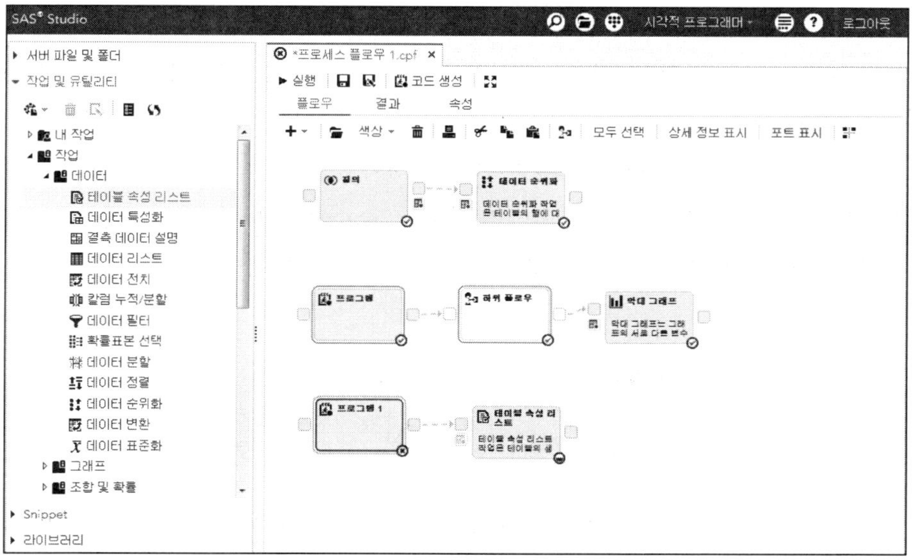

그림 8.32 SAS Studio의 단순 프로세스 플로우 화면

(2) 프로세스 플로우의 생성

SAS Studio에서 여러 개의 프로세스 플로우를 가질 수 있다. 프로세스 플로우는 각각 독립적으로 실행된다. 새로운 프로세스를 플로우를 생성하려면 [icon]을 클릭하고 **새로운 프로세스 플로우**를 선택한다. 인터페이스에 **새로운 프로세스 플로우** 탭이 나타난다.

(3) 포트란?

다음 두 개의 포트 유형이 프로세스 플로우에 있다.

○ 컨트롤 포트

프로세스 플로우에서 해당 포트 유형이 [icon]으로 나타난다. 이 포트를 사용하여 프로세스 플로우에서 실행할 노드 순서를 지정한다. 자세한 내용은 '프로세스 플로우에서 노드 연결'을 참조하기 바란다.

○ 데이터 포트

프로세스 플로우에서 해당 포트 유형이 으로 나타난다. 작업을 실행할 때 **입력 데이터 소스**를 지정해야 한다. 작업 인터페이스에서 **입력 데이터 소스**를 지정한다. 프로세스 플로우에서 **입력 데이터 소스**의 이름을 결정하려면 마우스 포인터를 **입력 데이터** 포트 위에 놓는다. 을 더블클릭하면 데이터 소스를 별도의 탭으로 볼 수 있다.

〈그림 8.33〉의 예에서 데이터 순위화 작업에 대한 입력 데이터 소스는 Work.Query이다.

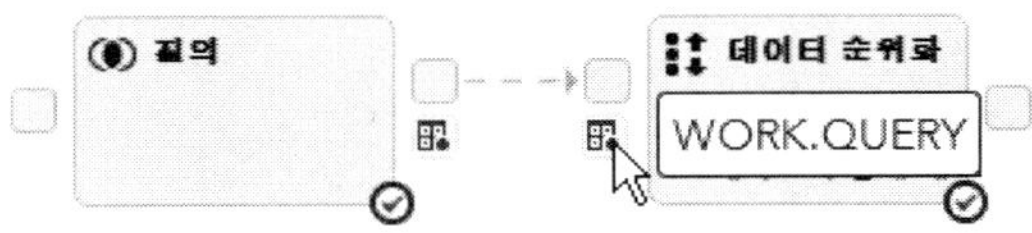

그림 8.33 데이터 순위화 노드에 대한 입력 데이터 포트 보기

질의와 같은 일부 노드에는 출력 데이터 소스가 있을 수 있다. 출력 데이터 포트를 사용하여 **출력 데이터 소스** 이름을 결정한다. 을 더블클릭하면 데이터 소스를 볼 수 있다.

〈그림 34〉의 예에서 질의 노드에 대한 출력 데이터 소스는 Work.Query이다. 포트는 프로세스 플로우에서 표시되며, 포트를 해제하려면 **포트 표시**를 클릭한다.

그림 8.34 질의 노드에 대한 출력 데이터 포트 보기

(4) 각 노드의 상태에 대한 이해

프로세스 플로우를 실행할 때 일부 노드는 성공적으로 실행되고 일부는 실패할 수 있다. **결과** 탭을 클릭하여 각 노드의 상태, 노드 실행 소요 시간 및 출력 데이터 생성 여부를 볼 수 있다. 이전 프로세스 플로우에 대한 **결과** 탭의 내용은 〈그림 8.35〉와 같다.

그림 8.35 **프로세스 플로우 결과 탭의 예시 화면**

〈표 8.3〉의 아이콘을 사용하여 프로세스 플로우에서 각 노드의 상태를 결정할 수 있다.

표 8.3 **노드에서 사용되는 아이콘**

아이콘	설명
	SAS Studio가 노드를 실행하기 전에 필요한 추가 정보를 더 지정한다. 예를 들어 작업 노드에서 이 아이콘을 보면 작업에서 필요한 옵션에 대한 값을 지정해야 한다. 이 아이콘은 SAS Studio가 실행된 후 비어 있는 하위 플로우 노드에서 표시될 수도 있다.
	큐에서 실행할 노드를 지정한다.
	성공적으로 실행된 노드에 대한 코드를 지정한다. 경고나 오류가 반환되지 않았다.
	경고가 발생한 노드에 대한 코드를 지정한다. 자세한 내용은 해당 노드의 로그를 참조하여라.
	오류가 생성된 노드에 대한 코드를 지정한다. 자세한 내용은 해당 노드의 로그를 참조하여라.

8.4.2. 프로세스 플로우에 데이터 추가

○ 기존 라이브러리에서 프로세스 플로우로 데이터 추가하는 방법

① **탐색** 영역에서 **라이브러리** 섹션을 클릭한다.

② 추가하려는 데이터셋이 포함된 라이브러리를 펼친다. 데이터셋을 선택한 다음 프로세스 플로우에 끌어다 놓는다.

이 예에서는 이제 프로세스 플로우에서 Sashelp.Air 데이터셋을 사용할 수 있다. 또한 데이터셋을 작업에 대한 입력 데이터로 사용할 수 있다.

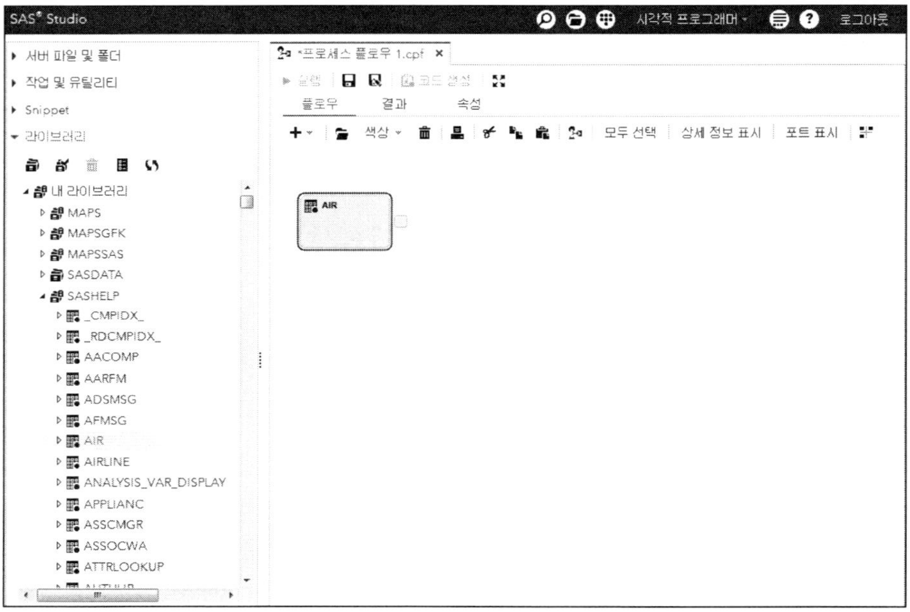

그림 8.36 프로세스 플로우 1에 있는 sashelp.air 데이터셋

8.4.3. 프로세스 플로우에 SAS 프로그램 추가

(1) 새로운 SAS 프로그램 생성하기

프로세스 플로우에 새로운 SAS 프로그램을 추가하는 방법은 다음과 같다.

① **+**을 클릭하고 SAS **프로그램**을 선택한다. SAS **프로그램** 노드가 프로세스 플로우에 추가된다.

② 노드를 선택하고 을 클릭한다(노드를 선택하여 Enter 키를 누를 수도 있다). **코드 편집기**가 나타난다.

③ 프로그램의 코드를 입력한다.

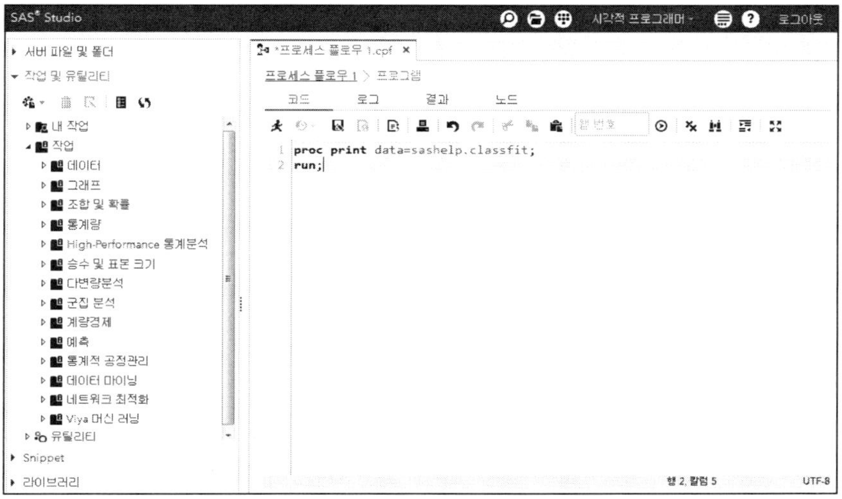

그림 8.37 코드 탭에서 SAS 프로그램의 예시

④ **노드** 탭을 클릭하여 프로그램 이름을 지정하고, 프로그램에 대한 간단한 설명을 제공하며 주석을 포함한다.

그림 8.38 SAS 프로그램에 대한 정보 지정 방법

프로세스 플로우의 **SAS 프로그램 노드**는 **노드** 탭에서 지정한 이름 및 설명을 포함하고 있다.

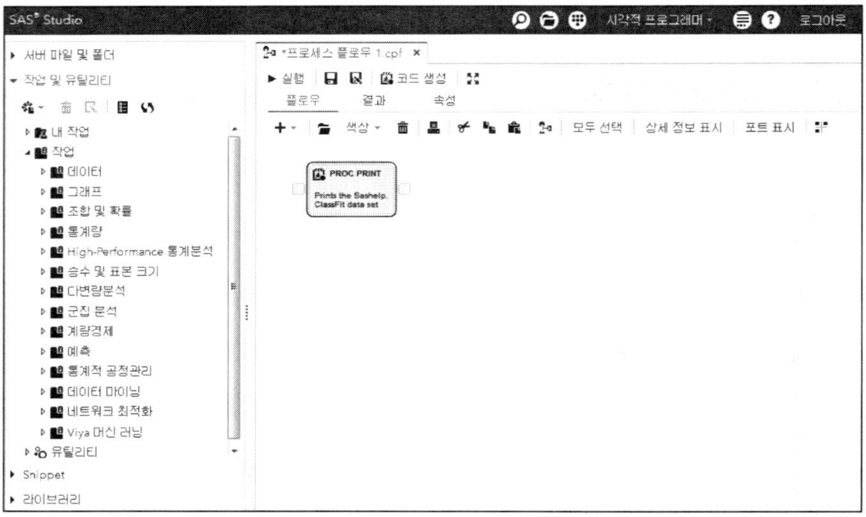

그림 8.39 프로세스 플로우에서 업데이트된 PROC PRINT 노드

(2) 기존 SAS 프로그램 추가

프로세스 플로우에 포함하려는 SAS 프로그램이 이미 작성되어 있을 수 있다.

○ 프로그램 추가 방법

① **탐색** 영역에서 **서버 파일 및 폴더** 섹션을 클릭한다.

② 추가하려는 프로그램을 찾을 때까지 **서버 파일 및 폴더** 섹션에서 폴더를 펼친다.

③ 추가하려는 프로그램을 선택하고 프로세스 플로우에 끌어 놓는다(녹색 표시는 프로세스 플로우에 해당 파일을 추가할 수 있음을 표시한다).

(3) Snippet 추가하기

사용자는 SAS 프로그램의 시작점으로 Snippet을 사용할 수 있다.

○ 프로세스 플로우에서 Snippet 추가 방법

① **탐색** 영역에서 **Snippet**을 선택한다.

② **Snippet** 섹션에서 추가하려는 Snippet을 선택하여 프로세스 플로우에 끌어 놓는다. 이 예에서 **XLSX 파일 가져오기** Snippet이 프로세스 플로우에 추가된다.

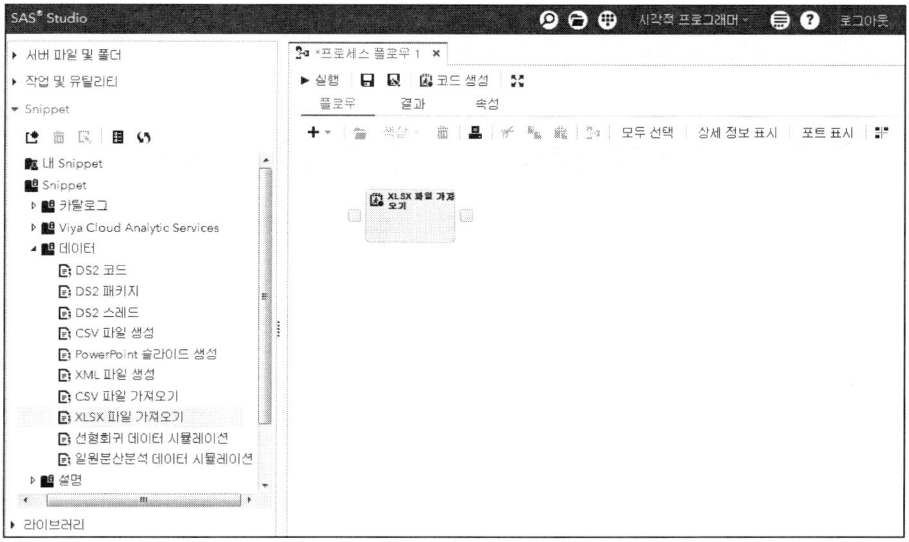

그림 8.40 프로세스 플로우의 Xlsx 파일 가져오기 Snippet

③ Snippet의 코드를 보려면 **Snippet** 노드를 선택하고 을 클릭한다(노드를 선택하여 Enter 키를 누를 수도 있다). 사용자 필요에 맞게 코드를 편집한다. 다음은 **XLSX 파일 가져오기** Snippet에 대한 코드이다. 이 예에서 가져오려는 XLSX 파일의 위치를 코드에서 지정한다.

그림 8.41 Xlsx 파일 가져오기 Snippet의 코드

④ **노드** 탭을 클릭하여 생성하려는 프로그램의 이름을 지정하고, 프로그램에 대한 간단한 설명을 제공하며 주석을 포함한다.

그림 8.42 Xlsx 파일 가져오기 Snippet의 식별정보

프로세스 플로우에서 **XLSX 파일 가져오기** 노드에 사용자가 제공한 설명이 포함된다.

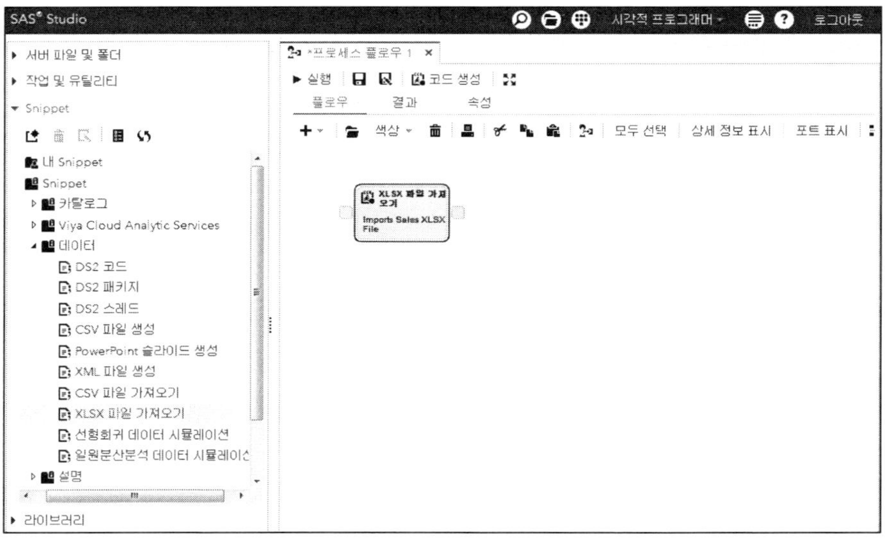

그림 8.43 프로세스 플로우에서 XLSX 파일 가져오기 노드

8.4.4. 프로세스 플로우에 질의 추가하기

(1) 새로운 질의 생성

○ 새로운 질의를 생성하는 방법

① ➕을 클릭하고 질의를 선택한다. 질의에 대한 노드가 프로세스 플로우에 추가된다.

② 노드를 선택하고 📂을 클릭한다. **질의 빌더**가 나타난다.

③ **질의 빌더**를 사용하여 질의를 정의한다. 자세한 내용은 8.3.2절 '(1) 새로운 질의 생성'을 참조하기 바란다.

④ **속성** 탭을 사용하여 질의에 대한 결과 유형을 정의한다. 자세한 내용은 8.3.6절 '(4) 결과 저장'을 참조하기 바란다.

⑤ **노드** 탭을 클릭하여 질의 노드의 이름을 지정하고, 질의에 대한 간단한 설명을 제공하며 주석을 포함한다. 프로세스 플로우 뷰로 돌아가려면 이동 경로에서 프로세스 플로우의 이름을 선택한다. 프로세스 플로우에서 **질의** 노드는 **노드** 탭에서 사용자가 지정한 이름 설명을 포함한다.

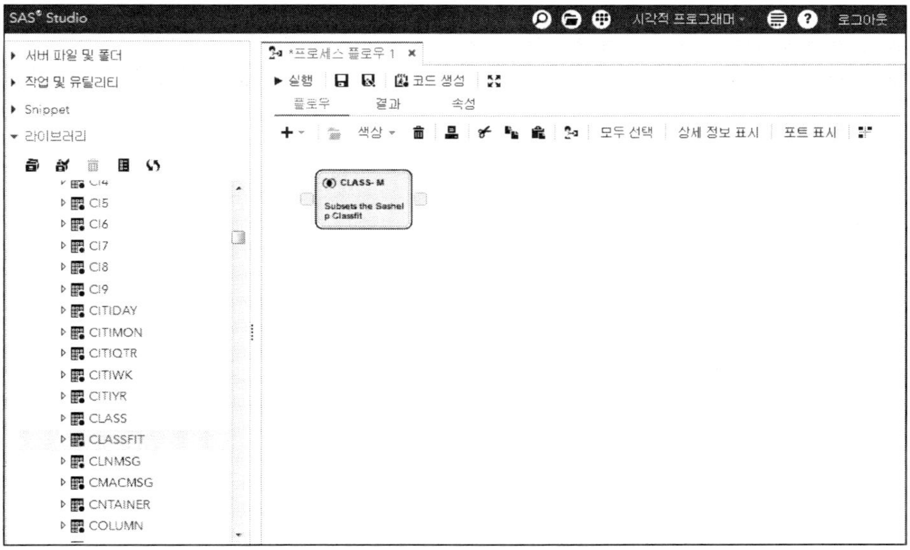

그림 8.44 프로세스 플로우의 질의 노드 예시

(2) 프로세스 플로우에 기존 질의 추가하기

프로세스 플로우에 포함하려는 질의가 이미 작성되어 있을 수 있다.

○ 질의 추가 방법

① **탐색** 영역에서 **서버 파일 및 폴더** 섹션을 클릭한다.

② 추가하려는 질의를 찾을 때까지 **서버 파일 및 폴더** 섹션에서 폴더를 펼친다.

③ 추가하려는 질의를 선택하고 프로세스 플로우에 끌어 놓는다(녹색 표시는 프로세스 플로우에 해당 파일을 추가할 수 있음을 표시한다).

8.4.5. 프로세스 플로우에 작업 추가하기

사용자는 사용자 정의 작업 및 프로세스 플로우에서 SAS Studio와 함께 제공된 작업을 추가할 수 있다.

① **탐색** 영역에서 **작업 및 유틸리티** 섹션을 클릭한다.

② 추가하려는 작업을 선택하고 프로세스 플로우에 끌어 놓는다. 〈그림 8.45〉는 데이터 정렬 작업을 포함하는 프로세스 플로우의 예이다.

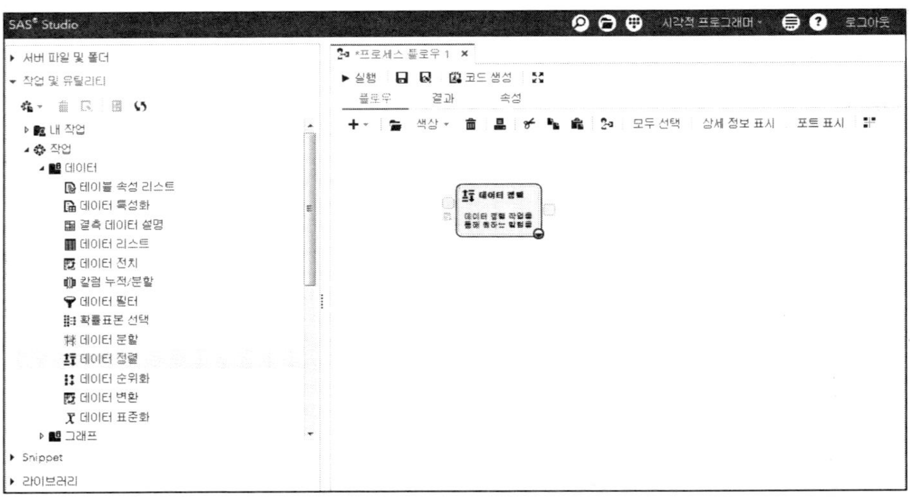

그림 8.45 **프로세스 플로우의 데이터 정렬 작업 노드**

③ **작업** 노드를 선택하고 을 클릭한다. 작업을 실행하려면 필수 옵션 값을 지정해야 한다.

〈그림 8.46〉의 예는 데이터 정렬 작업에 대한 사용자 인터페이스이다. 작업을 실행할 때 SAS Studio는 작업 옵션으로 지정된 값을 사용한다.

그림 8.46 데이터 정렬 작업에 대한 데이터 탭

8.4.6. 하위 플로우에 대한 이해

(1) 하위 플로우란?

프로세스 플로우 내에 하위 플로우를 가질 수 있다. 하위 플로우는 하나 이상의 개체를 포함한다. 하위 플로우 생성의 이점은 하위 플로우 내에서 프로세스 플로우 전체를 실행하지 않고 노드를 쉽게 실행할 수 있다는 데 있다. 하위 플로우가 프로세스 플로우 전체에서 다른 노드에 연결되면, SAS Studio가 이후의 노드를 실행하기 전에 하위 플로우를 완료될 때까지 실행해야 한다.

〈그림 8.47〉의 예에서는 하위 플로우 노드, 질의 노드 및 프로그래밍 노드의 세 개 노드가 있다. 하위 플로우 노드의 모든 노드는 질의 노드를 실행하기 전에 실행해야 한다. 기본적으로 하위 플로우 노드는 흰색이다.

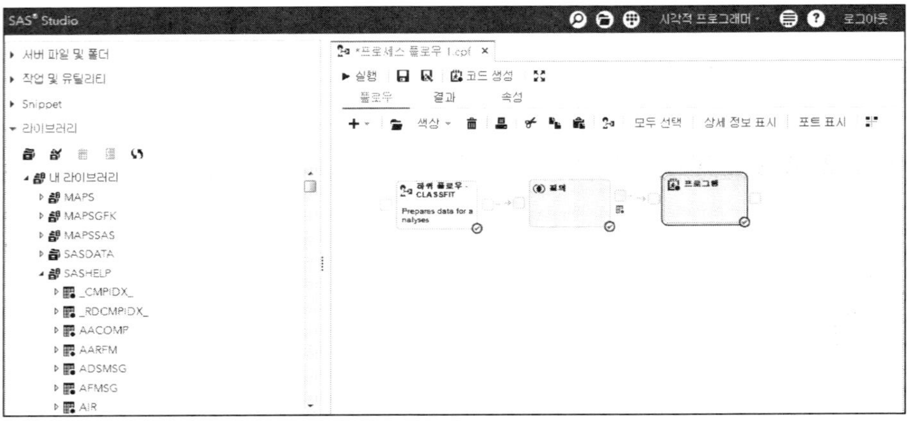

그림 8.47 프로세스 플로우에서 하위 플로우의 예시

SAS Studio는 빈 하위 플로우를 포함하는 프로세스 플로우를 실행할 수 없다. 대신 오류 메시지가 나타난다.

(2) 새로운 하위 플로우 생성

○ 프로세스 플로우에 하위 플로우를 추가하는 방법

① ➕을 클릭하고 하위 플로우를 선택한다. 하위 플로우에 대한 노드는 프로세스 플로우에 나타난다.

② 하위 플로우 노드를 선택하고 📂을 클릭한다. 이동 경로를 사용하여 하위 플로우에서 작업 중인지 확인한다.

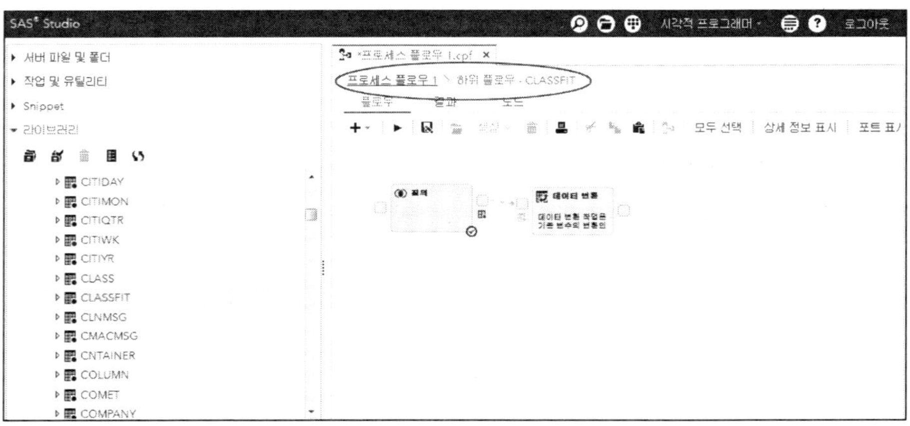

그림 8.48 프로세스 플로우 1 – 하위 플로우 이동 경로

③ 하위 플로우에 콘텐츠를 추가한다. 하위 플로우는 다른 하위 플로우를 포함할 수 있다.

④ **노드** 탭을 클릭하여 하위 플로우의 이름을 지정하고, 하위 플로우에 대한 간단한 설명을 제공하며 주석을 포함한다.

이러한 정보를 입력한 후 프로세스 플로우에서 하위 플로우 노드는 **노드** 탭에서 지정한 노드의 이름 및 설명을 포함한다.

(3) 기존 프로세스 플로우에 하위 플로우 추가

기존 프로세스 플로우를 다른 프로세스 플로우에서 하위 플로우로 추가할 수 있다. 프로세스 플로우 파일은 CPF 확장자를 가지고 있다.

○ 기존 프로세스 플로우를 하위 플로우로 추가하는 방법

① **탐색** 영역에서 **서버 파일 및 폴더** 섹션을 클릭한다.

② 추가하려는 프로그램을 찾을 때까지 **서버 파일 및 폴더** 섹션에서 폴더를 펼친다.

③ 추가하려는 하위 플로우를 선택하고 프로세스 플로우에 끌어 다 놓는다(녹색 표시는 프로세스 플로우에 해당 파일을 추가할 수 있음을 표시한다).

8.5. 데이터 작업

8.5.1. 데이터 열기 및 보기

SAS Studio에서 파일을 여러 방법으로 열 수 있다.

- **서버 파일 및 폴더**와 **라이브러리** 섹션에서 파일을 더블클릭할 수 있다.
- **서버 파일 및 폴더**와 **라이브러리** 섹션에서 파일을 작업 공간에 끌어올 수 있다.
- 파일을 검색하고 검색 결과에서 열 수 있다. 파일을 더블클릭하거나 **작업** 영역으로 끌어와서 파일을 연다.
- **파일 바로 가기** 섹션에서 파일 바로 가기를 사용하여 파일을 열 수 있다. 파일을 더블클릭하거나 작업 영역으로 끌어와서 파일을 연다.

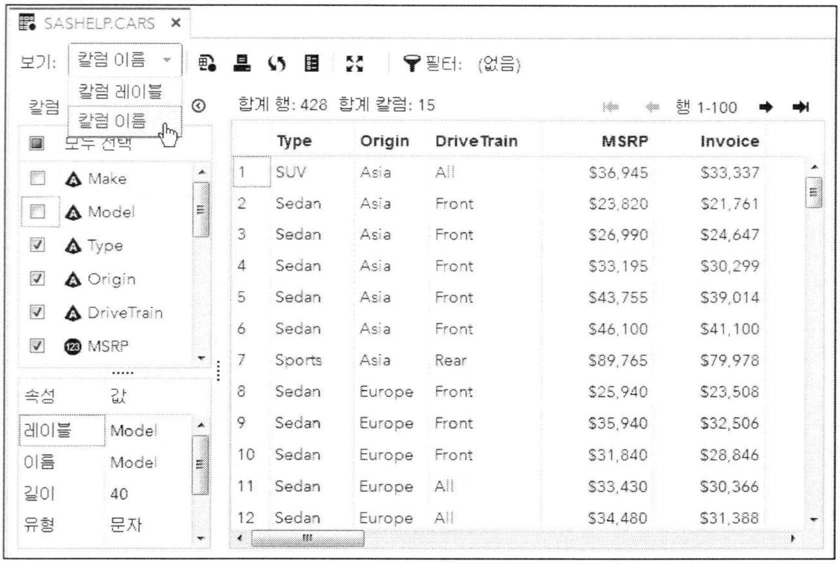

그림 8.49 테이블 뷰어의 보기 드롭다운 리스트

테이블을 열면 테이블의 처음 30개 칼럼이 표시된다. **칼럼** 영역을 사용하여 테이블 뷰어에 포함할 칼럼을 지정할 수 있다. 테이블의 칼럼이 100개가 초과할 때 모두 선택을 선택하면 모든 칼럼을 표시할지 확인하는 메시지가 나타난다. 100개가 넘는 칼럼을 표시하면 성능에 영향을 미칠 수 있다.

기본적으로 칼럼 이름이 표시되지만 **보기** 드롭다운 리스트에서 **칼럼 레이블**을 선택하여 칼럼 레이블을 표시하도록 선택할 수도 있다.

기본적으로 **테이블 뷰어**는 테이블 행의 총 개수와 필터링된 행의 총 개수(데이터를 필터링했을 때)를 표시한다. 그러나 SAS Studio에서 성능에 영향을 주지 않고 행 개수를 결정할 수 없으면 행 개수는 '사용할 수 없음'으로 나열된다.

칼럼 너비 크기를 현재 칼럼 콘텐츠 크기에 맞추도록 자동 변경할 수 있다. 칼럼 너비 크기를 변경하려면 칼럼 머리글을 마우스 오른쪽 버튼으로 클릭하고 콘텐츠에 대한 **크기 그리드** 칼럼을 선택한다. 칼럼 너비를 기본으로 설정하려면 칼럼 머리글을 마우스 오른쪽 버튼으로 클릭하고 **원래 칼럼 너비 복원**을 선택한다. 일반 우선 설정의 콘텐츠에 대한 **크기 그리드** 칼럼을 선택하여 데이터를 열 때 칼럼 너비 크기를 항상 변경하도록 할 수 있다. 자세한 내용은 '일반 우선 설정 지정'을 참조하기 바란다.

칼럼을 **테이블 뷰어** 또는 **칼럼** 영역의 새로운 위치에 끌어 놓아 **테이블 뷰어**의 칼럼 순서를 변경할 수 있다.

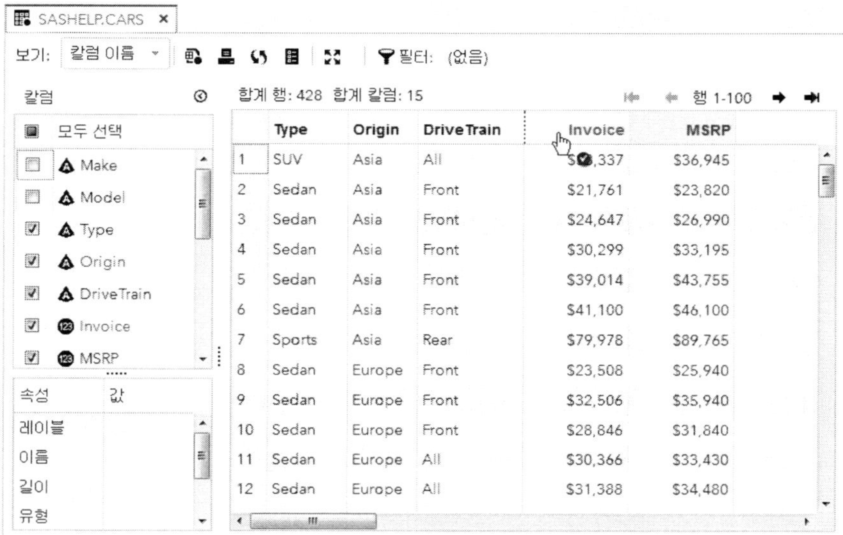

그림 8.50 테이블 뷰어를 사용한 칼럼 재정렬의 예시

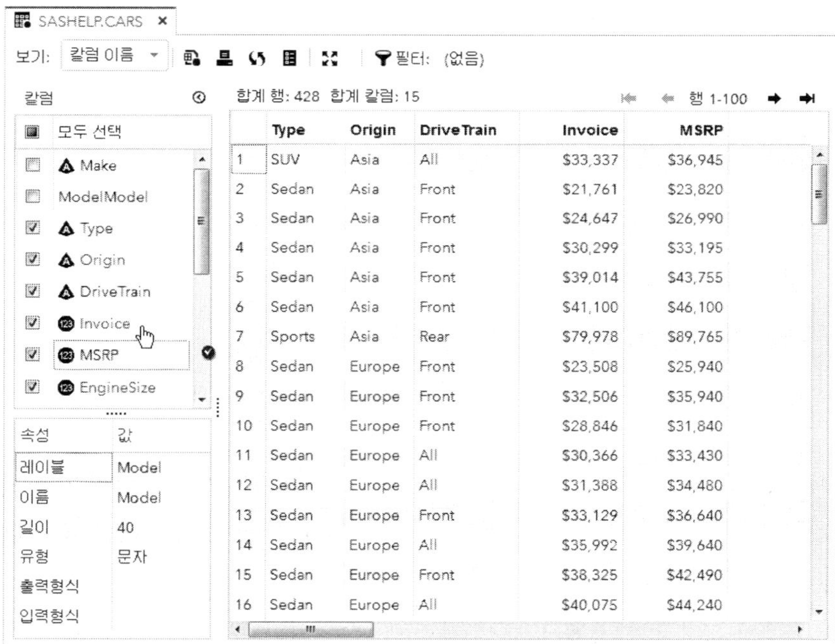

그림 8.51 칼럼 영역을 사용한 칼럼 재정렬의 예시

8.5.2. 데이터 필터링 및 정렬

테이블 뷰어에서 칼럼 머리글을 마우스 오른쪽 버튼으로 클릭하여 해당 열을 기준으로 데이터를 필터링하고 정렬할 수 있다. 데이터를 알파벳 오름차순 또는 내림차순으로 정렬하거나 데이터 테이블에 나타나는 순서대로 칼럼을 표시할 수 있다.

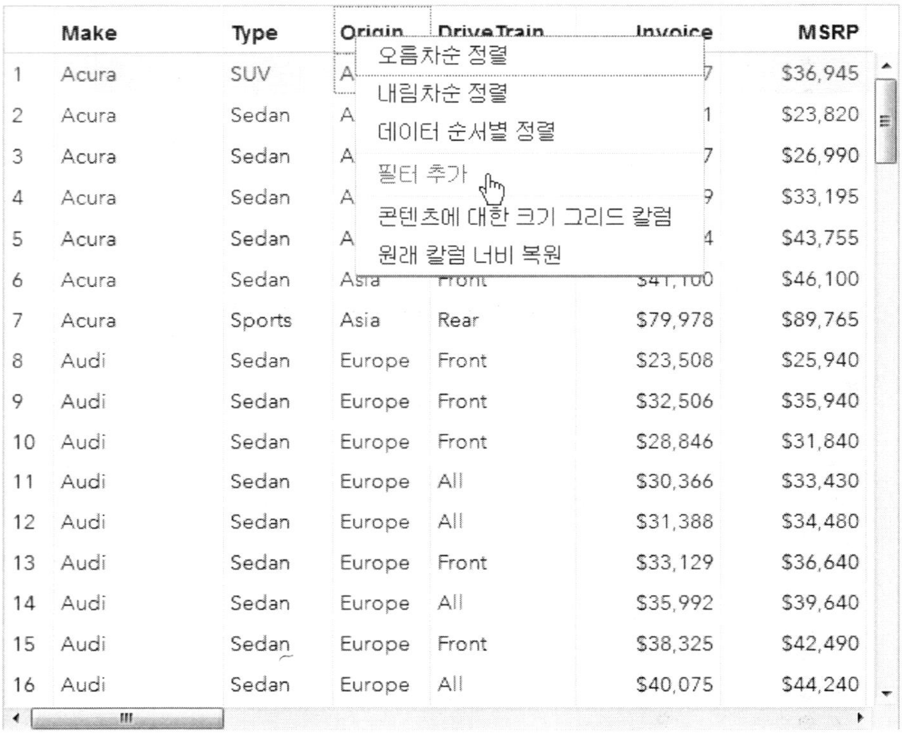

그림 8.52 **데이터 정렬 또는 필터 추가를 위한 팝업 메뉴**

데이터 값에 기반한 특정 기준을 충족하는 행만 표시하도록 데이터를 필터링할 수도 있다. **필터** 옵션은 선택한 칼럼 유형과 칼럼에 포함된 고유 값 개수에 따라 다르다.

숫자 칼럼의 **필터 추가** 창에서는 각 칼럼에 대한 하나 또는 두 가지 필터 기준을 지정할 수 있다. 두 번째 필터 기준을 추가하려면 ➕을 클릭한다.

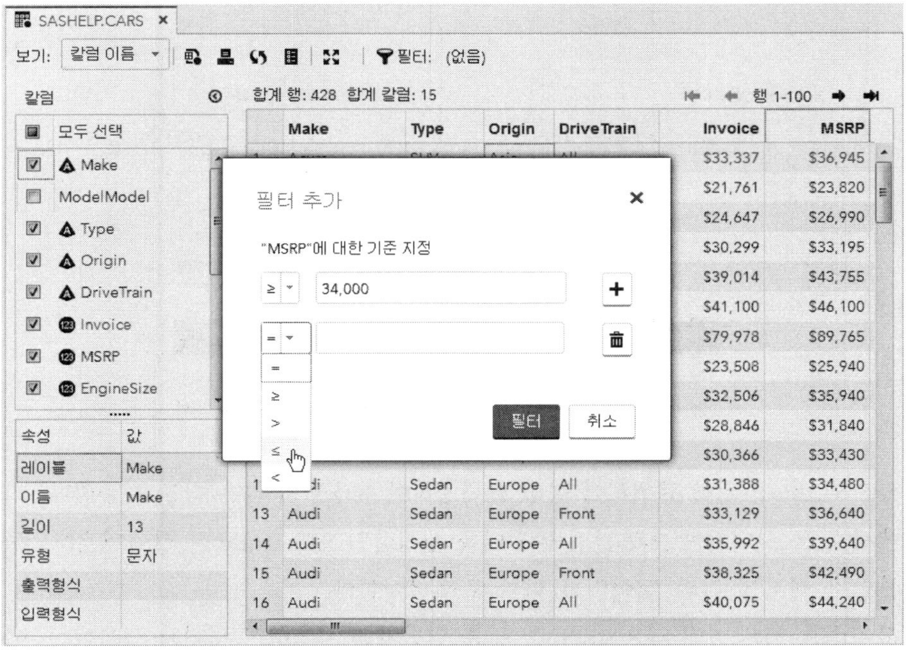

그림 8.53 숫자 칼럼의 엔트리 박스를 포함한 필터 추가 창 예시

문자 칼럼에 대한 **필터 추가** 창은 대소문자를 구분하며 입력하는 텍스트를 포함하는 값을 검색한다.

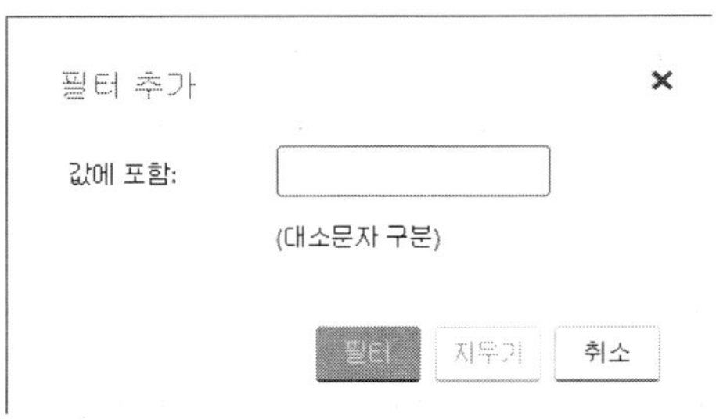

그림 8.54 문자 칼럼의 엔트리 박스를 포함한 필터 추가 창 예시

숫자 칼럼이 10개 이하의 고유 값을 가지고 있거나 **문자** 칼럼이 30개 이하의 고유 값을 가지고 있으면 **필터 추가** 창에 선택할 값 리스트가 표시된다. 값 리스트는 출력형식이 지정되지 않거나 지정된 값 모두를 포함한다. 데이터에 적용된 출력형식이 없으면 출력형식이 지정되지 않은 및 출력형식이 지정된 값은 동일하다.

그림 8.55 **숫자 및 문자 값 리스트를 포함한 필터 추가 창 예시**

SAS Studio는 필터 표현식에 항상 출력형식이 지정되지 않은 값을 사용한다. 리스트에서 값을 선택하여 **숫자** 칼럼에 필터를 생성하면 SAS Studio는 칼럼의 값이 분수 성분인지 여부에 따라 데이터를 다르게 필터링한다.

값이 모두 정수이면 SAS Studio는 동등 연산자를 사용하여 필터를 생성한다. 예를 들어 데이터가 12와 17 사이의 정수를 포함하고 모든 값이 15인 필터를 생성하고자 한다. SAS Studio는 다음과 같은 필터 표현식을 생성한다.

```
column-name = 15
```

값이 분수 성분을 포함하면 SAS Studio는 값 범위로 필터를 생성하여 선택한 값을 제외하는 반올림 오차가 없도록 한다. 예를 들어, 데이터에 123.45678의 값을 포함한다고 가정한다. 해당 값을 필터에 사용하도록 선택하면 SAS Studio는 다음과 같은 필터 표현식을 생성한다.

```
(column-name >= 123.456775 and column-name < 123.456785)
```

날짜 칼럼의 **필터 추가** 창에서는 팝업 캘린더를 사용하여 날짜 값을 선택할 수 있다.

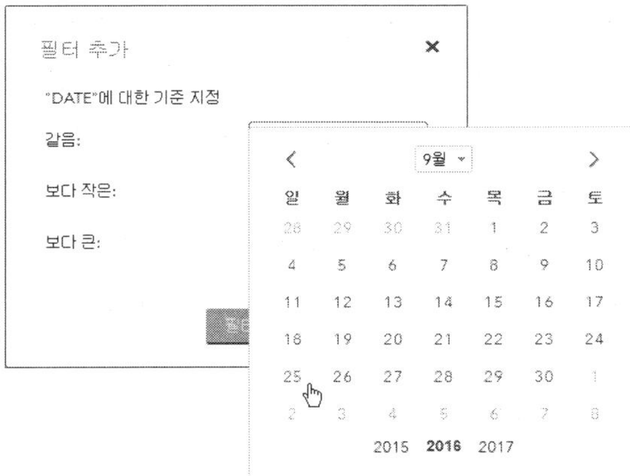

그림 8.56 날짜 칼럼의 필터 추가 창 예시

데이터에 대한 필터를 생성하면 작업 공간 위쪽에 필터 기준이 표시된다. 을 클릭하여 필터를 편집하고 을 클릭하여 필터를 삭제한다. 데이터셋에서 필터는 저장되지 않는다. 데이터셋을 다시 열면 필터는 사용할 수 없다.

8.5.3. 데이터 가져오기

SAS Studio에서는 다음과 같은 유형의 데이터 파일을 가져올 수 있다.

- Microsoft Access 데이터베이스 파일
- 쉼표로 구분된 값이 있는 파일과 같은 구분자로 구분된 파일
- dBASE 5.0, IV, III+ 및 III
- Stata 파일
- Microsoft Excel 파일. XLSB 및 XLSM 파일을 가져오려면 LIBNAME 명령문을 사용해야 한다.
- JMP 파일
- Paradox DB 파일
- SPSS 파일
- 릴리스 2, 3, 4 또는 5에 있는 Lotus 1-2-3 파일

SAS Studio Enterprise Edition 또는 SAS Studio Basic Edition을 사용하면 데이터 파일이 로컬 컴퓨터에 저장될 수 있다. 이때 파일을 가져오기 전에 SAS Studio에 업로드해야 한다.

다른 로케일에 있는 데이터를 정확히 가져오는지 여부는 SAS 서버가 가져오는 데이터 로케일을 지원하는지에 따라 달라진다. 현재 로케일에 있는 문자와 다른 문자가 포함된 데이터를 가져오려면 유니코드(UTF-8) 서버를 사용하여 데이터를 가져온다. UTF-8 서버를 사용하지 않고 데이터 로케일이 지원되지 않으면 가져온 데이터에 지원되지 않는 값이 물음표(?)로 나타날 수 있다. 기본 텍스트 인코딩 옵션 설정에 대한 자세한 내용은 “일반 우선 설정 지정” 을 참조하여라.

(1) Excel 워크시트 가져오기

○ Excel 워크시트 가져오는 방법

① **탐색** 영역에서 **서버 파일 및 폴더**를 클릭하고 내보낼 파일을 검색한다.

② 내보낼 파일을 마우스 오른쪽 버튼으로 클릭하고 **데이터 가져오기**를 선택한다. **데이터 가져오기** 탭 위쪽에는 Excel 파일 이름과 위치를 보여준다. 또한 사용자 정의할 수 있는 다양한 옵션을 보여준다. 〈그림 8.57〉의 예는 as_products.xls 파일 가져오기를 보여준다.

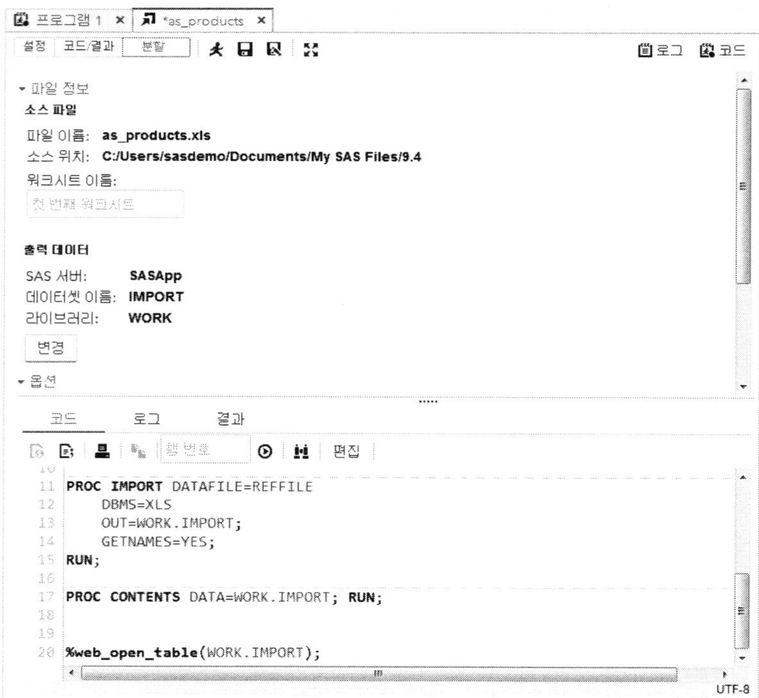

그림 8.57 파일 정보에 대한 옵션

③ 특정 워크시트에서 데이터를 가져오려면 워크시트 이름 상자에 워크시트 이름을 입력한다. 기본적으로 SAS Studio는 첫 번째 워크시트에서 데이터를 가져온다.

④ 위치를 지정하여 출력 데이터셋을 저장하려면 변경을 클릭한다. 기본적으로 출력 데이터셋은 임시 위치인 Work 라이브러리에 저장된다. SAS Studio를 종료하면 이 라이브러리에 있는 내용은 삭제된다.

⑤ 워크시트 첫 번째 행의 데이터 값에서 SAS 변수 이름을 생성하려면 **SAS 변수 이름 생성**을 선택한다. 입력 파일 첫 번째 행에 있는 데이터 값이 읽히고, 값에 빈칸과 같이 SAS 이름에 유효하지 않는 특수문자가 포함되면 SAS가 문자를 밑줄로 변환한다.

⑥ Excel 워크시트를 가져오려면 을 클릭한다.

결과 탭에서는 새로운 SAS 데이터셋 속성을 보여준다. **출력 데이터** 탭에서는 새로운 데이터셋 내용을 보여준다. 이 데이터셋이 〈그림 8.58〉의 예에 표시된 대로 Work 라이브러리에 있으면 영구 위치에 저장할 수 있다. Work 라이브러리에 있는 데이터는 임시이며 SAS Studio를 종료하면 삭제된다.

그림 8.58 새로운 SAS 데이터셋 속성

그림 8.59 가져오기 도구의 결과

(2) 구분자로 구분된 파일 가져오기

확장자가 .dat인 파일과 같이 일부 구분자로 구분된 파일에서는 **가져오기** 도구가 실행되지 않을 수 있다. 이 구분자로 구분된 파일을 가져오려면 텍스트 파일로 저장해야 한다. 그러면 **가져오기** 도구를 사용할 수 있다. 탭으로 구분된 파일을 가져오려면, 파일 이름은 .tab 확장자를 가지고 있어야 한다.

○ 구분자로 구분된 파일을 가져오는 방법

① **탐색** 영역에서 **서버 파일 및 폴더**를 클릭하고 내보낼 파일을 검색한다.

② 파일 구분자를 결정하려면 파일 이름을 마우스 오른쪽 버튼으로 클릭하고 **텍스트 파일로 보기**를 선택한다. 파일 내용이 **텍스트 편집기**에서 열린다. 값 사이와 데이터 첫 번째 행에 머리글 포함 여부에 사용되는 구분자를 참고하여라.

③ 이 파일 구분자를 결정하고 나면 을 클릭하고 **새로운 데이터 가져오기**를 선택한다. **데이터 가져오기** 탭은 SAS Studio 작업 공간에서 열린다.

④ 선택한 텍스트 파일을 **탐색** 영역에 있는 **서버 파일 및 폴더**에서 **데이터 가져오기** 탭으로 끌어다 놓는다. **데이터 가져오기** 탭 위쪽에는 파일 이름과 저장된 파일 위치와 같은 파일 속성, 가져온 데이터 소스 이름, 지정할 수 있는 모든 옵션을 보여준다. **데이터 가져오기** 탭 아래쪽에는 생성된 SAS 코드를 보여줍니다. 〈그림 8.60〉의 예는 CommaSep.txt라는 텍스트 파일 가져오기를 보여준다.

그림 8.60 파일 정보 및 텍스트 파일에 대한 옵션

⑤ 위치를 지정하여 출력 데이터셋을 저장하려면 변경을 클릭한다. 기본적으로 출력 데이터셋은 임시 위치인 Work 라이브러리에 저장된다. SAS Studio를 종료하면 이 라이브러리에 있는 내용은 삭제된다.

⑥ 텍스트 파일 첫 번째 행에 있는 데이터 값에서 SAS 변수 이름을 생성하려면 **SAS 변수 이름 생성**을 선택한다. 입력 파일 첫 번째 행에 있는 데이터 값이 읽히고, 값에 빈칸과 같이 SAS 이름에 유효하지 않는 특수문자가 포함되면 SAS가 문자를 밑줄로 변환한다.

⑦ **구분자** 상자에서 파일에 있는 값에 대한 구분자를 입력한다. 기본 구분자는 공백이다. 16진수 값을 사용하여 구분자를 지정하면 **따옴표 구분자** 체크 박스를 선택할 필요가 없다.

CONTENTS 프로시저

데이터셋 이름	WORK.IMPORT	관측값	74
멤버 유형	DATA	변수	5
엔진	V9	인덱스	0
생성일	2017.02.22 16:41:50	관측값 길이	72
마지막 수정일	2017.02.22 16:41:50	삭제된 관측값	0
보호		압축여부	아니요
데이터셋 유형		정렬	아니요
레이블			
데이터 표현	WINDOWS_64		
인코딩	euc-kr Korean (EUC)		

엔진/호스트 관련 정보	
데이터셋 페이지 크기	65536
데이터셋 페이지 번호	1
첫 번째 데이터 페이지	1
페이지 당 최대 관측값 수	908
첫 번째 데이터 페이지의 관측값 수	74
데이터셋 수리의 번호	0

그림 8.61 WORK.IMPORT 데이터셋 속성

⑧ 〈선택 사항〉 구분자로 구분된 텍스트 파일에 있는 지정된 행에서 데이터를 읽으려면 **행에서 데이터 읽기 시작** 상자에서 시작 행을 입력한다. 텍스트 파일 위쪽에 주석이 있거나 파일 첫 행이 칼럼 머리글일 때 이 옵션을 사용할 수 있다.

⑨ 〈선택 사항〉 SAS Studio에서 적합한 데이터 유형과 변수 길이를 결정하려면 **행 추측** 상자에 값을 입력한다. 작업에서는 1번 행부터 지정한 행까지 입력 데이터 파일을 탐색한다. 기본적으로 처음 20개 행이 탐색된다.

⑩ 데이터를 가져오려면 을 클릭한다.

결과 탭을 클릭하여 가져온 데이터셋 속성을 볼 수 있다. **출력 데이터** 탭을 클릭하여 새로운 SAS 데이터셋을 볼 수 있다. 이 데이터셋이 〈그림 8.62〉의 예에 표시된 대로 Work 라이브러리에 있으면 영구 위치에 저장할 수 있다. Work 라이브러리에 있는 데이터는 임시이며 SAS Studio를 종료하면 삭제된다.

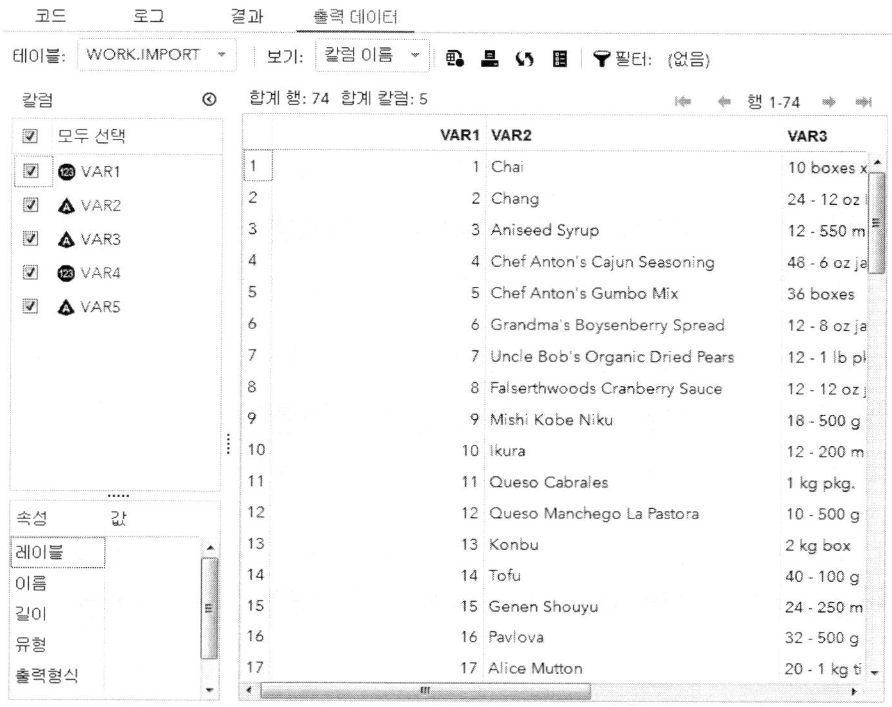

그림 8.62 WORK.IMPORT 데이터셋

(3) DBMS 파일 가져오기

데이터베이스 관리 시스템(DBMS)에서 파일을 가져올 때 사용 가능한 옵션은 파일 유형에 따라 다르다. 지원되는 파일 유형 리스트에 대한 자세한 내용은 "SAS Studio에 데이터 가져오기 정보"를 참조하여라.

① **탐색** 영역에서 **서버 파일 및 폴더**를 클릭하고 내보낼 파일을 검색한다.

② 내보낼 파일을 마우스 오른쪽 버튼으로 클릭하고 **데이터 가져오기**를 선택한다. **데이터 가져오기** 탭이 열린다. 이 탭에서 사용 가능한 옵션은 파일 유형에 따라 다르다.

③ 위치를 지정하여 출력 데이터셋을 저장하려면 **변경**을 클릭한다. 기본적으로 출력 데이터셋은 임시 위치인 Work 라이브러리에 저장된다. SAS Studio를 종료하면 이 라이브러리에 있는 내용은 삭제된다.

④ 〈선택 사항〉 워크시트 첫 번째 행의 데이터 값에서 SAS 변수 이름을 생성하려면 **SAS 변수 이름 생성**을 선택한다. 입력 파일 첫 번째 행에 있는 데이터 값이 읽히고, 값에 빈칸과 같이 SAS 이름에 유효하지 않는 특수문자가 포함되면 SAS가 문자를 밑줄로 변환한다.

⑤ 파일을 가져오려면 을 클릭한다.

(4) 프로세스 플로우에서 데이터 가져오기

SAS 시각적 프로그래머 영역을 사용하면 프로세스 플로우를 사용하여 데이터를 가져올 수도 있다. 가져오려는 파일이 자주 업데이트되면 **가져오기** 노드를 추가할 수 있다. 가져오기 노드를 생성하려면 가져오려는 파일 이름을 프로세스 플로우로 끌어다 놓는다.

〈그림 8.63〉은 프로세스 플로우에 있는 **가져오기** 노드(Import as_products.xls)의 예이다. 가져온 데이터는 **요약 통계량** 작업에 사용된다.

그림 8.63 **프로세스 플로우 1**

(5) 가져오기 작업 저장

데이터 가져오기 도구 인스턴스를 저장하여 특정 파일 가져오기에 대한 설정을 사이트에서 다른 사람과 공유할 수 있다. SAS Studio에서 인스턴스를 CTL 파일로 저장한다. CTL 파일은 생성된 운영 환경과 동일한 환경에서 실행되어야 한다. 예를 들어, Windows를 사용하여 CTL 파일을 생성하면 해당 CTL 파일은 Windows에서 실행되어야 한다.

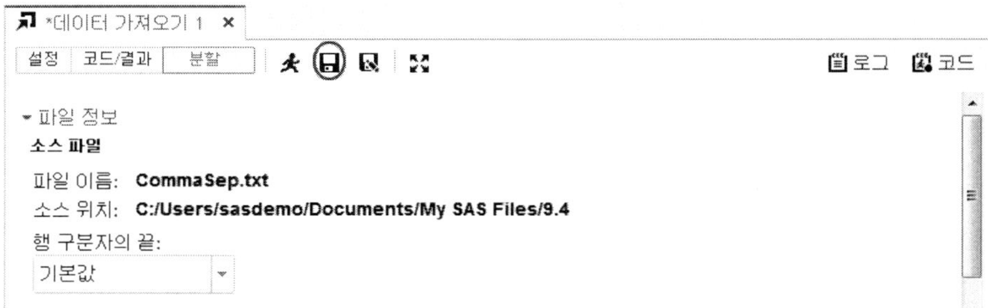

그림 8.64 데이터 가져오기 작업에서 저장 아이콘 위치

○ 가져오기 작업을 저장하는 방법

① 을 클릭한다.

② **다른 이름으로 저장** 창에서 이름과 위치를 지정한 다음 **저장**을 클릭한다. 파일이 CTL 확장자로 저장된다.

8.5.4. 데이터 내보내기

SAS Studio를 사용하여 데이터를 다른 파일 유형으로 지정한 폴더로 내보낼 수 있다.

○ 데이터를 내보내는 방법

① **탐색** 영역에서 **라이브러리** 섹션을 클릭하고 내보낼 파일을 검색한다.

② 내보낼 파일을 마우스 오른쪽 버튼으로 클릭하고 **내보내기**를 선택한다. **테이블 내보내기** 창을 연다.

③ 내보내는 파일을 저장할 폴더를 선택한다.

④ **파일 이름** 상자에 내보내는 파일의 이름을 입력한다.

⑤ **파일 출력형식** 드롭다운 리스트에서 내보내는 파일의 출력형식을 선택한다.

⑥ **내보내기**를 클릭하여 파일을 내보낸다.

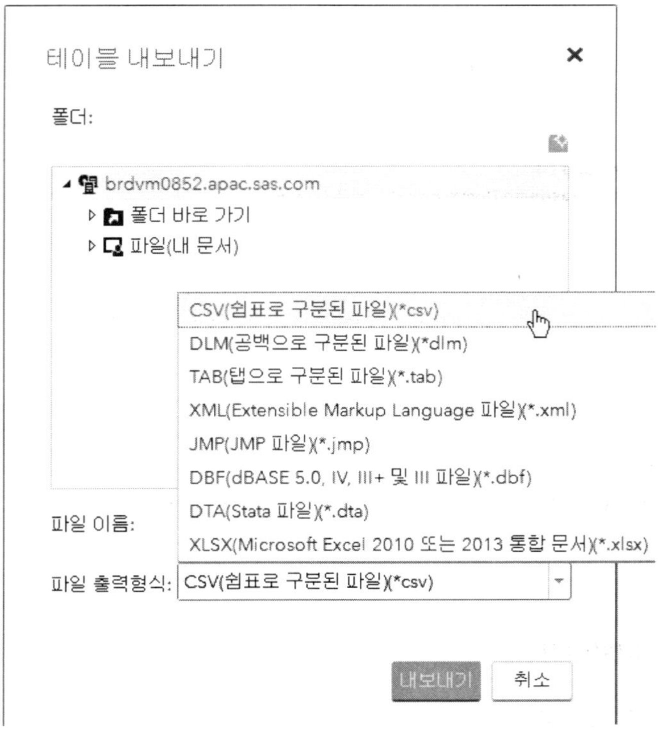

그림 8.65 **파일 출력형식이 나열된 테이블 내보내기 창**

8.6. 결과 작업

SAS Studio에서 작업 또는 프로그램을 실행하면 **작업** 영역에 결과가 표시된다. 다음은 결과를 관리할 수 있는 방법이다.

- HTML5, PDF, RTF 출력을 기본으로 생성하고 **결과** 탭에서 HTML5 출력을 확인한다.
- 생성된 출력을 다운로드한다. 3개의 각 기본 출력 유형에 대한 **다운로드** 버튼이 있다.
- **우선 설정** 창을 사용하여 각 대상에 대한 기본 출력 스타일을 변경한다.
- 다른 사용자에게 결과를 보낸다.

○ 기본 결과 보기

SAS Studio에서 출력은 기본적으로 HTML5, PDF, RTF 출력형식으로 생성된다. 기본 출력을 변경하려면 **우선 설정** 창을 사용하여 PDF 또는 RTF 출력형식으로 결과를 비활성화한다. 또한, 사용 가능한 모든 ODS 스타일로 출력 기본 스타일을 변경할 수 있다. 자세한 내용은 "결과 우선 설정 지정"을 참조하여라.

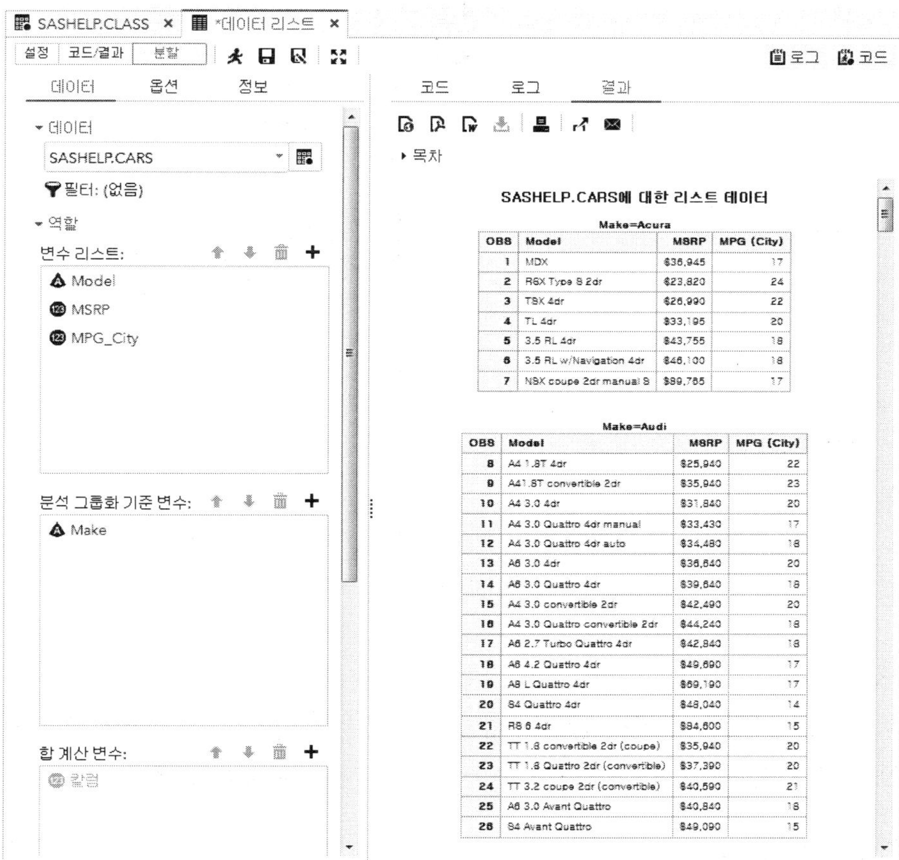

그림 8.66 데이터 리스트 작업의 결과

기본적으로 HTML5 결과는 **결과** 탭에 표시되는 유일한 결과이다. PDF 및 RTF 출력이 생성되지만 표시되지 않는다. 결과를 볼 때 목차를 사용하여 다른 섹션을 탐색할 수 있다. 결과 위쪽에 있는 **목차**를 클릭한 다음 탐색하려는 섹션을 클릭한다.

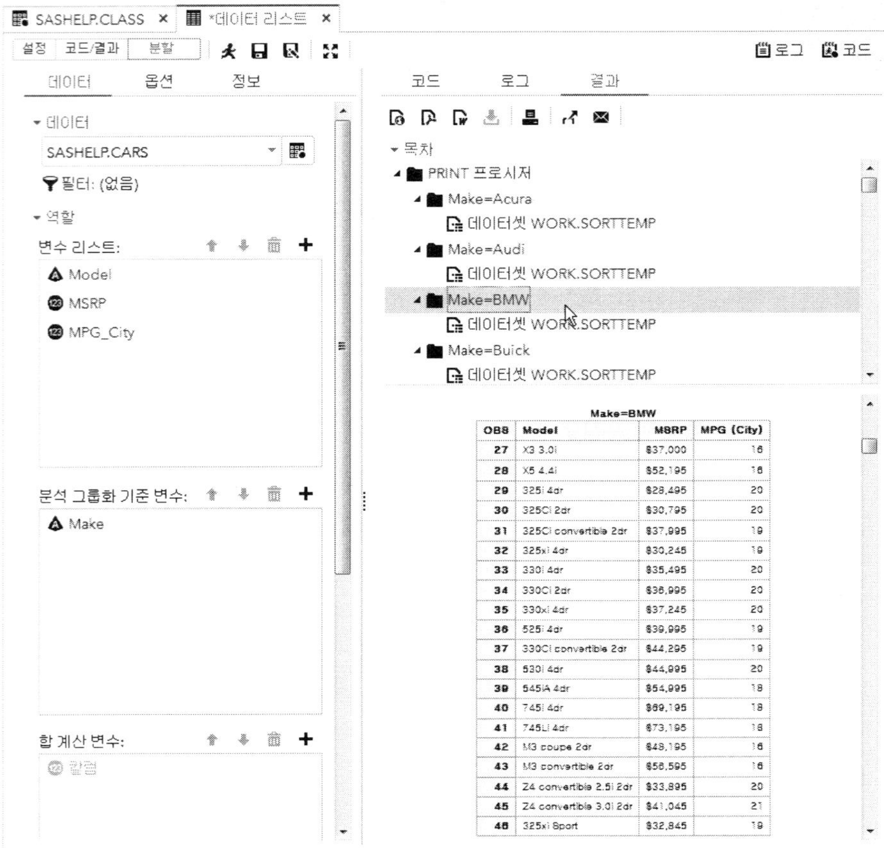

그림 8.67 목차가 펼쳐진 데이터 작업 결과 나열

○ SAS Studio에서 기본 HTML5, PDF, RTF 결과 다운로드

SAS Studio에서 결과를 저장하려면 HTML5, PDF, RTF 출력형식으로 결과를 다운로드하고 해당 출력형식에 대한 기본 응용프로그램에서 저장하고 열 수 있다.

- HTML5 파일
- PDF 파일
- RTF 파일

○ 생성된 데이터 다운로드

을 클릭하여 .cvs, .pptx, .xml 파일 등의 다른 데이터 유형으로 생성된 결과를 다운로드할 수 있다.

8.7. SAS Studio 작업의 이해

8.7.1. 작업이란?

작업은 자동으로 SAS 코드를 생성하고 결과의 출력형식을 지정하는 XML 및 Apache Velocity 코드 파일이다. 작업에는 단순한 데이터 나열에서부터 복잡한 분석 프로시저에 이르는 다양한 SAS 프로시저가 포함된다. SAS Studio에서는 사전 정의된 몇 가지 작업이 제공된다. 작업은 범주로 구성된다.

필요한 SAS 제품의 라이선스가 없는 경우에는 일부 범주 및 작업은 실행되지 않을 수 있다. 예를 들어, SAS/ETS가 설치되어 있지 않으면 계량경제 범주를 사용할 수 없다. 〈표 8.4〉는 작업 범주와 SAS 제품의 종속 관계를 나열한다.

표 8.4 작업 범주와 필요한 SAS 제품

SAS Studio 작업 범주	필요한 SAS 제품
데이터	Base SAS
그래프	Base SAS
지도	Base SAS
통계량	SAS/STAT
선형 모델	SAS/STAT
생존 분석	SAS/STAT
다변량분석	SAS/STAT
군집 분석	SAS/STAT
승수 및 표본 크기	SAS/STAT
통계적 공정관리	SAS/QC
조합 및 확률	Base SAS
계량경제	SAS/ETS
예측	SAS/ETS
네트워크 최적화	SAS/OR
조합 및 확률	Base SAS
SAS Viya 준비 및 탐색	SAS 9.4M6, SAS Visual Statistics
SAS Viya 비지도 학습	SAS 9.4M6, SAS Visual Data Mining and Machine Learning
SAS Viya 지도 학습	SAS 9.4M6, SAS Viya, SAS Visual Statistics, SAS Visual Data Mining and Machine Learning
SAS Viya 평가 및 실행	SAS 9.4M6, SAS Visual Data Mining and Machine Learning, SAS Optimization
SAS Viya 네트워크 분석 및 최적화	SAS/OR, SAS Optimization
SAS Viya 계량경제	SAS 9.4M6, SAS Econometrics Procedures

SAS Studio 작업에 대한 자세한 내용은 "SAS Studio: Task Reference Guide"를 참조하여라.

이러한 사전 정의 작업의 복사본을 편집하여 사용자의 사이트에 맞게 작업을 사용자 정의할 수 있다. 또한 사용자 고유의 작업을 만들 수도 있다.

8.7.2. 작업을 실행하는 방법

○ 사전 정의된 작업을 실행하는 방법

① **탐색** 영역에서 **작업 및 유틸리티** 섹션을 클릭한다.

② 작업이 포함된 폴더를 펼친다.

③ 작업 이름을 마우스 오른쪽 버튼으로 클릭하고 **열기**를 선택한다. 또는 작업을 더블 클릭하여 열 수도 있다. **작업** 영역 오른쪽에 작업이 열린다.

그림 8.68 막대 그래프 작업의 사용자 인터페이스

④ **데이터** 탭을 사용할 수 있으면 입력 데이터 소스를 지정하고 데이터 소스의 **역할**에 대한 칼럼을 선택한다. **역할**은 작업 내의 변수 용도에 대한 설명이다. **역할**에 칼럼을 추가하려면 **+**을 클릭한다. 그러면 해당 역할에 사용 가능한 칼럼의 리스트가 나타난다. **역할**에 하나의 칼럼만 할당할 수 있으면 칼럼을 선택하면 리스트가 사라진다. 여러 칼럼을 할당할 수 있으면 Ctrl 또는 Shift 키를 누른 상태로 리스트에서 여러 칼럼을 선택하고 **확인**을 클릭한다.

⑤ 나머지 탭에서 빨간색 별표로 표시된 다른 필수 옵션을 지정한다. 작업에 값을 할당하면 관련 SAS 코드가 생성된다. 각 작업에 대해 사용 가능한 옵션에 대한 자세한 내용은 "SAS Studio: Task Reference Guide"를 참조하여라.

⑥ 작업을 실행하려면 을 클릭한다.

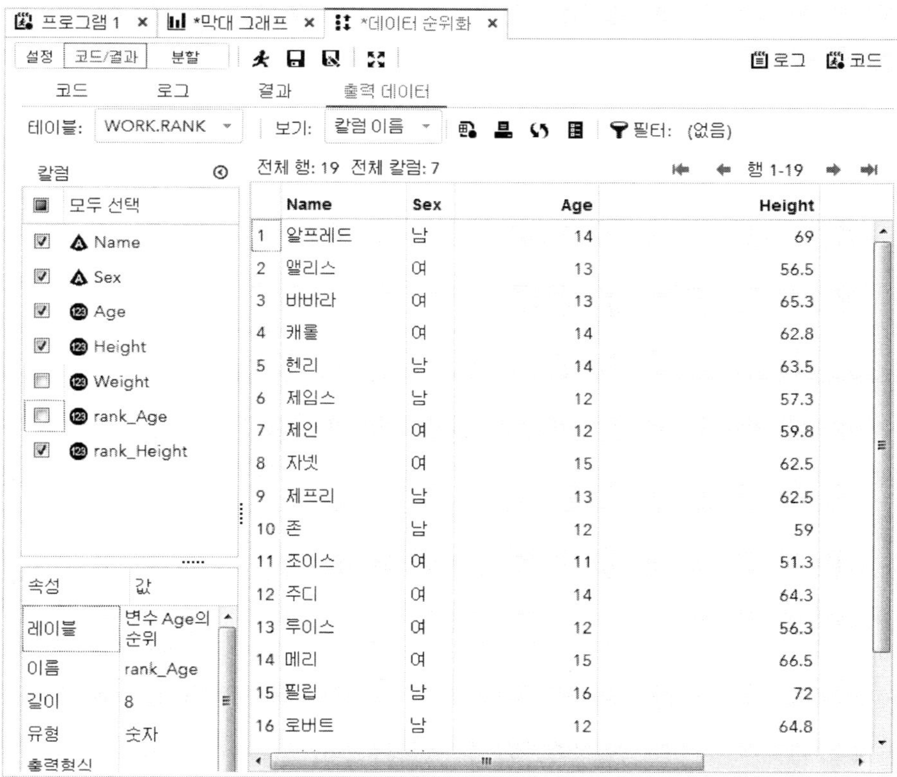

	Name	Sex	Age	Height
1	알프레드	남	14	69
2	앨리스	여	13	56.5
3	바바라	여	13	65.3
4	캐롤	여	14	62.8
5	헨리	남	14	63.5
6	제임스	남	12	57.3
7	제인	여	12	59.8
8	자넷	여	15	62.5
9	제프리	남	13	62.5
10	존	남	12	59
11	조이스	여	11	51.3
12	주디	여	14	64.3
13	루이스	여	12	56.3
14	메리	여	15	66.5
15	필립	남	16	72
16	로버트	남	12	64.8

그림 8.69 Work.Rank 테이블의 예시

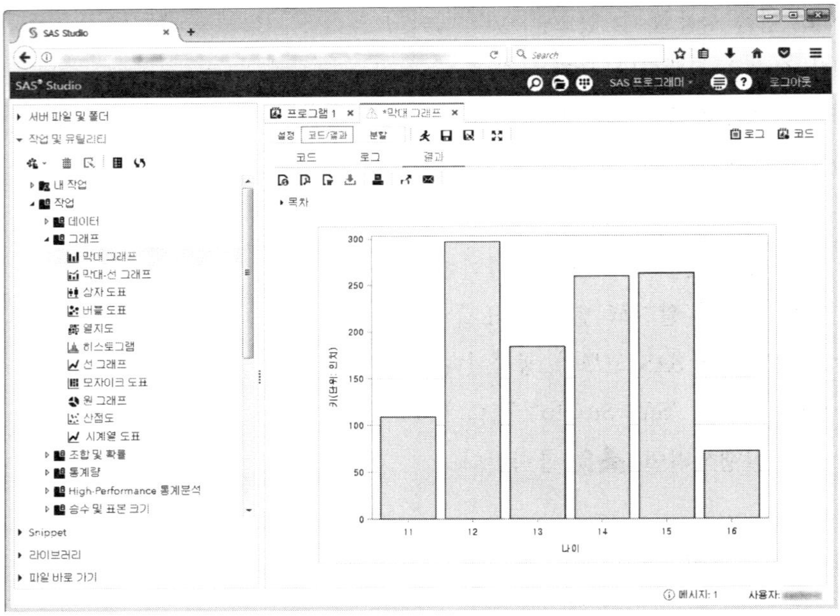

그림 8.70 막대 그래프 작업의 결과

작업이 결과를 생성하면 **결과** 탭에서 출력물이 나온다. 작업이 출력 데이터를 생성하면 **출력 데이터** 탭에서 테이블이 열린다.

8.7.3. 작업 및 작업 옵션 설정 저장

작업을 자주 사용하면 입력 데이터 소스와 옵션 설정을 지정한 후 작업을 저장할 수 있다. SAS Studio에서는 작업을 서버 또는 내 작업 폴더에 CTK 파일로 저장할 수 있다. 다음에 작업을 실행해야 할 때 **탐색** 영역에서 작업을 더블클릭하면 해당 작업이 이전의 모든 설정과 함께 나타난다.

작업을 저장하기 전에 입력 데이터셋과 작업을 실행하는 데 필요한 모든 옵션을 지정해야 한다.

○ 작업을 저장하는 방법

① 을 클릭한다. **다른 이름으로 저장** 창이 나타난다.

② 작업 파일을 저장할 위치를 선택한다. 이 파일을 **서버 파일 및 폴더** 섹션 또는 **내 작업** 폴더에 저장할 수 있다. 이 파일에 대한 이름을 지정한다. 파일 형식으로 CTK 파일(*.CTK)을 선택한다. 저장을 클릭한다.

작업을 CTK 파일로 저장하면 해당 작업은 작업 및 유틸리티 섹션의 해당 작업에 더 이상 첨부되지 않는다. 예를 들어, **작업 및 유틸리티** 섹션에 있는 **막대 그래프** 작업을 실행하면 **서버 파일 및 폴더** 섹션의 Bar Chart.ctk 파일에 변경 사항이 적용되지 않는다.

8.7.4. 사전 정의된 작업 편집

사전 정의된 작업을 사용자의 사이트에 맞게 사용자 정의하려면 작업을 생성하는 데 사용된 XML 코드를 편집한다.

○ 사전 정의된 작업을 편집하는 방법

① **탐색** 영역에서 **작업 및 유틸리티** 섹션을 연다.

② 작업이 포함된 폴더를 펼친다.

③ 편집할 작업의 이름을 마우스 오른쪽 버튼으로 클릭하고 **내 작업에 추가**를 선택한다. **내 작업에 추가** 창이 나타납니다.

④ 작업을 위한 이름 및 설명을 지정한다. 기본적으로 사전 정의된 작업의 이름과 설명을 사용한다. **범주** 드롭다운 리스트를 사용하여 **내 작업** 폴더에서 이 작업의 사본을 저장할 위치를 지정할 수 있다. **없음**을 선택하면 작업이 **내 작업** 폴더에 직접 추가된다. **추가**를 클릭한다.

⑤ **내 작업** 폴더를 열고 복사한 작업을 선택한다.

⑥ 을 클릭한다. 작업의 XML 파일이 나타난다.

⑦ XML 파일을 편집하고 변경 내용을 저장한다. 변경 내용을 미리 보려면 을 클릭한다.

찾아보기

저자 소개

강현철
고려대학교 대학원 통계학과 박사
호서대학교 빅데이터AI학부 교수
e-mail: hychkang@hoseo.edu

최병정
고려대학교 대학원 통계학과 박사
AIWORKX 금융AI사업본부장(전무)
e-mail: byoungjeong.choi@gmail.com

한노아
연세대학교 정보대학원 비즈니스빅데이터학과 석사
SAS Korea PSD/AA
e-mail: kor.noahhan@gmail.com

예제로 배우는
SAS 고급 프로그래밍 제2판

저 자 강현철 · 최병정 · 한노아
발 행 인 김지영
발 행 처 자유아카데미
주 소 경기도 파주시 회동길 37-42
파주출판도시
전 화 031-955-1321
팩 스 031-955-1322
홈페이지 www.freeaca.com
전자우편 main@freeaca.com (대표)
editor@freeaca.com (편집)
crm@freeaca.com (영업)
등 록 제406-2003-017호, 1980. 7. 12
제2판1쇄 2025년 5월 15일 발행

ISBN 979-11-5808-709-8 93310